2

TOEFL Listening 빈출 주제

(예술, 자연 과학 등)

강의 내용을 교과서처럼
완벽하게 학습하도록 구성!

3

기출 반영 실전 문제
집중 연습을 통해
실전 응용력이 상승하여
고득점 달성!

토플 정복을 위한 확실한 왕도!

입문 및 초급 (40~65점)

TOEFL Basic

한 권으로 토플 시험을 체계적으로 완벽히 이해하는
입문자들의 필독서

기본 및 중급 (60~85점)

TOEFL Intermediate (80+)

한 권으로 시원스쿨 토플 스타 강사진의
과목별 노하우 습득 및 80+ 달성

정규 및 고급 (80~115점)

TOEFL Reading   TOEFL Listening   TOEFL Speaking   TOEFL Writing

토플 기출 족보를 낱낱이 분석해 정리한 최빈출 주제 학습 + 스피킹/라이팅 만점 수강생 다수 배출한 만점 강사의 템플릿 완벽 공개

실전 및 심화 (90~120점)

TOEFL Actual Tests

실제 시험 진행과 동일한 TOEFL 고득점용
최종 마무리 실전 모의고사

어휘 정복

TOEFL Vocabulary

정답과 연관된 토플 기출 단어만을 수록한
진정한 토플 전문 보카 학습서

고득점을 위한 **토플** 리스닝 **기본서**

SIWONSCHOOL
TOEFL
Listening

시원스쿨어학연구소 · 제니

시원스쿨 LAB

SIWONSCHOOL
TOEFL Listening

개정 1쇄 발행 2023년 8월 1일
개정 2쇄 발행 2024년 2월 8일

지은이 시원스쿨어학연구소, 제니
펴낸곳 (주)에스제이더블유인터내셔널
펴낸이 양홍걸 이시원

홈페이지 www.siwonschool.com
주소 서울시 영등포구 영신로 166 시원스쿨
교재 구입 문의 02)2014-8151
고객센터 02)6409-0878

ISBN 979-11-6150-731-6 13740
Number 1-110505-18180400-09

머리말

토플 시험 개정 반영,
시원스쿨 토플 TOEFL Listening!

시원스쿨어학연구소가 토플 왕초보를 위한 [시원스쿨 처음토플]과 토플 전용 어휘집인
[시원스쿨 토플 기출 보카]를 출간하고 나서, 독자분들로부터 다음 학습 단계에 대해 많은 문의가 쇄도했
습니다. 이 문의에 대한 응답으로 중급 학습자를 위한 [TOEFL 80+], 시험을 앞둔 실전 학생들을 위한
[TOEFL Actual Tests]를 출간하였습니다. 또한 최신 토플 트렌드를 학습자들에게 제공하고자 [처음토플]
을 [TOEFL Basic]으로, [TOEFL 80+]를 [TOEFL Intermediate]으로 개정였습니다.

그리고 이제, 시원스쿨 토플 라인업을 완성하는 과목별 토플 정규서가 세상에 나오게 되었습니다. 그동안
시원스쿨어학연구소는 학습자의 학습 편의와 효율성을 위해 한 권에 4과목을 다 아우르는 교재를 출간하여
왔습니다. 하지만 이번 정규라인은 가장 넓은 점수대(80~115점)를 대상으로 하고 있으며, 많은 문제 양을
풀어보며 점수를 올리는 것이 중요하기에, 기존과 달리 과목별 분권으로 나오게 되었습니다.

시원스쿨어학연구소는 과목별 전문성을 최대한 높이기 위해 오프라인 학원에서 인정받은 선생님들과 함께
도서 작업을 하였습니다. 선생님들은 본인들이 과목별 만점을 받은 것은 물론, 다수의 수강생들을 해당 과목
만점으로 이끈 전문가들로, 오프라인 강의에서 소수의 학생들에게만 공개하던 토플 학습 비법들을 이번 도서
에서 전격 공개하였습니다.

「시원스쿨 토플 TOEFL Listening」은

① 확실히 점수를 올려줍니다.
   지문 내용을 바탕으로 과목별/전공별로 도서를 구성하여 독자에게 토플 지문 출제범위, 내용에 대한 명확
   한 이해, 그리고 실전 문제 집중 학습으로 확실한 점수 상승이 이루어집니다.

② 학습자의 듣기 이해 능력을 향상시킵니다.
   실제 시험에서 출제된 대화(Conversation)와 강의(Lecture)의 스토리 학습을 통해 시험 지문에 어떠한
   내용이 나오는지 미리 파악함으로써 학습자의 듣기 이해력을 향상시킵니다.

③ 토플 시험 기출 족보를 정리하였습니다.
   국내 유명 토플 선생님, 다수의 원어민 연구원들과 토플 고득점 연구원들이 토플 기출 족보를 낱낱이 분석
   해 정리한 도서로, 학습자는 기출 문제 위주로 공부할 수 있습니다.

아무쪼록 이 도서를 통해 영어 실력이 상승하고 토플 목표 점수를 달성하여 성공적인 유학의 길로 나아갈 수
있기를 진심으로 바랍니다.

시원스쿨어학연구소·제니 드림

목차

| **Chapter 01** Question Types

Chapter 02 Conversation

Chapter 03 Lecture

Actual Tests

▪ **별책** 해설집: 해설, 모범 답안, 어휘 정리

이 책의 구성과 특징

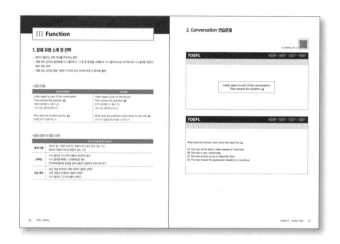

빠르게 기출 문제 유형 파악

TOEFL Listening 기출 문제 유형이 대화 또는 강의 지문에서 어떻게 등장하는지 풀어보면서 빈출 문제 유형을 학습한다. 각 문제 유형의 주요 개념과 전략을 한 눈에 보며 빠르게 학습할 수 있도록 구성되어 있다.

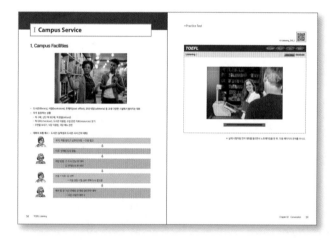

빈출 토픽 집중 학습

시험에 자주 등장하는 토픽의 대화 및 강의 구조 예시를 통해, 전형적인 토플 리스닝 스토리를 이해한다. 이렇게 시험 지문에 어떠한 내용이 나오는지 미리 파악함으로써 학습자는 듣기 이해력을 향상시킬 수 있다.

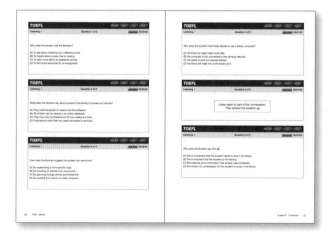

실전문제 집중 연습

토플 기출 족보를 낱낱이 분석해 정리한 토픽별 기출 반영 실전 문제를 집중적으로 풀어보면서 실전 응용력이 상승하여 목표 점수를 달성한다.

실전 모의고사

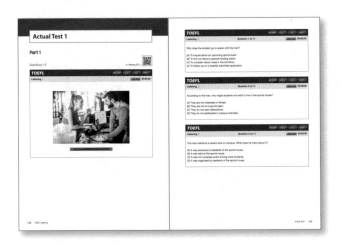

최신 개정 출제 경향이 반영된 실전 모의고사 2세트를 풀어보면서, 자신의 실력을 점검해 보고 앞에서 학습한 내용을 다시 한번 복습한다.

해설집

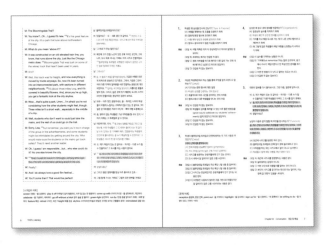

별책으로 제공하는 해설집을 통해 문제의 스크립트 지문과 해석, 어휘를 보다 편하게 확인할 수 있다. 특히 해당 지문에 정답 단서 밑줄과 정답 및 오답 설명을 통해, 학습자들의 독학을 최대한 돕고 있다.

MP3 다운로드

토플 실제 시험과 동일한 스피드로 원어민 전문 성우들이 녹음한 음원을 시원스쿨 토플 홈페이지에서 무료로 다운받아 학습할 수 있다.

toefl.siwonschool.com ▸ 교재/MP3 ▸ 과목명 탭에서 『토플』 클릭 후 『TOEFL Listening』 찾기

토플 시험 소개

▪토플 시험

TOEFL(Test of English as a Foreign Language)은 미국 대학에서 수학할 비영어권 학생을 선별하기 위해 미국 ETS(Educational Testing Service)가 개발한 영어 능력 평가 시험이다. 즉, 미국을 비롯한 영어권 국가 대학에서 수학할 능력의 영어 수준이 되는지를 측정하는 시험인데, 보통 토플 시험이라고 하면 컴퓨터 인터넷 연결로 시험을 보는 iBT(internet-based test) TOEFL을 말한다.

▪시험 영역

영역	지문 및 문제 수	시간	배점
Reading	총 2개 지문 (한 지문에 10문제씩 출제)	약 35분	0~30점
Listening	총 2개 대화 + 강의 3개 (대화 하나에 5문제, 강의 하나에 6문제씩 출제)	약 36분	0~30점
Speaking	총 4문제 (독립형 1번, 통합형 2, 3, 4번)	약 16분	0~30점
Writing	총 2문제 (통합형 1번, 토론형 2번)	약 30분	0~30점
합계		약 2시간, 120점 만점	

▪2023년 7월 26일 이후 시험 변경 내용

1. Reading 또는 Listening에 나오던 더미 문제(점수에 포함되지 않는 연습 문제)가 사라짐
2. Reading 지문 세트가 3개에서 2개로 변경
3. Writing 독립형(Independent) 대신 토론형(Academic Discussion) 출제
4. 전체 시험 시간이 약 3시간에서 2시간으로 단축

▪시험 접수

접수 방법	▹ 시험일로부터 최소 7일 전 ETS 토플 홈페이지에서 접수
접수 비용	▹ 시험 접수 비용: US $220(2023년 7월 기준) ▹ 추가 접수 비용: US $260 　└ 시험일로부터 7일~2일 사이 접수 시 연체료(late fee) US $40 추가 ▹ 날짜 변경 비용: US $60 ▹ 재채점 비용: US $80(Speaking/Writing 각각, Reading/Listening 불가) ▹ 추가 리포팅 비용: US $20(건당) 　└ 시험 접수 시, 무료로 4개까지 성적 리포팅 받을 기관 선택 가능 ▹ 취소 성적 복원 비용: US $20
등록 취소	▹ ETS 토플 홈페이지에서 취소 가능 ▹ 응시료 환불은 시험 접수 후 7일 이내 100%, 응시 4일 전까지는 50%, 응시일로부터 3일 이내는 환불 불가
시험일	▹ 1년에 50회 정도로 보통 주말마다 실시되며, 실시 국가마다 차이가 있음
시험 장소	▹ 다수의 컴퓨터를 비치하고 있는 전국/전세계 교육기관 또는 ETS Test Center에서 시행 ▹ 집에서 Home Edition으로도 응시 가능

▪시험 당일 준비물

공인된 신분증(여권, 주민등록증, 운전면허증, 군인신분증 중 하나)의 원본을 반드시 지참한다. 참고로 필기도구 및 노트는 시험장에서 제공되는 것만 사용할 수 있기에 따로 준비할 필요는 없다.

▪성적 확인

시험 응시일로부터 약 6일 후에 온라인으로 성적이 공개된다. PDF 형식의 성적표는 온라인 성적 공개 2일 후부터 다운로드 가능하다. 성적표 유효기간은 시험 응시일로부터 2년이다.

TOEFL Listening 정복
학습 플랜

- 반드시 QR코드 또는 다운로드한 MP3를 통해 음원을 들으며 노트테이킹을 하면서 실제 시험 문제를 풀듯이 문제를 풀어본다.
- 풀어본 문제는 반드시 복습을 하면서 틀린 부분, 헷갈리는 부분, 잘 안 들리는 부분을 확인하고 오답노트를 작성한다. 특히 잘 안 들리는 부분은 음원을 들으며 쉐도잉(따라 말하기)한다.
- 교재를 끝까지 한 번 보고 나면 2회독에 도전한다. 같은 교재를 여러 번 읽을수록 훨씬 효과가 좋으니 다독하도록 한다.
- 혼자서 학습하기 어렵다면, 시원스쿨 토플 홈페이지(toefl.siwonschool.com)에서 토플 스타 강사진의 강의를 들으면 보다 쉽고 재미있게 공부할 수 있다.

▪ 초고속 9일 완성 학습 플랜

1일	2일	3일	4일	5일
Chapter 1 Question Types	Chapter 2 Campus Service	Chapter 2 Academic Purpose	Chapter 3 Arts	Chapter 3 Life Science

6일	7일	8일	9일	
Chapter 3 Physical Science	Chapter 3 Social Science	Actual Tests Actual Test 1	Actual Tests Actual Test 2	

▪ 45일 완성 학습 플랜

1일	2일	3일	4일	5일
Chapter 1 Question Types	Chapter 2 Campus Facilities	Chapter 2 Student Center	Chapter 2 Accommodation	Chapter 2 Work

6일	7일	8일	9일	10일
Chapter 2 Administration	Chapter 2 Academic Purpose (1)	Chapter 2 Academic Purpose (2)	Chapter 2 Academic Purpose (3)	Chapter 2 Academic Purpose (4)

11일	12일	13일	14일	15일
Chapter 2 Academic Purpose (5)	Chapter 3 Literature (1)	Chapter 3 Literature (2)	Chapter 3 Art (1)	Chapter 3 Art (2)

16일	17일	18일	19일	20일
Chapter 3 Music (1)	Chapter 3 Music (2)	Chapter 3 Animal Behavior (1)	Chapter 3 Animal Behavior (2)	Chapter 3 Animal Communication (1)

21일	22일	23일	24일	25일
Chapter 3 Animal Communication (2)	Chapter 3 Botany (1)	Chapter 3 Botany (2)	Chapter 3 Astronomy (1)	Chapter 3 Astronomy (2)

26일	27일	28일	29일	30일
Chapter 3 Geology (1)	Chapter 3 Geology (2)	Chapter 3 Environmental Science (1)	Chapter 3 Environmental Science (2)	Chapter 3 History (1)

31일	32일	33일	34일	35일
Chapter 3 History (2)	Chapter 3 Business (1)	Chapter 3 Business (2)	Chapter 3 Psychology (1)	Chapter 3 Psychology (2)

36일	37일	38일	39일	40일
Actual Test 1 Part 1 – Conversation	Actual Test 1 Part 1 – Lecture	Actual Test 1 Part 2 – Conversation	Actual Test 1 Part 2 – Lecture (1)	Actual Test 1 Part 2 – Lecture (2)

41일	42일	43일	44일	45일
Actual Test 2 Part 1 – Conversation	Actual Test 2 Part 1 – Lecture	Actual Test 2 Part 2 – Conversation	Actual Test 2 Part 2 – Lecture (1)	Actual Test 2 Part 2 – Lecture (2)

Chapter

01

Question Types

TOEFL Listening Overview

영어권 대학 생활 중에 경험할 수 있는 상황과 관련된 대화(Conversation) 또는 특정 주제로 된 강의(Lecture)를 듣고 이해할 수 있는지 평가하는 영역

Listening Parts 리스닝 시험 파트 구성

총 2개 파트(5개 지문 듣기)
· **파트1**(대화1개 + 강의1개) + **파트2**(대화1개 + 강의2개) 또는
· **파트1**(대화1개 + 강의2개) + **파트2**(대화1개 + 강의1개)

Question Types 문제 유형

· Topic & Purpose 주제와 목적 문제(= Gist-Content 또는 Gist-Purpose)
· Detail 세부 사항 문제
· Function 의도 문제
· Attitude 태도 문제
· Organization 구조 문제
· Connecting Content 내용 연결 문제
· Inference 추론 문제

I Topic & Purpose

1. 문제 유형 소개 및 전략

- Conversation에서는 학생이 교수 또는 교직원을 찾아간 목적 또는 대화의 전반적인 주제 질문
- Lecture에서는 전체적으로 다뤄진 주제가 무엇인지 질문
- 각 대화 또는 강의의 1번 문제로 반드시 1문제 출제
- 청취를 통해 수험생이 대화 또는 강의의 주제를 파악할 수 있는지 평가

▪ 질문 유형

	Conversation	Lecture
주제 질문	What is the main topic of the conversation? 대화의 주된 주제는 무엇인가?	What is the lecture mainly about? 강의는 주로 무엇에 관한 것인가?
목적 질문	Why does the student go to see the professor? 학생은 왜 교수를 만나러 가는가?	What is the purpose of the lecture? 강의의 목적은 무엇인가?

▪ 출제 패턴 및 풀이 전략

	Conversation	Lecture
출제 흐름	·두 사람의 안부 등 일상적인 대화 후 주제 또는 목적 제시	·이전 강의 설명 후 오늘 강의 주제 제시
공략법	·학생이 찾아온 목적을 밝히는 도입부 집중 ·도입부에서 정확하게 목적/주제를 언급하지 않으면 전반적인 내용을 고려할 것(구체적인 한두 단어에 집중하지 않기)	·도입부에서 오늘의 주제를 알려주는 시그널에 집중 ·도입부에서 점점 주제를 구체화하며 설명하는 강의의 일반적 흐름을 인지
시그널 예시	·I wanted to talk to you because 저는 당신과 대화하고 싶었는데 왜냐하면 ~ ·I was hoping 저는 ~를 바라고 있었는데 ·I came to talk about 저는 ~에 대해 이야기하러 왔습니다 ·I was wondering if 저는 ~인지 궁금합니다 ·I was interested in 저는 ~에 관심이 있습니다 ·The reason why I am here is that 제가 여기 온 이유는 바로 ~입니다	·Today, I would like to discuss 오늘, 저는 ~에 대해 얘기해보고 싶습니다 ·I am talking about 저는 ~에 대해 말합니다 ·Later today, we'll be discussing 오늘 늦게, 우리는 ~를 다룰 예정입니다 ·The topic for today is 오늘의 주제는 ~입니다 ·Let's look at ~ ~를 살펴봅시다

2. Conversation 연습문제

 Listening_CH1_1

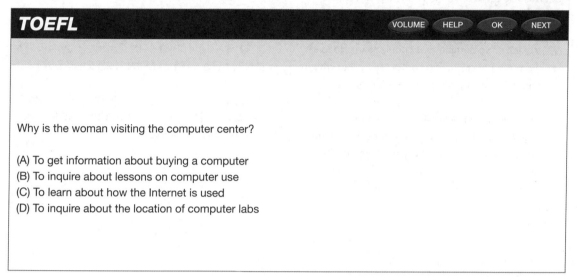

Why is the woman visiting the computer center?

(A) To get information about buying a computer
(B) To inquire about lessons on computer use
(C) To learn about how the Internet is used
(D) To inquire about the location of computer labs

Listen to a conversation between a student(W) and a computer center employee(M).	한 학생(여성)과 컴퓨터 센터 교직원(남성) 사이의 대화를 들어보시오.
M: Hello, is there anything I can help you with?	M: 안녕하세요, 제가 도와드릴 일이 있나요?
W: Oh, yeah, hi. Um... I was hoping you might have a class or something that I could take... to learn more about how to use computers... like writing papers or finding stuff on the Internet.	W: 오, 네, 안녕하세요. 음… 제가 들을 수 있는 수업 같은 게 있는지 해서요… 컴퓨터 이용법에 대해 좀 더 배우고 싶어서요. 예를 들면, 논문을 쓰거나 인터넷에서 자료를 찾는 것 말이에요.
M: Um... we don't really offer a course for beginners, but all of our computers have some basic tutorial software. Why don't you try that out?	M: 음… 저희는 초보자용 강좌는 제공하지 않지만, 모든 컴퓨터에는 몇 가지 기본적인 사용 지침 소프트웨어가 있어요. 그걸 한번 확인 해보는 게 어떠세요?

[정답]
(B)

[문제 해석]
여성은 왜 컴퓨터 센터를 방문하는가?
(A) 컴퓨터 구입에 관한 정보를 얻기 위해
(B) 컴퓨터 이용 수업에 관해 문의하기 위해
(C) 인터넷 이용법을 배우기 위해
(D) 컴퓨터실의 위치에 관해 문의하기 위해

[해설]
(오답 A) '어떠한 정보를 얻으려는 것'(To get information about ~)은 맞으나, '컴퓨터 구매'(buying a computer)는 아니다.
(정답 B) 처음 질문(is there anything I can help you with?)의 답변에 방문 목적이 등장할 수 있으므로 집중하되, 특별히 직접적으로 찾아온 목적을 알려주는 시그널(I was hoping) 이후에 나온 a class / learn / how to use computers를 통해 컴퓨터 이용법을 배우고 싶어 한다는 것을 확인할 수 있다.
(오답 C) '배우기 위해'(To learn about)까지는 맞으나 '인터넷 이용법'(how the Internet is used)을 배우러 온 것은 아니다.
(오답 D) 컴퓨터실(computer lab) 및 그 위치에 대한 얘기는 없다.

[Vocabulary]
tutorial 설명서, 사용 지침, 개인 지도, 지도의

3. Lecture 연습문제

🔊 Listening_CH1_2

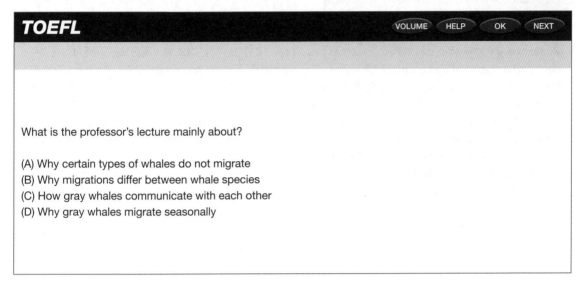

TOEFL

VOLUME   HELP   OK   NEXT

What is the professor's lecture mainly about?

(A) Why certain types of whales do not migrate
(B) Why migrations differ between whale species
(C) How gray whales communicate with each other
(D) Why gray whales migrate seasonally

Listen to part of a lecture in a biology class. Professor: Let's continue talking about whales. Specifically, I'd like to focus today on, uh, the migration of whales... Um, why whales head south for the winter or really why whales in the cold water of the northern hemisphere head south for the winter. Now, migrating isn't something that all whales do, but most gray whales do and interestingly enough we still don't know why the gray whales migrate. We do have several theories, however, which I'll discuss today. Can anybody guess one reason why gray whales might migrate south to the warm tropical water?	생물학 수업의 강의 일부를 들어보시오. 교수: 고래에 대해 계속 이야기해 봅시다. 구체적으로, 오늘은 고래의 이동에 초점을 맞추고 싶습니다… 음, 왜 고래가 겨울에 남쪽으로 향하는지 또는 왜 북반구의 차가운 물에 있는 고래가 겨울에 남쪽으로 향하는지 말이에요. 자, 이동은 모든 고래들이 하는 것은 아니지만, 대부분의 회색 고래들은 그렇게 하고 있고, 흥미롭게도 우리는 여전히 왜 회색 고래들이 이동하는지 알지 못합니다. 하지만 우리는 몇 가지 이론이 있고, 오늘 제가 이야기할 것입니다. 왜 회색 고래가 남쪽 따뜻한 열대 수역으로 이동하는지 이유 한 가지를 알아맞힐 수 있는 사람이 있나요?

[정답]
(D)

[문제 해석]
교수의 강의는 주로 무엇에 관한 것인가?
(A) 왜 고래 몇몇 종은 이동하지 않는지
(B) 왜 이동이 고래 종들에 따라 다른지
(C) 회색 고래가 어떻게 서로 의사소통하는지
(D) 왜 회색 고래가 계절에 따라 이동하는지

[해설]
(오답 A) '고래 몇몇 종'(certain types of whales)이 오늘의 주제인 회색 고래(gray whales)를 뜻할 수 있지만 '이동하지 않는다'(not migrate)는 잘못된 내용이다.
(오답 B) '이동'(migration)은 맞지만 고래 종들에 따라 이동이 다른 이유에 대해 말하는 것은 아니다.
(오답 C) 회색 고래(gray whales)는 맞지만 그들이 의사소통(communicate)하는 방식에 대한 내용이 아니다.
(정답 D) '왜 회색 고래가 계절에 따라 이동하는지'(Why gray whales migrate seasonally)는 도입부에서 언급된 정확한 주제이다. '오늘은 고래의 이동에 초점을 맞추고 싶습니다'(I'd like to focus today on, uh, the migration of whales)라는 시그널과 함께 구체적으로 언급되고 있다.

[Vocabulary]
migration 이동, 이주 northern hemisphere 북반구

· 음원을 들으면서 잘 들리지 않는 어휘나 표현을 정리
· 음원 또는 문제에서 나온 중요 어휘 정리
· 틀린 문제는 오답을 선택한 이유와 정답이 되는 근거를 적기

리스닝 학습 노트

II Detail

1. 문제 유형 소개 및 전략

◦ 대화 또는 강의의 세부 사항에 대해 질문하는 문제 유형
◦ Conversation에서는 이유와 결과, 질문과 대답, 문제와 해결책을 주로 질문
◦ Lecture에서는 원인과 결과, 장단점, 특징과 같은 주요 세부 사항을 질문
◦ 일반적으로 한 대화 또는 강의당 1~3문제, 평균 2문제 출제
◦ 청취를 통해 주제와 연관된 세부 정보를 파악할 수 있는지 평가

■ 질문 유형

Conversation	Lecture
What does the professor suggest the man do? 교수는 남성에게 무엇을 하라고 제안하는가?	What does the professor say about ~? 교수는 ~에 대해 무엇이라고 말하는가?
According to the professor, what is ~? 교수에 따르면, ~는 무엇인가?	According to the professor, how does ~? 교수에 따르면, 어떻게 ~하는가?

■ 출제 패턴 및 풀이 전략

	Conversation	Lecture
출제 흐름	·보통 대화 전반에 걸쳐 문제가 출제되지만, 도입부에서 목적과 함께 또는 목적을 말한 후 제시되는 세부 사항과 관련된 질문이 빈번하게 출제	·강의 전반에 걸쳐 문제가 출제되지만, 도입부에서 주제를 언급한 후 주로 등장하는 세부 사항과 관련된 질문이 출제
공략법	·목적에 대한 핵심 주요 정보에 집중 ·목적에 대한 교수의 해결책 나열과 그에 대한 장단점에 집중 ·해결책에 대한 학생의 반응에 집중 ·한두 단어에 집착하여 정답을 고르지 말고 의미를 파악하여 정답 선택	·본론에서 핵심 정보 찾는 것에 집중 ·내 생각에 중요한 정보가 아닌 교수가 중요하다고 강조하는 부분이 문제 포인트 ·정답은 paraphrasing되어 있으므로 선택지의 단어만을 보고 정답 유추하지 않기

2. Conversation 연습문제

Listening_CH1_3

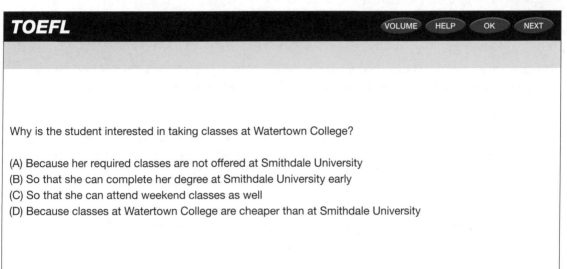

Why is the student interested in taking classes at Watertown College?

(A) Because her required classes are not offered at Smithdale University
(B) So that she can complete her degree at Smithdale University early
(C) So that she can attend weekend classes as well
(D) Because classes at Watertown College are cheaper than at Smithdale University

Listen to a conversation between a student(W) and an admissions officer(M) at Watertown College.

W: Good morning, could you help me? I'm curious about taking classes here during your summer session.

M: Sure, what would you like to know? In case you didn't see the notice online, it starts next Tuesday.

W: That shouldn't be a problem. I want to take some required courses so that I could graduate a semester earlier and get into the job market sooner.

M: That sounds like a good idea. Can I get your student ID number?

W: Um... that's the thing. I'm not actually enrolled here at Watertown College. I'll be starting school at Smithdale University in the fall but I'm down here for the summer staying with my cousins.

한 학생(여성)과 워터타운 칼리지의 입학사정관(남성) 사이의 대화를 들어보시오.

W: 좋은 아침입니다, 좀 도와주실 수 있나요? 저는 여름 기간에 이곳에서 수업을 듣는 것에 대해 알고 싶습니다.

M: 물론이죠, 어떤 걸 알고 싶으세요? 혹시나 온라인으로 공지 못 보셨다면, 다음 주 화요일부터 시작합니다.

W: 그건 문제될 게 없습니다. 저는 한 학기 일찍 졸업하고 취업 시장에 더 빨리 진출할 수 있도록 필수 과목들을 수강하고 싶어서요.

M: 좋은 생각인 것 같네요. 학생증 번호 좀 알 수 있을까요?

W: 음… 그게 문제인데요. 전 사실 여기 워터타운 칼리지에 등록하지 않았어요. 가을에 스미스데일 대학에서 학교를 시작하는데, 사촌들과 함께 여름을 보내려고 여기 내려왔어요.

[정답]
(B)

[문제 해석]
왜 학생은 워터타운 칼리지에서 수강하는 것에 관심이 있는가?
(A) 스미스데일 대학에서는 그녀의 필수 과목들이 제공되지 않기 때문에
(B) 그녀가 스미스데일 대학에서 학위를 빠르게 마치기 위해서
(C) 주말 수업에도 참석할 수 있도록 하기 위해서
(D) 워터타운 칼리지 수업이 스미스데일 대학보다 저렴하기 때문에

[해설]
(오답 A) '필수 수업'(required courses)이라는 단어는 언급되었지만 그 수업들이 Smithdale University에서 제공되지 않는다고 언급한 적은 없다.
(정답 B) 학생은 여름 학기 수업을 듣는 것에 대한 문의를 하러 왔다. 그리고 '한 학기 일찍 졸업'(so that I could graduate a semester earlier)하려는 목적을 말한다.
(오답 C) 주말 수업은 언급된 적이 없다.
(오답 D) 수강료에 대한 내용은 언급된 적이 없다.

[Vocabulary]
job market 취업 시장, 인력 시장

3. Lecture 연습문제

🔊 Listening_CH1_4

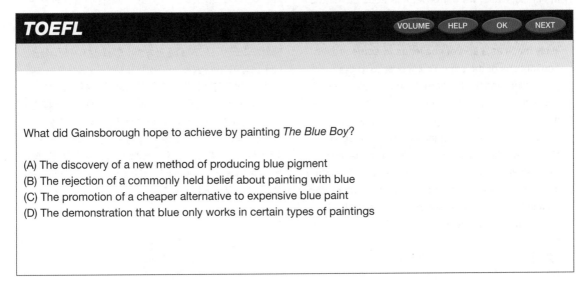

TOEFL   VOLUME   HELP   OK   NEXT

What did Gainsborough hope to achieve by painting *The Blue Boy*?

(A) The discovery of a new method of producing blue pigment
(B) The rejection of a commonly held belief about painting with blue
(C) The promotion of a cheaper alternative to expensive blue paint
(D) The demonstration that blue only works in certain types of paintings

Listen to part of a lecture in an art history class.	미술사 수업의 강의 일부를 들어보시오.
Professor: In our last class, we went over a famous painting by Thomas Gainsborough, *The Blue Boy*. He painted it in 1770, and I hinted at the end of class that it was likely made as a sort of challenge to some artistic conventions of the time. You see, among the profession was the belief that blue should not be a key color in a painting because it isn't vibrant—it just settles in the background. Therefore, it would hinder the prominence of the main subject. Umm… but Gainsborough wanted to expel this misconception, so he created *The Blue Boy*—a boy in a striking blue outfit. And, considering that we're talking about it now, two-and-a-half centuries later, I guess he was successful.	**교수:** 지난 시간에, 우리는 토머스 게인즈버러의 유명한 그림 <파란 옷을 입은 소년>을 살펴봤습니다. 그는 1770년에 이 그림을 그렸는데, 제가 수업 말미에 이 그림이 당시의 일부 예술적 전통들에 대한 일종의 도전으로 그려졌을 가능성이 있다고 넌지시 언급했습니다. 그러니까, 미술계에선 파란색이 그림의 중심을 이루는 색이 되지 말아야 한다는 생각이 있었는데, 생기가 넘치지 않아 배경색으로만 자리잡고 있기 때문입니다. 따라서, 주제의 중요성에 방해가 될 것입니다. 음… 하지만 게인즈버러는 이러한 오해를 떨쳐버리기를 원했기 때문에, <파란 옷을 입은 소년>, 즉 두드러지게 파란 옷을 입고 있는 소년을 만들어냈습니다. 그리고, 우리가 두 세기 반이나 지난, 지금 이 얘기를 하고 있는 것을 감안하면, 성공적이었던 것 같습니다.

[정답]
(B)

[문제 해석]
게인즈버러는 <파란 옷을 입은 소년>을 그림으로써 무엇을 이루기를 바랐는가?
(A) 파란 색소를 만드는 새로운 방법의 발견
(B) 파란색이 들어간 그림에 대해 흔히 갖고 있던 생각에 대한 거부
(C) 비싼 파란색 물감에 대한 더 저렴한 대안의 홍보
(D) 파란색이 오직 특정 유형의 그림에서만 효과가 있다는 점에 대한 입증

[해설]
(오답 A) 파란 색소에 대한 내용은 없다.
(정답 B) 파란색이 배경으로만 쓰이는 기존 생각을 떨쳐 버리기를 원했다고 나오므로 정답이다.
(오답 C) 파란색 물감이 비싸다는 내용은 없다.
(오답 D) 게인즈버러 시대에 파란색은 그림의 중심색이 아니고 배경색으로만 특정되어 쓰였지만, 게인즈버러는 이에 대한 거부로 오히려 파란색을 중심색으로 사용했다는 내용이다. 이는 파란색이 특정 그림에서만 효과를 내는 것과 다르므로 오답이다.

[Vocabulary]
convention 전통 **settle** 자리잡다 **hinder** 방해하다 **prominence** 중요성 **expel** 추방하다, 떨쳐버리다 **misconception** 오해 **striking** 두드러진 **outfit** 옷

・음원을 들으면서 잘 들리지 않는 어휘나 표현을 정리
・음원 또는 문제에서 나온 중요 어휘 정리
・틀린 문제는 오답을 선택한 이유와 정답이 되는 근거를 적기

리스닝 학습 노트

III Function

1. 문제 유형 소개 및 전략

- 화자가 말하는 진짜 의도를 파악하는 문제
- 대화 또는 강의의 일부분을 다시 들려주고, 그 중 한 문장을 선택해 또 다시 들려주는데, 마지막으로 다시 들려준 문장의 화자 의도 파악
- 대화 또는 강의당 평균 1문제가 마지막 또는 마지막 바로 전 문제로 출제

■ 질문 유형

Conversation	Lecture
Listen again to part of the conversation. Then answer the question. 🎧 대화의 일부를 다시 들으시오. 그런 다음, 질문에 답하시오.	Listen again to part of the lecture. Then answer the question. 🎧 강의의 일부를 다시 들으시오. 그런 다음, 질문에 답하시오.
Why does the student say this: 🎧 학생은 왜 이 말을 하는가?	What does the professor mean when he says this: 🎧 교수가 이 말을 할 때 무엇을 시사하는가?

■ 출제 패턴 및 풀이 전략

	Conversation & Lecture
출제 흐름	·의미가 말 그대로 드러나는 부분이 아닌 숨은 뜻이 있는 구간 ·화자의 억양과 어조의 변화가 있는 구간
공략법	·다시 들려준 구간 외의 내용은 생각하지 않기 ·다시 들려줄 때에도 노트테이킹은 필수 ·마지막에 들려준 문장을 앞뒤 내용과 연결하여 진짜 의미 찾기
오답 패턴	·숨은 뜻을 파악하지 못한 표면적 내용의 선택지 ·나온 내용과 반대되는 내용의 선택지 ·다시 들려준 구간 밖 내용의 선택지

2. Conversation 연습문제

🔊 Listening_CH1_5

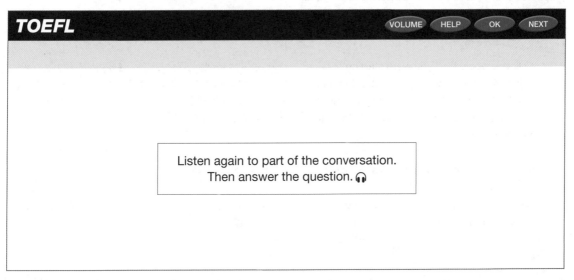

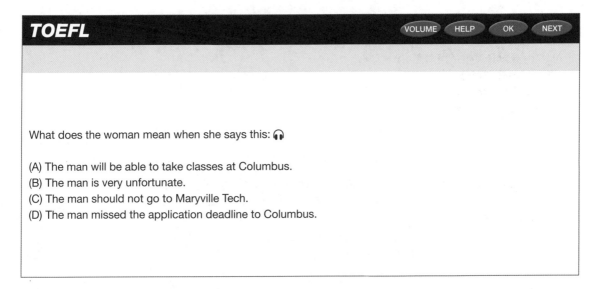

Listen to a conversation between a student(M) and an admissions officer(W). W: I see that you're not enrolled here at Columbus. M: I guess I'm out of luck, then. W: Well, you would be if you were starting anywhere but Maryville Tech. But Columbus has a sort of special relationship with Maryville Tech so our students can take classes at Maryville and vice versa. What does the woman mean when she says this? W: Well, you would be if you were starting anywhere but Maryville Tech.	한 학생(남성)과 입학사정관(여성) 사이의 대화를 들어보시오. W: 이곳 콜럼버스에 등록하지 않은 것 같군요. M: 그럼, 저는 운이 없는 것 같네요. W: 음, 만약 메리빌 공대를 제외한 다른 곳에서 시작한다면 그랬을 것입니다. 하지만 콜럼버스는 메리빌 공대와 일종의 특별한 관계를 맺고 있어서 우리 학생들은 메리빌에서 수업을 들을 수 있고 그 반대도 마찬가지입니다. 여성이 이 말을 할 때 무엇을 시사하는가? W: 음, 만약 메리빌 공대를 제외한 다른 곳에서 시작한다면 그랬을 것입니다.

[정답]
(A)

[문제 해석]
여성이 이 말을 할 때 무엇을 시사하는가?
(A) 남자는 콜롬버스에서 수업을 들을 수 있을 것이다.
(B) 남자는 대단히 운이 없다.
(C) 남자는 메리빌 공대에 가면 안 된다.
(D) 남자는 콜롬버스의 지원 마감일을 놓쳤다.

[해설]
(정답 A) 앞 문장, '운이 없는 것 같네요'(I guess I'm out of luck)에 대한 대답으로 '만약 메리빌 공대를 제외한 다른 곳에서 시작한다면 그랬을 것입니다'(you would be if you were starting anywhere but Maryville Tech)라고 말하고 다음 문장에서 메리빌 공대와 콜롬버스는 특별한 관계로 수업을 양쪽에서 들을 수 있다고 하므로 정답이다.
(오답 B) 실제 답변과 반대되는 내용이므로 오답이다.
(오답 C) 대화의 핵심 포인트는 어느 학교를 다니는지의 문제가 아니므로 오답이다.
(오답 D) 다시 들려준 구간에서 나온 내용이 아니므로 오답이다.

[Vocabulary]
vice versa 역으로, 거꾸로

3. Lecture 연습문제

◀)) Listening_CH1_6

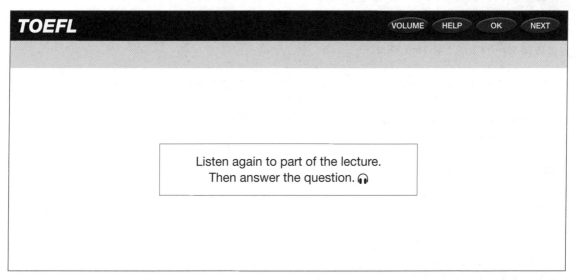

Listen again to part of the lecture.
Then answer the question. 🎧

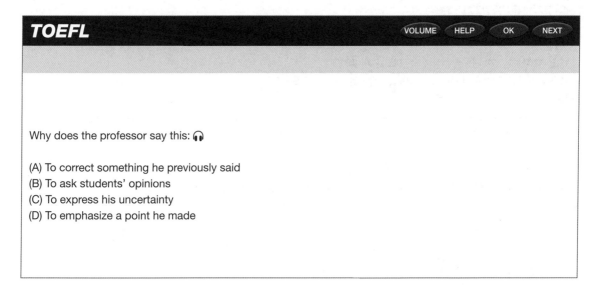

Why does the professor say this: 🎧

(A) To correct something he previously said
(B) To ask students' opinions
(C) To express his uncertainty
(D) To emphasize a point he made

Listen to part of a lecture in a history class. Professor: A good deal of landowners rented out the land to local farmers who lived and worked on it, but, um, didn't have much cause to actually take good care of it. I mean it wasn't their land, right? Why does the professor say this? P: I mean it wasn't their land, right?	역사학 수업의 강의 일부를 들어보시오. 교수: 많은 지주들이 그 땅을 지역 농부들에게 임대했는데, 농부들은 그곳에 살고 경작했지만, 음, 땅을 잘 돌볼 이유가 별로 없었습니다. 제 말은 그게 그들의 땅이 아니었으니까요, 그렇지 않나요? 교수는 왜 이 말을 하는가? P: 제 말은 그게 그들의 땅이 아니었으니까요, 그렇지 않나요?

[정답]
(D)

[문제 해석]
교수는 왜 이 말을 하는가?
(A) 그가 앞서 말했던 내용을 정정하기 위해서
(B) 학생들의 의견을 묻기 위해서
(C) 그의 불확실성을 표현하기 위해서
(D) 그가 한 주장을 강조하기 위해서

[해설]
(오답 A) 자신이 말한 내용을 수정하려는 의도는 아니다.
(오답 B) '그렇지 않나요'(right?)로 문장이 끝났지만 물어보려는 의도는 아니다.
(오답 C) 교수가 불확실하여 질문한 것은 아니다.
(정답 D) '제 말은'(I mean)이라는 표현으로 구간 중 앞 내용을 반복하는 것을 알 수 있고, 마지막에 '그렇지 않나요'(right?)라고 하며 다시 한번 강조하므로 '그가 한 주장을 강조하기 위해서'가 정답이다.

[Vocabulary]
a good deal of 많은, 다량의 **landowner** 지주 **cause** 이유, 원인 **take good care of** ~을 잘 돌보다

- 음원을 들으면서 잘 들리지 않는 어휘나 표현을 정리
- 음원 또는 문제에서 나온 중요 어휘 정리
- 틀린 문제는 오답을 선택한 이유와 정답이 되는 근거를 적기

리스닝 학습 노트

IV Attitude

1. 문제 유형 소개 및 전략

- 화자의 태도, 즉 감정 상태와 의견을 파악하는 문제
- Function 문제처럼 대화 또는 강의의 일부분을 다시 들려주는 문제
- 일반적으로 한 대화 또는 강의당 평균 0~1문제 출제됨

▪ 질문 유형

Conversation	Lecture
Listen again to part of the conversation. Then answer the question. 🎧 대화의 일부를 다시 들으시오. 그런 다음, 질문에 답하시오.	Listen again to part of the lecture. Then answer the question. 🎧 강의의 일부를 다시 들으시오. 그런 다음, 질문에 답하시오.
What does the man mean when he says this: 🎧 남성이 이렇게 말했을 때 그는 무엇을 시사하는가?	What is the professor's attitude when he says this: 🎧 교수가 이 말을 할 때의 태도는 어떠한가?

▪ 출제 패턴 및 풀이 전략

	Conversation & Lecture
출제 흐름	·화자의 의견이 드러나는 표현이 있는 구간 ·화자의 억양과 어조의 변화가 있는 구간
공략법	·화자의 말을 정확하게 이해하기 ·말뿐만 아니라 화자의 말투와 말에 실린 감정까지 파악 ·선택지를 비교할 때 내용뿐만 아니라 감정들을 잘 분별 (예) He is worried about ~ / He is excited to ~
오답 패턴	·정보는 맞으나 핵심 감정이 잘못 표현된 선택지 ·나온 내용과 반대되는 내용의 선택지 ·표면적인 단어만을 포함하고 있는 선택지

2. Conversation 연습문제

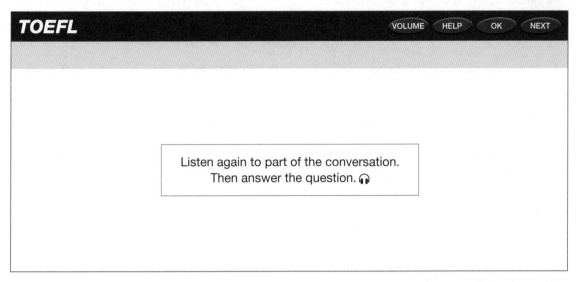

Listen again to part of the conversation.
Then answer the question. 🎧

What does the man mean when he says this: 🎧

(A) He explains why the package got lost.
(B) He convinces the woman to meet his request.
(C) He denies his relevance in the case.
(D) He criticizes a new campus policy.

Listen to a conversation between a student(M) and an employee(W) at a student dormitory.	한 학생(남성)과 학생 기숙사 직원(여성)의 대화를 들어보시오.
W: Hmm… sorry, but we can't give packages to anyone other than the person whose name is on the label. It's one of the university's rules.	W: 음… 죄송합니다만, 라벨에 이름이 적혀 있는 사람 이외에는 소포를 줄 수 없습니다. 이것은 대학의 규칙 중 하나입니다.
M: She's my sister, though. I'm not trying to steal it or anything…	M: 하지만 그녀는 제 여동생이에요. 저는 훔치거나 다른 걸 하려는 게 아니에요…
What does the man mean when he says this?	남성이 이 말을 할 때 무엇을 시사하는가?
M: She's my sister, though. I'm not trying to steal it or anything…	M: 하지만 그녀는 제 여동생이에요. 저는 훔치거나 하려는 게 아니에요…

[정답]
(B)

[문제 해석]
남성이 이 말을 할 때 무엇을 시사하는가?
(A) 배송품이 왜 분실되었는지 설명한다.
(B) 그의 요청을 들어주도록 여자를 설득한다.
(C) 사건에 대한 그의 관련성을 부인한다.
(D) 새로운 캠퍼스 정책을 비판한다.

[해설]
(오답 A) '배송품이 왜 분실되었는지'에 대한 내용은 없다.
(정답 B) 남학생이 자신의 요청 사항을 여직원이 이행하도록 설득하기 위해서 말하는 부분이다.
(오답 C) 화자가 무언가를 부인하는 상황은 아니다
(오답 D) 새로운 캠퍼스 정책을 비판하는 것은 아니다.

[Vocabulary]
package 소포 **label** 라벨, 딱지, 꼬리표

3. Lecture 연습문제

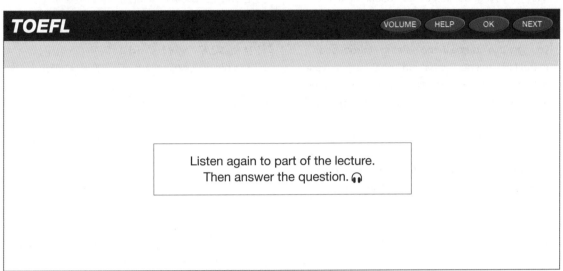

TOEFL VOLUME HELP OK NEXT

Listen again to part of the lecture.
Then answer the question. 🎧

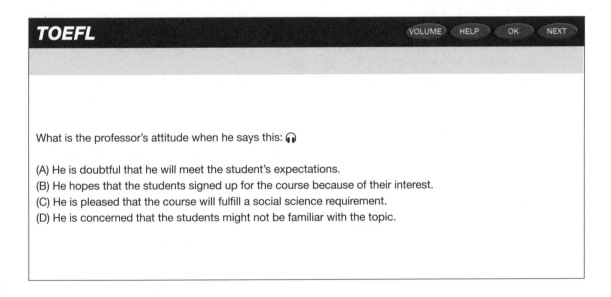

TOEFL VOLUME HELP OK NEXT

What is the professor's attitude when he says this: 🎧

(A) He is doubtful that he will meet the student's expectations.
(B) He hopes that the students signed up for the course because of their interest.
(C) He is pleased that the course will fulfill a social science requirement.
(D) He is concerned that the students might not be familiar with the topic.

Listen to part of a lecture in a social science class.	사회 과학 수업의 강의 일부를 들어보시오.
Professor: It is always a good idea to step back and ask ourselves "What are we studying in this class, and why are we studying it?" So, for example, when you saw this course in the catalog "Introduction to Political Science", what did you think you were getting into? What made you sign up for it besides filling the political science requirement? [laughter] What is the professor's attitude when he says this? P: What made you sign up for it besides filling the political science requirement? [laughter]	교수: 한 걸음 물러나 스스로에게 "이 수업에서 무엇을 공부하고 있고, 왜 그것을 공부하고 있는가?"라고 물어보는 것은 언제나 좋은 생각입니다. 그래서, 예를 들어, 카탈로그에서 '정치학 입문'이라는 과정을 봤을 때, 무엇을 하게 될 거라고 생각했나요? 정치학 필수 요건을 채우는 것 외에 어떤 이유로 신청을 했나요? [웃음] 교수가 이 말을 할 때의 태도는 어떠한가? P: 정치학 필수 요건을 채우는 것 외에 어떤 이유로 신청을 했나요? [웃음]

[정답]
(B)

[문제 해석]
교수가 이 말을 할 때의 태도는 어떠한가?
(A) 그는 그가 학생들의 기대치를 충족시킬 수 있을지 의심스러워한다.
(B) 그는 학생들이 해당 수업에 관심이 있어서 등록했기를 바란다.
(C) 그는 해당 수업이 사회 과학 필수 요건을 만족시킬 것이라서 기뻐한다.
(D) 그는 학생들이 해당 주제가 친숙하지 않을까봐 걱정한다.

[해설]
(오답 A) 불확실하거나 의심스러운(doubtful) 감정이 아니므로 오답이다.
(정답 B) 수업을 듣는 이유에 대해 교수가 묻고 있다. 필수 수강 요건을 채우는 것 외에 다른 이유 때문에 학생들이 수강했다는 답변을 원하는 듯한 뉘앙스를 풍긴다. 그 후의 웃음을 통해 교수가 학생들이 수업 자체에도 관심 있어 하기를 바란다는 것을 알 수 있다.
(오답 C) 정치학 필수 요건 외의 다른 수강 목표를 언급하고 있으므로 오답이다.
(오답 D) 웃음으로 볼 때 걱정하는 감정(concerned)은 아니므로 오답이다.

[Vocabulary]
get into ~을 (시작)하게 되다 sign up for ~에 등록하다 requirement 필수 과목, 필수 요건

• 음원을 들으면서 잘 들리지 않는 어휘나 표현을 정리
• 음원 또는 문제에서 나온 중요 어휘 정리
• 틀린 문제는 오답을 선택한 이유와 정답이 되는 근거를 적기

리스닝 학습 노트

Ⅴ Organization

1. 문제 유형 소개 및 전략

- 정보들의 관계와 대화 또는 강의 내용의 흐름을 파악하는지 평가하는 문제
- 언급된 특정 키워드가 대화 또는 강의 속에서 하는 역할이 무엇인지를 자주 질문
- 일반적으로 한 대화 또는 강의당 평균 0~1문제 출제됨

■ 질문 유형

Conversation	Lecture
Why does the student mention ~? 학생은 왜 ~를 언급하는가?	Why does the professor discuss ~? 교수는 왜 ~를 논의하는가?

■ 출제 패턴 및 풀이 전략

	Conversation & Lecture
출제 흐름	· 대화 또는 강의 중 갑작스럽게 특정 단어가 등장하거나 강조됨 · 예시 또는 비유에서 등장하는 단어
공략법	· 갑작스럽게 등장한 강조 키워드, 예시 또는 비유는 반드시 노트테이킹 · 내용 자체를 이해하는 데에만 초점을 맞추기보다는 해당 단어가 내용의 흐름 속에서 하는 역할을 파악 · 해당 단어가 포함된 다음 문장까지 집중하여 화자가 그 단어를 제시한 의도 파악 · 선택지를 고를 때에는 의도를 파악하는 문제라는 것을 꼭 기억
오답 패턴	· 질문에 포함된 단어와 관련해 언급되지 않았거나 해당 목적에서 벗어난 선택지 · 해당 단어 근처에 언급된 단어를 포함한 선택지 · 해당 단어와 관련된 일반적인 정보를 기술한 선택지

2. Conversation 연습문제

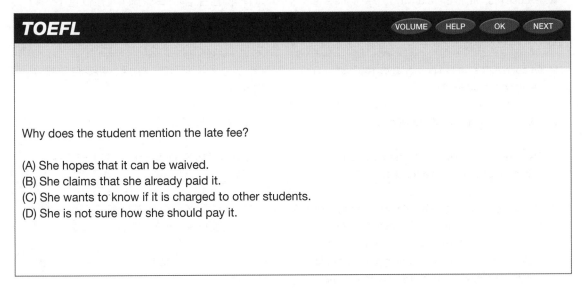

Listen to a conversation between a student(W) and a campus employee(M).	한 학생(여성)과 교직원(남성) 사이의 대화를 들어보시오.
W: Excuse me, uh, is there a way to see if there is anything outstanding on my account with the campus library?	W: 실례합니다만, 음, 캠퍼스 도서관의 제 계정에 미결제된 것이 있는지 확인할 방법이 있나요?
M: Of course. It's on the homepage. You can log in using your student ID.	M: 물론이죠. 홈페이지에 있어요. 학생증을 이용하여 로그인할 수 있습니다.
W: Okay, I'll take a look at the website.	W: 네, 웹사이트를 볼게요.
M: Okay, great. I'll give you my card, so you can call me in case you have trouble.	M: 네, 좋습니다. 제가 명함을 드릴 테니, 문제가 생기면 제게 전화하세요.
W: Um, also, I'm worried about having to pay a late fee. I mean, according to the statement I got in the mail, my check was late, even though I mailed it before it was due. So even if they did get it eventually, I'll probably have to pay that fee.	W: 음, 그리고, 연체료를 내야 하는 게 걱정돼요. 제 말은, 제가 우편으로 받은 안내서에 따르면, 기한 전에 우편으로 보냈음에도 불구하고 제 수표가 늦었습니다. 그래서 결국 그쪽에서 수표를 받았다 하더라도, 저는 아마 그 요금(연체료)을 지불해야 할 것입니다.

[정답]
(A)

[문제 해석]
학생은 왜 연체료를 언급하는가?
(A) 그녀는 연체료를 면제받기를 바란다.
(B) 그녀는 이미 연체료를 냈다고 주장한다.
(C) 그녀는 다른 학생들에게도 연체료가 청구되었는지 알고 싶어한다.
(D) 그녀는 연체료를 어떻게 내야 하는지 모른다.

[해설]
(정답 A) '걱정돼요'(I'm worried)라는 표현과 주요 단어인 '연체료'(late fee)를 말한다. 학생이 연체료 지불에 대해 걱정하는 것은, 면제받고 싶다는 의도에 해당된다.
(오답 B) 학생은 아직 연체료를 내지 않았고 앞으로 내야하는 것에 대해 걱정하고 있다.
(오답 C) '요금이 청구된다'(charged to)는 표현이 있지만 '다른 학생들'(other students)에 대한 내용은 언급된 적이 없다.
(오답 D) '어떻게 연체료를 내야 하는지 모르겠다'는 내용은 학생의 말과 관련이 없다.

[Vocabulary]
outstanding 아직 처리되지 않은, 미지불된 card 명함 check 수표 due 기한인 waive 적용하지 않다, 철회하다

3. Lecture 연습문제

◀)) Listening_CH1_10

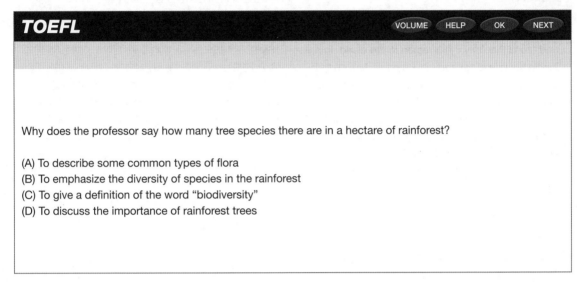

Why does the professor say how many tree species there are in a hectare of rainforest?

(A) To describe some common types of flora
(B) To emphasize the diversity of species in the rainforest
(C) To give a definition of the word "biodiversity"
(D) To discuss the importance of rainforest trees

Listen to part of a lecture in an environmental science class. Professor: There is an abundance of different species in the amazon rainforest. It has more diversity in flora and fauna than any other region in the world. In a single hectare of rainforest, you might find 10,000 different types of plants. That's just in one hectare. I could go on and on about the biodiversity of plants and animals found in the amazon rainforest, but I'm sure it isn't news to any of you. So, how do you think it became so diverse?	환경 과학 수업의 강의 일부를 들어보시오. 교수: 아마존 열대우림에는 다양한 종들이 풍부합니다. 그것은 세계의 다른 어떤 지역보다 더 많은 동식물 다양성을 가지고 있습니다. 1헥타르의 열대우림에서, 여러분은 10,000가지 다른 종류의 식물들을 발견할지도 모릅니다. 1헥타르에만 말이죠. 아마존 열대우림에서 발견되는 동식물의 생물 다양성에 대해 계속해서 이야기할 수 있지만, 여러분 중 누구에게도 새로운 소식은 아닐 것입니다. 그래서, 여러분은 그것이 어떻게 그렇게 다양해졌다고 생각하나요?

[정답]
(B)

[문제 해석]
교수는 왜 열대우림의 1헥타르에 얼마나 많은 나무 종이 있는지 말하는가?
(A) 식물군의 일부 공통적인 종류를 설명하기 위해서
(B) 열대우림의 종 다양성을 강조하기 위해서
(C) '생물의 다양성'이란 단어를 정의하기 위해서
(D) 열대우림의 나무들이 지니는 중요성을 논의하기 위해서

[해설]
(오답 A) 해당 키워드(a hectare of rainforest) 앞에 언급된 식물군(flora)이 포함되어 있으나 일부 식물군에 대한 내용은 아니다.
(정답 B) 해당 키워드 언급 후 교수는 얼마나 다양한 종(species)이 있는지 강조한다.
(오답 C) 해당 키워드 뒤에 생물 다양성(biodiversity)이 나오지만 그 단어를 정의하기 위한 의도는 아니다.
(오답 D) 강의의 핵심과 관계없이 키워드(rainforest)와 연결될 법한 내용을 제시한 오답이다.

[Vocabulary]
hectare 헥타르(1만 평방미터)

· 음원을 들으면서 잘 들리지 않는 어휘나 표현을 정리
· 음원 또는 문제에서 나온 중요 어휘 정리
· 틀린 문제는 오답을 선택한 이유와 정답이 되는 근거를 적기

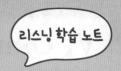
리스닝 학습 노트

VI Connecting Content

1. 문제 유형 소개 및 전략

- 한 주제 아래 나열되는 정보들의 관계를 이해하는지 평가하는 문제
- 주로 차트나 표의 형태로, 크게 Yes/No, Category, Order 세 유형으로 출제
- 일반적으로 한 대화 또는 강의당 평균 0~1문제 출제됨

■ 질문 유형

Yes/No (정보의 사실 여부)

	Yes	No
Information A		
Information B		
Information C		

Category (정보별 유형 분류)

	Category A	Category B	Category C
Information A			
Information B			
Information C			

Order (정보 순서)

Step 1	
Step 2	
Step 3	

■ 출제 패턴 및 풀이 전략

	Yes/No	Category	Order
출제 흐름	한 키워드에 대한 특징, 장단점, 해결책 등 나열	대화 또는 강의 초반부에 언급된 각 카테고리에 대한 특징들 비교	어떠한 과정, 차례, 순서 나열
시그널 단어	·A couple of / Several / A few 몇 개의 / 몇몇의 / 약간의 ·In addition / Also / Another 게다가 / 또한 / 다른	·On the other hand, 반면에, ·In contrast, 그에 반해서, ·Difference / Similarity 차이점 / 유사점	·Procedure / Steps(= Stages) 과정 / 단계 ·First / Second / Last 첫 번째 / 두 번째 / 마지막 ·After that / The next step 그 이후에 / 다음 단계는
공략법	·정보 나열의 시작을 알려주는 시그널 단어에 집중 ·추가 정보의 나열이 계속되는지 나타내는 시그널 단어에 집중 ·각 내용별로 구체적으로 노트테이킹하기보다는 동사와 목적어 위주로 적기		

2. Conversation 연습문제

🔊 Listening_CH1_11

| TOEFL | | VOLUME | HELP | OK | NEXT |

Indicate whether each of the following is what the man will do for the woman.

Click in the correct box for each item.

	Yes	No
Issue her a student ID number		
Provide her with a financial aid form		
Assist her with selecting classes		
Assist her with applying to the university		
Input her information into the admission system		

Listen to a conversation between a student(W) and an admissions officer(M).	한 학생(여성)과 입학사정관(남성) 사이의 대화를 들어보시오.
W: Okay, so after I bring you my admissions letter, how do I register for classes?	W: 네, 그럼 입학 허가서를 가지고 온 후에 어떻게 수업에 등록하나요?
M: There are two things that need to be done in advance. After your student ID number is issued and your information is in our admission system, you can register by phone almost immediately. I will do this first thing tomorrow morning. After that, you will need to decide which courses you will take and apply for them yourself.	M: 먼저 해야 할 일이 두 가지 있습니다. 학생의 학생증 번호가 발급되고 학생의 정보가 우리의 입학 시스템에 들어오면, 학생은 거의 즉시 전화로 등록할 수 있습니다. 제가 내일 아침에 이것을 제일 먼저 할 것입니다. 그 후, 수강할 강좌를 정해서 본인이 직접 신청해야 합니다.

[정답 및 문제 해석]
다음 각 항목이 남성이 여성을 위해 할 일인지 표기하시오.

올바른 상자를 클릭하시오.

	네	아니오
여성에게 학생증 번호 발급해 주기	✔	
여성에게 재정 지원 양식 제공하기		✔
여성이 수업 선택하는 것을 돕기		✔
여성이 대학에 지원하는 것을 돕기		✔
여성의 정보를 입학 시스템에 넣기	✔	

[해설]
(정답 A&E) 먼저 해야 할 두 가지가 있다고 말하는 부분이 시그널이므로 집중해야 한다. 학생증 번호(student ID number) 발급 및 학생의 정보를 시스템에 넣는 일을 언급하면서 남성이 직접 내일 아침에 하겠다고 하므로 정답이다.
(오답 B) 언급된 적 없는 오답이다.
(오답 C) 수업을 선택하는 것이 아니라 등록하는 것을 돕고 있다.
(오답 D) 대학에 지원하는 것이 아니라 수업에 등록하는 것을 돕고 있다.

[Vocabulary]
admissions letter 입학 허가서 register for ~에 등록하다 apply for ~에 신청하다

3. Lecture 연습문제

🔊 Listening_CH1_12

TOEFL   VOLUME   HELP   OK   NEXT

The professor mentions four formal steps used in examining a piece of art. Place the steps in order from first to last.

Drag your answer choices to spaces where they belong.

To remove an answer choice, click on it.

Step 1	
Step 2	
Step 3	
Step 4	

(A) Give an opinion about the artwork
(B) Identify possible symbols
(C) Describe the artwork
(D) Figure out the artist's meaning

Listen to part of a lecture in an art history class.

Professor:
Aside from beauty and purpose, what other aspects of artworks need to be evaluated? It's simple. You examine a piece of art following these four formal steps. The first step is *description*. Describe the physical characteristics of the piece like... this painting is large, it's oil on canvas. Describe the subject, whether it's a person, or a landscape or predominant colors like earth tones, a description like that. Okay? So, now you've described the artwork. The next step is *analysis*. You're looking at the piece for any universal symbols, characters, or themes it might contain. Certain symbols are universal, and the artist counts on your understanding of symbols. The stage after that is *interpretation*. This follows very closely with the analysis. Your interpretation of these symbols makes clear what the artist is trying to tell us. The final step is *opinion*.

미술사 수업의 강의 일부를 들어보시오.

교수:
예술 작품의 아름다움과 목적 외에, 어떤 다른 측면들이 평가되어야 하나요? 간단합니다. 이 네 가지 공식적인 단계를 따라 예술 작품을 살펴봅니다. 첫 번째 단계는 <설명>입니다. 작품의 물리적 특성을 설명하세요. 예를 들면… 이 그림은 크고, 캔버스에 그린 유화입니다. 사람이든, 풍경이나 흙의 색조들 같은 주요 색상에 대한 설명이든 피사체를 설명하세요. 아시겠죠? 자, 이제 예술 작품을 설명하셨군요. 다음 단계는 <분석>입니다. 그 작품에 포함될 수 있는 보편적인 상징, 문자 또는 테마를 찾는 겁니다. 어떤 상징들은 보편적이고, 예술가는 상징에 대한 사람들의 이해에 의존합니다. 그 이후의 단계는 <해석>입니다. 이것은 분석과 매우 밀접한 관련이 있어요. 이 상징들에 대한 사람들의 해석은 예술가가 우리에게 말하고자 하는 것을 명확하게 합니다. 마지막 단계는 <의견>입니다.

[정답]
C-B-D-A

[문제 해석]
교수는 예술 작품을 살펴보는 데 활용되는 네 가지 공식 단계를 언급한다. 처음부터 마지막까지 순서대로 단계를 위치시키시오.

선택지를 알맞은 자리에 끌어다 놓으시오.

선택지를 없애려면, 클릭하시오.

(A) 예술 작품에 대한 의견 제시하기
(B) 가능한 상징들 찾기
(C) 예술 작품 설명하기
(D) 예술가의 의도 알아내기

[해설]
네 가지 공식적인 단계(four formal steps)라는 시그널 단어를 통해, 특정 단계들이 나열된다는 것을 파악한다. 첫 번째 단계는 "The first step is ~"라는 시그널로 알려준다. "The next step is ~" 후에는 두 번째 단계가 나온다. 세 번째는 "The stage after that is ~"로 제시된다. 마지막은 "The final step is ~"로 알려준다. 각 시그널 단어 뒤에 나오는 핵심 정보들을 토대로(description – analysis – interpretation – opinion) 순서를 파악한다.

[Vocabulary]
artwork 예술 작품 predominant 두드러진

- 음원을 들으면서 잘 들리지 않는 어휘나 표현을 정리
- 음원 또는 문제에서 나온 중요 어휘 정리
- 틀린 문제는 오답을 선택한 이유와 정답이 되는 근거를 적기

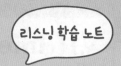

리스닝 학습 노트

VII Inference

1. 문제 유형 소개 및 전략

- 대화 또는 강의 중에 간접적으로 언급된 정보의 의미를 질문
- 한 문장만 이해하는 것이 아닌 관련된 여러 정보를 바탕으로 추론할 수 있어야 함
- 일반적으로 한 대화 또는 강의당 평균 0~1문제 출제됨

▪ 질문 유형

Conversation	Lecture
What can be inferred about the woman? 여자에 관해 무엇을 유추할 수 있는가? What will the student probably do next semester? 학생은 다음 학기에 아마 무엇을 하겠는가?	What does the professor imply about ~? 교수가 ~와 관련해 암시하는 것은 무엇인가?

▪ 출제 패턴 및 풀이 전략

	Conversation & Lecture
출제 흐름	·대화 또는 강의 중에 제시되는 핵심 개념과 연결된 키워드에 대한 유추 문제 ·그 키워드에 대한 핵심 포인트들 나열 ·대화의 경우, 특히 후반부에 제시되는 앞으로 두 사람이 할 일이 문제 포인트임
공략법	·한 키워드에 대한 여러 정보가 띄엄띄엄 나열되는 것을 파악하는 연습 ·전체적인 흐름 속에 나타나는 인과·비교·대조 등 정보 관계 이해 필요 ·다른 문제 유형들보다 정확한 해석이 중요 ·대화 또는 강의 중에 등장한 정보만 근거로 유추하여 정답 고르기
오답 패턴	·자의적 해석을 통해 너무 멀리 유추한 선택지 ·대화 또는 강의 중에 언급되었던 단어 일부로만 구성된 선택지 ·대화 또는 강의 중에 언급은 되었지만 질문에 언급되는 키워드와 관련 없는 정보의 선택지

2. Conversation 연습문제

◀) Listening_CH1_13

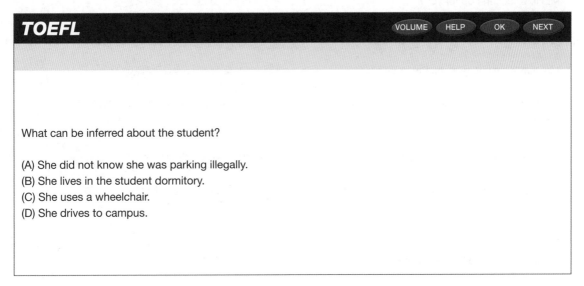

TOEFL

VOLUME   HELP   OK   NEXT

What can be inferred about the student?

(A) She did not know she was parking illegally.
(B) She lives in the student dormitory.
(C) She uses a wheelchair.
(D) She drives to campus.

Listen to a conversation between a student(W) and a campus employee(M).	한 학생(여성)과 캠퍼스 직원(남성) 사이의 대화를 들어보시오.
M: Hi, what can I do for you?	M: 안녕하세요, 무엇을 도와드릴까요?
W: I think my car has been stolen.	W: 제 차를 도난당한 것 같아요.
M: Okay. Can you give me the details?	M: 알겠습니다. 자세히 말씀해 주시겠어요?
W: Yes. It's a green 1999 Volvo with four-wheel drive.	W: 네. 1999년형 녹색 볼보 자동차로 4륜 구동이 가능해요.
M: When and where did you last see it?	M: 마지막으로 본 게 언제고 어디서였죠?
W: Well, this morning, I parked it in front of Barlett Hall.	W: 음, 오늘 아침에, 저는 발렛 홀 앞에 주차했어요.
M: Let me check the records. Oh, it looks like your car was parked in a faculty-only zone.	M: 기록을 확인해 볼게요. 아, 교수진 전용 구역에 주차된 것 같군요.
W: Yeah, I know, but all the disabled parking spaces were full and I had to park somewhere with easy access to my classes.	W: 네, 알고 있긴 하지만, 장애인 전용 주차 공간이 모두 꽉 차서 수업에 쉽게 접근할 수 있는 곳에 주차해야 했어요.

[정답]
(D)

[문제 해석]
학생에 대해 무엇을 유추할 수 있는가?
(A) 그녀는 불법 주차하고 있다는 것을 알지 못했다.
(B) 그녀는 학생 기숙사에 산다.
(C) 그녀는 휠체어를 이용한다.
(D) 그녀는 학교에 운전해 다닌다.

[해설]
(오답 A) 교수진 전용 구역에 주차하면 안 되는 것을 알면서도 주차했기에 반대되는 내용이다.
(오답 B) 기숙사에 대한 내용은 언급되지 않았다.
(오답 C) '장애인 전용 주차(disabled parking)' 자리에 주차한다는 말로 휠체어를 타고 다닌다는 것까지 유추하기는 불가능하다.
(정답 D) 차가 사라졌고 교수진 전용 구역에 주차한다는 얘기를 통해 학교에 운전해 다니는 것을 알 수 있다.

[Vocabulary]
four-wheel drive 사륜 구동 **faculty** (대학) 교수진

3. Lecture 연습문제

◀))Listening_CH1_14

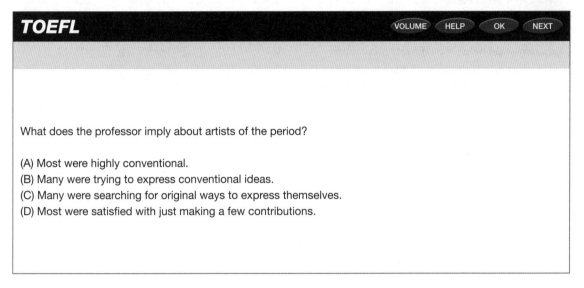

What does the professor imply about artists of the period?

(A) Most were highly conventional.
(B) Many were trying to express conventional ideas.
(C) Many were searching for original ways to express themselves.
(D) Most were satisfied with just making a few contributions.

Listen to part of a lecture in an art history class.	미술사 수업의 강의 일부를 들어보시오.
Professor: Okay, let's get started. Today, I'd like to continue talking about changes in artistic movements during the late 19th and early 20th centuries. Okay, so now we've seen that in all the arts around that time, there was a strong movement away from what was seen as the restrictions of conventional ideas. Artists of all kinds were trying to find a more individualistic way of expressing themselves. Trying to break new ground as it were. Now, this was especially the case in the art form of dance.	**교수:** 좋아요, 시작하죠. 오늘, 19세기 후반과 20세기 초반에 있었던 예술 운동의 변화에 대해 계속 이야기하고자 합니다. 자, 이제 우리는 그 무렵 모든 예술에서 관습적인 생각의 제약으로 여겨졌던 것에서 벗어나려는 강한 움직임이 있었다는 것을 알게 되었습니다. 모든 종류의 예술가들은 그들 자신을 표현하는 좀 더 개인주의적인 방법을 찾으려고 노력했습니다. 말하자면 새로운 영역을 개척하려고 노력하는 거였죠. 자, 이는 특히 무용이라는 예술적 형태의 경우에 그랬습니다.

[정답]
(C)

[문제 해석]
교수가 해당 시기의 예술가들에 대해 암시하는 것은 무엇인가?
(A) 대부분은 매우 관습적이었다.
(B) 많은 예술가들이 관습적인 생각을 표현하고자 노력했다.
(C) 많은 예술가들이 그들 자신을 표현할 독창적인 방법들을 찾고 있었다.
(D) 대부분은 그저 몇 가지 기여를 하는 것만으로 만족했다.

[해설]
(오답 A) 그들은 '관습적인(conventional)' 것으로부터 멀어지려 했으므로 반대되는 내용이다.
(오답 B) 예술가들이 관습적인 생각에서 벗어나 그들 자신을 표현하려고 했으므로 반대되는 내용이다.
(정답 C) 그 당시 예술가들의 주요 특징으로, 예술가들은 자신을 표현할 독창적인 방법들을 찾고 있었다.
(오답 D) 언급된 적 없는 오답이다.

[Vocabulary]
conventional 관습적인, 전통적인 break new ground 신기원을 열다 as it were 말하자면, 이를테면

- 음원을 들으면서 잘 들리지 않는 어휘나 표현을 정리
- 음원 또는 문제에서 나온 중요 어휘 정리
- 틀린 문제는 오답을 선택한 이유와 정답이 되는 근거를 적기

리스닝 학습 노트

Chapter

02

Conversation

Conversation(대화) Overview

· 대학 생활 관련하여 대학 교직원 또는 교수와 학생 간 대화로 크게 대학 캠퍼스 서비스 (Campus Service)와 학업 또는 전공(Academic Purpose) 관련 내용으로 구분됨

토픽	Campus Service	Academic Purpose
세부 내용	대학 캠퍼스 내 시설 또는 다양한 서비스 이용 관련하여 교직원과 학생 간 대화	학업 또는 전공 관련하여 교수의 사무실(office)에서 교수와 학생 간 대화
화자	2인 (학생 + 교직원)	2인 (학생 + 교수)
문제 수	· 대화당 5문제 · 총 2개의 대화 출제	
시간	· 대화 길이 약 3분 · 하나의 대화가 끝나면 총 5문제를 문제당 약 30초 이내에 풀어야 함	

I Campus Service

1. Campus Facilities

- 도서관(library), 서점(bookstore), 우체국(post office), 교내 식당(cafeteria) 등 교내 다양한 시설에서 벌어지는 대화
- 자주 등장하는 상황
  - 책 구매, 샀던 책 재구매, 책 환불(refund)
  - 책 대여(checkout), 도서관 이용법, 수업 관련 자료(resources) 찾기
  - 우편물 보내기, 식당 이용법, 식당 메뉴 관련

- 대화의 흐름 예시 - 도서관 (남학생과 도서관 사서 간의 대화)

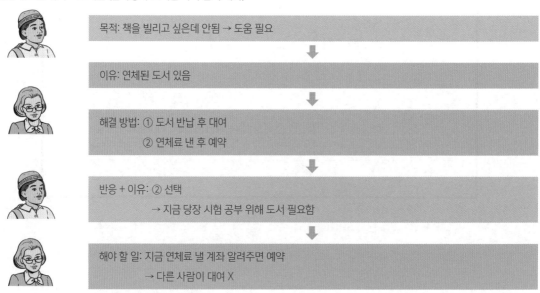

목적: 책을 빌리고 싶은데 안됨 → 도움 필요

이유: 연체된 도서 있음

해결 방법: ① 도서 반납 후 대여
          ② 연체료 낸 후 예약

반응 + 이유: ② 선택
          → 지금 당장 시험 공부 위해 도서 필요함

해야 할 일: 지금 연체료 낼 계좌 알려주면 예약
          → 다른 사람이 대여 X

■**Practice Test**

🔊 Listening_CH2_1

※ 실제 시험처럼 먼저 대화를 들으면서 노트테이킹을 한 후, 다음 페이지의 문제를 푸시오.

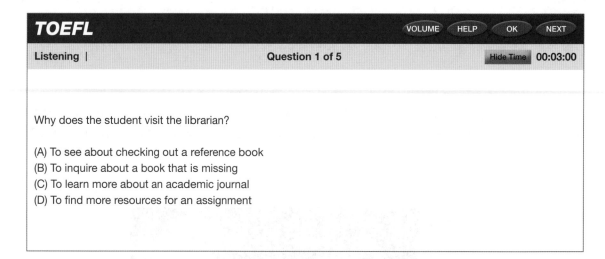

Why does the student visit the librarian?

(A) To see about checking out a reference book
(B) To inquire about a book that is missing
(C) To learn more about an academic journal
(D) To find more resources for an assignment

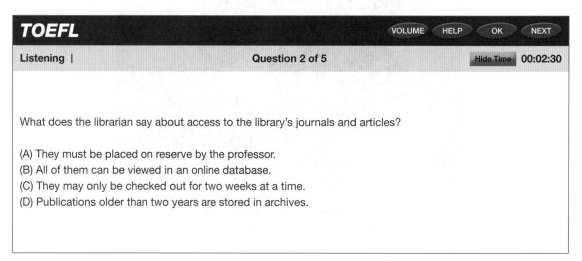

What does the librarian say about access to the library's journals and articles?

(A) They must be placed on reserve by the professor.
(B) All of them can be viewed in an online database.
(C) They may only be checked out for two weeks at a time.
(D) Publications older than two years are stored in archives.

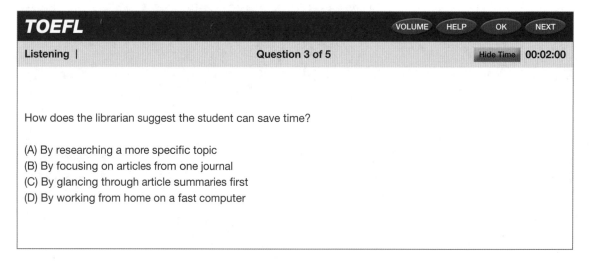

How does the librarian suggest the student can save time?

(A) By researching a more specific topic
(B) By focusing on articles from one journal
(C) By glancing through article summaries first
(D) By working from home on a fast computer

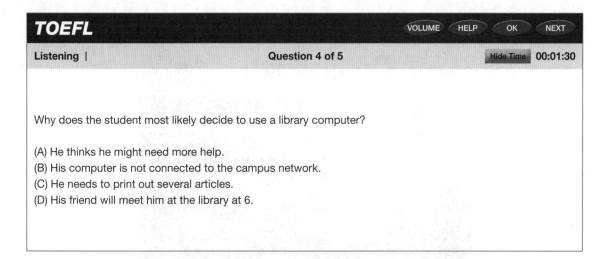

Why does the student most likely decide to use a library computer?

(A) He thinks he might need more help.
(B) His computer is not connected to the campus network.
(C) He needs to print out several articles.
(D) His friend will meet him at the library at 6.

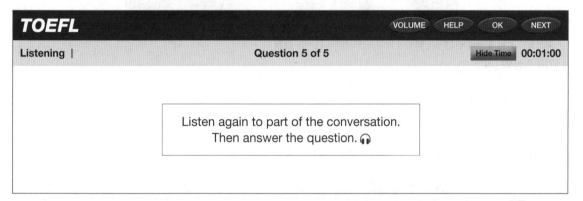

Listen again to part of the conversation.
Then answer the question. 🎧

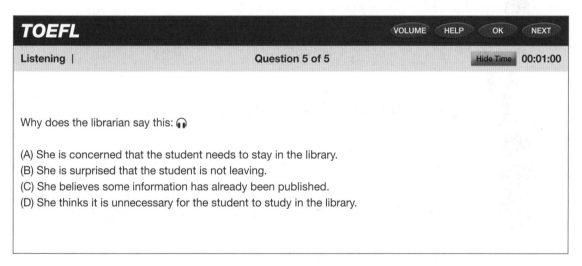

Why does the librarian say this: 🎧

(A) She is concerned that the student needs to stay in the library.
(B) She is surprised that the student is not leaving.
(C) She believes some information has already been published.
(D) She thinks it is unnecessary for the student to study in the library.

2. Student Center

- 학생들의 교내 활동과 관련해서 학생이 학생회관 사람과 나누는 대화
- 자주 등장하는 상황
  - 동아리 활동 문의(club activities), 활동에 필요한 자금(fundraising) 요청
  - 다양한 축제(festival), 모금 자선 파티(charity) 관련 문의
  - 단체 여행(field trip), 교환 학생(exchange student) 등 신청

- 대화의 흐름 예시 - 교환 학생 신청 (남학생과 여성 교직원 간의 대화)

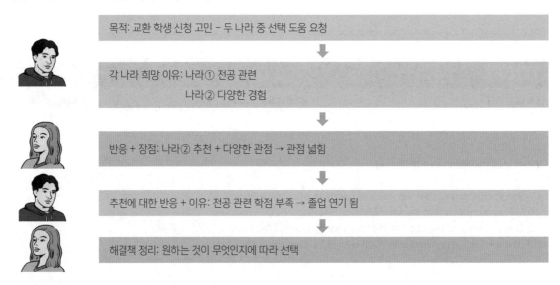

목적: 교환 학생 신청 고민 - 두 나라 중 선택 도움 요청

⬇

각 나라 희망 이유: 나라① 전공 관련

나라② 다양한 경험

⬇

반응 + 장점: 나라② 추천 + 다양한 관점 → 관점 넓힘

⬇

추천에 대한 반응 + 이유: 전공 관련 학점 부족 → 졸업 연기 됨

⬇

해결책 정리: 원하는 것이 무엇인지에 따라 선택

※ 실제 시험처럼 먼저 대화를 들으면서 노트테이킹을 한 후, 다음 페이지의 문제를 푸시오.

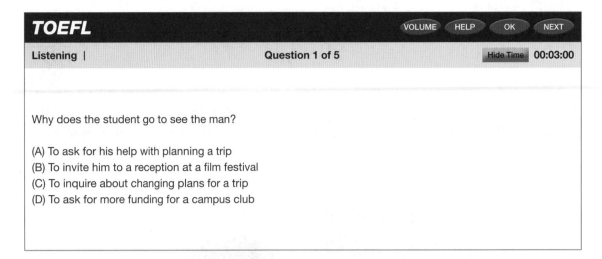

Why does the student go to see the man?

(A) To ask for his help with planning a trip
(B) To invite him to a reception at a film festival
(C) To inquire about changing plans for a trip
(D) To ask for more funding for a campus club

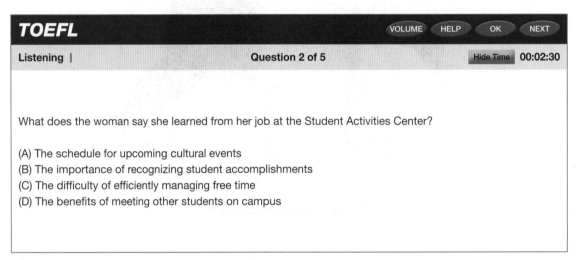

What does the woman say she learned from her job at the Student Activities Center?

(A) The schedule for upcoming cultural events
(B) The importance of recognizing student accomplishments
(C) The difficulty of efficiently managing free time
(D) The benefits of meeting other students on campus

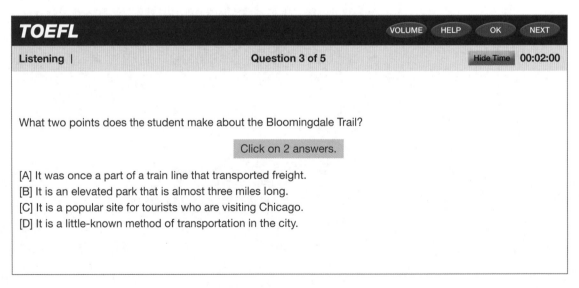

What two points does the student make about the Bloomingdale Trail?

Click on 2 answers.

[A] It was once a part of a train line that transported freight.
[B] It is an elevated park that is almost three miles long.
[C] It is a popular site for tourists who are visiting Chicago.
[D] It is a little-known method of transportation in the city.

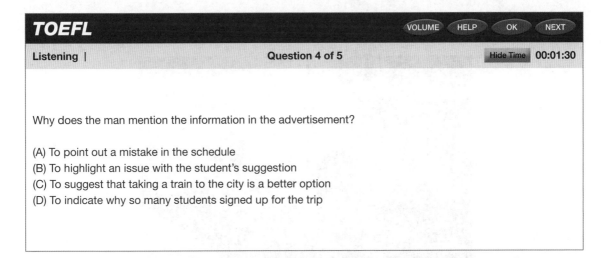

Why does the man mention the information in the advertisement?

(A) To point out a mistake in the schedule
(B) To highlight an issue with the student's suggestion
(C) To suggest that taking a train to the city is a better option
(D) To indicate why so many students signed up for the trip

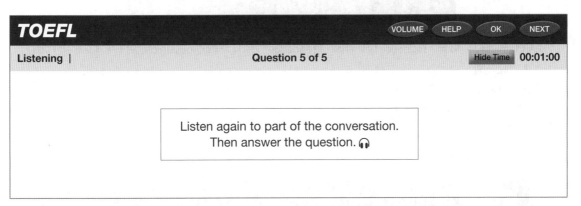

Listen again to part of the conversation.
Then answer the question. 🎧

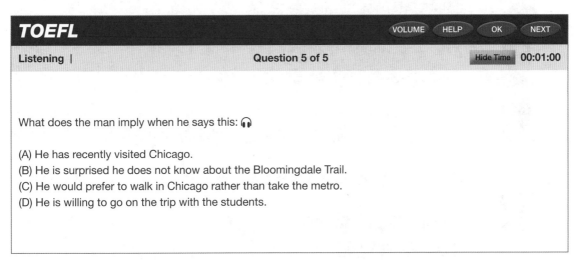

What does the man imply when he says this: 🎧

(A) He has recently visited Chicago.
(B) He is surprised he does not know about the Bloomingdale Trail.
(C) He would prefer to walk in Chicago rather than take the metro.
(D) He is willing to go on the trip with the students.

3. Accommodation

- 기숙사(dormitory = dorm = residence hall = hall of residence), 기숙사 사무실(housing office) 등에서 숙소 관련 대화
- 자주 등장하는 상황
  - 기숙사 변경 요청, 기숙사 신청일 문의
  - 기숙사 거주 문제(소음, 공사, 룸메이트 등)
  - 기숙사 시설 이용 문의(헬스장, 파티, 회의 등)

- 대화의 흐름 예시 – 기숙사 변경 요청 (여학생과 기숙사 사무실 직원 간의 대화)

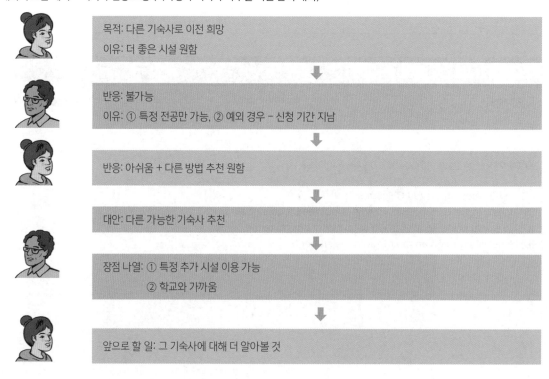

목적: 다른 기숙사로 이전 희망
이유: 더 좋은 시설 원함

⬇

반응: 불가능
이유: ① 특정 전공만 가능, ② 예외 경우 – 신청 기간 지남

⬇

반응: 아쉬움 + 다른 방법 추천 원함

⬇

대안: 다른 가능한 기숙사 추천

⬇

장점 나열: ① 특정 추가 시설 이용 가능
② 학교와 가까움

⬇

앞으로 할 일: 그 기숙사에 대해 더 알아볼 것

🔊 Listening_CH2_3

※ 실제 시험처럼 먼저 대화를 들으면서 노트테이킹을 한 후, 다음 페이지의 문제를 푸시오.

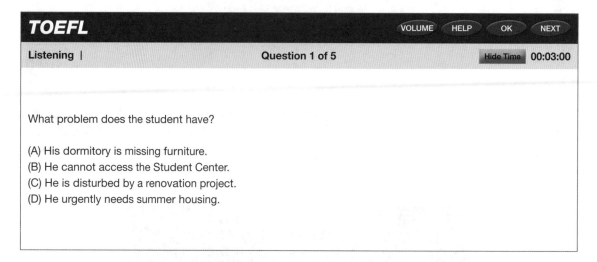

What problem does the student have?

(A) His dormitory is missing furniture.
(B) He cannot access the Student Center.
(C) He is disturbed by a renovation project.
(D) He urgently needs summer housing.

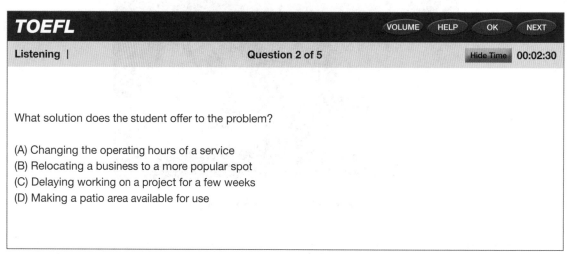

What solution does the student offer to the problem?

(A) Changing the operating hours of a service
(B) Relocating a business to a more popular spot
(C) Delaying working on a project for a few weeks
(D) Making a patio area available for use

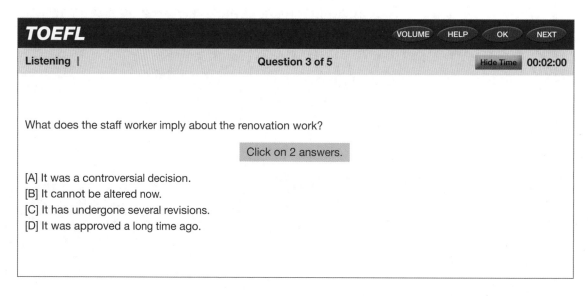

What does the staff worker imply about the renovation work?

Click on 2 answers.

[A] It was a controversial decision.
[B] It cannot be altered now.
[C] It has undergone several revisions.
[D] It was approved a long time ago.

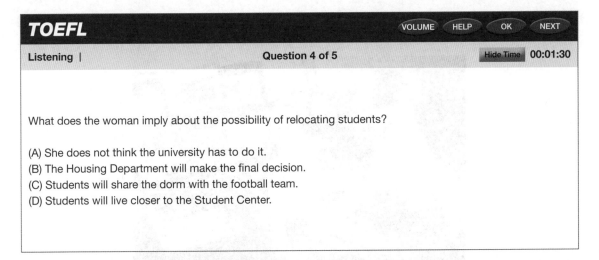

VOLUME   HELP   OK   NEXT

Listening | Question 4 of 5   Hide Time   00:01:30

What does the woman imply about the possibility of relocating students?

(A) She does not think the university has to do it.
(B) The Housing Department will make the final decision.
(C) Students will share the dorm with the football team.
(D) Students will live closer to the Student Center.

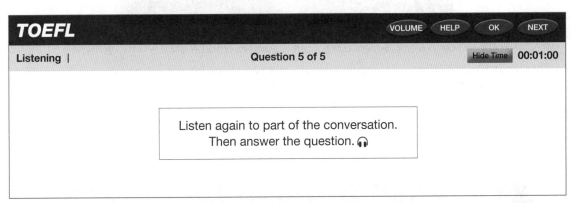

VOLUME   HELP   OK   NEXT

Listening | Question 5 of 5   Hide Time   00:01:00

Listen again to part of the conversation.
Then answer the question. 🎧

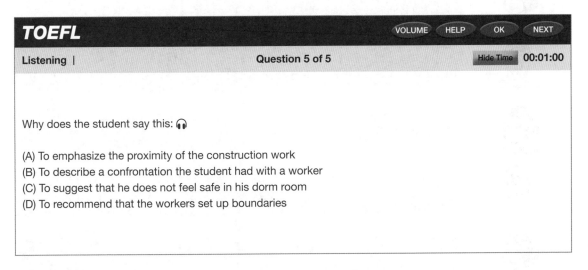

VOLUME   HELP   OK   NEXT

Listening | Question 5 of 5   Hide Time   00:01:00

Why does the student say this: 🎧

(A) To emphasize the proximity of the construction work
(B) To describe a confrontation the student had with a worker
(C) To suggest that he does not feel safe in his dorm room
(D) To recommend that the workers set up boundaries

4. Work

- 대학 일자리 지원 센터(campus employment office = career advisor's office) 관계자 또는 대학 시설(식당, 매점 등) 고용주와 학생 간의 일/커리어 관련 대화
- 자주 등장하는 상황
  - 인턴 및 아르바이트 자리(part-time) 추천 또는 변경
  - 아르바이트 스케줄 조정 문의 등

- 대화의 흐름 예시 – 아르바이트 스케줄 조정 요청 (여학생과 구내식당 매니저 간의 대화)

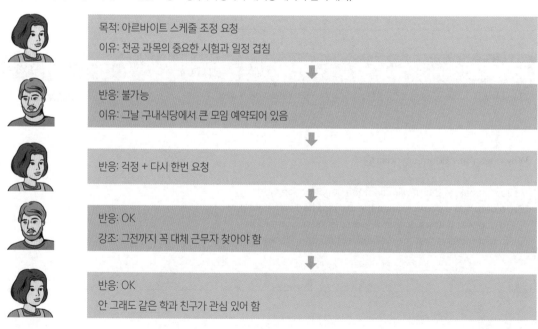

목적: 아르바이트 스케줄 조정 요청	
이유: 전공 과목의 중요한 시험과 일정 겹침	
반응: 불가능	
이유: 그날 구내식당에서 큰 모임 예약되어 있음	
반응: 걱정 + 다시 한번 요청	
반응: OK	
강조: 그전까지 꼭 대체 근무자 찾아야 함	
반응: OK	
안 그래도 같은 학과 친구가 관심 있어 함	

※ 실제 시험처럼 먼저 대화를 들으면서 노트테이킹을 한 후, 다음 페이지의 문제를 푸시오.

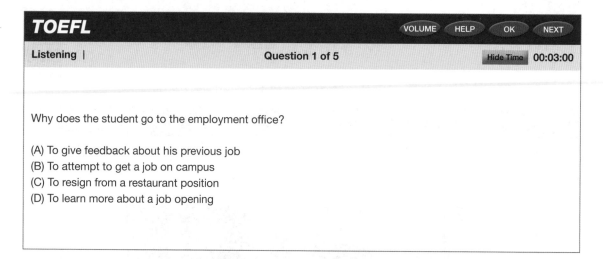

Why does the student go to the employment office?

(A) To give feedback about his previous job
(B) To attempt to get a job on campus
(C) To resign from a restaurant position
(D) To learn more about a job opening

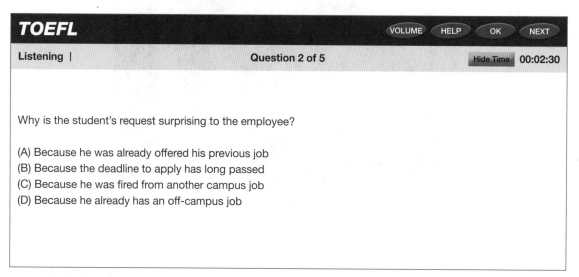

Why is the student's request surprising to the employee?

(A) Because he was already offered his previous job
(B) Because the deadline to apply has long passed
(C) Because he was fired from another campus job
(D) Because he already has an off-campus job

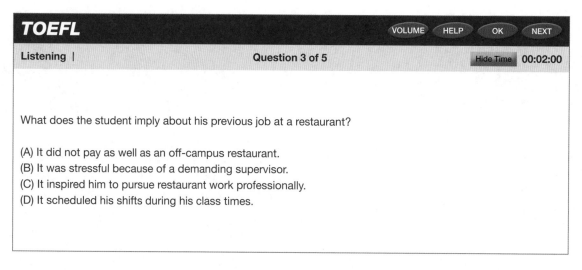

What does the student imply about his previous job at a restaurant?

(A) It did not pay as well as an off-campus restaurant.
(B) It was stressful because of a demanding supervisor.
(C) It inspired him to pursue restaurant work professionally.
(D) It scheduled his shifts during his class times.

Why does the student mention his friend Damien?

(A) To express his desire to work at the same location
(B) To highlight a common difficulty with campus jobs
(C) To make a comparison between their job schedules
(D) To explain why he thinks a job might be available

Listen again to part of the conversation.
Then answer the question. 🎧

What can be inferred about the woman when she says this: 🎧

(A) She thinks the student has been lied to by his friend.
(B) She doubts whether the information is reliable.
(C) She is concerned about the spread of private information.
(D) She has already heard the rumor multiple times.

5. Administration

° 대학 행정실(administration)에서 진행되는 수업 신청 또는 교내 활동 문의와 관련된 대화
° 자주 등장하는 상황
   – 등록(enrollment), 수강 신청 및 장학금(scholarship) 문의 또는 조정
   – 특정 수업들(courses) 관련 문의 및 기타 교내 활동(activity) 등록

° 대화의 흐름 예시 – 수강 신청 문의 (남학생과 대학 행정실 직원 간의 대화)

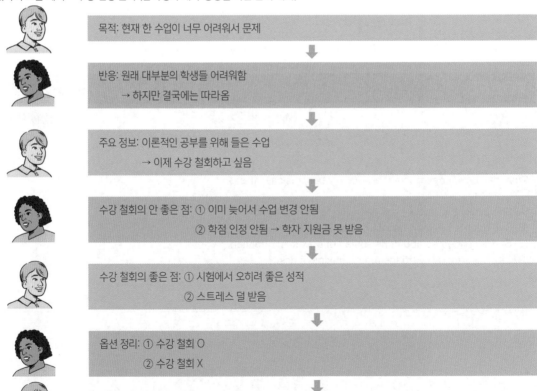

목적: 현재 한 수업이 너무 어려워서 문제

반응: 원래 대부분의 학생들 어려워함
     → 하지만 결국에는 따라옴

주요 정보: 이론적인 공부를 위해 들은 수업
     → 이제 수강 철회하고 싶음

수강 철회의 안 좋은 점: ① 이미 늦어서 수업 변경 안됨
     ② 학점 인정 안됨 → 학자 지원금 못 받음

수강 철회의 좋은 점: ① 시험에서 오히려 좋은 성적
     ② 스트레스 덜 받음

옵션 정리: ① 수강 철회 O
     ② 수강 철회 X

앞으로의 방향: 조금 더 고민. 아마도 수강 철회 X

◀) Listening_CH2_5

※ 실제 시험처럼 먼저 대화를 들으면서 노트테이킹을 한 후, 다음 페이지의 문제를 푸시오.

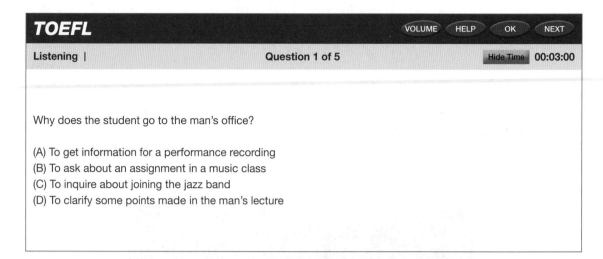

Why does the student go to the man's office?

(A) To get information for a performance recording
(B) To ask about an assignment in a music class
(C) To inquire about joining the jazz band
(D) To clarify some points made in the man's lecture

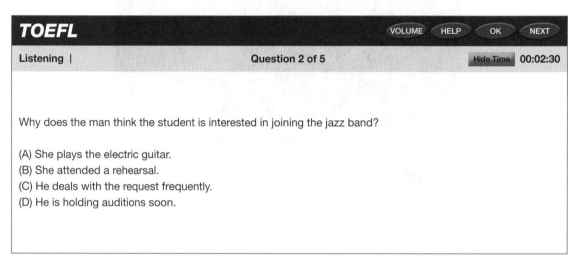

Why does the man think the student is interested in joining the jazz band?

(A) She plays the electric guitar.
(B) She attended a rehearsal.
(C) He deals with the request frequently.
(D) He is holding auditions soon.

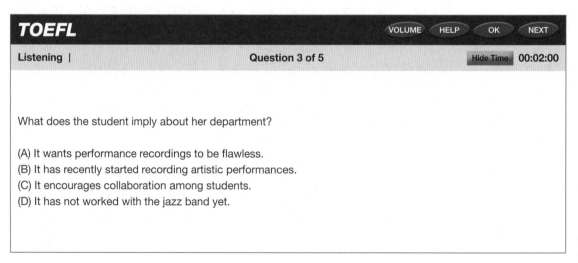

What does the student imply about her department?

(A) It wants performance recordings to be flawless.
(B) It has recently started recording artistic performances.
(C) It encourages collaboration among students.
(D) It has not worked with the jazz band yet.

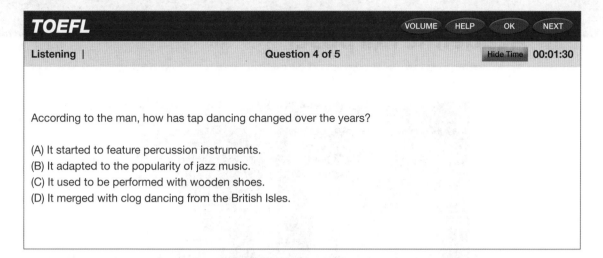

According to the man, how has tap dancing changed over the years?

(A) It started to feature percussion instruments.
(B) It adapted to the popularity of jazz music.
(C) It used to be performed with wooden shoes.
(D) It merged with clog dancing from the British Isles.

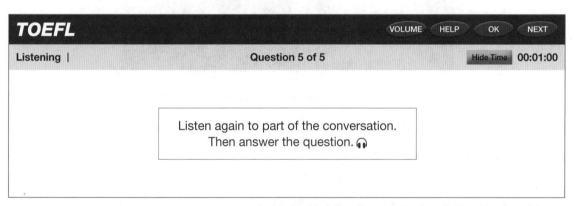

Listen again to part of the conversation.
Then answer the question. 🎧

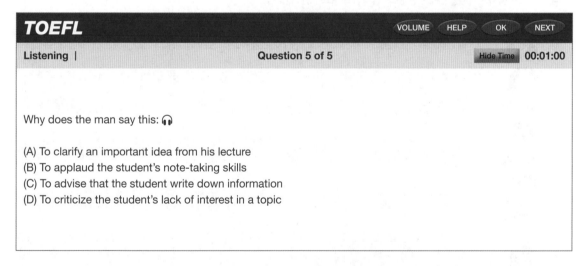

Why does the man say this: 🎧

(A) To clarify an important idea from his lecture
(B) To applaud the student's note-taking skills
(C) To advise that the student write down information
(D) To criticize the student's lack of interest in a topic

II **Academic Purpose**

- 주로 교수 연구실(Professor's office)에서 진행되는 수업(class) 또는 과제물(assignment) 관련 대화
- 자주 등장하는 상황
  - 과제물 주제 관련 문의, 과제물 마감일 변경 요청 등
  - 지난 강의 수업 내용 질문, 강의에서 어려웠던 문제 등
  - 시험 관련 문의, 시험일 변경 문의, 재시험 문의, 성적 관련 문의 등

- 대화의 흐름 예시 – 과제물 주제 관련 문의 (남학생과 여교수 간의 대화)

목적: 작성 중인 과제 주요 내용 어려움 → 설명 필요

반응: 어려운 주제

해결: 지난 강의 내용 상기 필요

답변: 지난 강의 주요 얘기

추가 해결: 학생이 이해 못한 주요 정보 다시 강조

대안 제안: ① 도서관에 관련 도서
　　　　　 ② 다른 교수에게 물어보기
　　　　　 ③ 온라인 추가 조사

■ **Practice Test 1**

Academic Purpose는 Campus Service만큼 자주 출제되는 토픽이므로 5개 실전문제 세트를 풀어보며 집중적으로 연습한다.

◀» Listening_CH2_6

※ 실제 시험처럼 먼저 대화를 들으면서 노트테이킹을 한 후, 다음 페이지의 문제를 푸시오.

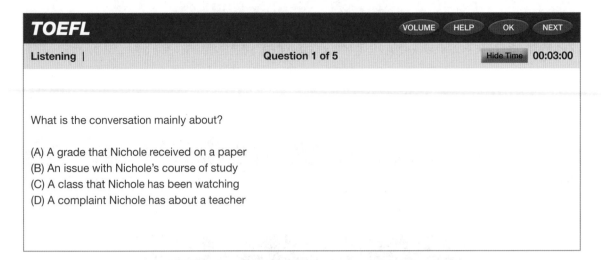

What is the conversation mainly about?

(A) A grade that Nichole received on a paper
(B) An issue with Nichole's course of study
(C) A class that Nichole has been watching
(D) A complaint Nichole has about a teacher

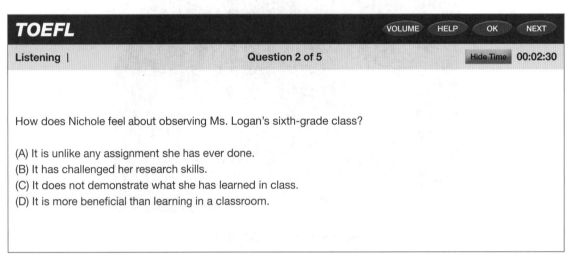

How does Nichole feel about observing Ms. Logan's sixth-grade class?

(A) It is unlike any assignment she has ever done.
(B) It has challenged her research skills.
(C) It does not demonstrate what she has learned in class.
(D) It is more beneficial than learning in a classroom.

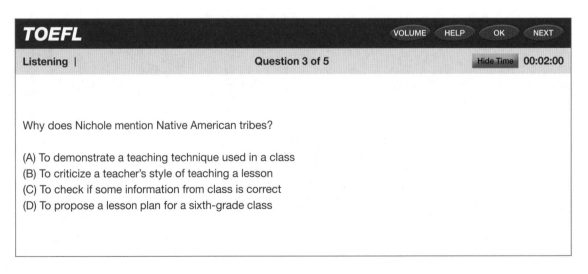

Why does Nichole mention Native American tribes?

(A) To demonstrate a teaching technique used in a class
(B) To criticize a teacher's style of teaching a lesson
(C) To check if some information from class is correct
(D) To propose a lesson plan for a sixth-grade class

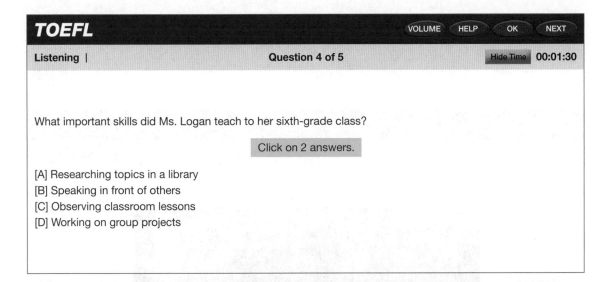

What important skills did Ms. Logan teach to her sixth-grade class?

Click on 2 answers.

[A] Researching topics in a library
[B] Speaking in front of others
[C] Observing classroom lessons
[D] Working on group projects

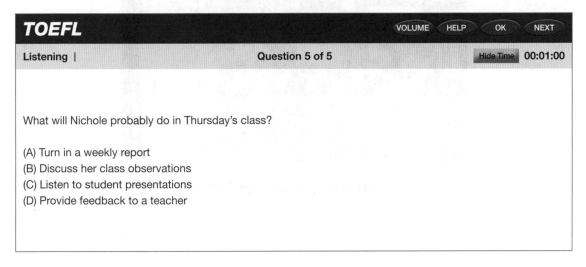

What will Nichole probably do in Thursday's class?

(A) Turn in a weekly report
(B) Discuss her class observations
(C) Listen to student presentations
(D) Provide feedback to a teacher

◀︎) Listening_CH2_7

※ 실제 시험처럼 먼저 대화를 들으면서 노트테이킹을 한 후, 다음 페이지의 문제를 푸시오.

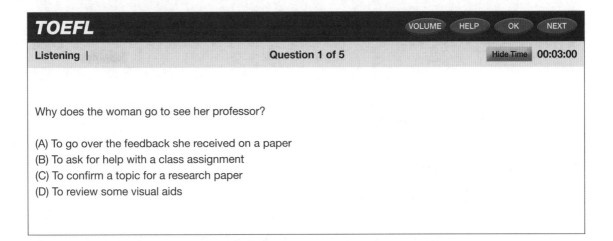

Why does the woman go to see her professor?

(A) To go over the feedback she received on a paper
(B) To ask for help with a class assignment
(C) To confirm a topic for a research paper
(D) To review some visual aids

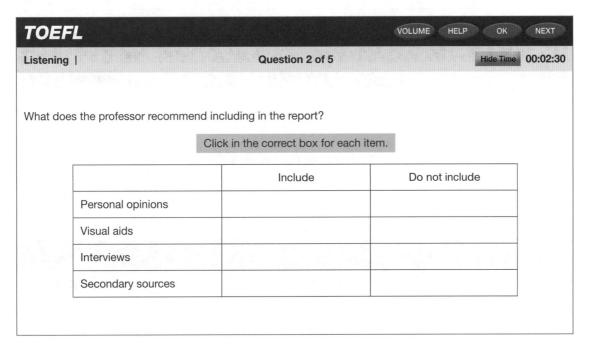

What does the professor recommend including in the report?

Click in the correct box for each item.

	Include	Do not include
Personal opinions		
Visual aids		
Interviews		
Secondary sources		

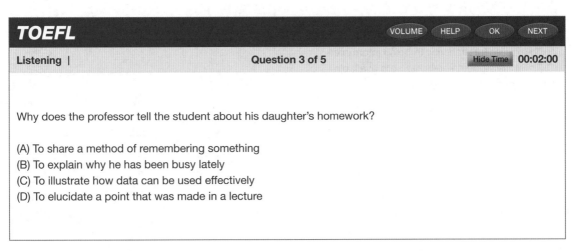

Why does the professor tell the student about his daughter's homework?

(A) To share a method of remembering something
(B) To explain why he has been busy lately
(C) To illustrate how data can be used effectively
(D) To elucidate a point that was made in a lecture

What does the professor allow the student to do?

(A) Include additional information in a report
(B) Turn in a paper at a later date
(C) Use the same topic for another assignment
(D) Borrow some resources from his office

Listen again to part of the conversation.
Then answer the question.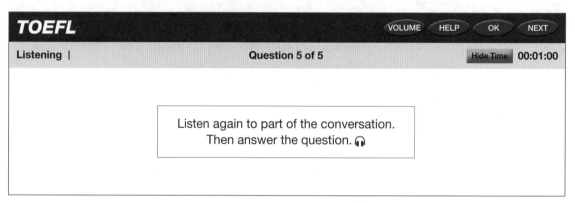

Why does the professor say this: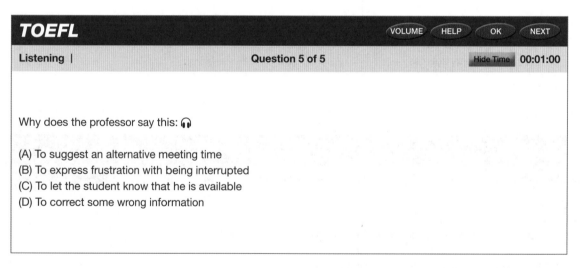

(A) To suggest an alternative meeting time
(B) To express frustration with being interrupted
(C) To let the student know that he is available
(D) To correct some wrong information

◀) Listening_CH2_8

※ 실제 시험처럼 먼저 대화를 들으면서 노트테이킹을 한 후, 다음 페이지의 문제를 푸시오.

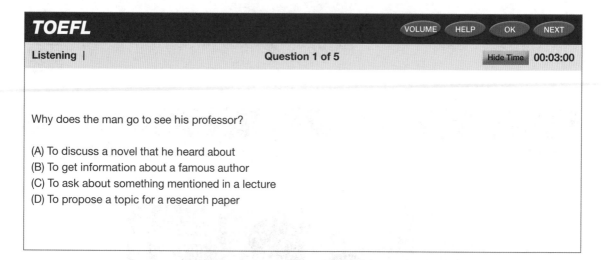

Why does the man go to see his professor?

(A) To discuss a novel that he heard about
(B) To get information about a famous author
(C) To ask about something mentioned in a lecture
(D) To propose a topic for a research paper

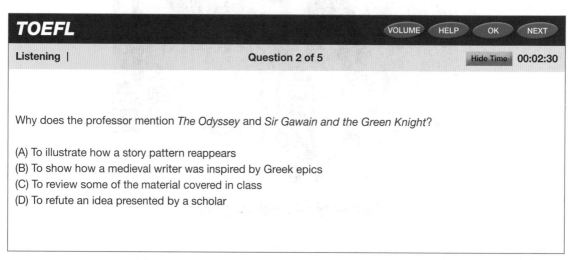

Why does the professor mention *The Odyssey* and *Sir Gawain and the Green Knight*?

(A) To illustrate how a story pattern reappears
(B) To show how a medieval writer was inspired by Greek epics
(C) To review some of the material covered in class
(D) To refute an idea presented by a scholar

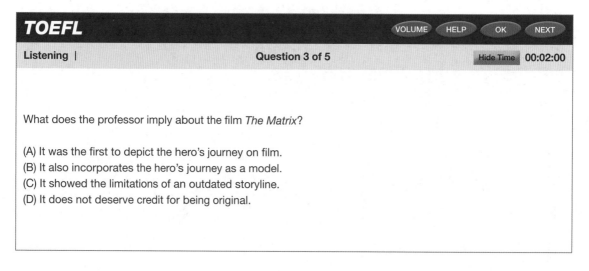

What does the professor imply about the film *The Matrix*?

(A) It was the first to depict the hero's journey on film.
(B) It also incorporates the hero's journey as a model.
(C) It showed the limitations of an outdated storyline.
(D) It does not deserve credit for being original.

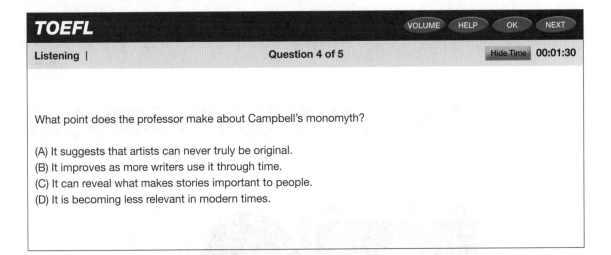

TOEFL

VOLUME   HELP   OK   NEXT

Listening | **Question 4 of 5**   Hide Time **00:01:30**

What point does the professor make about Campbell's monomyth?

(A) It suggests that artists can never truly be original.
(B) It improves as more writers use it through time.
(C) It can reveal what makes stories important to people.
(D) It is becoming less relevant in modern times.

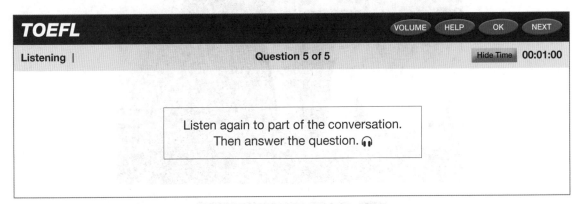

TOEFL

VOLUME   HELP   OK   NEXT

Listening | **Question 5 of 5**   Hide Time **00:01:00**

Listen again to part of the conversation.
Then answer the question. 🎧

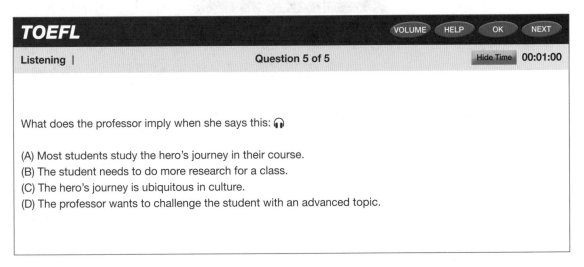

TOEFL

VOLUME   HELP   OK   NEXT

Listening | **Question 5 of 5**   Hide Time **00:01:00**

What does the professor imply when she says this: 🎧

(A) Most students study the hero's journey in their course.
(B) The student needs to do more research for a class.
(C) The hero's journey is ubiquitous in culture.
(D) The professor wants to challenge the student with an advanced topic.

◀» Listening_CH2_9

※ 실제 시험처럼 먼저 대화를 들으면서 노트테이킹을 한 후, 다음 페이지의 문제를 푸시오.

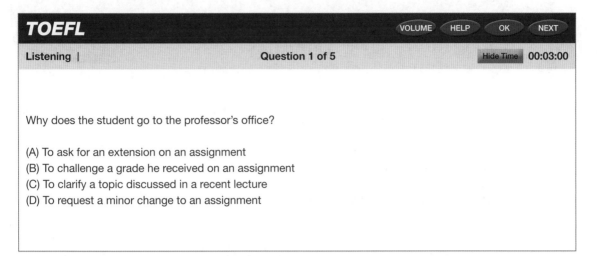

TOEFL

VOLUME HELP OK NEXT

Listening | Question 1 of 5   Hide Time 00:03:00

Why does the student go to the professor's office?

(A) To ask for an extension on an assignment
(B) To challenge a grade he received on an assignment
(C) To clarify a topic discussed in a recent lecture
(D) To request a minor change to an assignment

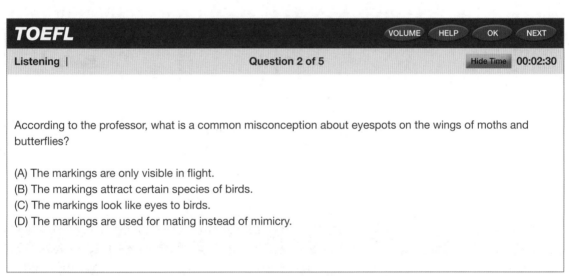

TOEFL

VOLUME HELP OK NEXT

Listening | Question 2 of 5   Hide Time 00:02:30

According to the professor, what is a common misconception about eyespots on the wings of moths and butterflies?

(A) The markings are only visible in flight.
(B) The markings attract certain species of birds.
(C) The markings look like eyes to birds.
(D) The markings are used for mating instead of mimicry.

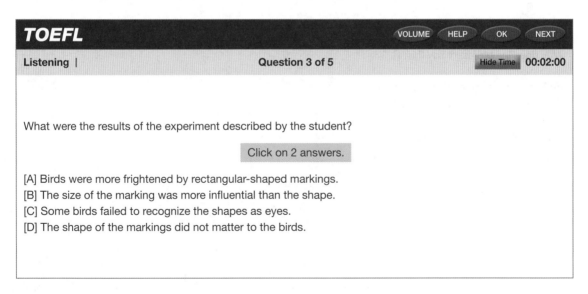

TOEFL

VOLUME HELP OK NEXT

Listening | Question 3 of 5   Hide Time 00:02:00

What were the results of the experiment described by the student?

Click on 2 answers.

[A] Birds were more frightened by rectangular-shaped markings.
[B] The size of the marking was more influential than the shape.
[C] Some birds failed to recognize the shapes as eyes.
[D] The shape of the markings did not matter to the birds.

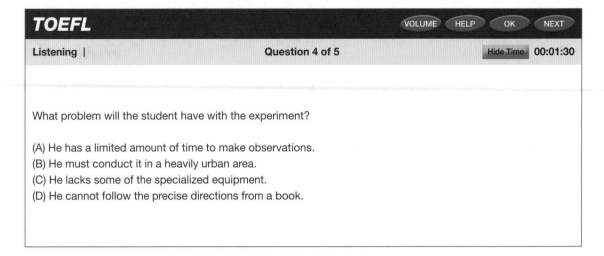

What problem will the student have with the experiment?

(A) He has a limited amount of time to make observations.
(B) He must conduct it in a heavily urban area.
(C) He lacks some of the specialized equipment.
(D) He cannot follow the precise directions from a book.

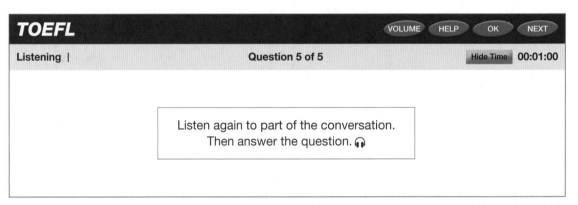

Listen again to part of the conversation.
Then answer the question. 🎧

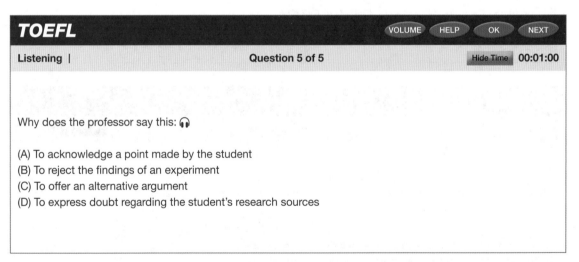

Why does the professor say this: 🎧

(A) To acknowledge a point made by the student
(B) To reject the findings of an experiment
(C) To offer an alternative argument
(D) To express doubt regarding the student's research sources

◀» Listening_CH2_10

※ 실제 시험처럼 먼저 대화를 들으면서 노트테이킹을 한 후, 다음 페이지의 문제를 푸시오.

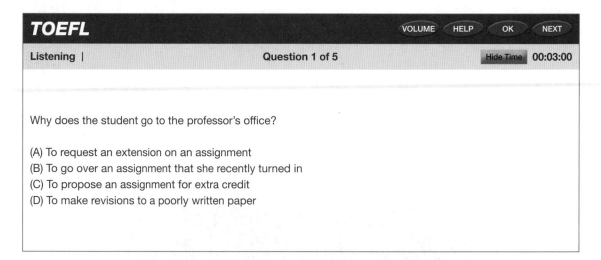

Why does the student go to the professor's office?

(A) To request an extension on an assignment
(B) To go over an assignment that she recently turned in
(C) To propose an assignment for extra credit
(D) To make revisions to a poorly written paper

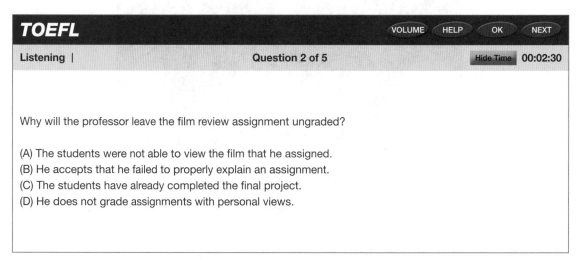

Why will the professor leave the film review assignment ungraded?

(A) The students were not able to view the film that he assigned.
(B) He accepts that he failed to properly explain an assignment.
(C) The students have already completed the final project.
(D) He does not grade assignments with personal views.

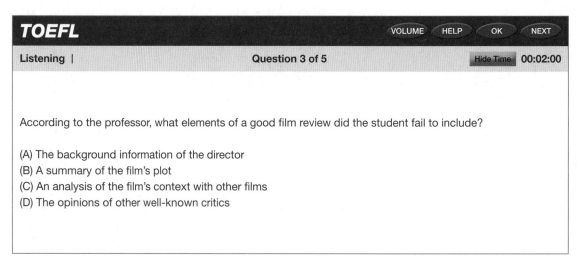

According to the professor, what elements of a good film review did the student fail to include?

(A) The background information of the director
(B) A summary of the film's plot
(C) An analysis of the film's context with other films
(D) The opinions of other well-known critics

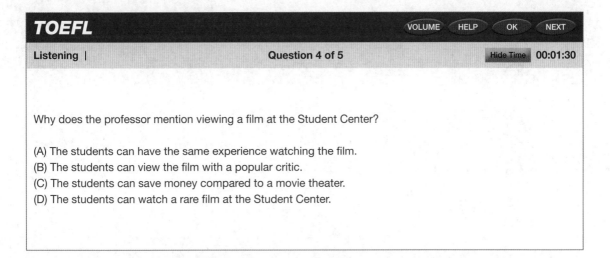

Why does the professor mention viewing a film at the Student Center?

(A) The students can have the same experience watching the film.
(B) The students can view the film with a popular critic.
(C) The students can save money compared to a movie theater.
(D) The students can watch a rare film at the Student Center.

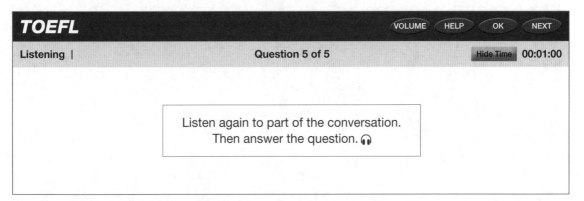

Listen again to part of the conversation.
Then answer the question. 🎧

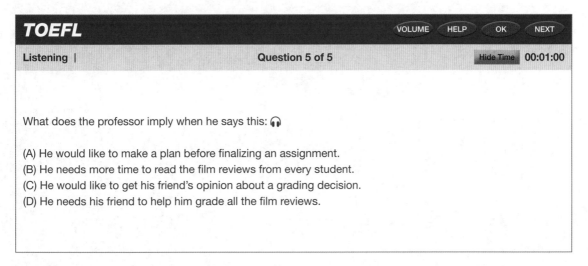

What does the professor imply when he says this: 🎧

(A) He would like to make a plan before finalizing an assignment.
(B) He needs more time to read the film reviews from every student.
(C) He would like to get his friend's opinion about a grading decision.
(D) He needs his friend to help him grade all the film reviews.

Chapter

03

Lecture

Lecture(강의) Overview

· 교수가 실제 수업 시간에 강의하는 것처럼 구성되며, 교수 혼자 설명하거나, 강의 중 학생 한두 명과 질의 응답하는 내용이 포함되기도 함

토픽	**1. Arts(예술)** Literature(문학), Art(미술), Music(음악), Architecture(건축) 등 **2. Life Science(생명과학)** Animal behavior(동물의 행동), Animal Communication (동물의 의사소통), Botany(식물학), Physiology(생리학) 등 **3. Physical Science(자연과학)** Astronomy(천문학), Geology(지질학), Environmental Science (환경과학) 등 **4. Social Science(사회과학)** History(역사학), Business(경영학), Psychology(심리학), Education (교육학) 등
화자	1인(교수) 또는 2인(교수 + 학생) 또는 3인(교수 + 학생 두 명)
문제 수	· 각 강의에서 6문제 출제 · 총 3개의 강의 출제
시간	· 강의 길이 약 5분 · 하나의 강의가 끝나면 총 6문제를 문제당 약 30초 이내에 풀어야 함

I Arts

1. Literature

- 세계적인 문학 작품과 작가 위주의 주제
  - 유명한 작가들의 문체, 작품 특성, 활동 경력 등
  - 시대별 문학 작품의 변화 등

- 문학 강의 흐름 예시

Introduction
강의 주제 소개 → 특정 주제 및 배경 설명 (예: 마크 트웨인의 작품들)

Body 1
마크 트웨인의 작품 1 (톰 소여의 모험) → 주요 특징들

Body 2
마크 트웨인의 작품 2 (허클베리 핀의 모험) → 주요 특징들

Body 3
두 작품의 비교

■ Practice Test 1

🔊 Listening_CH3_1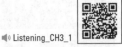

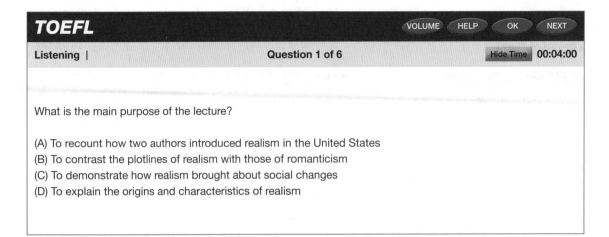

What is the main purpose of the lecture?

(A) To recount how two authors introduced realism in the United States
(B) To contrast the plotlines of realism with those of romanticism
(C) To demonstrate how realism brought about social changes
(D) To explain the origins and characteristics of realism

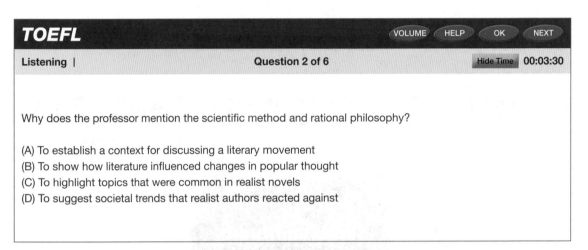

Why does the professor mention the scientific method and rational philosophy?

(A) To establish a context for discussing a literary movement
(B) To show how literature influenced changes in popular thought
(C) To highlight topics that were common in realist novels
(D) To suggest societal trends that realist authors reacted against

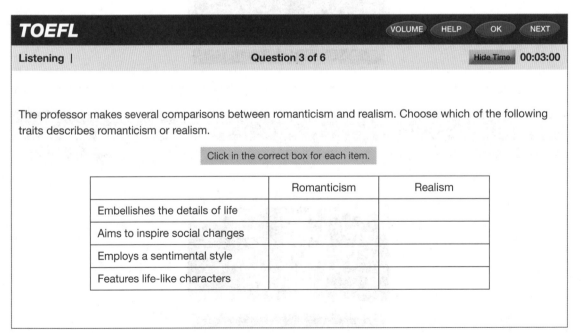

The professor makes several comparisons between romanticism and realism. Choose which of the following traits describes romanticism or realism.

Click in the correct box for each item.

	Romanticism	Realism
Embellishes the details of life		
Aims to inspire social changes		
Employs a sentimental style		
Features life-like characters		

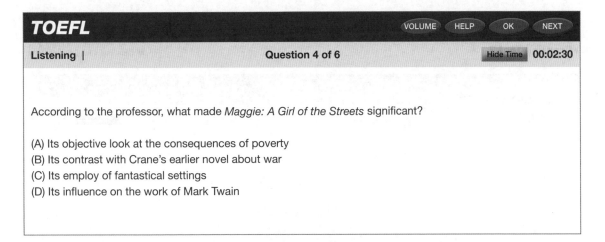

According to the professor, what made *Maggie: A Girl of the Streets* significant?

(A) Its objective look at the consequences of poverty
(B) Its contrast with Crane's earlier novel about war
(C) Its employ of fantastical settings
(D) Its influence on the work of Mark Twain

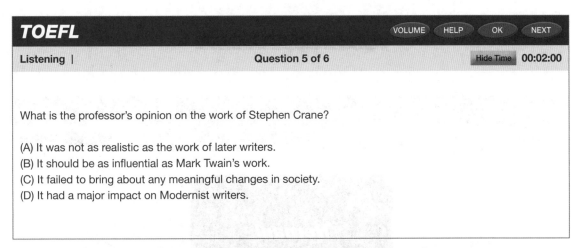

What is the professor's opinion on the work of Stephen Crane?

(A) It was not as realistic as the work of later writers.
(B) It should be as influential as Mark Twain's work.
(C) It failed to bring about any meaningful changes in society.
(D) It had a major impact on Modernist writers.

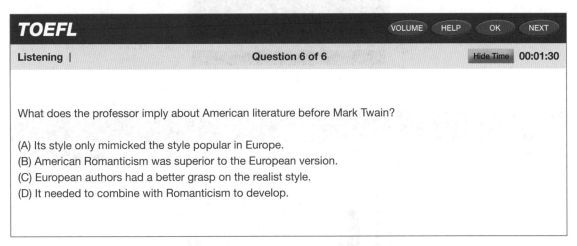

What does the professor imply about American literature before Mark Twain?

(A) Its style only mimicked the style popular in Europe.
(B) American Romanticism was superior to the European version.
(C) European authors had a better grasp on the realist style.
(D) It needed to combine with Romanticism to develop.

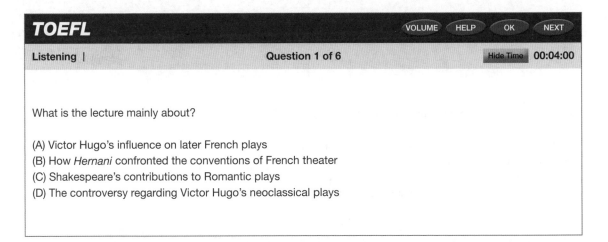

What is the lecture mainly about?

(A) Victor Hugo's influence on later French plays
(B) How *Hernani* confronted the conventions of French theater
(C) Shakespeare's contributions to Romantic plays
(D) The controversy regarding Victor Hugo's neoclassical plays

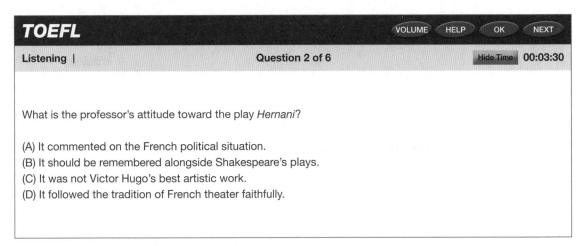

What is the professor's attitude toward the play *Hernani*?

(A) It commented on the French political situation.
(B) It should be remembered alongside Shakespeare's plays.
(C) It was not Victor Hugo's best artistic work.
(D) It followed the tradition of French theater faithfully.

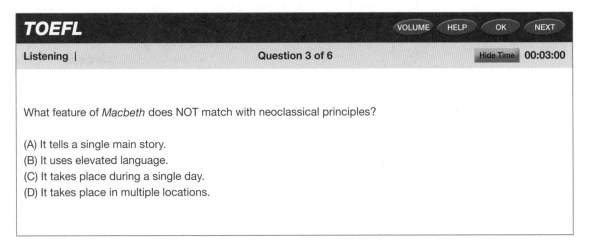

What feature of *Macbeth* does NOT match with neoclassical principles?

(A) It tells a single main story.
(B) It uses elevated language.
(C) It takes place during a single day.
(D) It takes place in multiple locations.

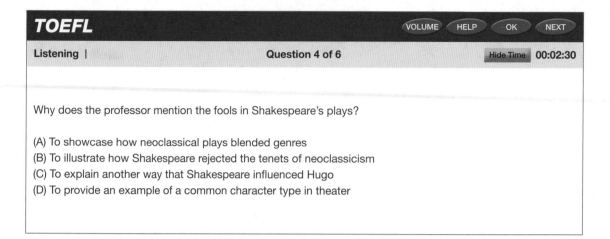

Why does the professor mention the fools in Shakespeare's plays?

(A) To showcase how neoclassical plays blended genres
(B) To illustrate how Shakespeare rejected the tenets of neoclassicism
(C) To explain another way that Shakespeare influenced Hugo
(D) To provide an example of a common character type in theater

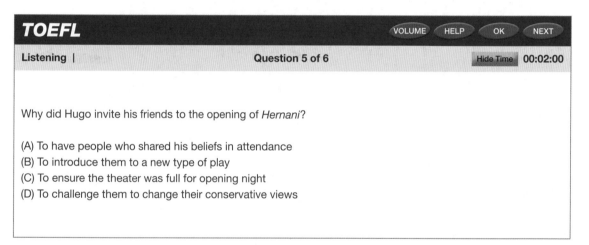

Why did Hugo invite his friends to the opening of *Hernani*?

(A) To have people who shared his beliefs in attendance
(B) To introduce them to a new type of play
(C) To ensure the theater was full for opening night
(D) To challenge them to change their conservative views

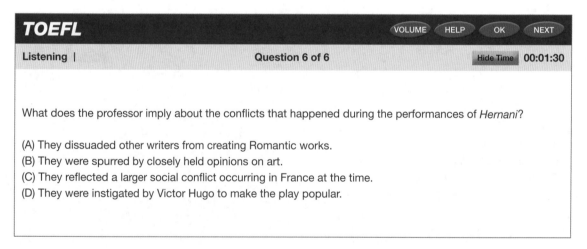

What does the professor imply about the conflicts that happened during the performances of *Hernani*?

(A) They dissuaded other writers from creating Romantic works.
(B) They were spurred by closely held opinions on art.
(C) They reflected a larger social conflict occurring in France at the time.
(D) They were instigated by Victor Hugo to make the play popular.

2. Art

∘ 유명한 화가 또는 작품 위주의 주제
  – 특정 미술 분야의 역사 및 발전
  – 특정 화가의 성장 이야기, 작품의 특징, 사용된 기법 등

∘ 미술 강의 흐름 예시

Introduction
강의 주제 소개 (예: 조각상 디자인의 두 가지 다른 접근법)

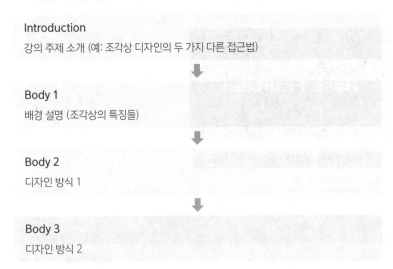

Body 1
배경 설명 (조각상의 특징들)

Body 2
디자인 방식 1

Body 3
디자인 방식 2

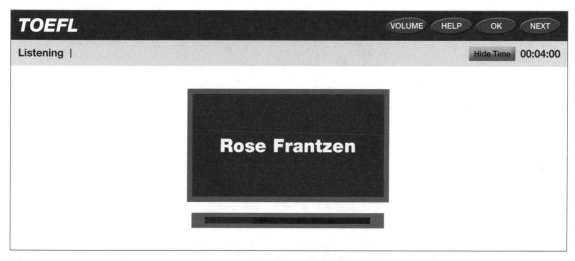

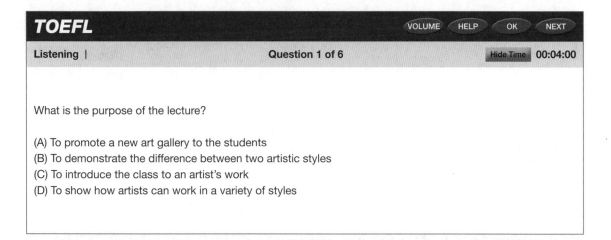

What is the purpose of the lecture?

(A) To promote a new art gallery to the students
(B) To demonstrate the difference between two artistic styles
(C) To introduce the class to an artist's work
(D) To show how artists can work in a variety of styles

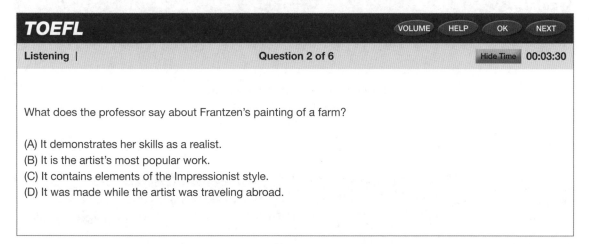

What does the professor say about Frantzen's painting of a farm?

(A) It demonstrates her skills as a realist.
(B) It is the artist's most popular work.
(C) It contains elements of the Impressionist style.
(D) It was made while the artist was traveling abroad.

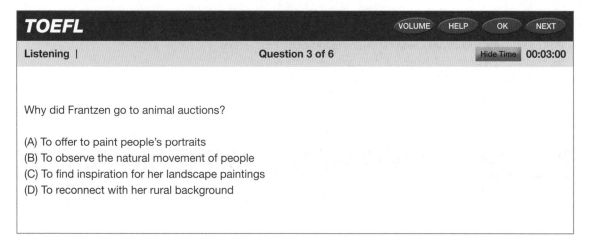

Why did Frantzen go to animal auctions?

(A) To offer to paint people's portraits
(B) To observe the natural movement of people
(C) To find inspiration for her landscape paintings
(D) To reconnect with her rural background

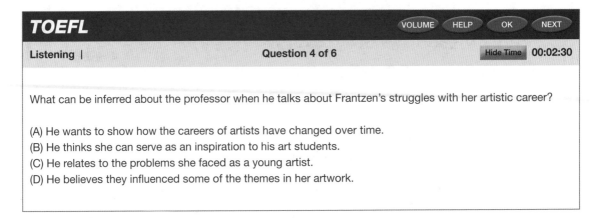

What can be inferred about the professor when he talks about Frantzen's struggles with her artistic career?

(A) He wants to show how the careers of artists have changed over time.
(B) He thinks she can serve as an inspiration to his art students.
(C) He relates to the problems she faced as a young artist.
(D) He believes they influenced some of the themes in her artwork.

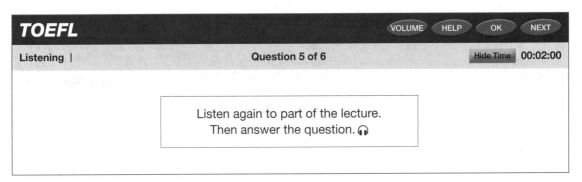

Listen again to part of the lecture.
Then answer the question. 🎧

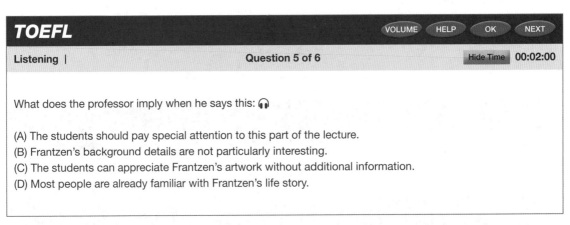

What does the professor imply when he says this: 🎧

(A) The students should pay special attention to this part of the lecture.
(B) Frantzen's background details are not particularly interesting.
(C) The students can appreciate Frantzen's artwork without additional information.
(D) Most people are already familiar with Frantzen's life story.

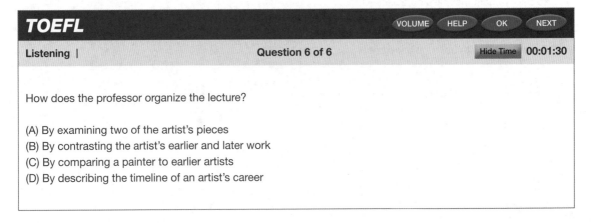

How does the professor organize the lecture?

(A) By examining two of the artist's pieces
(B) By contrasting the artist's earlier and later work
(C) By comparing a painter to earlier artists
(D) By describing the timeline of an artist's career

🔊 Listening_CH3_4

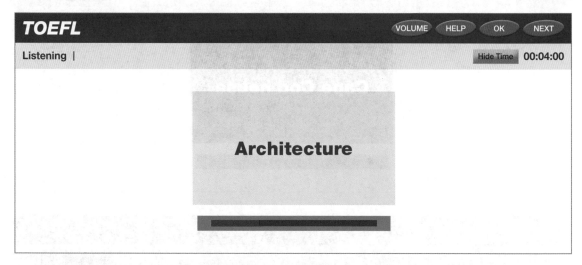

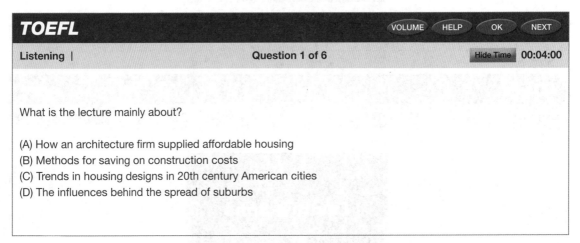

What is the lecture mainly about?

(A) How an architecture firm supplied affordable housing
(B) Methods for saving on construction costs
(C) Trends in housing designs in 20th century American cities
(D) The influences behind the spread of suburbs

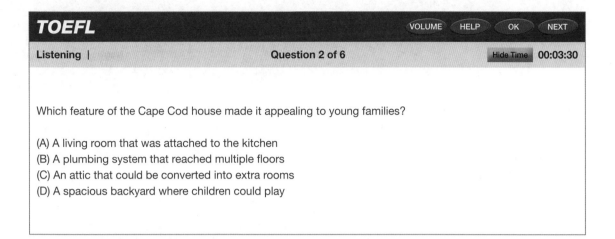

Which feature of the Cape Cod house made it appealing to young families?

(A) A living room that was attached to the kitchen
(B) A plumbing system that reached multiple floors
(C) An attic that could be converted into extra rooms
(D) A spacious backyard where children could play

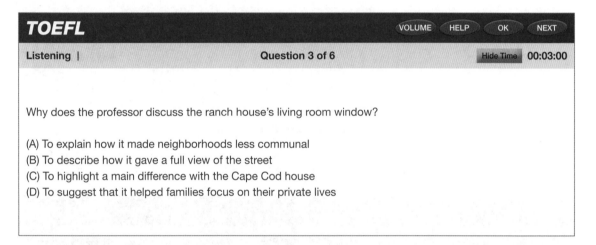

Why does the professor discuss the ranch house's living room window?

(A) To explain how it made neighborhoods less communal
(B) To describe how it gave a full view of the street
(C) To highlight a main difference with the Cape Cod house
(D) To suggest that it helped families focus on their private lives

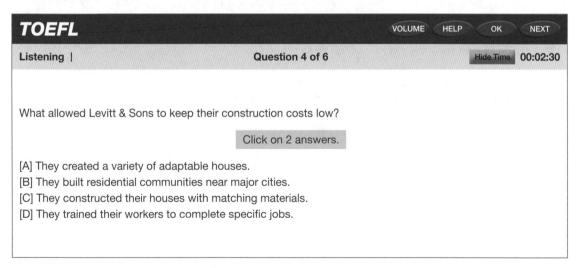

What allowed Levitt & Sons to keep their construction costs low?

Click on 2 answers.

[A] They created a variety of adaptable houses.
[B] They built residential communities near major cities.
[C] They constructed their houses with matching materials.
[D] They trained their workers to complete specific jobs.

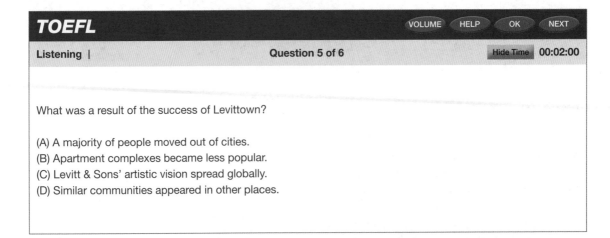

What was a result of the success of Levittown?

(A) A majority of people moved out of cities.
(B) Apartment complexes became less popular.
(C) Levitt & Sons' artistic vision spread globally.
(D) Similar communities appeared in other places.

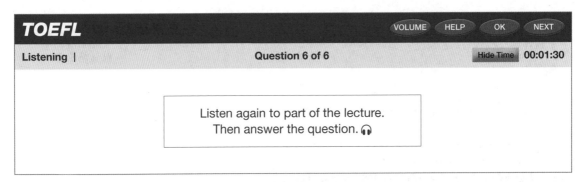

Listen again to part of the lecture.
Then answer the question. 🎧

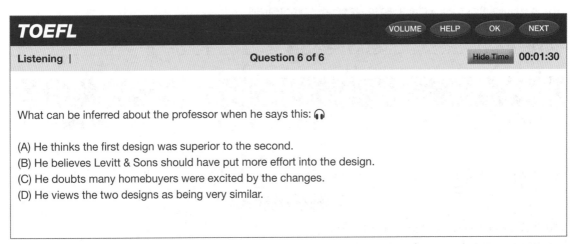

What can be inferred about the professor when he says this: 🎧

(A) He thinks the first design was superior to the second.
(B) He believes Levitt & Sons should have put more effort into the design.
(C) He doubts many homebuyers were excited by the changes.
(D) He views the two designs as being very similar.

3. Music

◦ 음악의 역사 또는 특정 음악 양식 위주의 주제
  - 시대별 음악의 특징 및 발전한 역사
  - 특정 음악 양식의 적용, 특징, 사용된 악기 등

◦ 음악 강의 흐름 예시

Introduction
강의 주제 소개 (예: 일렉트로니카 – 전자 음악)

→ 배경 설명 (정의 및 역사)

Body 1
초창기 (언더그라운드 – 널리 받아들여지지 않음)

→ 당시의 특징 나열 & 대중과 전문가들의 의견과 이유

Body 2
최근 (주류)

→ 다른 음악에 일렉트로니카가 미치는 다양한 영향들

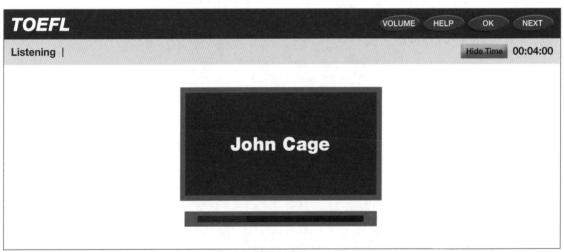

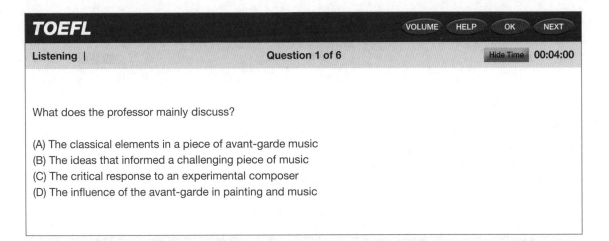

What does the professor mainly discuss?

(A) The classical elements in a piece of avant-garde music
(B) The ideas that informed a challenging piece of music
(C) The critical response to an experimental composer
(D) The influence of the avant-garde in painting and music

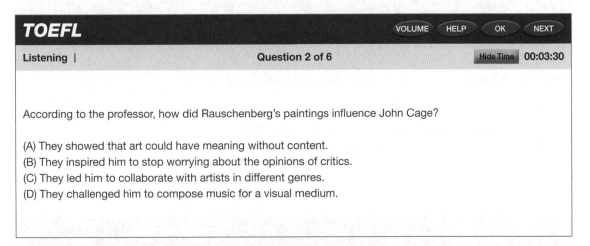

According to the professor, how did Rauschenberg's paintings influence John Cage?

(A) They showed that art could have meaning without content.
(B) They inspired him to stop worrying about the opinions of critics.
(C) They led him to collaborate with artists in different genres.
(D) They challenged him to compose music for a visual medium.

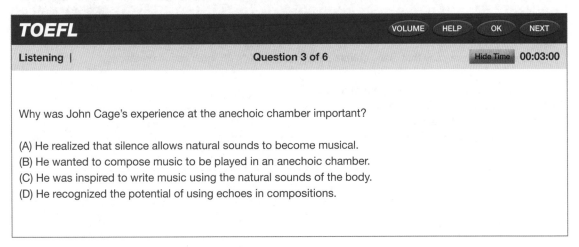

Why was John Cage's experience at the anechoic chamber important?

(A) He realized that silence allows natural sounds to become musical.
(B) He wanted to compose music to be played in an anechoic chamber.
(C) He was inspired to write music using the natural sounds of the body.
(D) He recognized the potential of using echoes in compositions.

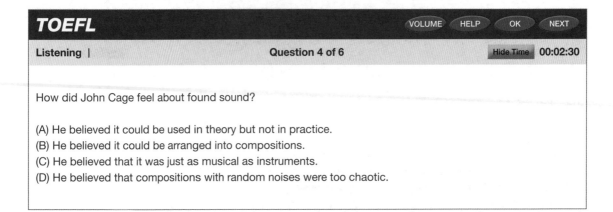

How did John Cage feel about found sound?

(A) He believed it could be used in theory but not in practice.
(B) He believed it could be arranged into compositions.
(C) He believed that it was just as musical as instruments.
(D) He believed that compositions with random noises were too chaotic.

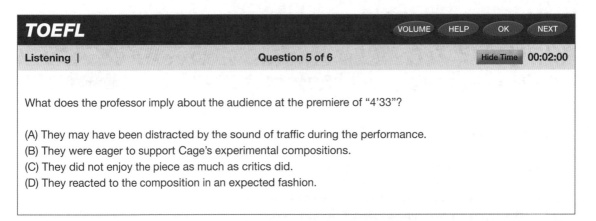

What does the professor imply about the audience at the premiere of "4'33"?

(A) They may have been distracted by the sound of traffic during the performance.
(B) They were eager to support Cage's experimental compositions.
(C) They did not enjoy the piece as much as critics did.
(D) They reacted to the composition in an expected fashion.

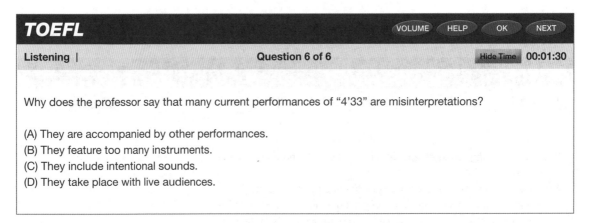

Why does the professor say that many current performances of "4'33" are misinterpretations?

(A) They are accompanied by other performances.
(B) They feature too many instruments.
(C) They include intentional sounds.
(D) They take place with live audiences.

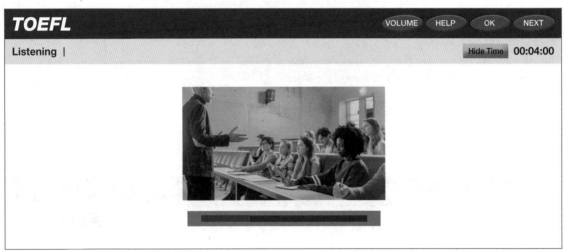

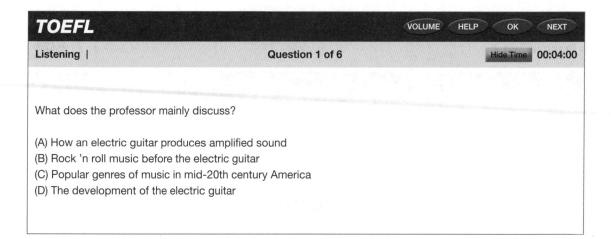

What does the professor mainly discuss?

(A) How an electric guitar produces amplified sound
(B) Rock 'n roll music before the electric guitar
(C) Popular genres of music in mid-20th century America
(D) The development of the electric guitar

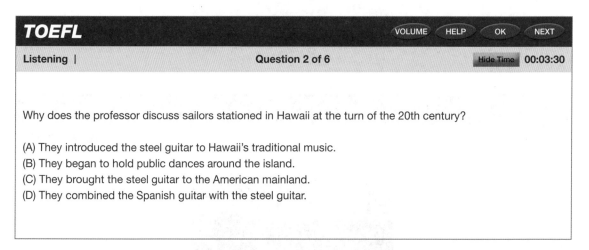

Why does the professor discuss sailors stationed in Hawaii at the turn of the 20th century?

(A) They introduced the steel guitar to Hawaii's traditional music.
(B) They began to hold public dances around the island.
(C) They brought the steel guitar to the American mainland.
(D) They combined the Spanish guitar with the steel guitar.

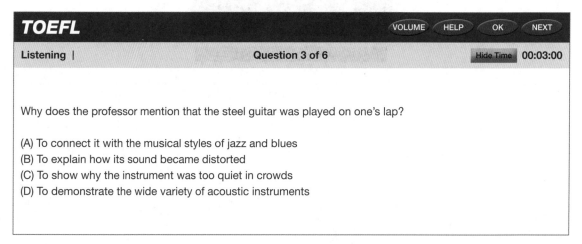

Why does the professor mention that the steel guitar was played on one's lap?

(A) To connect it with the musical styles of jazz and blues
(B) To explain how its sound became distorted
(C) To show why the instrument was too quiet in crowds
(D) To demonstrate the wide variety of acoustic instruments

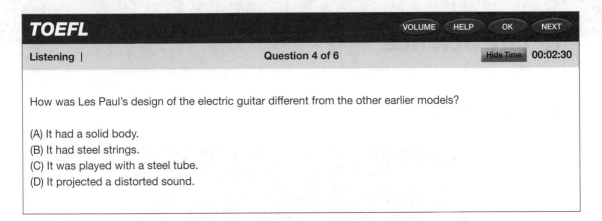

How was Les Paul's design of the electric guitar different from the other earlier models?

(A) It had a solid body.
(B) It had steel strings.
(C) It was played with a steel tube.
(D) It projected a distorted sound.

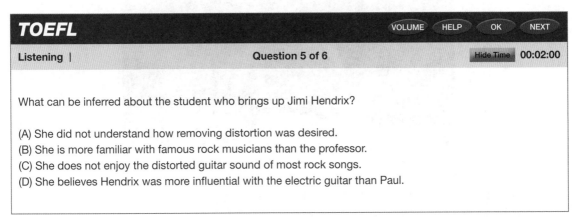

What can be inferred about the student who brings up Jimi Hendrix?

(A) She did not understand how removing distortion was desired.
(B) She is more familiar with famous rock musicians than the professor.
(C) She does not enjoy the distorted guitar sound of most rock songs.
(D) She believes Hendrix was more influential with the electric guitar than Paul.

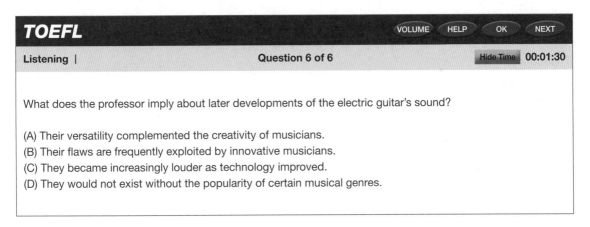

What does the professor imply about later developments of the electric guitar's sound?

(A) Their versatility complemented the creativity of musicians.
(B) Their flaws are frequently exploited by innovative musicians.
(C) They became increasingly louder as technology improved.
(D) They would not exist without the popularity of certain musical genres.

II Life Science

1. Animal Behavior

∘ 동물들이 흔히 보이는 행동 위주의 주제

　－특정 동물 종 사이에서 나타나는 행동 비교 / 서식지에 따른 동물들의 적응 관련 행동 등

　－동물들의 행동을 관찰하는 실험 / 행동에 대한 다양한 이론들

∘ 동물의 행동 관련 강의 흐름 예시

Introduction

지난 강의 언급

→ 오늘의 강의 주제 소개 (예: 사바나 지역 침팬지의 적응 방법들)

Body 1

사바나의 특징 1 (긴 건기)

→ 침팬지의 행동 나열 (도구를 이용한 먹이 찾기)

Body 2

사바나의 특징 2 (매우 더운 기후)

→ 침팬지의 행동 나열 (동굴 이용 / 웅덩이에 가기)

🔊 Listening_CH3_7

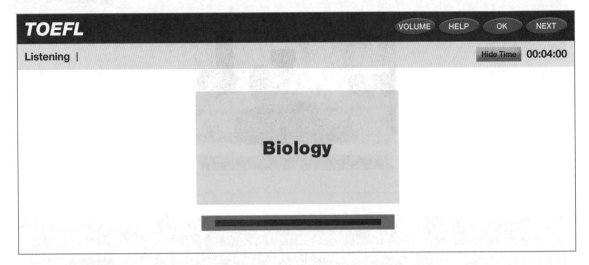

What is the main topic of the lecture?

(A) The different habitats where marmots live
(B) The challenges of observing marmots in the wild
(C) The physical adaptations of marmots to their environment
(D) The contrasts in behavior of two marmot species

According to the students' reading, why are marmots good subjects for observation?

(A) Their burrows are easy to identify from afar.
(B) They do not run away from humans.
(C) They are active during the daylight hours.
(D) They are found all across North America.

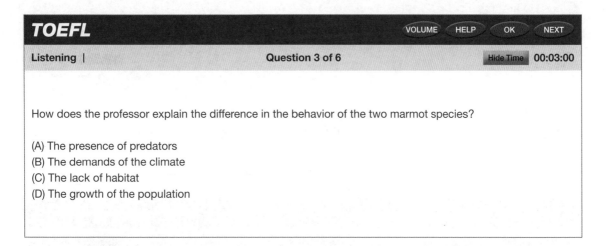

How does the professor explain the difference in the behavior of the two marmot species?

(A) The presence of predators
(B) The demands of the climate
(C) The lack of habitat
(D) The growth of the population

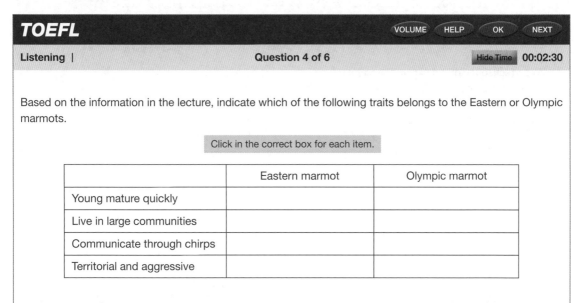

Based on the information in the lecture, indicate which of the following traits belongs to the Eastern or Olympic marmots.

Click in the correct box for each item.

	Eastern marmot	Olympic marmot
Young mature quickly		
Live in large communities		
Communicate through chirps		
Territorial and aggressive		

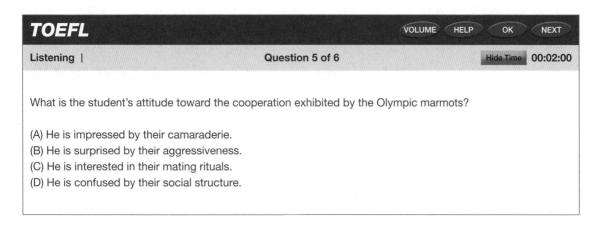

What is the student's attitude toward the cooperation exhibited by the Olympic marmots?

(A) He is impressed by their camaraderie.
(B) He is surprised by their aggressiveness.
(C) He is interested in their mating rituals.
(D) He is confused by their social structure.

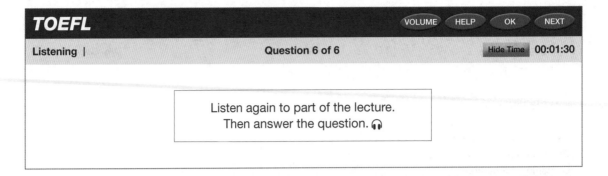

Listen again to part of the lecture.
Then answer the question.

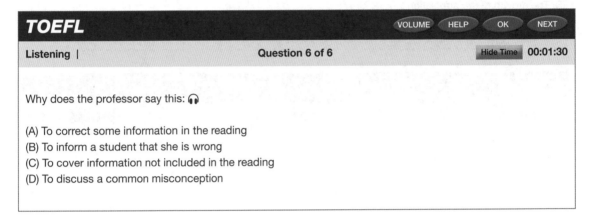

Why does the professor say this:

(A) To correct some information in the reading
(B) To inform a student that she is wrong
(C) To cover information not included in the reading
(D) To discuss a common misconception

◀๗ Listening_CH3_8

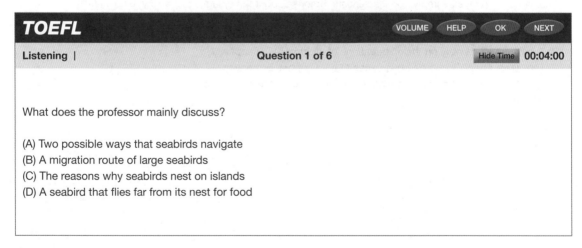

What does the professor mainly discuss?

(A) Two possible ways that seabirds navigate
(B) A migration route of large seabirds
(C) The reasons why seabirds nest on islands
(D) A seabird that flies far from its nest for food

According to the professor, what is a factor that determines where an albatross makes its nest?

(A) The vegetation native to the island
(B) The type of food in the sea around the island
(C) The presence of other albatrosses on the island
(D) The number of predators on the island

Why does the professor mention dynamic soaring?

(A) To suggest how the albatrosses can fly quickly
(B) To provide an explanation to a student's doubt
(C) To correct a statement made by a student
(D) To demonstrate how the albatrosses avoid predators

What does the professor imply about scientists' theories about the albatrosses' ability to navigate?

(A) They are not supported by actual studies of the albatrosses.
(B) They are based solely on the observations of albatrosses in captivity.
(C) They were proven by a rare observation of an albatross in the wild.
(D) They have been widely challenged by new evidence that has emerged.

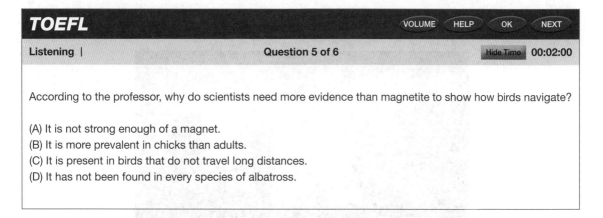

According to the professor, why do scientists need more evidence than magnetite to show how birds navigate?

(A) It is not strong enough of a magnet.
(B) It is more prevalent in chicks than adults.
(C) It is present in birds that do not travel long distances.
(D) It has not been found in every species of albatross.

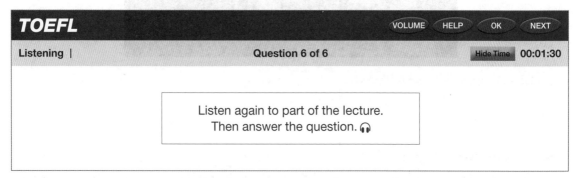

Listen again to part of the lecture.
Then answer the question. 🎧

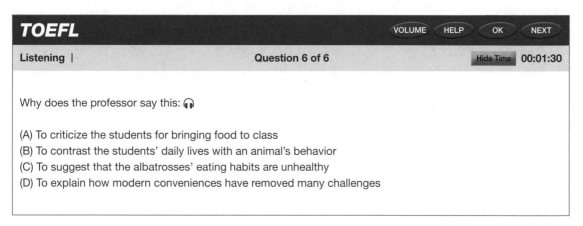

Why does the professor say this: 🎧

(A) To criticize the students for bringing food to class
(B) To contrast the students' daily lives with an animal's behavior
(C) To suggest that the albatrosses' eating habits are unhealthy
(D) To explain how modern conveniences have removed many challenges

2. Animal Communication

∘ 동물들에게서 흔하게 나타나는 소통 방식 위주의 주제
  - 동물들의 관계 & 그들의 소통 방식 & 특정 동물에게서 나타나는 특징
  - 그들을 다룬 전문가의 연구/주장들

∘ 동물의 의사소통 관련 강의 흐름 예시

Introduction
강의 주제 소개 (예: 효과적인 동물의 의사소통 예시)
→ 개미에 대한 기본 설명

Body 1
개미의 특별한 소통 방식

Body 2
해당 소통 방식에 대한 연구

Body 3
연구에 대한 교수의 의견: 충분한 증거가 없음
→ 앞으로의 연구 방향

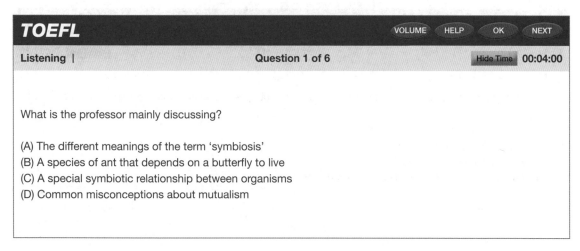

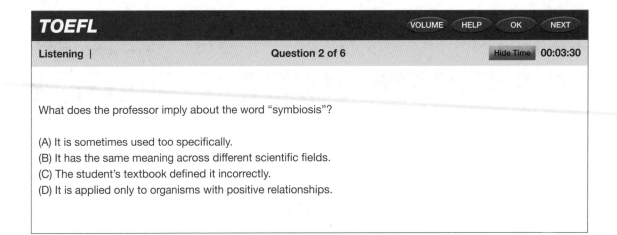

What does the professor imply about the word "symbiosis"?

(A) It is sometimes used too specifically.
(B) It has the same meaning across different scientific fields.
(C) The student's textbook defined it incorrectly.
(D) It is applied only to organisms with positive relationships.

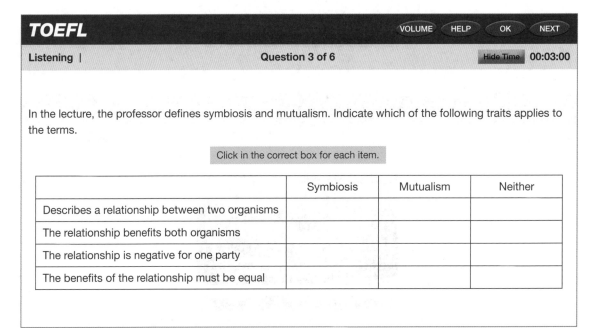

In the lecture, the professor defines symbiosis and mutualism. Indicate which of the following traits applies to the terms.

Click in the correct box for each item.

	Symbiosis	Mutualism	Neither
Describes a relationship between two organisms			
The relationship benefits both organisms			
The relationship is negative for one party			
The benefits of the relationship must be equal			

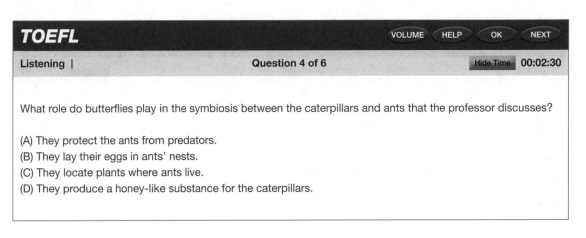

What role do butterflies play in the symbiosis between the caterpillars and ants that the professor discusses?

(A) They protect the ants from predators.
(B) They lay their eggs in ants' nests.
(C) They locate plants where ants live.
(D) They produce a honey-like substance for the caterpillars.

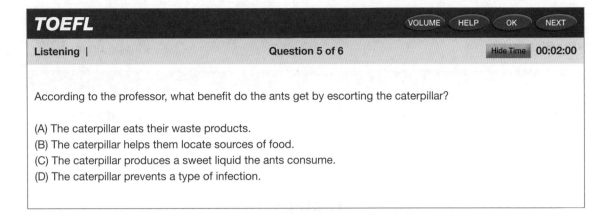

According to the professor, what benefit do the ants get by escorting the caterpillar?

(A) The caterpillar eats their waste products.
(B) The caterpillar helps them locate sources of food.
(C) The caterpillar produces a sweet liquid the ants consume.
(D) The caterpillar prevents a type of infection.

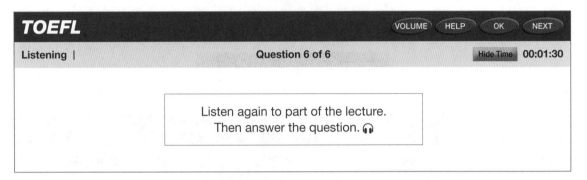

Listen again to part of the lecture.
Then answer the question. 🎧

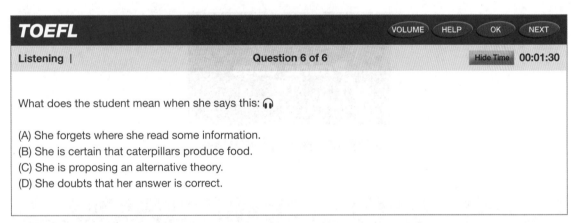

What does the student mean when she says this: 🎧

(A) She forgets where she read some information.
(B) She is certain that caterpillars produce food.
(C) She is proposing an alternative theory.
(D) She doubts that her answer is correct.

Listening_CH3_10

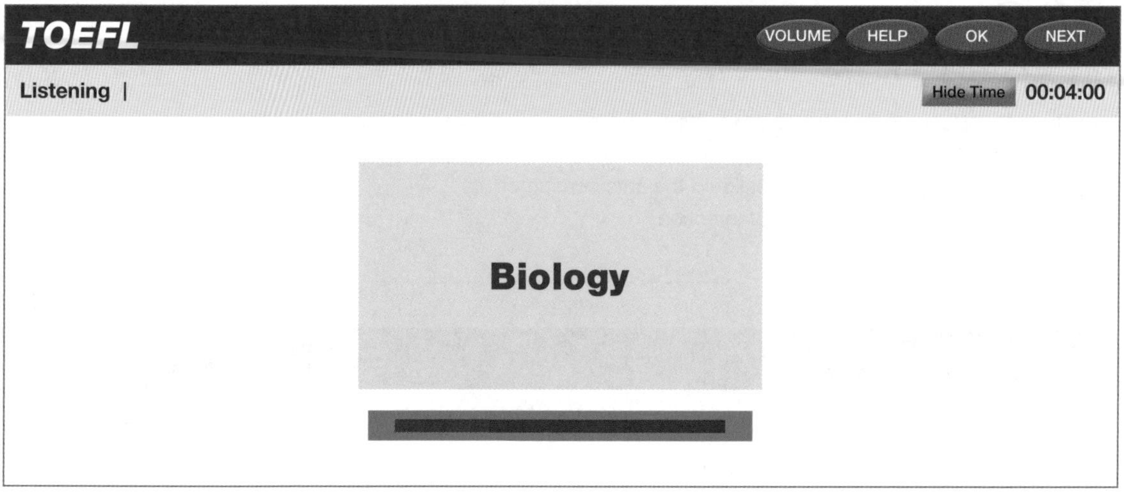

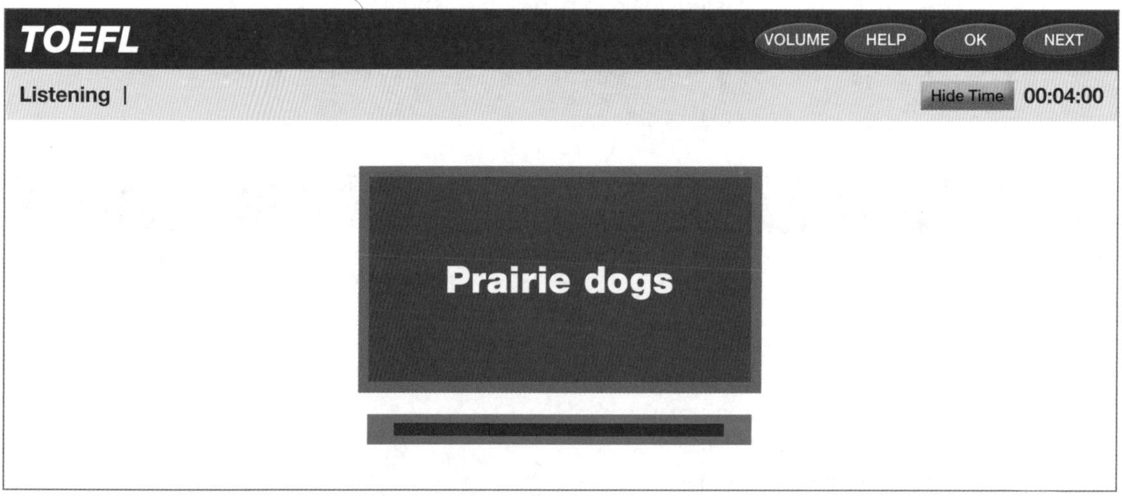

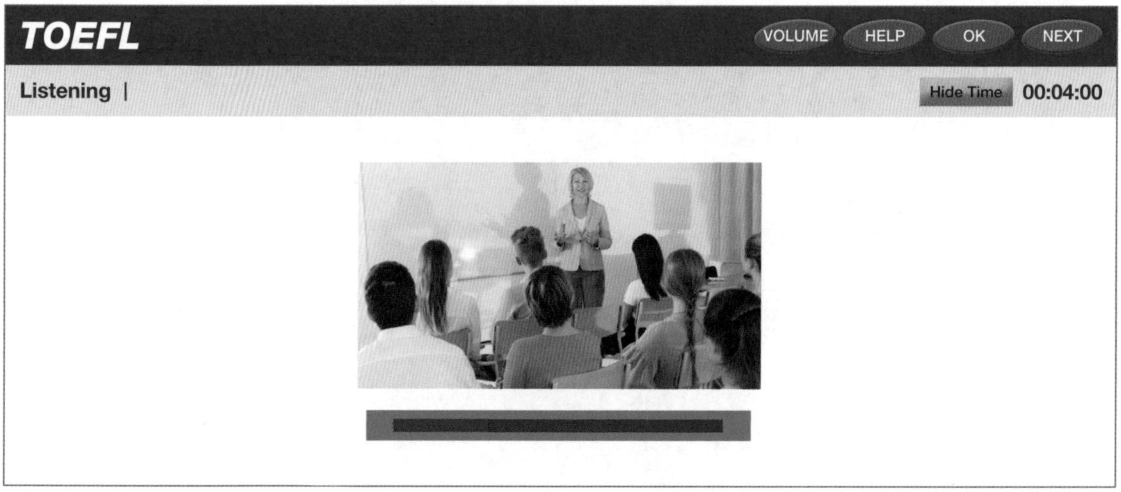

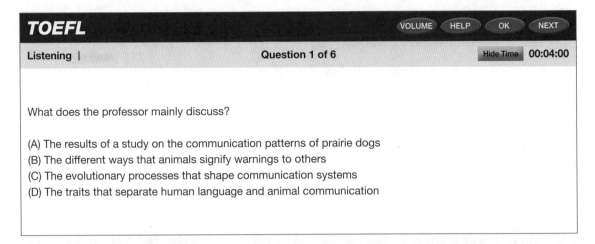

What does the professor mainly discuss?

(A) The results of a study on the communication patterns of prairie dogs
(B) The different ways that animals signify warnings to others
(C) The evolutionary processes that shape communication systems
(D) The traits that separate human language and animal communication

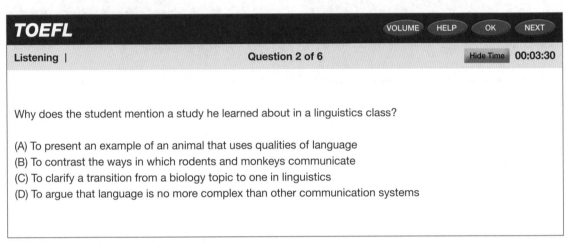

Why does the student mention a study he learned about in a linguistics class?

(A) To present an example of an animal that uses qualities of language
(B) To contrast the ways in which rodents and monkeys communicate
(C) To clarify a transition from a biology topic to one in linguistics
(D) To argue that language is no more complex than other communication systems

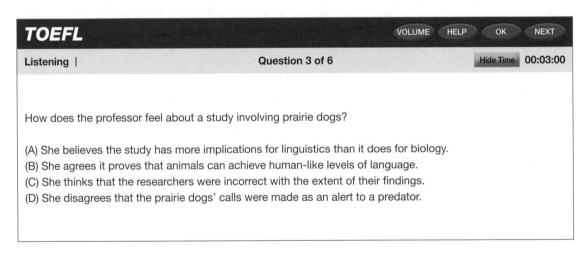

How does the professor feel about a study involving prairie dogs?

(A) She believes the study has more implications for linguistics than it does for biology.
(B) She agrees it proves that animals can achieve human-like levels of language.
(C) She thinks that the researchers were incorrect with the extent of their findings.
(D) She disagrees that the prairie dogs' calls were made as an alert to a predator.

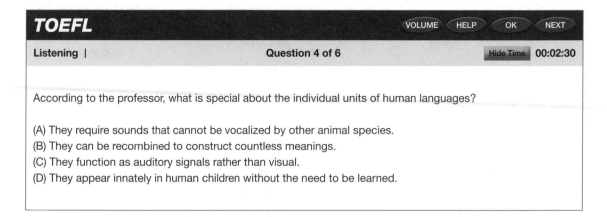

According to the professor, what is special about the individual units of human languages?

(A) They require sounds that cannot be vocalized by other animal species.
(B) They can be recombined to construct countless meanings.
(C) They function as auditory signals rather than visual.
(D) They appear innately in human children without the need to be learned.

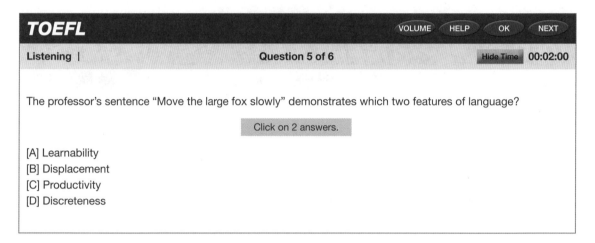

The professor's sentence "Move the large fox slowly" demonstrates which two features of language?

Click on 2 answers.

[A] Learnability
[B] Displacement
[C] Productivity
[D] Discreteness

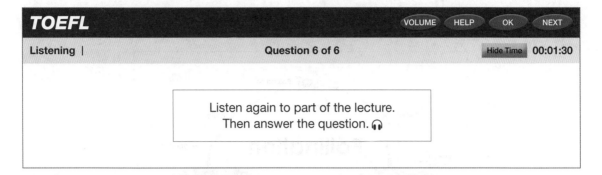

Listen again to part of the lecture.
Then answer the question. 🎧

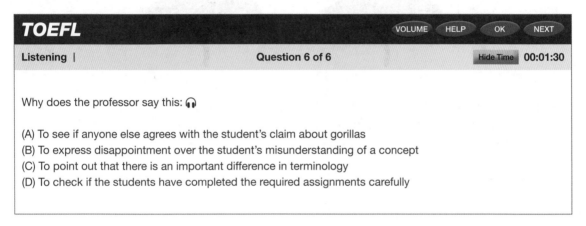

Why does the professor say this: 🎧

(A) To see if anyone else agrees with the student's claim about gorillas
(B) To express disappointment over the student's misunderstanding of a concept
(C) To point out that there is an important difference in terminology
(D) To check if the students have completed the required assignments carefully

3. Botany

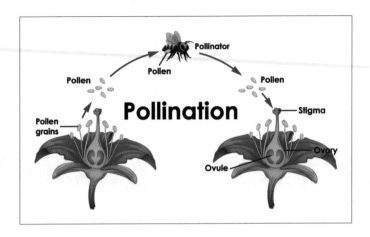

- 특정 식물 또는 다양한 식물들이 겪는 현상 관련 주제
  - 특정 식물 종의 특별한 점 또는 그 식물이 어떻게 이용되는지 등
  - 식물들만이 겪는 특별한 현상 또는 여러 현상의 비교

- 식물학 강의 흐름 예시

Introduction
지난 강의 설명
→ 오늘의 강의 주제 소개 (다양한 형태의 수분)

Body 1
첫 번째 (self-pollination 자가수분)
→ 특징들 나열

Body 2
두 번째 (cross-pollination 타가수분)
→ 특징들 나열

Body 3
두 종류 비교/대조

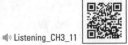

◀》 Listening_CH3_11

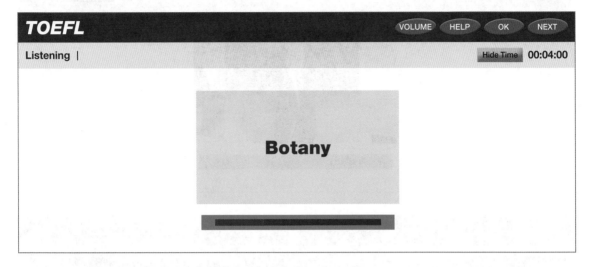

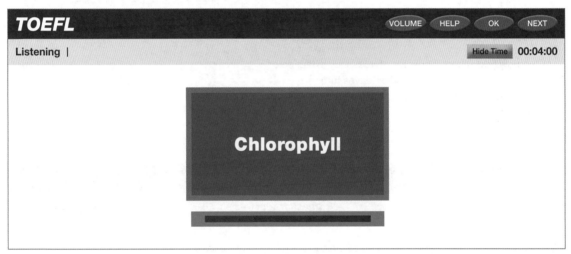

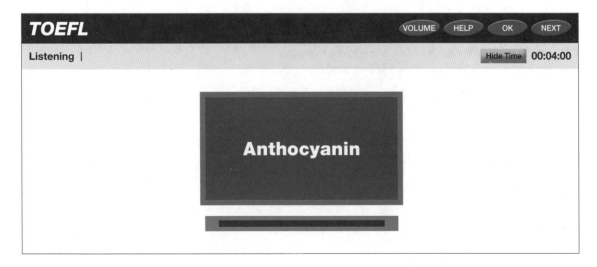

What is the main purpose of the lecture?

(A) To show how different species of trees vary in leaf color
(B) To discuss a theory about a color leaves turn
(C) To explain how chlorophyll functions in autumn
(D) To describe why red pigments are rare in plants

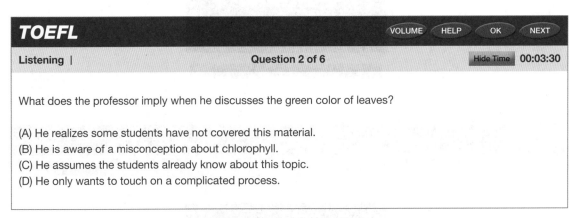

What does the professor imply when he discusses the green color of leaves?

(A) He realizes some students have not covered this material.
(B) He is aware of a misconception about chlorophyll.
(C) He assumes the students already know about this topic.
(D) He only wants to touch on a complicated process.

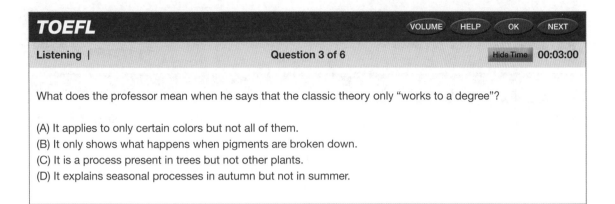

What does the professor mean when he says that the classic theory only "works to a degree"?

(A) It applies to only certain colors but not all of them.
(B) It only shows what happens when pigments are broken down.
(C) It is a process present in trees but not other plants.
(D) It explains seasonal processes in autumn but not in summer.

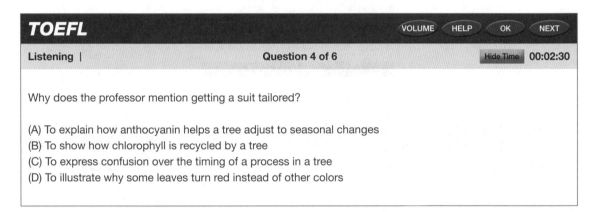

Why does the professor mention getting a suit tailored?

(A) To explain how anthocyanin helps a tree adjust to seasonal changes
(B) To show how chlorophyll is recycled by a tree
(C) To express confusion over the timing of a process in a tree
(D) To illustrate why some leaves turn red instead of other colors

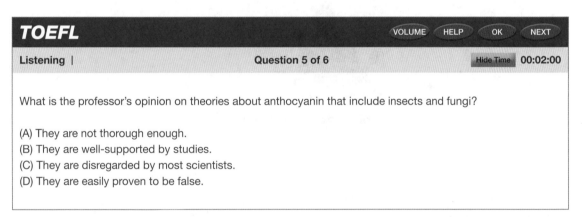

What is the professor's opinion on theories about anthocyanin that include insects and fungi?

(A) They are not thorough enough.
(B) They are well-supported by studies.
(C) They are disregarded by most scientists.
(D) They are easily proven to be false.

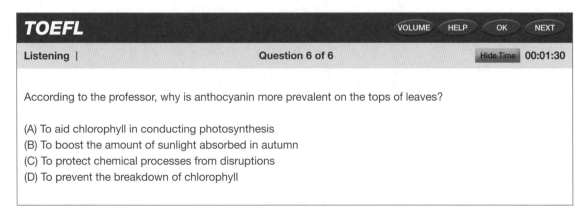

According to the professor, why is anthocyanin more prevalent on the tops of leaves?

(A) To aid chlorophyll in conducting photosynthesis
(B) To boost the amount of sunlight absorbed in autumn
(C) To protect chemical processes from disruptions
(D) To prevent the breakdown of chlorophyll

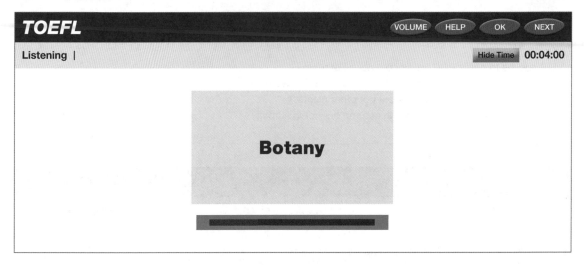

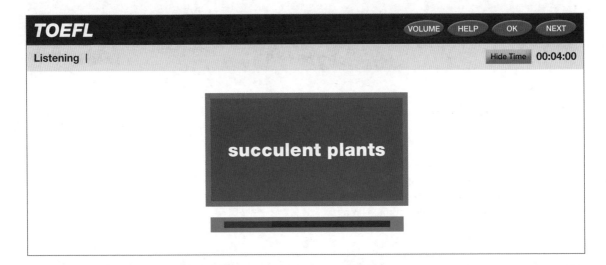

What is the lecture mainly about?

(A) The ways a type of plant has adapted to various climates
(B) The various adaptations plants have developed in dry regions
(C) The most resilient types of succulent plants
(D) The growing cycle of plants native to desert areas

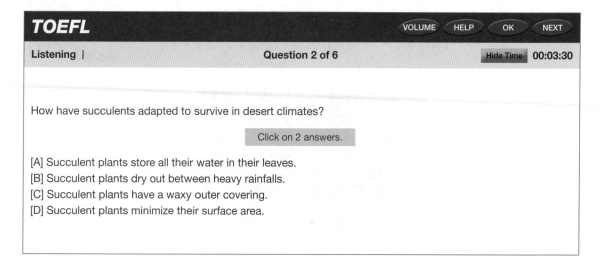

How have succulents adapted to survive in desert climates?

Click on 2 answers.

[A] Succulent plants store all their water in their leaves.
[B] Succulent plants dry out between heavy rainfalls.
[C] Succulent plants have a waxy outer covering.
[D] Succulent plants minimize their surface area.

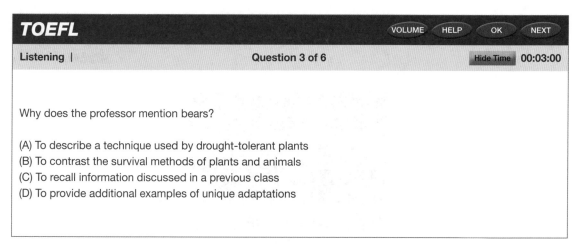

Why does the professor mention bears?

(A) To describe a technique used by drought-tolerant plants
(B) To contrast the survival methods of plants and animals
(C) To recall information discussed in a previous class
(D) To provide additional examples of unique adaptations

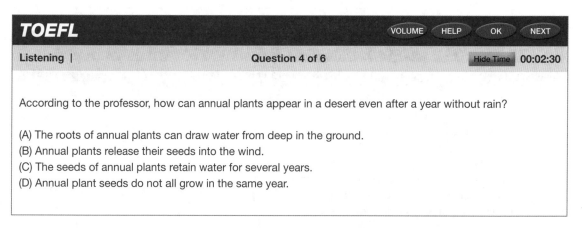

According to the professor, how can annual plants appear in a desert even after a year without rain?

(A) The roots of annual plants can draw water from deep in the ground.
(B) Annual plants release their seeds into the wind.
(C) The seeds of annual plants retain water for several years.
(D) Annual plant seeds do not all grow in the same year.

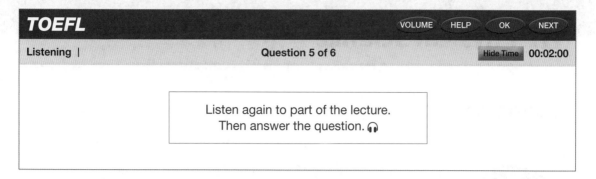

Listen again to part of the lecture.
Then answer the question. 🎧

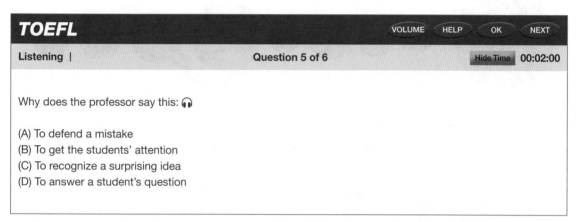

Why does the professor say this: 🎧

(A) To defend a mistake
(B) To get the students' attention
(C) To recognize a surprising idea
(D) To answer a student's question

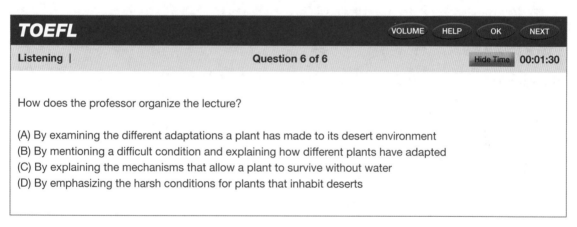

How does the professor organize the lecture?

(A) By examining the different adaptations a plant has made to its desert environment
(B) By mentioning a difficult condition and explaining how different plants have adapted
(C) By explaining the mechanisms that allow a plant to survive without water
(D) By emphasizing the harsh conditions for plants that inhabit deserts

III Physical Science

1. Astronomy

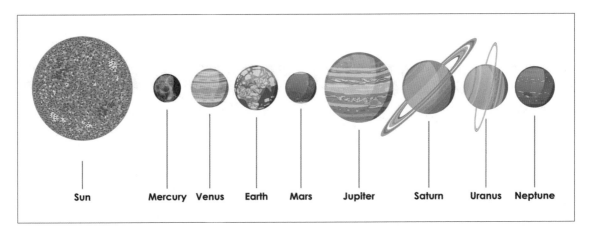

- 행성들에 대한 설명 또는 은하계에서 일어나는 현상 위주의 주제
  - 특정 행성/달/별(항성)의 특이점 나열 또는 여러 개의 비교 등
  - 은하계/우주에서 나타나는 현상 또는 풀리지 않는 미스터리 등

- 천문학 강의 흐름 예시

Introduction
오늘의 강의 주제 관련 도입부 (예: 많은 행성들)
→ 강의 주제 소개 (토성의 독특한 특징들)

Body 1
첫 번째 특징 (지구와의 유사점들)
→ 유사점 관련 예시 나열

Body 2
두 번째 특징 (크기)
→ 부연 설명

Body 3
세 번째 특징 (반구)
→ 전문가 견해 & 교수 생각

🔊 Listening_CH3_13

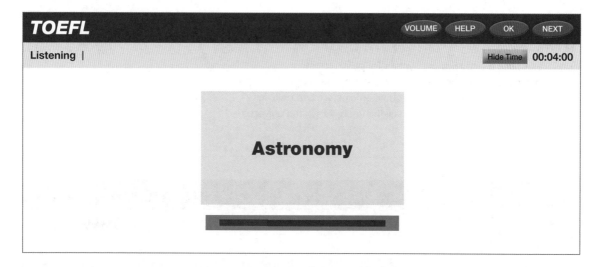

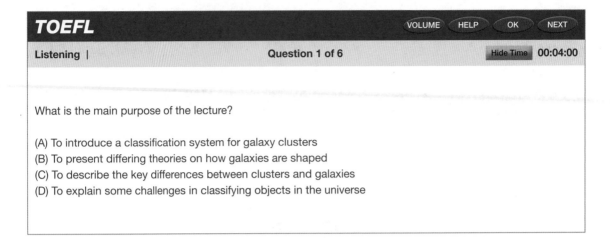

What is the main purpose of the lecture?

(A) To introduce a classification system for galaxy clusters
(B) To present differing theories on how galaxies are shaped
(C) To describe the key differences between clusters and galaxies
(D) To explain some challenges in classifying objects in the universe

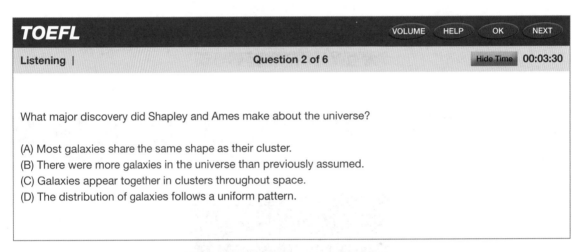

What major discovery did Shapley and Ames make about the universe?

(A) Most galaxies share the same shape as their cluster.
(B) There were more galaxies in the universe than previously assumed.
(C) Galaxies appear together in clusters throughout space.
(D) The distribution of galaxies follows a uniform pattern.

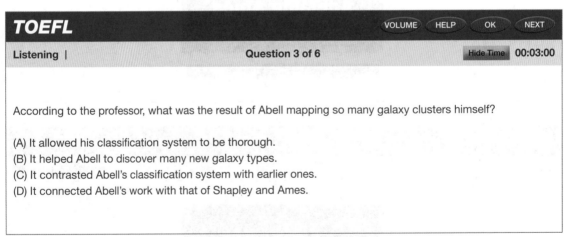

According to the professor, what was the result of Abell mapping so many galaxy clusters himself?

(A) It allowed his classification system to be thorough.
(B) It helped Abell to discover many new galaxy types.
(C) It contrasted Abell's classification system with earlier ones.
(D) It connected Abell's work with that of Shapley and Ames.

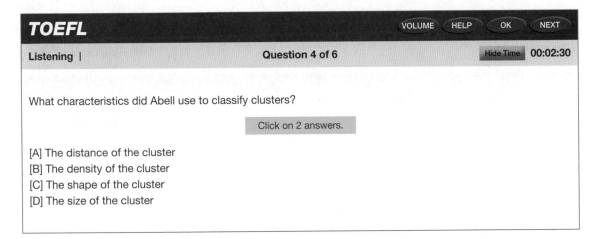

What characteristics did Abell use to classify clusters?

Click on 2 answers.

[A] The distance of the cluster
[B] The density of the cluster
[C] The shape of the cluster
[D] The size of the cluster

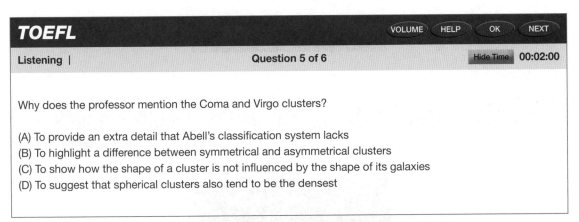

Why does the professor mention the Coma and Virgo clusters?

(A) To provide an extra detail that Abell's classification system lacks
(B) To highlight a difference between symmetrical and asymmetrical clusters
(C) To show how the shape of a cluster is not influenced by the shape of its galaxies
(D) To suggest that spherical clusters also tend to be the densest

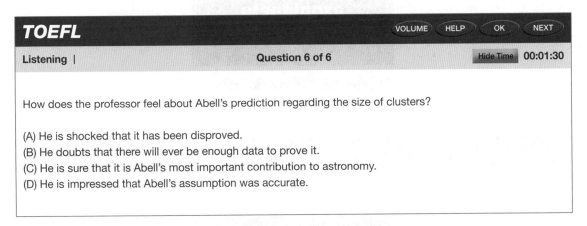

How does the professor feel about Abell's prediction regarding the size of clusters?

(A) He is shocked that it has been disproved.
(B) He doubts that there will ever be enough data to prove it.
(C) He is sure that it is Abell's most important contribution to astronomy.
(D) He is impressed that Abell's assumption was accurate.

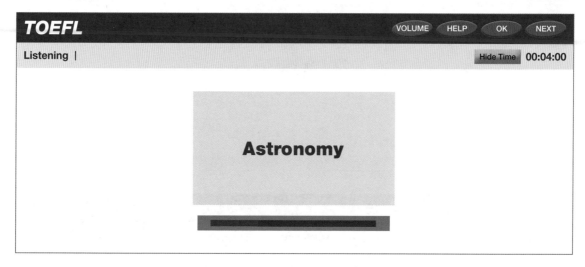

What do the speakers mainly discuss?

(A) The conditions for life outside of the habitable zone
(B) Methods astronomers use to detect exoplanets
(C) Exoplanets that exhibit Earth-like characteristics
(D) The discovery of several nearby red dwarf stars

How does the professor feel about the discovery of alien life?

(A) It could exist on gas giants in different forms.
(B) It would most likely appear as simple organisms.
(C) It will probably not be found anytime soon.
(D) It may exist on exoplanets in our Solar System.

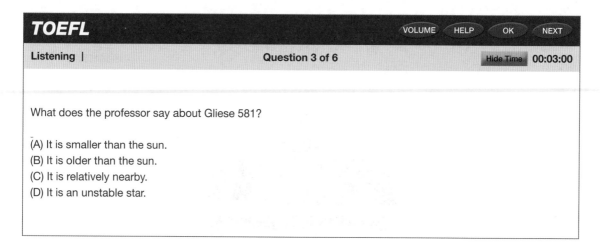

What does the professor say about Gliese 581?

(A) It is smaller than the sun.
(B) It is older than the sun.
(C) It is relatively nearby.
(D) It is an unstable star.

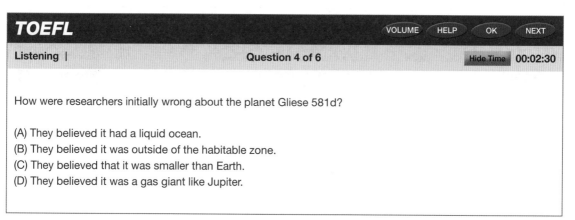

How were researchers initially wrong about the planet Gliese 581d?

(A) They believed it had a liquid ocean.
(B) They believed it was outside of the habitable zone.
(C) They believed that it was smaller than Earth.
(D) They believed it was a gas giant like Jupiter.

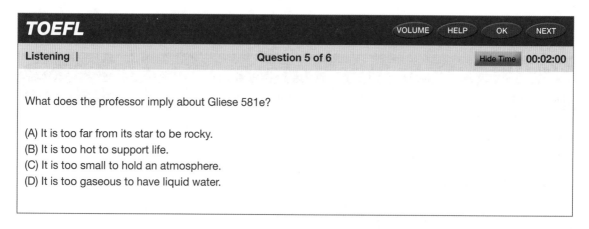

What does the professor imply about Gliese 581e?

(A) It is too far from its star to be rocky.
(B) It is too hot to support life.
(C) It is too small to hold an atmosphere.
(D) It is too gaseous to have liquid water.

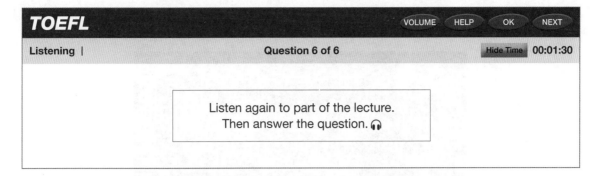

Listen again to part of the lecture.
Then answer the question. 🎧

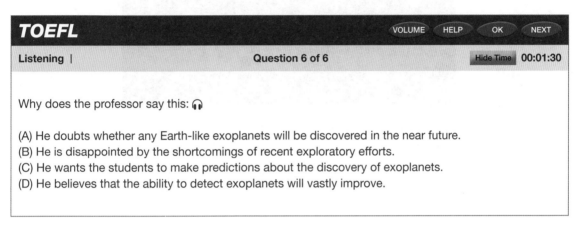

Why does the professor say this: 🎧

(A) He doubts whether any Earth-like exoplanets will be discovered in the near future.
(B) He is disappointed by the shortcomings of recent exploratory efforts.
(C) He wants the students to make predictions about the discovery of exoplanets.
(D) He believes that the ability to detect exoplanets will vastly improve.

2. Geology

- 지구 과학과 관련된 자연 환경 위주의 주제
  - 강, 호수, 산 등의 형성 과정 및 특징 등
  - 지각, 해저 또는 화석 관련 이론

- 지질학 강의 흐름 예시

Introduction

강의 주제 소개 (예: 무엇이 강의 형태에 영향을 미치는지)

Body 1

키워드 소개 (홍수와 그 영향들)

Body 2

홍수가 강 모양에 미치는 영향 (더 깊게)

→ 이유

Body 3

홍수로 모양이 바뀐 강 예시 (Jamuna River)

→ 바뀐 특징 나열

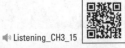

◀)) Listening_CH3_15

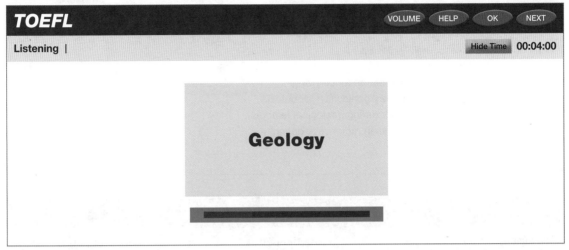

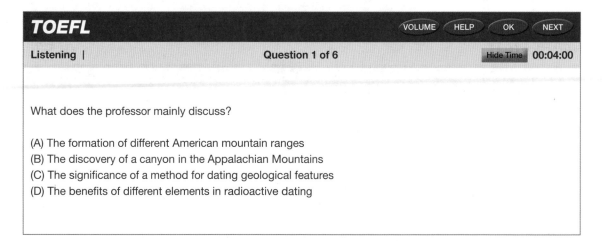

What does the professor mainly discuss?

(A) The formation of different American mountain ranges
(B) The discovery of a canyon in the Appalachian Mountains
(C) The significance of a method for dating geological features
(D) The benefits of different elements in radioactive dating

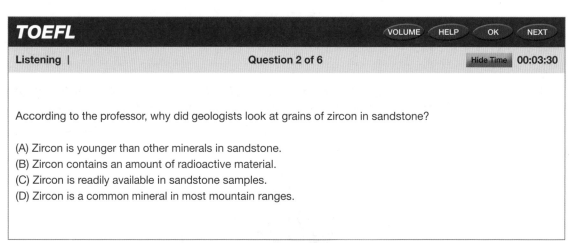

According to the professor, why did geologists look at grains of zircon in sandstone?

(A) Zircon is younger than other minerals in sandstone.
(B) Zircon contains an amount of radioactive material.
(C) Zircon is readily available in sandstone samples.
(D) Zircon is a common mineral in most mountain ranges.

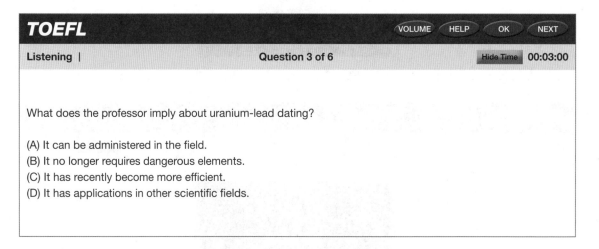

What does the professor imply about uranium-lead dating?

(A) It can be administered in the field.
(B) It no longer requires dangerous elements.
(C) It has recently become more efficient.
(D) It has applications in other scientific fields.

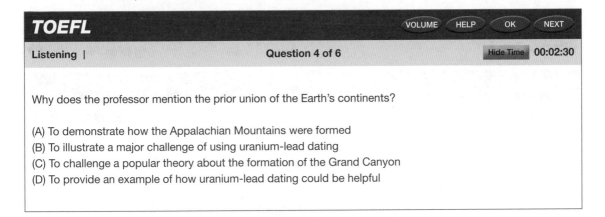

Why does the professor mention the prior union of the Earth's continents?

(A) To demonstrate how the Appalachian Mountains were formed
(B) To illustrate a major challenge of using uranium-lead dating
(C) To challenge a popular theory about the formation of the Grand Canyon
(D) To provide an example of how uranium-lead dating could be helpful

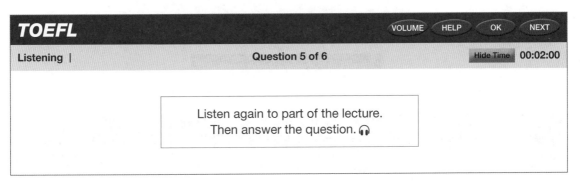

Listen again to part of the lecture.
Then answer the question. 🎧

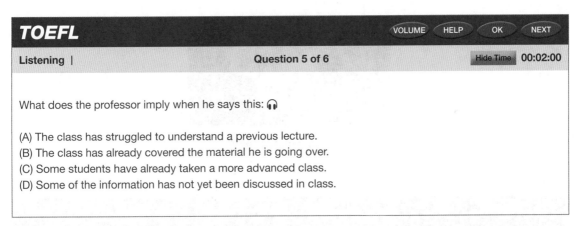

What does the professor imply when he says this: 🎧

(A) The class has struggled to understand a previous lecture.
(B) The class has already covered the material he is going over.
(C) Some students have already taken a more advanced class.
(D) Some of the information has not yet been discussed in class.

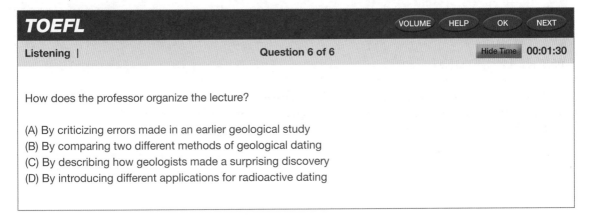

How does the professor organize the lecture?

(A) By criticizing errors made in an earlier geological study
(B) By comparing two different methods of geological dating
(C) By describing how geologists made a surprising discovery
(D) By introducing different applications for radioactive dating

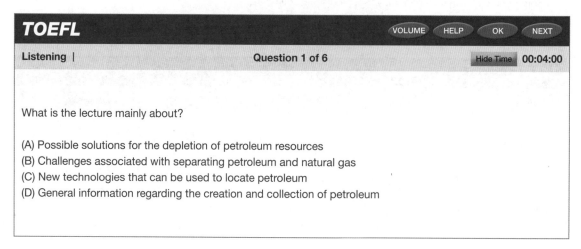

Question 1 of 6

What is the lecture mainly about?

(A) Possible solutions for the depletion of petroleum resources
(B) Challenges associated with separating petroleum and natural gas
(C) New technologies that can be used to locate petroleum
(D) General information regarding the creation and collection of petroleum

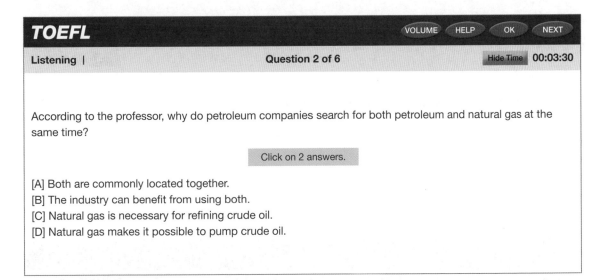

According to the professor, why do petroleum companies search for both petroleum and natural gas at the same time?

Click on 2 answers.

[A] Both are commonly located together.
[B] The industry can benefit from using both.
[C] Natural gas is necessary for refining crude oil.
[D] Natural gas makes it possible to pump crude oil.

What does the professor imply about the oil industry?

(A) It can harvest natural gas more efficiently than crude.
(B) The majority of its oil wells are found in the desert.
(C) It searches the seabed for sources of oil.
(D) Its drills function more efficiently on the ocean floor.

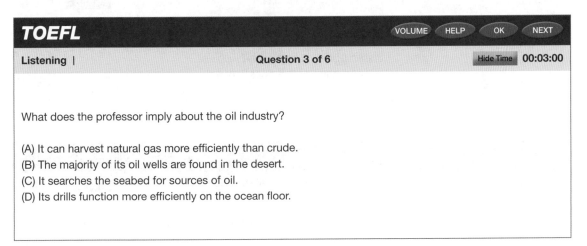

The professor describes live and dead oil. Indicate which trait matches the different types of oil.

Click in the correct box for each item.

	Live oil	Dead oil
Contains a large amount of natural gas		
More difficult to remove from the ground		
Is composed solely of crude oil		
Separates as it rises to the surface		

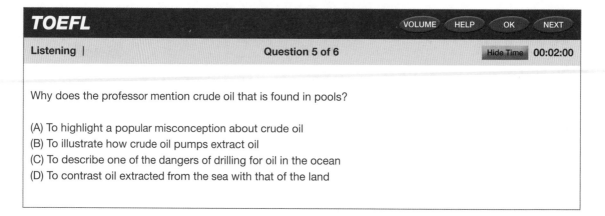

Why does the professor mention crude oil that is found in pools?

(A) To highlight a popular misconception about crude oil
(B) To illustrate how crude oil pumps extract oil
(C) To describe one of the dangers of drilling for oil in the ocean
(D) To contrast oil extracted from the sea with that of the land

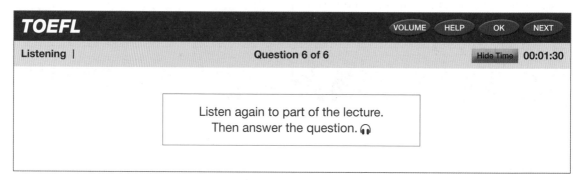

Listen again to part of the lecture.
Then answer the question. 🎧

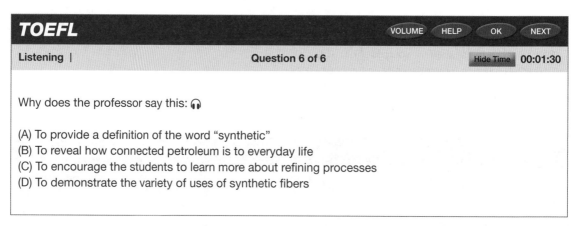

Why does the professor say this: 🎧

(A) To provide a definition of the word "synthetic"
(B) To reveal how connected petroleum is to everyday life
(C) To encourage the students to learn more about refining processes
(D) To demonstrate the variety of uses of synthetic fibers

3. Environmental Science

◦ 환경 관련 주요 문제들 또는 자연에 설치되는 인공물 관련 내용
  − 환경 오염 문제 또는 이를 해결할 수 있는 앞으로의 방안 등
  − 현재 환경과 관련해 이용되는 기술 또는 시설들

◦ 환경 과학 강의 흐름 예시

Introduction
강의 주제 소개 (예: 합성 연료 synthetic fuel)

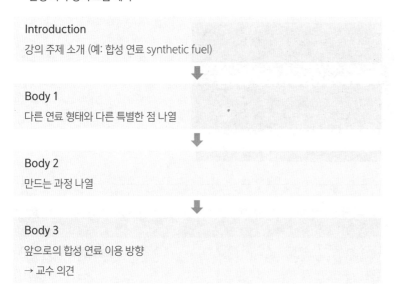

Body 1
다른 연료 형태와 다른 특별한 점 나열

Body 2
만드는 과정 나열

Body 3
앞으로의 합성 연료 이용 방향
→ 교수 의견

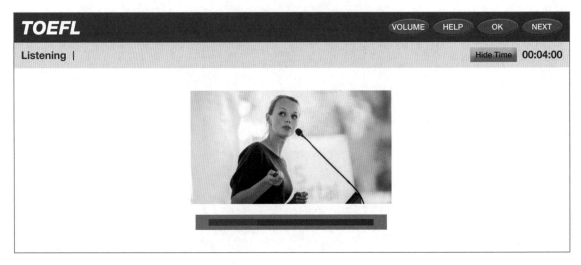

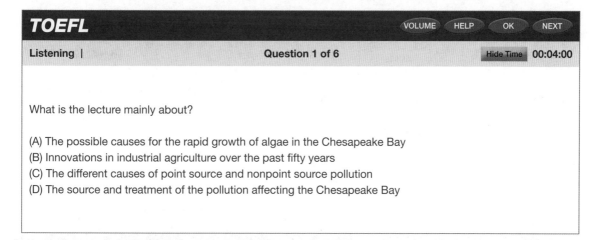

What is the lecture mainly about?

(A) The possible causes for the rapid growth of algae in the Chesapeake Bay
(B) Innovations in industrial agriculture over the past fifty years
(C) The different causes of point source and nonpoint source pollution
(D) The source and treatment of the pollution affecting the Chesapeake Bay

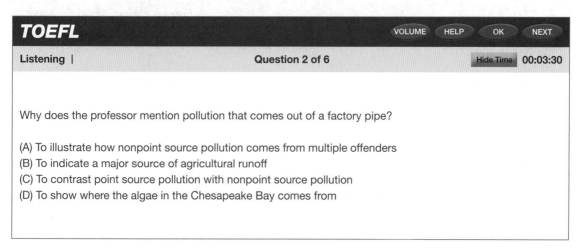

Why does the professor mention pollution that comes out of a factory pipe?

(A) To illustrate how nonpoint source pollution comes from multiple offenders
(B) To indicate a major source of agricultural runoff
(C) To contrast point source pollution with nonpoint source pollution
(D) To show where the algae in the Chesapeake Bay comes from

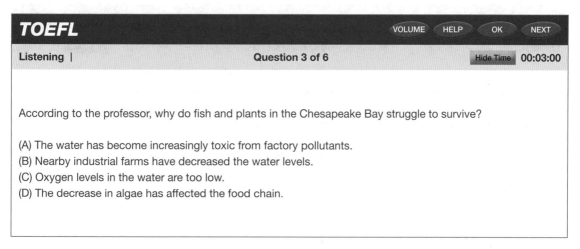

According to the professor, why do fish and plants in the Chesapeake Bay struggle to survive?

(A) The water has become increasingly toxic from factory pollutants.
(B) Nearby industrial farms have decreased the water levels.
(C) Oxygen levels in the water are too low.
(D) The decrease in algae has affected the food chain.

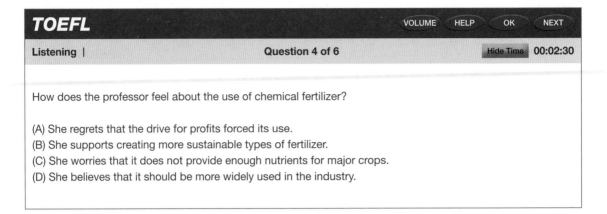

How does the professor feel about the use of chemical fertilizer?

(A) She regrets that the drive for profits forced its use.
(B) She supports creating more sustainable types of fertilizer.
(C) She worries that it does not provide enough nutrients for major crops.
(D) She believes that it should be more widely used in the industry.

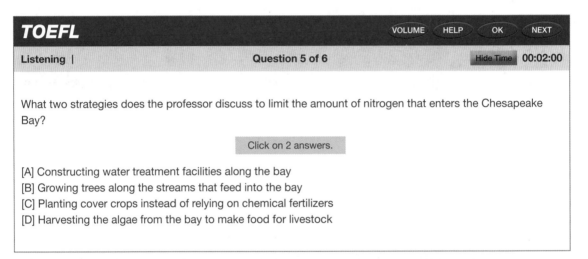

What two strategies does the professor discuss to limit the amount of nitrogen that enters the Chesapeake Bay?

Click on 2 answers.

[A] Constructing water treatment facilities along the bay
[B] Growing trees along the streams that feed into the bay
[C] Planting cover crops instead of relying on chemical fertilizers
[D] Harvesting the algae from the bay to make food for livestock

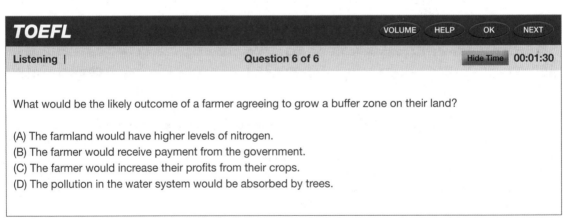

What would be the likely outcome of a farmer agreeing to grow a buffer zone on their land?

(A) The farmland would have higher levels of nitrogen.
(B) The farmer would receive payment from the government.
(C) The farmer would increase their profits from their crops.
(D) The pollution in the water system would be absorbed by trees.

Listening_CH3_18

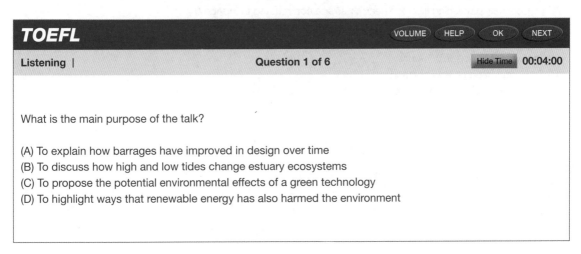

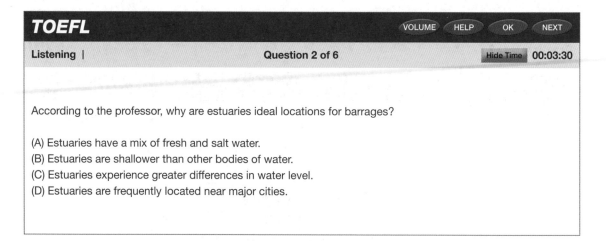

According to the professor, why are estuaries ideal locations for barrages?

(A) Estuaries have a mix of fresh and salt water.
(B) Estuaries are shallower than other bodies of water.
(C) Estuaries experience greater differences in water level.
(D) Estuaries are frequently located near major cities.

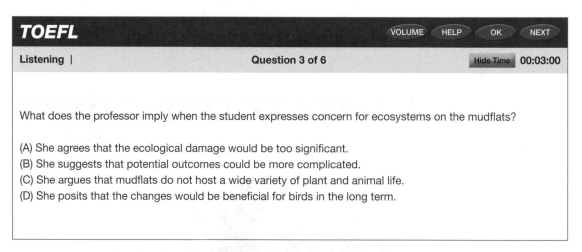

What does the professor imply when the student expresses concern for ecosystems on the mudflats?

(A) She agrees that the ecological damage would be too significant.
(B) She suggests that potential outcomes could be more complicated.
(C) She argues that mudflats do not host a wide variety of plant and animal life.
(D) She posits that the changes would be beneficial for birds in the long term.

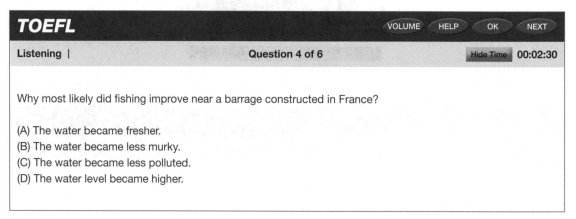

Why most likely did fishing improve near a barrage constructed in France?

(A) The water became fresher.
(B) The water became less murky.
(C) The water became less polluted.
(D) The water level became higher.

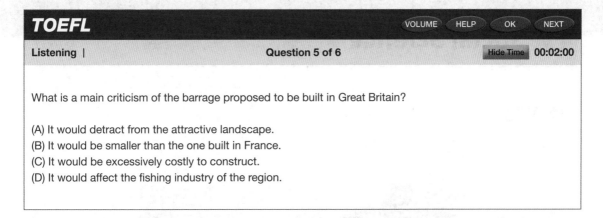

What is a main criticism of the barrage proposed to be built in Great Britain?

(A) It would detract from the attractive landscape.
(B) It would be smaller than the one built in France.
(C) It would be excessively costly to construct.
(D) It would affect the fishing industry of the region.

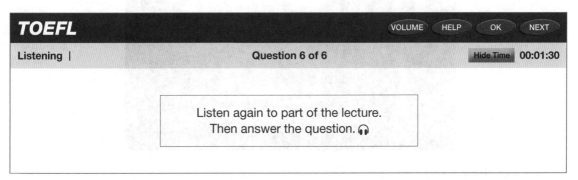

Listen again to part of the lecture.
Then answer the question. 🎧

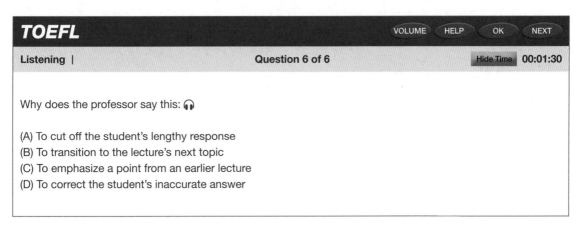

Why does the professor say this: 🎧

(A) To cut off the student's lengthy response
(B) To transition to the lecture's next topic
(C) To emphasize a point from an earlier lecture
(D) To correct the student's inaccurate answer

IV Social Science

1. History

○ 다양한 세계와 분야의 역사
  – 미국, 아시아 등 다양한 나라의 역사
  – 예술, 언어, 문화, 사물 등 다양한 분야의 발전 및 역사

○ 역사 강의 흐름 예시

Introduction
강의 주제 소개 (예: 라틴 알파벳의 발달과 전파)

Body 1
라틴 알파벳의 기원 (페니키아 사람들이 처음 사용)
→ 그 시스템만의 특별한 점

Body 2
그리스인의 영향 (수정)
→ 변화 나열

Body 3
로마인들의 영향 (전파)
→ 최근까지 남아있는 이유

■ Practice Test 1

■)) Listening_CH3_19

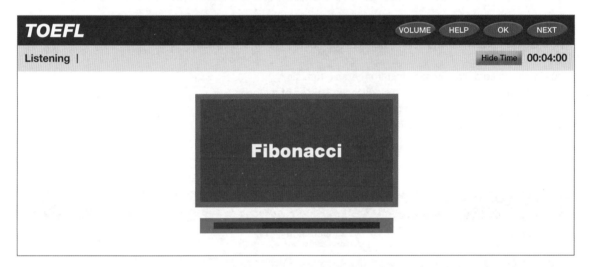

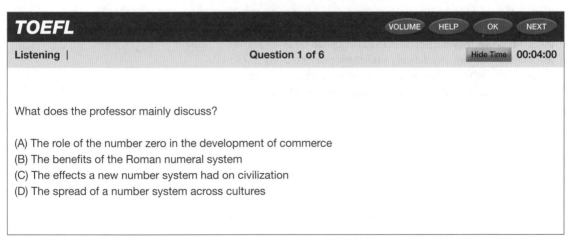

What does the professor mainly discuss?

(A) The role of the number zero in the development of commerce
(B) The benefits of the Roman numeral system
(C) The effects a new number system had on civilization
(D) The spread of a number system across cultures

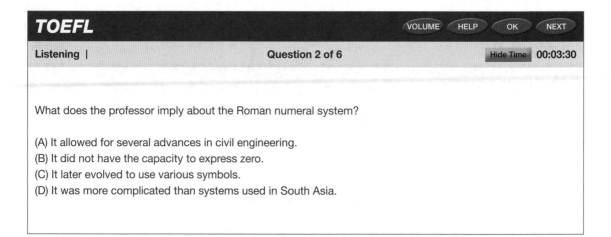

What does the professor imply about the Roman numeral system?

(A) It allowed for several advances in civil engineering.
(B) It did not have the capacity to express zero.
(C) It later evolved to use various symbols.
(D) It was more complicated than systems used in South Asia.

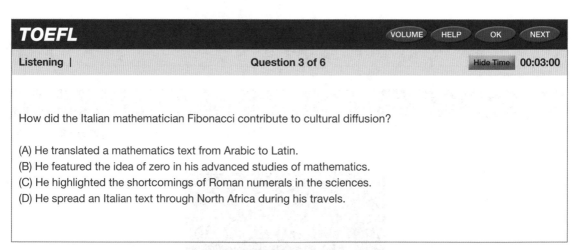

How did the Italian mathematician Fibonacci contribute to cultural diffusion?

(A) He translated a mathematics text from Arabic to Latin.
(B) He featured the idea of zero in his advanced studies of mathematics.
(C) He highlighted the shortcomings of Roman numerals in the sciences.
(D) He spread an Italian text through North Africa during his travels.

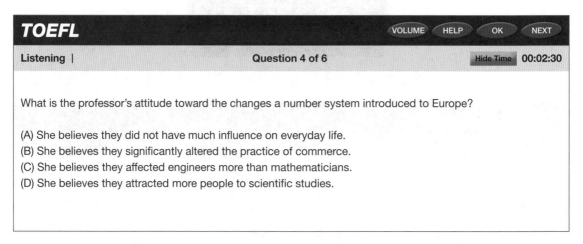

What is the professor's attitude toward the changes a number system introduced to Europe?

(A) She believes they did not have much influence on everyday life.
(B) She believes they significantly altered the practice of commerce.
(C) She believes they affected engineers more than mathematicians.
(D) She believes they attracted more people to scientific studies.

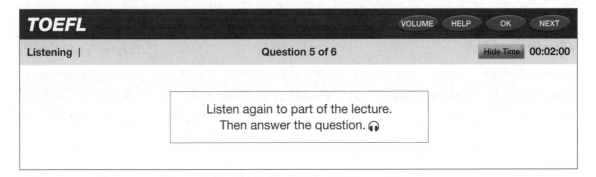

Listen again to part of the lecture.
Then answer the question. 🎧

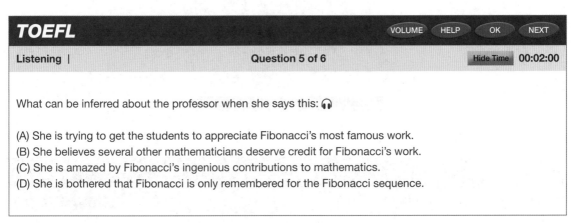

What can be inferred about the professor when she says this: 🎧

(A) She is trying to get the students to appreciate Fibonacci's most famous work.
(B) She believes several other mathematicians deserve credit for Fibonacci's work.
(C) She is amazed by Fibonacci's ingenious contributions to mathematics.
(D) She is bothered that Fibonacci is only remembered for the Fibonacci sequence.

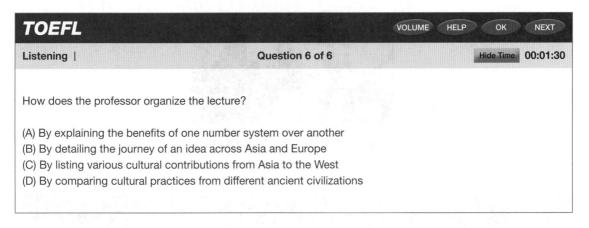

How does the professor organize the lecture?

(A) By explaining the benefits of one number system over another
(B) By detailing the journey of an idea across Asia and Europe
(C) By listing various cultural contributions from Asia to the West
(D) By comparing cultural practices from different ancient civilizations

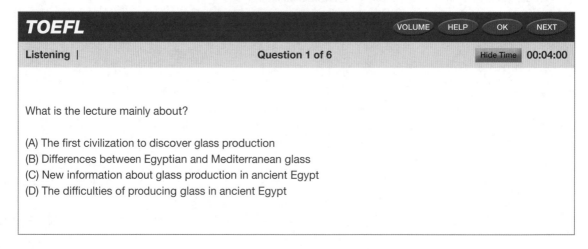

What is the lecture mainly about?

(A) The first civilization to discover glass production
(B) Differences between Egyptian and Mediterranean glass
(C) New information about glass production in ancient Egypt
(D) The difficulties of producing glass in ancient Egypt

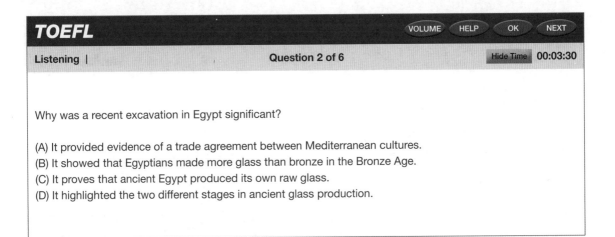

Why was a recent excavation in Egypt significant?

(A) It provided evidence of a trade agreement between Mediterranean cultures.
(B) It showed that Egyptians made more glass than bronze in the Bronze Age.
(C) It proves that ancient Egypt produced its own raw glass.
(D) It highlighted the two different stages in ancient glass production.

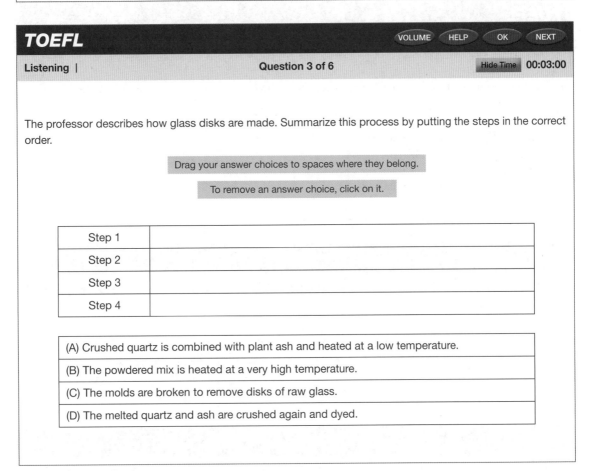

The professor describes how glass disks are made. Summarize this process by putting the steps in the correct order.

Drag your answer choices to spaces where they belong.

To remove an answer choice, click on it.

Step 1	
Step 2	
Step 3	
Step 4	

(A) Crushed quartz is combined with plant ash and heated at a low temperature.
(B) The powdered mix is heated at a very high temperature.
(C) The molds are broken to remove disks of raw glass.
(D) The melted quartz and ash are crushed again and dyed.

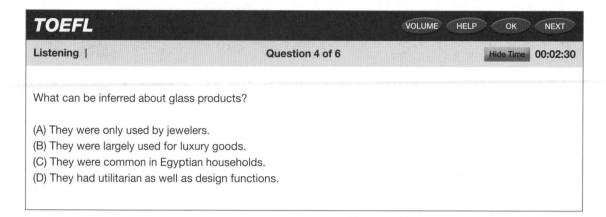

What can be inferred about glass products?

(A) They were only used by jewelers.
(B) They were largely used for luxury goods.
(C) They were common in Egyptian households.
(D) They had utilitarian as well as design functions.

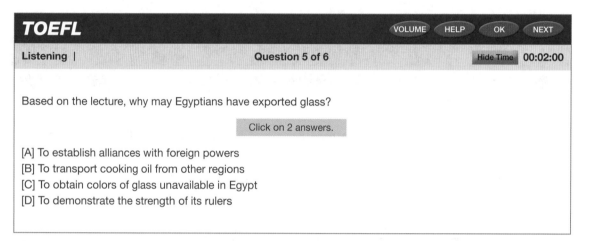

Based on the lecture, why may Egyptians have exported glass?

Click on 2 answers.

[A] To establish alliances with foreign powers
[B] To transport cooking oil from other regions
[C] To obtain colors of glass unavailable in Egypt
[D] To demonstrate the strength of its rulers

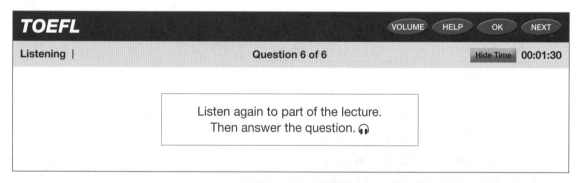

Listen again to part of the lecture.
Then answer the question. 🎧

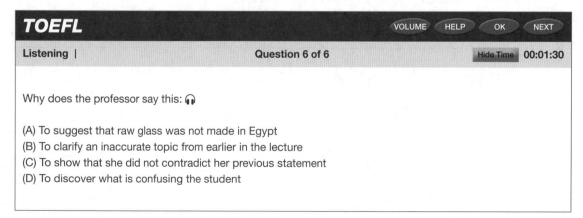

Why does the professor say this: 🎧

(A) To suggest that raw glass was not made in Egypt
(B) To clarify an inaccurate topic from earlier in the lecture
(C) To show that she did not contradict her previous statement
(D) To discover what is confusing the student

2. Business

- 경제학 및 경영학 관련 주제
  - 회사를 경영할 때 중요한 점 또는 고객과의 관계 유지 등
  - 경영 전략 및 경제학 개념 설명

- 경영학 강의 흐름 예시

Introduction

강의 주제 소개 (예: 비상 대책 수립의 중요성)

→ 배경 설명 (대책 수립에 대한 세 가지 단계)

Body 1

첫 번째 단계 (risk assessment 위험 측정)

Body 2

두 번째 단계 (detailing 세부화)

Body 3

세 번째 단계 (revising 수정)

→ 실제 예시

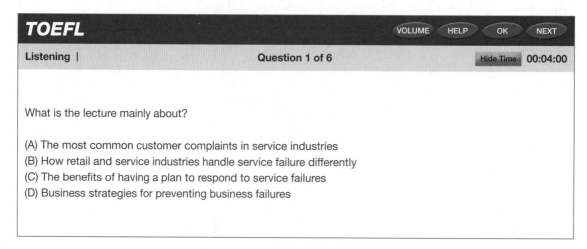

Question 1 of 6

What is the lecture mainly about?

(A) The most common customer complaints in service industries
(B) How retail and service industries handle service failure differently
(C) The benefits of having a plan to respond to service failures
(D) Business strategies for preventing business failures

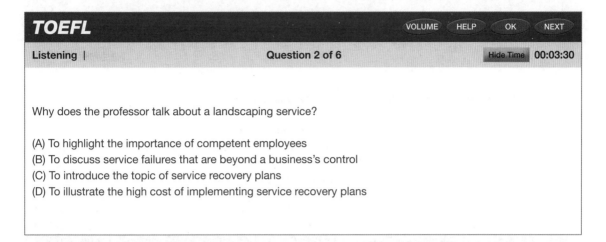

Why does the professor talk about a landscaping service?

(A) To highlight the importance of competent employees
(B) To discuss service failures that are beyond a business's control
(C) To introduce the topic of service recovery plans
(D) To illustrate the high cost of implementing service recovery plans

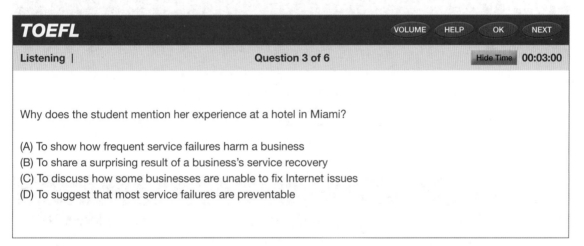

Why does the student mention her experience at a hotel in Miami?

(A) To show how frequent service failures harm a business
(B) To share a surprising result of a business's service recovery
(C) To discuss how some businesses are unable to fix Internet issues
(D) To suggest that most service failures are preventable

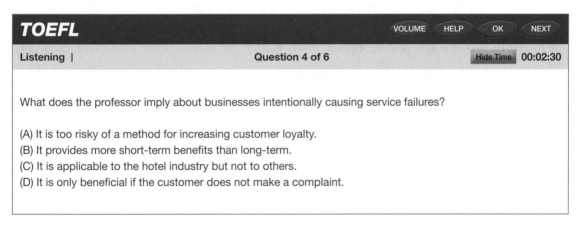

What does the professor imply about businesses intentionally causing service failures?

(A) It is too risky of a method for increasing customer loyalty.
(B) It provides more short-term benefits than long-term.
(C) It is applicable to the hotel industry but not to others.
(D) It is only beneficial if the customer does not make a complaint.

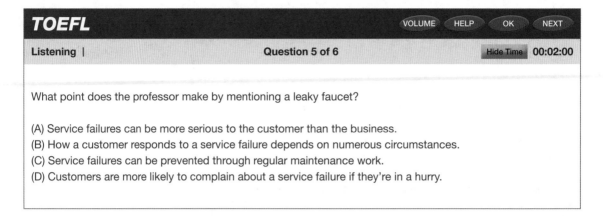

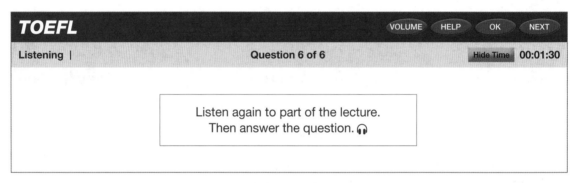

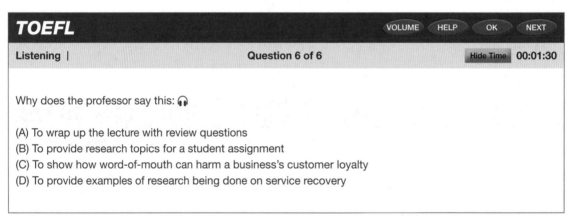

What is the lecture mainly about?

(A) The benefits of using congruent advertising in children's media
(B) The comparison of the efficacy of television and magazine advertisements
(C) The surprising advantages of using incongruent media for advertising
(D) The reason why certain brands only advertise in one type of media

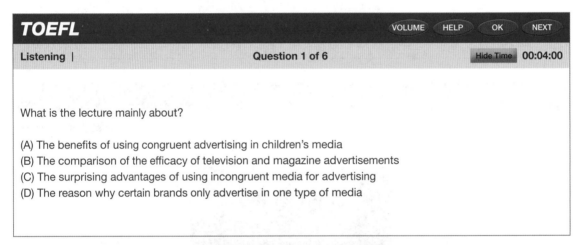

According to the professor, what is one advantage of advertising in congruent media?

(A) Brands can easily reach their target consumers.
(B) Consumers can compare similar products.
(C) The ads will be repeatedly viewed by consumers.
(D) Consumers better recall the ad when shopping online.

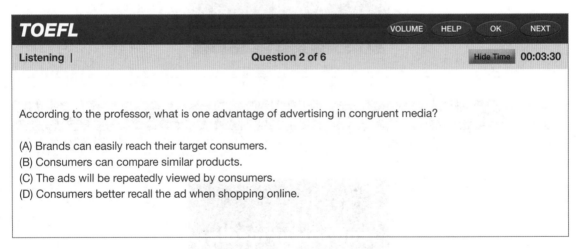

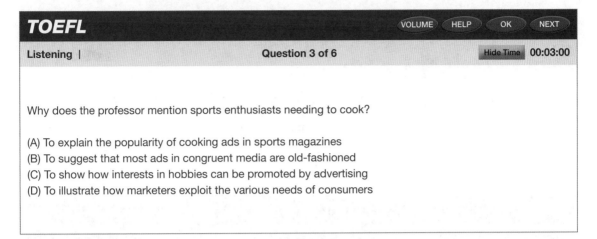

Why does the professor mention sports enthusiasts needing to cook?

(A) To explain the popularity of cooking ads in sports magazines
(B) To suggest that most ads in congruent media are old-fashioned
(C) To show how interests in hobbies can be promoted by advertising
(D) To illustrate how marketers exploit the various needs of consumers

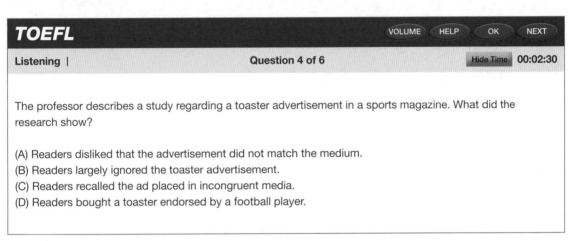

The professor describes a study regarding a toaster advertisement in a sports magazine. What did the research show?

(A) Readers disliked that the advertisement did not match the medium.
(B) Readers largely ignored the toaster advertisement.
(C) Readers recalled the ad placed in incongruent media.
(D) Readers bought a toaster endorsed by a football player.

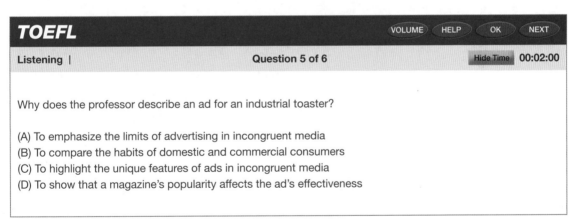

Why does the professor describe an ad for an industrial toaster?

(A) To emphasize the limits of advertising in incongruent media
(B) To compare the habits of domestic and commercial consumers
(C) To highlight the unique features of ads in incongruent media
(D) To show that a magazine's popularity affects the ad's effectiveness

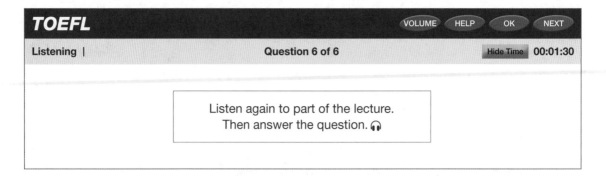

Listen again to part of the lecture.
Then answer the question. 🎧

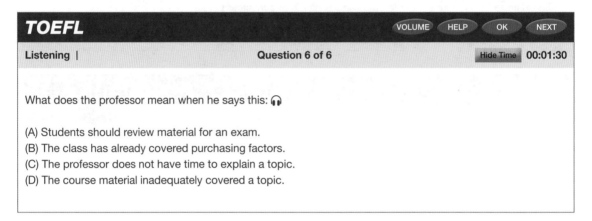

What does the professor mean when he says this: 🎧

(A) Students should review material for an exam.
(B) The class has already covered purchasing factors.
(C) The professor does not have time to explain a topic.
(D) The course material inadequately covered a topic.

3. Psychology

∘ 다양한 연령의 사람들에 대한 상황별 심리, 학습, 인지 관련 주제
  - 유아기부터 변화하는 사람 및 동물의 심리 또는 습득하는 것들
  - 교육 및 마케팅 등 특정 요소가 사람에게 미치는 영향

∘ 심리학 강의 흐름 예시

Introduction
강의 주제 소개 (예: 버빗 원숭이에 마음 이론이 적용되는지)
→ 배경 설명 (theory of mind 마음 이론에 대한 설명)

Body 1
한 연구 결과 (마음 이론 긍정)

Body 2
반대 연구 결과 (마음 이론 부정)
→ 교수 의견 (We don't know for sure 확신 못함)

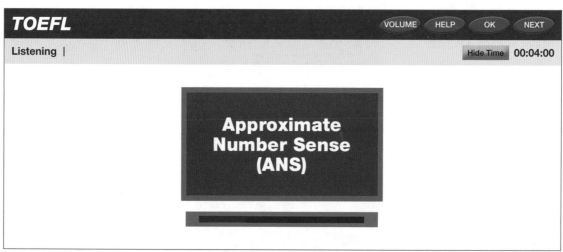

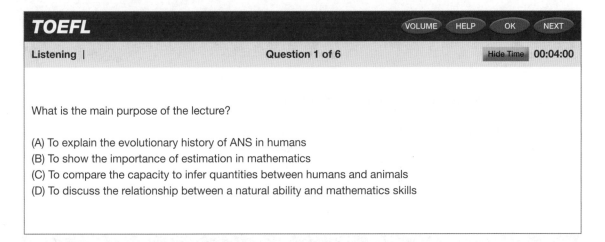

What is the main purpose of the lecture?

(A) To explain the evolutionary history of ANS in humans
(B) To show the importance of estimation in mathematics
(C) To compare the capacity to infer quantities between humans and animals
(D) To discuss the relationship between a natural ability and mathematics skills

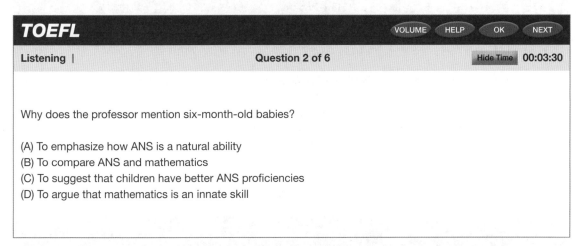

Why does the professor mention six-month-old babies?

(A) To emphasize how ANS is a natural ability
(B) To compare ANS and mathematics
(C) To suggest that children have better ANS proficiencies
(D) To argue that mathematics is an innate skill

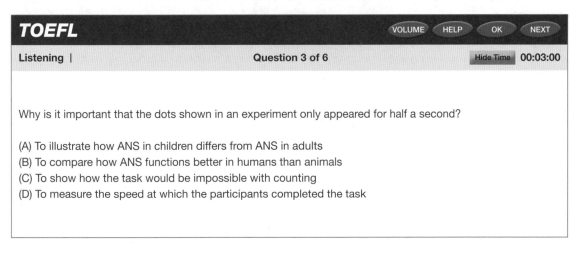

Why is it important that the dots shown in an experiment only appeared for half a second?

(A) To illustrate how ANS in children differs from ANS in adults
(B) To compare how ANS functions better in humans than animals
(C) To show how the task would be impossible with counting
(D) To measure the speed at which the participants completed the task

What did the researchers conclude from their study of teenagers?

(A) Children with high ANS proficiency also performed well on an earlier test.
(B) All participants struggled with slides that had dots at nearly equal ratios.
(C) ANS begins developing in infants and improves with age.
(D) The proficiency levels of the children tested varied greatly.

Why does the professor mention that the children's language skills were also evaluated?

(A) To show that ANS can be taught in classrooms like similar skills
(B) To point out that ANS skills are not connected to that skill set
(C) To argue that the researchers were thorough in their research
(D) To emphasize that ANS skills may improve a child's vocabulary

What does the professor imply about teaching ANS skills to children in order to improve their mathematics abilities?

(A) It is likely that it would aid children in learning basic mathematics.
(B) It is necessary that ANS education begins before a child is one year old.
(C) It is likely that mathematics education heightens a child's ANS proficiency.
(D) It is unclear if ANS instruction improves mathematics performance.

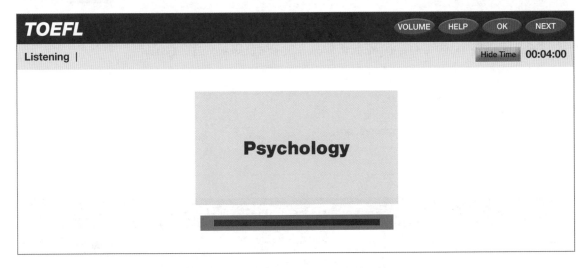

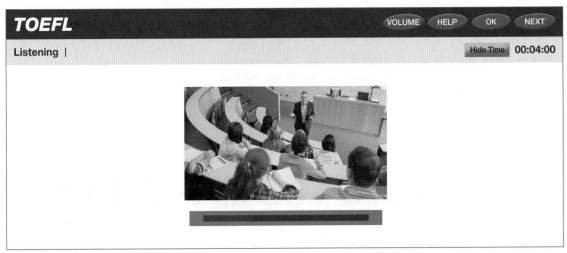

TOEFL

VOLUME　HELP　OK　NEXT

Listening |　　　　　　　　Question 1 of 6　　　　Hide Time　00:04:00

What is the lecture mainly about?

(A) The difference between behavior and cognition
(B) A comparison of the cognitive abilities of dolphins and monkeys
(C) The effects of reducing rewards in animal studies
(D) Studies investigating whether animals can feel uncertainty

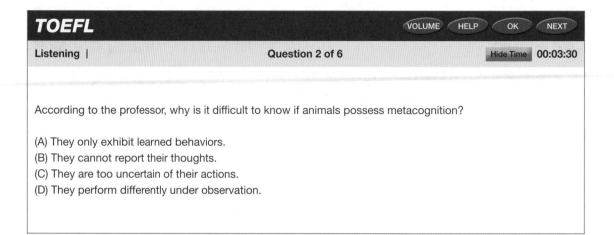

According to the professor, why is it difficult to know if animals possess metacognition?

(A) They only exhibit learned behaviors.
(B) They cannot report their thoughts.
(C) They are too uncertain of their actions.
(D) They perform differently under observation.

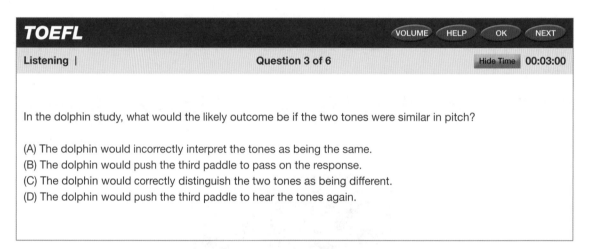

In the dolphin study, what would the likely outcome be if the two tones were similar in pitch?

(A) The dolphin would incorrectly interpret the tones as being the same.
(B) The dolphin would push the third paddle to pass on the response.
(C) The dolphin would correctly distinguish the two tones as being different.
(D) The dolphin would push the third paddle to hear the tones again.

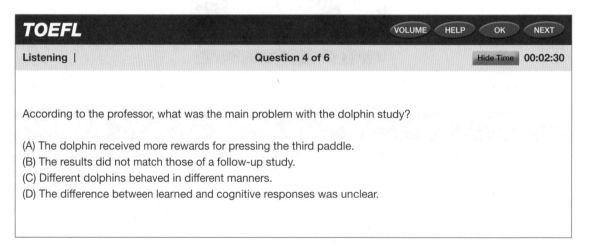

According to the professor, what was the main problem with the dolphin study?

(A) The dolphin received more rewards for pressing the third paddle.
(B) The results did not match those of a follow-up study.
(C) Different dolphins behaved in different manners.
(D) The difference between learned and cognitive responses was unclear.

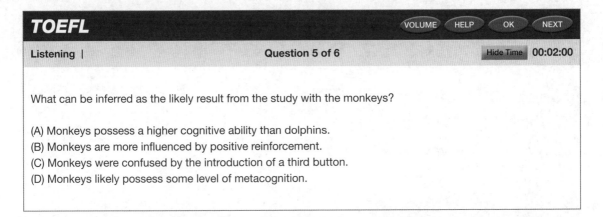

What can be inferred as the likely result from the study with the monkeys?

(A) Monkeys possess a higher cognitive ability than dolphins.
(B) Monkeys are more influenced by positive reinforcement.
(C) Monkeys were confused by the introduction of a third button.
(D) Monkeys likely possess some level of metacognition.

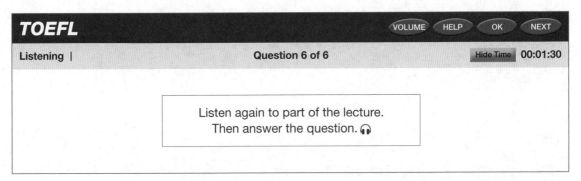

Listen again to part of the lecture.
Then answer the question. 🎧

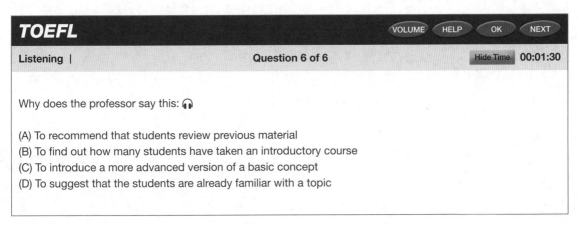

Why does the professor say this: 🎧

(A) To recommend that students review previous material
(B) To find out how many students have taken an introductory course
(C) To introduce a more advanced version of a basic concept
(D) To suggest that the students are already familiar with a topic

Actual Tests

Changing the Volume

To change the volume, click on the **VOLUME** icon at the top of the screen. The volume control will appear. Move the volume indicator to the left or to the right to change the volume.

To close the volume control, move the mouse pointer to another part of the screen.

> *You may now change the volume.*
> *When you are finished, click on CONTINUE.*

Listening Section Directions

This section measures your ability to understand conversations and lectures in English. You should listen to each conversation and lecture only once.

After each conversation or lecture, you will answer some questions about it. The questions typically ask about the main idea and supporting details. Some questions ask about the purpose of a speaker's statement or a speaker's attitude. Answer the questions based on what is stated or implied by the speakers.

You may take notes while you listen. You may use your notes to help you answer the questions. Your notes will not be scored.

In some questions, you will see this icon: 🎧 This means that you will hear, but not see, part of the question.

Most questions are worth 1 point. If a question is worth more than 1 point, it will have special directions that indicate how many points you can receive.

You must answer each question. Click **NEXT** after you have answered a question. Then click OK to confirm and proceed to the next question. You cannot return to an earlier question once you have clicked OK.

A clock will be displayed at the top of the screen to show how much time remains. It only counts down while you are answering a question – not while you are listening to a conversation or lecture.

Actual Test 1

Part 1

Questions 1–5

Listening_AT1_1

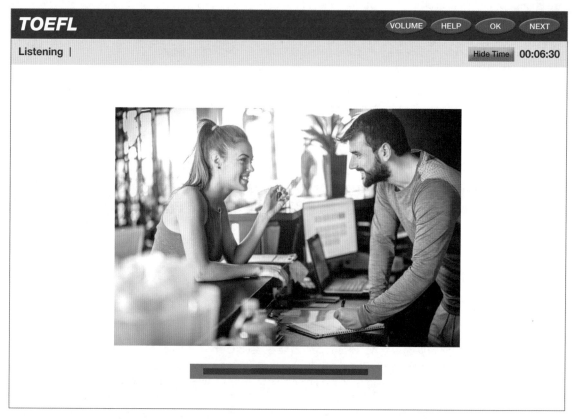

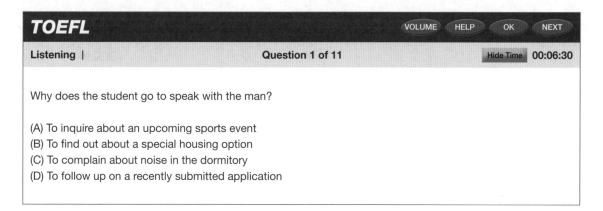

Why does the student go to speak with the man?

(A) To inquire about an upcoming sports event
(B) To find out about a special housing option
(C) To complain about noise in the dormitory
(D) To follow up on a recently submitted application

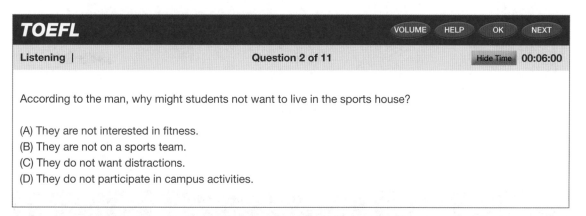

According to the man, why might students not want to live in the sports house?

(A) They are not interested in fitness.
(B) They are not on a sports team.
(C) They do not want distractions.
(D) They do not participate in campus activities.

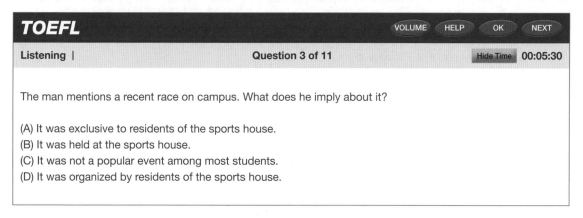

The man mentions a recent race on campus. What does he imply about it?

(A) It was exclusive to residents of the sports house.
(B) It was held at the sports house.
(C) It was not a popular event among most students.
(D) It was organized by residents of the sports house.

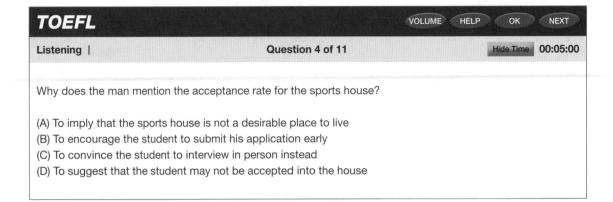

Why does the man mention the acceptance rate for the sports house?

(A) To imply that the sports house is not a desirable place to live
(B) To encourage the student to submit his application early
(C) To convince the student to interview in person instead
(D) To suggest that the student may not be accepted into the house

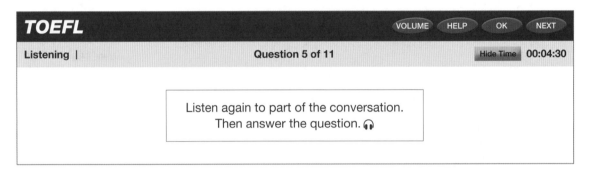

Listen again to part of the conversation.
Then answer the question. 🎧

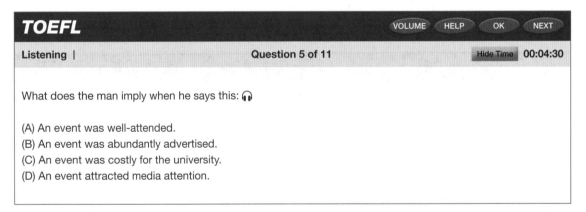

What does the man imply when he says this: 🎧

(A) An event was well-attended.
(B) An event was abundantly advertised.
(C) An event was costly for the university.
(D) An event attracted media attention.

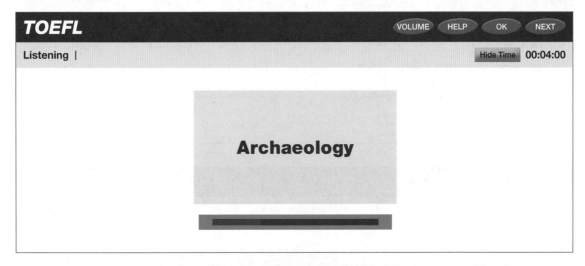

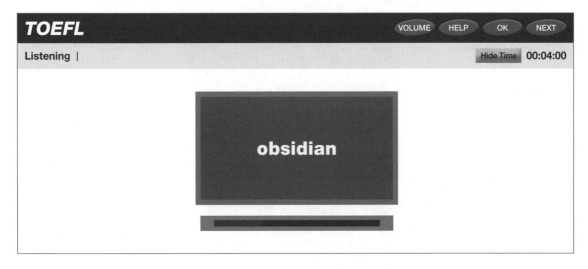

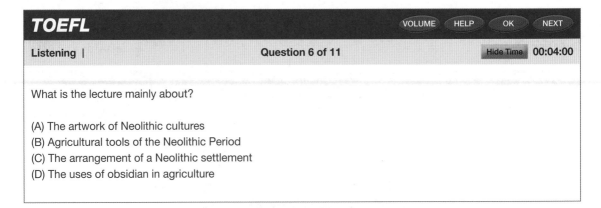

What is the lecture mainly about?

(A) The artwork of Neolithic cultures
(B) Agricultural tools of the Neolithic Period
(C) The arrangement of a Neolithic settlement
(D) The uses of obsidian in agriculture

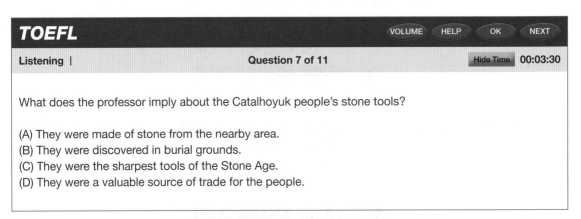

What does the professor imply about the Catalhoyuk people's stone tools?

(A) They were made of stone from the nearby area.
(B) They were discovered in burial grounds.
(C) They were the sharpest tools of the Stone Age.
(D) They were a valuable source of trade for the people.

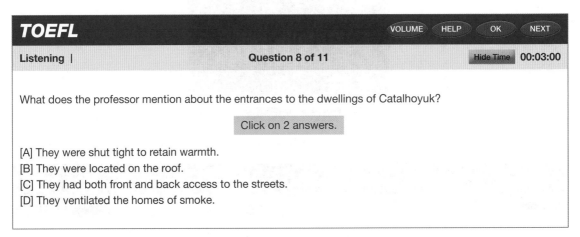

What does the professor mention about the entrances to the dwellings of Catalhoyuk?

Click on 2 answers.

[A] They were shut tight to retain warmth.
[B] They were located on the roof.
[C] They had both front and back access to the streets.
[D] They ventilated the homes of smoke.

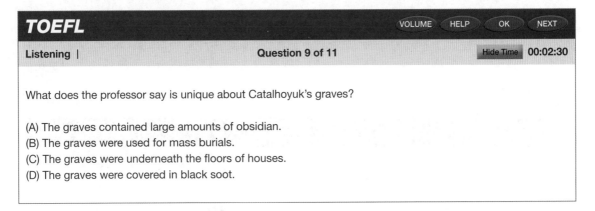

What does the professor say is unique about Catalhoyuk's graves?

(A) The graves contained large amounts of obsidian.
(B) The graves were used for mass burials.
(C) The graves were underneath the floors of houses.
(D) The graves were covered in black soot.

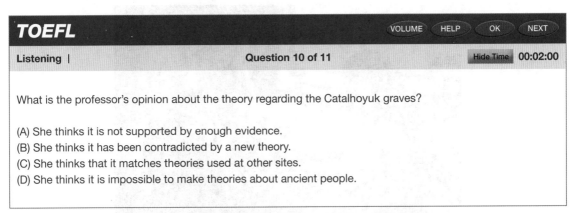

What is the professor's opinion about the theory regarding the Catalhoyuk graves?

(A) She thinks it is not supported by enough evidence.
(B) She thinks it has been contradicted by a new theory.
(C) She thinks that it matches theories used at other sites.
(D) She thinks it is impossible to make theories about ancient people.

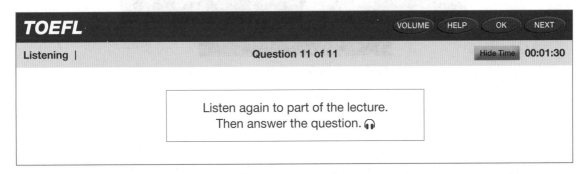

Listen again to part of the lecture.
Then answer the question. 🎧

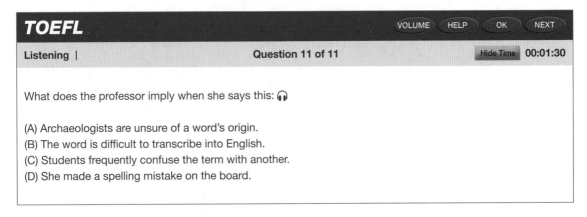

What does the professor imply when she says this: 🎧

(A) Archaeologists are unsure of a word's origin.
(B) The word is difficult to transcribe into English.
(C) Students frequently confuse the term with another.
(D) She made a spelling mistake on the board.

Part 2

Listening_AT1_3

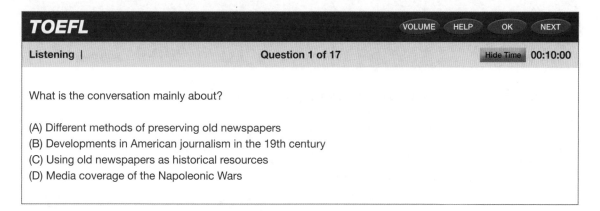

What is the conversation mainly about?

(A) Different methods of preserving old newspapers
(B) Developments in American journalism in the 19th century
(C) Using old newspapers as historical resources
(D) Media coverage of the Napoleonic Wars

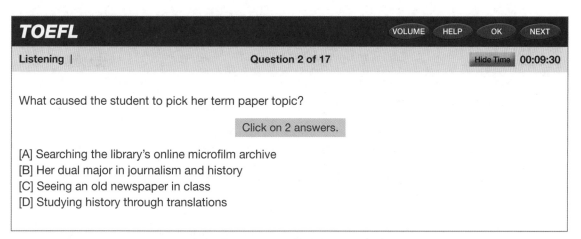

What caused the student to pick her term paper topic?

Click on 2 answers.

[A] Searching the library's online microfilm archive
[B] Her dual major in journalism and history
[C] Seeing an old newspaper in class
[D] Studying history through translations

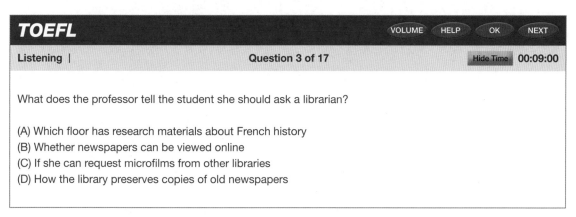

What does the professor tell the student she should ask a librarian?

(A) Which floor has research materials about French history
(B) Whether newspapers can be viewed online
(C) If she can request microfilms from other libraries
(D) How the library preserves copies of old newspapers

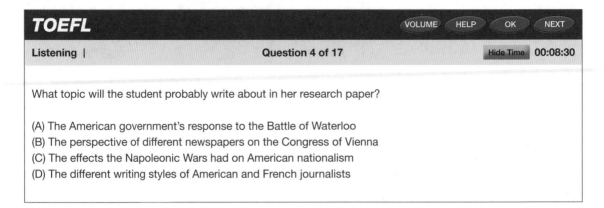

What topic will the student probably write about in her research paper?

(A) The American government's response to the Battle of Waterloo
(B) The perspective of different newspapers on the Congress of Vienna
(C) The effects the Napoleonic Wars had on American nationalism
(D) The different writing styles of American and French journalists

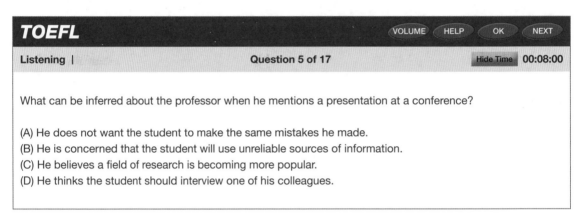

What can be inferred about the professor when he mentions a presentation at a conference?

(A) He does not want the student to make the same mistakes he made.
(B) He is concerned that the student will use unreliable sources of information.
(C) He believes a field of research is becoming more popular.
(D) He thinks the student should interview one of his colleagues.

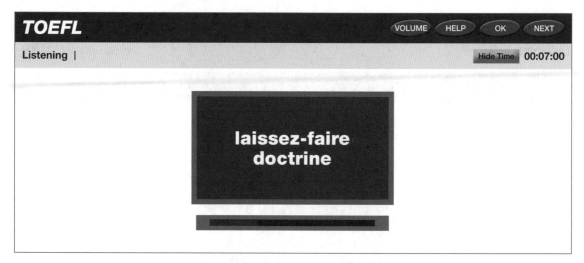

laissez-faire
doctrine

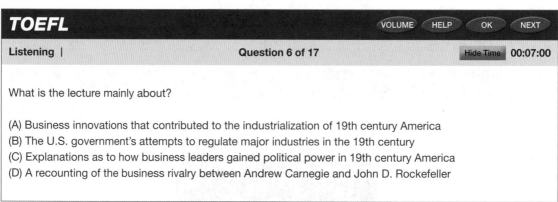

What is the lecture mainly about?

(A) Business innovations that contributed to the industrialization of 19th century America
(B) The U.S. government's attempts to regulate major industries in the 19th century
(C) Explanations as to how business leaders gained political power in 19th century America
(D) A recounting of the business rivalry between Andrew Carnegie and John D. Rockefeller

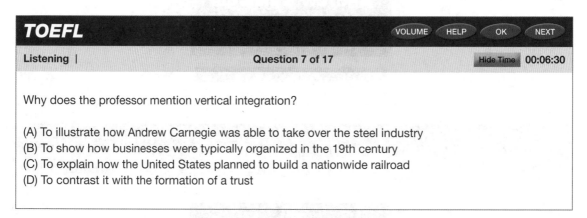

Why does the professor mention vertical integration?

(A) To illustrate how Andrew Carnegie was able to take over the steel industry
(B) To show how businesses were typically organized in the 19th century
(C) To explain how the United States planned to build a nationwide railroad
(D) To contrast it with the formation of a trust

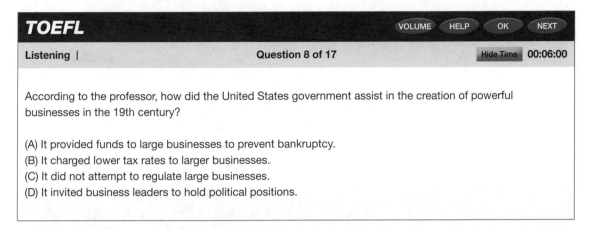

According to the professor, how did the United States government assist in the creation of powerful businesses in the 19th century?

(A) It provided funds to large businesses to prevent bankruptcy.
(B) It charged lower tax rates to larger businesses.
(C) It did not attempt to regulate large businesses.
(D) It invited business leaders to hold political positions.

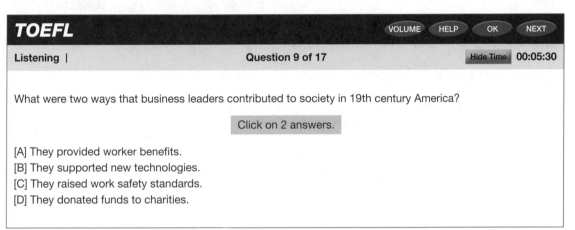

What were two ways that business leaders contributed to society in 19th century America?

Click on 2 answers.

[A] They provided worker benefits.
[B] They supported new technologies.
[C] They raised work safety standards.
[D] They donated funds to charities.

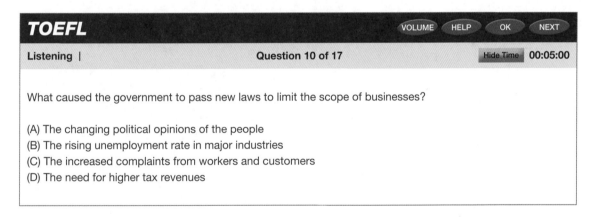

What caused the government to pass new laws to limit the scope of businesses?

(A) The changing political opinions of the people
(B) The rising unemployment rate in major industries
(C) The increased complaints from workers and customers
(D) The need for higher tax revenues

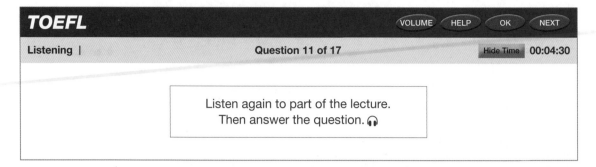

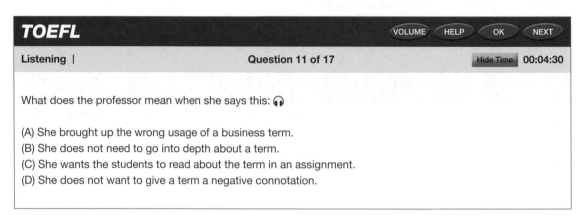

Questions 12–17

Listening_AT1_5

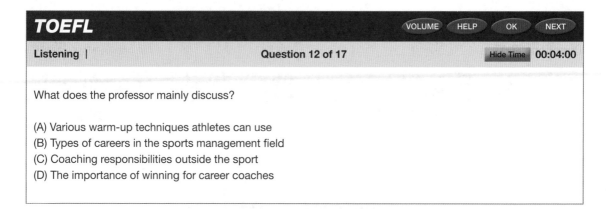

What does the professor mainly discuss?

(A) Various warm-up techniques athletes can use
(B) Types of careers in the sports management field
(C) Coaching responsibilities outside the sport
(D) The importance of winning for career coaches

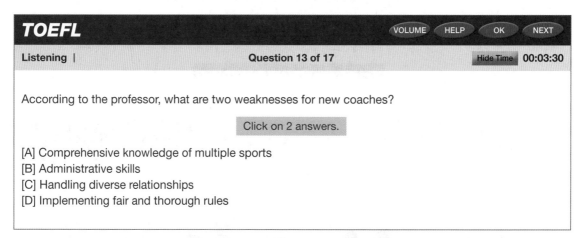

According to the professor, what are two weaknesses for new coaches?

Click on 2 answers.

[A] Comprehensive knowledge of multiple sports
[B] Administrative skills
[C] Handling diverse relationships
[D] Implementing fair and thorough rules

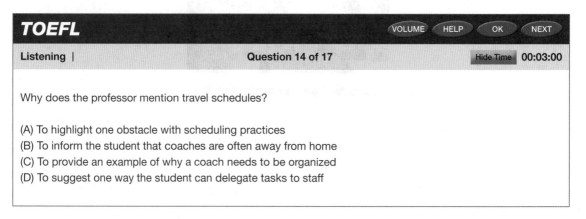

Why does the professor mention travel schedules?

(A) To highlight one obstacle with scheduling practices
(B) To inform the student that coaches are often away from home
(C) To provide an example of why a coach needs to be organized
(D) To suggest one way the student can delegate tasks to staff

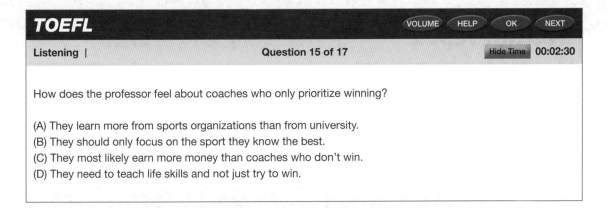

How does the professor feel about coaches who only prioritize winning?

(A) They learn more from sports organizations than from university.
(B) They should only focus on the sport they know the best.
(C) They most likely earn more money than coaches who don't win.
(D) They need to teach life skills and not just try to win.

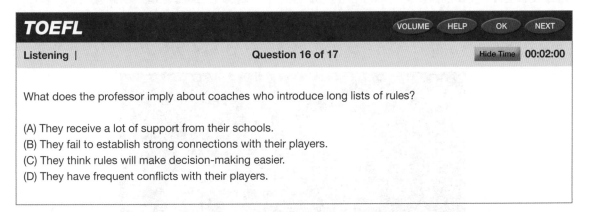

What does the professor imply about coaches who introduce long lists of rules?

(A) They receive a lot of support from their schools.
(B) They fail to establish strong connections with their players.
(C) They think rules will make decision-making easier.
(D) They have frequent conflicts with their players.

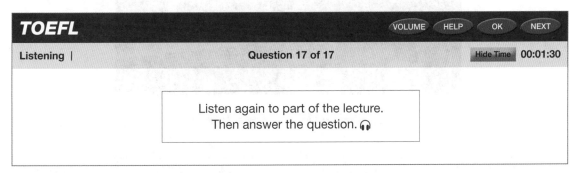

Listen again to part of the lecture.
Then answer the question. 🎧

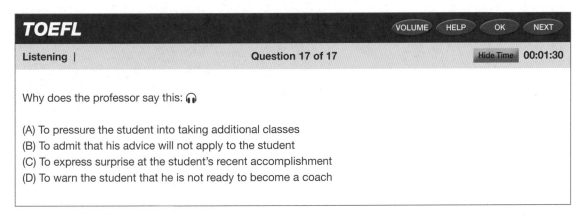

Why does the professor say this: 🎧

(A) To pressure the student into taking additional classes
(B) To admit that his advice will not apply to the student
(C) To express surprise at the student's recent accomplishment
(D) To warn the student that he is not ready to become a coach

Actual Test 2

Part 1

Questions 1–5

◀)) Listening_AT2_1

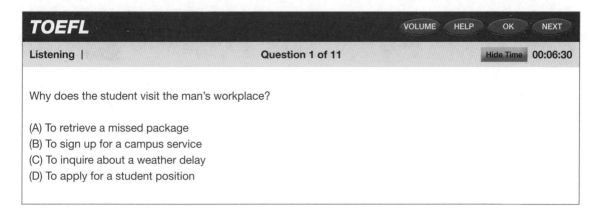

Why does the student visit the man's workplace?

(A) To retrieve a missed package
(B) To sign up for a campus service
(C) To inquire about a weather delay
(D) To apply for a student position

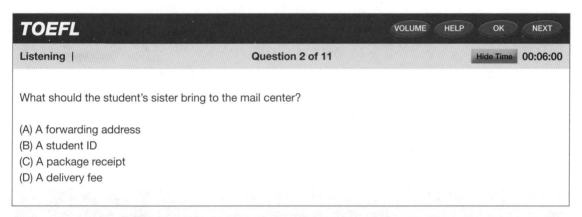

What should the student's sister bring to the mail center?

(A) A forwarding address
(B) A student ID
(C) A package receipt
(D) A delivery fee

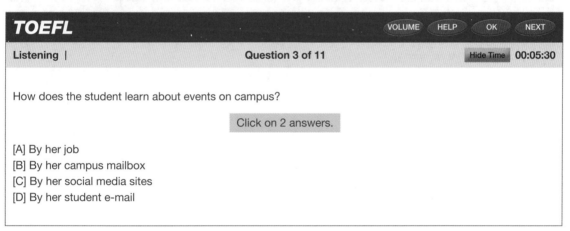

How does the student learn about events on campus?

Click on 2 answers.

[A] By her job
[B] By her campus mailbox
[C] By her social media sites
[D] By her student e-mail

What does the man offer to do for the student?

(A) Provide an additional mailbox
(B) Deliver a delayed package
(C) Provide a forwarding address
(D) Eliminate a charge

Listen again to part of the conversation.
Then answer the question. 🎧

Why does the student say this: 🎧

(A) To agree with the man
(B) To support her own position
(C) To prevent a misunderstanding
(D) To inform the man of recent changes

◀) Listening_AT2_2

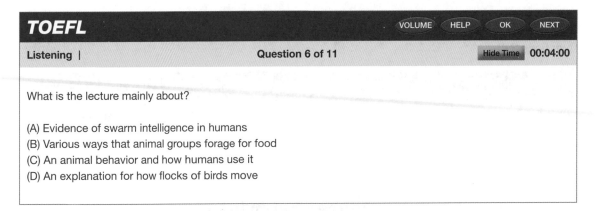

What is the lecture mainly about?

(A) Evidence of swarm intelligence in humans
(B) Various ways that animal groups forage for food
(C) An animal behavior and how humans use it
(D) An explanation for how flocks of birds move

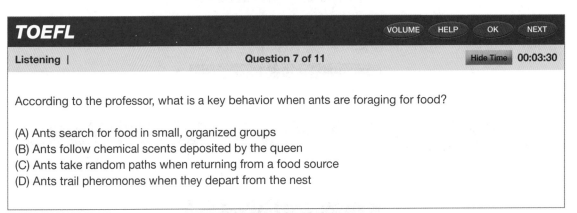

According to the professor, what is a key behavior when ants are foraging for food?

(A) Ants search for food in small, organized groups
(B) Ants follow chemical scents deposited by the queen
(C) Ants take random paths when returning from a food source
(D) Ants trail pheromones when they depart from the nest

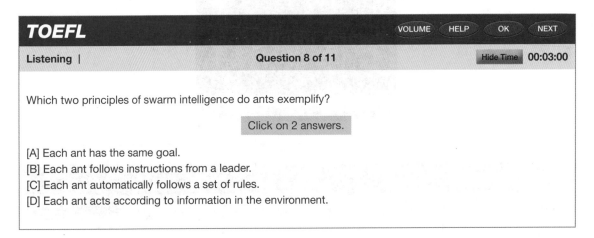

Which two principles of swarm intelligence do ants exemplify?

Click on 2 answers.

[A] Each ant has the same goal.
[B] Each ant follows instructions from a leader.
[C] Each ant automatically follows a set of rules.
[D] Each ant acts according to information in the environment.

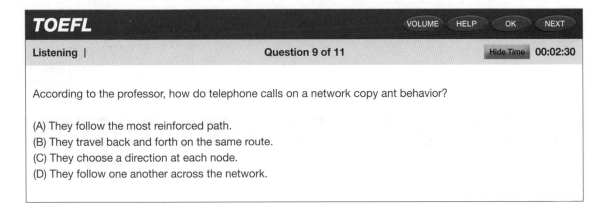

According to the professor, how do telephone calls on a network copy ant behavior?

(A) They follow the most reinforced path.
(B) They travel back and forth on the same route.
(C) They choose a direction at each node.
(D) They follow one another across the network.

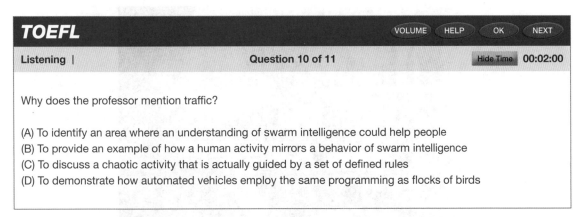

Why does the professor mention traffic?

(A) To identify an area where an understanding of swarm intelligence could help people
(B) To provide an example of how a human activity mirrors a behavior of swarm intelligence
(C) To discuss a chaotic activity that is actually guided by a set of defined rules
(D) To demonstrate how automated vehicles employ the same programming as flocks of birds

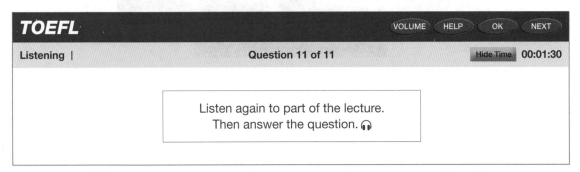

Listen again to part of the lecture.
Then answer the question. 🎧

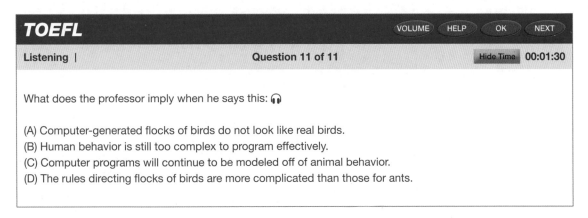

What does the professor imply when he says this: 🎧

(A) Computer-generated flocks of birds do not look like real birds.
(B) Human behavior is still too complex to program effectively.
(C) Computer programs will continue to be modeled off of animal behavior.
(D) The rules directing flocks of birds are more complicated than those for ants.

Part 2

◀)) Listening_AT2_3

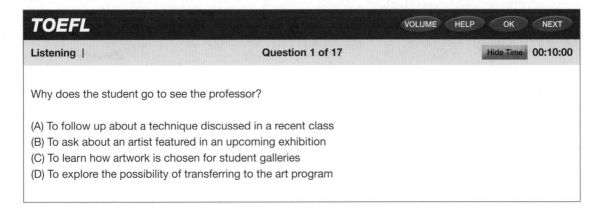

Why does the student go to see the professor?

(A) To follow up about a technique discussed in a recent class
(B) To ask about an artist featured in an upcoming exhibition
(C) To learn how artwork is chosen for student galleries
(D) To explore the possibility of transferring to the art program

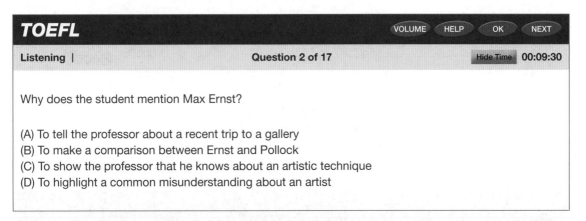

Why does the student mention Max Ernst?

(A) To tell the professor about a recent trip to a gallery
(B) To make a comparison between Ernst and Pollock
(C) To show the professor that he knows about an artistic technique
(D) To highlight a common misunderstanding about an artist

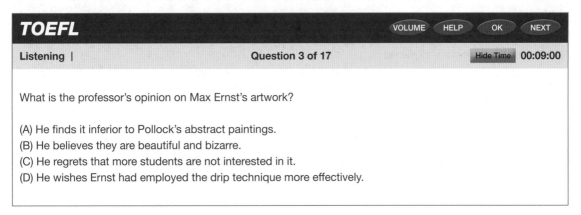

What is the professor's opinion on Max Ernst's artwork?

(A) He finds it inferior to Pollock's abstract paintings.
(B) He believes they are beautiful and bizarre.
(C) He regrets that more students are not interested in it.
(D) He wishes Ernst had employed the drip technique more effectively.

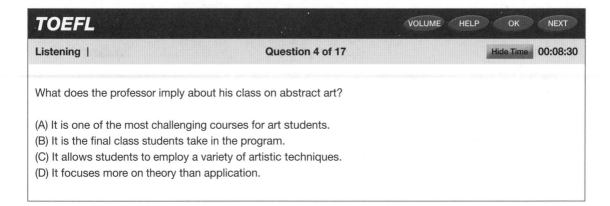

What does the professor imply about his class on abstract art?

(A) It is one of the most challenging courses for art students.
(B) It is the final class students take in the program.
(C) It allows students to employ a variety of artistic techniques.
(D) It focuses more on theory than application.

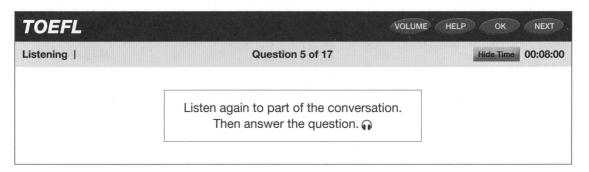

Listen again to part of the conversation.
Then answer the question. 🎧

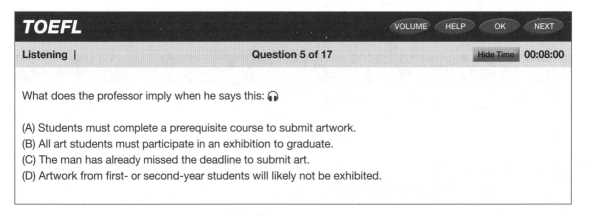

What does the professor imply when he says this: 🎧

(A) Students must complete a prerequisite course to submit artwork.
(B) All art students must participate in an exhibition to graduate.
(C) The man has already missed the deadline to submit art.
(D) Artwork from first- or second-year students will likely not be exhibited.

◀) Listening_AT2_4

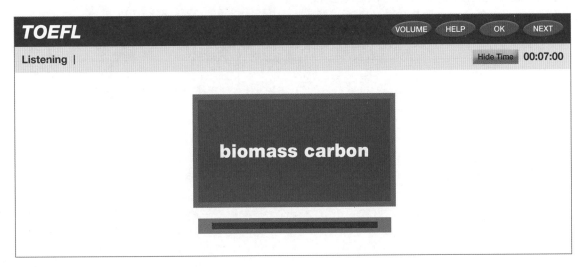

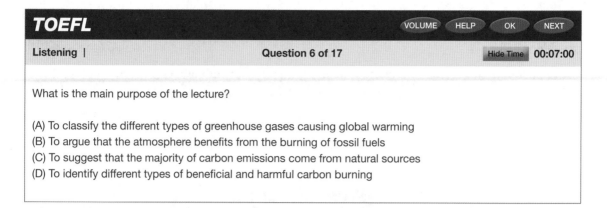

What is the main purpose of the lecture?

(A) To classify the different types of greenhouse gases causing global warming
(B) To argue that the atmosphere benefits from the burning of fossil fuels
(C) To suggest that the majority of carbon emissions come from natural sources
(D) To identify different types of beneficial and harmful carbon burning

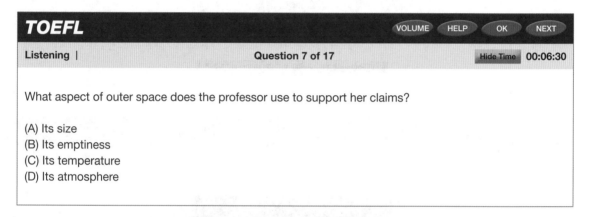

What aspect of outer space does the professor use to support her claims?

(A) Its size
(B) Its emptiness
(C) Its temperature
(D) Its atmosphere

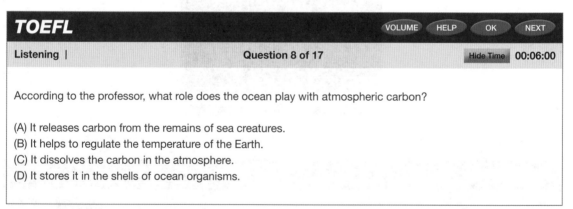

According to the professor, what role does the ocean play with atmospheric carbon?

(A) It releases carbon from the remains of sea creatures.
(B) It helps to regulate the temperature of the Earth.
(C) It dissolves the carbon in the atmosphere.
(D) It stores it in the shells of ocean organisms.

Why does the professor mention drilling for oil?

(A) To illustrate how fossil fuels are recovered from the ocean floor
(B) To suggest how the burning of fossil fuels destabilizes the balance of carbon
(C) To criticize the use of energy-intensive methods to recover fossil fuels for energy
(D) To explain why most fossil fuels are more expensive than other sources of carbon

Why does the professor refer to "biomass carbon" as "current carbon"?

(A) It is part of the balanced equation of atmospheric carbon.
(B) It is a recently developed type of environmentally safe fuel.
(C) It is regulated by the flow of ocean waters around the world.
(D) It readily reacts with other greenhouse gases in the atmosphere.

Listen again to part of the lecture.
Then answer the question. 🎧

Why does the professor say this: 🎧

(A) To inform students that a term will be on a test
(B) To indicate that a term is commonly known
(C) To suggest that a term is frequently misunderstood
(D) To hesitate to define a controversial term

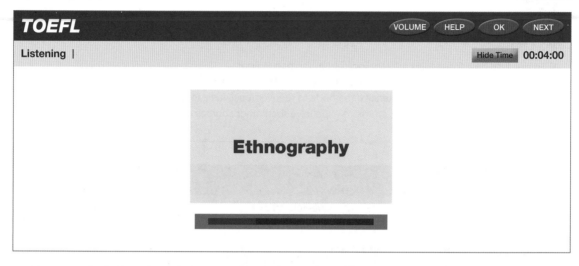

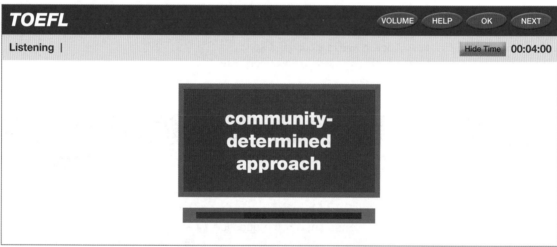

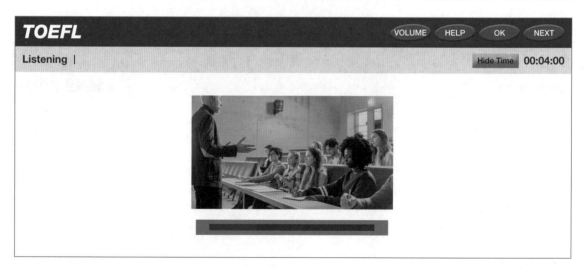

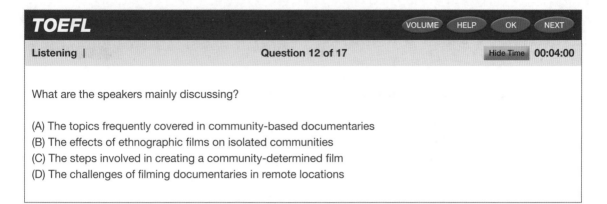

What are the speakers mainly discussing?

(A) The topics frequently covered in community-based documentaries
(B) The effects of ethnographic films on isolated communities
(C) The steps involved in creating a community-determined film
(D) The challenges of filming documentaries in remote locations

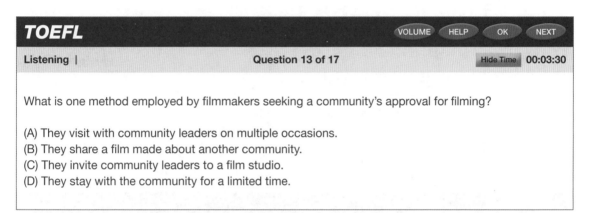

What is one method employed by filmmakers seeking a community's approval for filming?

(A) They visit with community leaders on multiple occasions.
(B) They share a film made about another community.
(C) They invite community leaders to a film studio.
(D) They stay with the community for a limited time.

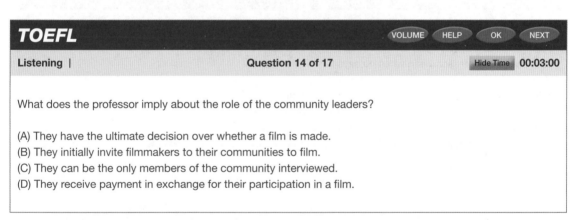

What does the professor imply about the role of the community leaders?

(A) They have the ultimate decision over whether a film is made.
(B) They initially invite filmmakers to their communities to film.
(C) They can be the only members of the community interviewed.
(D) They receive payment in exchange for their participation in a film.

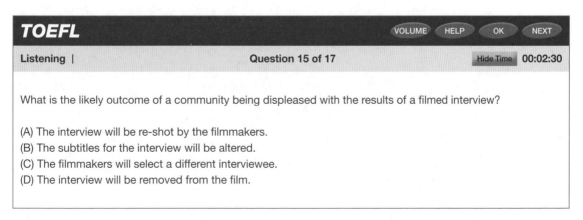

What is the likely outcome of a community being displeased with the results of a filmed interview?

(A) The interview will be re-shot by the filmmakers.
(B) The subtitles for the interview will be altered.
(C) The filmmakers will select a different interviewee.
(D) The interview will be removed from the film.

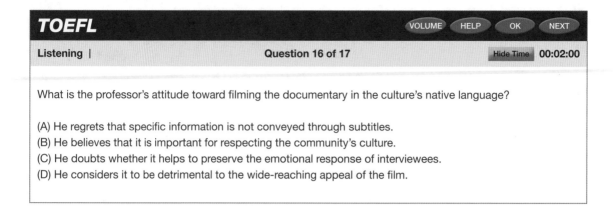

What is the professor's attitude toward filming the documentary in the culture's native language?

(A) He regrets that specific information is not conveyed through subtitles.
(B) He believes that it is important for respecting the community's culture.
(C) He doubts whether it helps to preserve the emotional response of interviewees.
(D) He considers it to be detrimental to the wide-reaching appeal of the film.

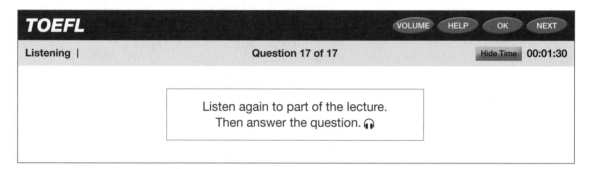

Listen again to part of the lecture.
Then answer the question. 🎧

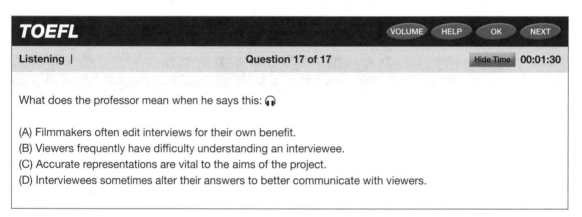

What does the professor mean when he says this: 🎧

(A) Filmmakers often edit interviews for their own benefit.
(B) Viewers frequently have difficulty understanding an interviewee.
(C) Accurate representations are vital to the aims of the project.
(D) Interviewees sometimes alter their answers to better communicate with viewers.

시원스쿨 토플 전문강사
제니 선생님

시원스쿨
TOEFL Listening
온라인 강의

빈출 토픽별 학습으로 문제풀이 원리 터득
시원스쿨 TOEFL Listening 강의 POINT 3

토플 리스닝에 나오는
스토리를 완벽히 이해하고
문제에 접근 가능

주요 개념과 전략 제시,
포인트를 반복학습하여
실력 향상

오답 및 정답을 분석,
친절한 해설을 통해
토플 문제 풀이의 원리 터득

시원스쿨LAB(lab.siwonschool.com)에서 유료강의를 수강하실 수 있습니다.

토플 개정 도서&인강 업데이트 완료
사자마자 50%, 최대 300% 환급까지!

300%
시원스쿨 토플 환급반
SIWONSCHOOL LAB

• benefit01 •	• benefit02 •	• benefit03 •
50%	**300%**	**교재 7권**
출석 NO 성적 NO	미션 성공하면	레벨 맞춤 교재
사자마자 현금 환급	**최대 300% 현금 환급**	**최대 7권 포함**
*환급조건 : 성적표 제출 및 후기 작성 등 제세공과금&교재비 제외, 유의사항 참고	*제세공과금 부담. 교재비 제외, 미션 유의사항 참고, 구매상품에 따라 다름	*구매 상품에 따라 다름

목표 달성 후기가 증명합니다
고민하지 말고 지금 시작하세요!

류형진 선생님 강의
듣고 110점 맞았습니다!
수강생 강*희

특히 라이팅 부분은 많은 주제를 써보는 것이 유리합니다. 이번
시험에 황당한 주제를 받아서 당황했지만 선생님께서 알려주신
브레인스토밍 기법으로 어느 방향으로 쓰는 것이 쉬운지 먼저
파악했고 다른 주제들에서 사용했던 아이디어들을 잘 응용해서
다행히 잘 썼습니다.
나름 명문대를 다니고 있지만 주변 친구들 중 100점 넘는 친구를
거의 못 봤습니다. 이번에 **단기간에 목표 점수를 잘 받아서**
내년에 괜찮은 영어권 대학으로 교환학생을 갈 수 있게
됐습니다.

Listening Lecture 6개 중
4개 틀리던 제게 희망을!
수강생 정*연

영어를 5분 이상 듣는 것조차 너무 스트레스였고, 리스닝은
한 번에 늘지 않는다는 것에 절망했습니다. 하지만, 레이첼 쌤과
함께 수업을 하고 정답률이 많이 높아졌습니다.

리스닝을 구조화해서 노트테이킹 하는법을 배웠고, 이는 내가
100% 이해하지 않아도 "이부분에서 이러한 이야기가 나왔으니
이게 정답이겠다"라는 생각으로 문제를 풀 수 있었습니다.
덕분에 2주만에 리스닝 6점이 올랐습니다.

토플 모든 강좌 무제한 수강

SIWONSCHOOL

토플 전강좌
끝장 프리패스

기초부터 실전까지 토플 전 강좌 무제한 수강
끝장패스 하나로 확실하게 토플 고득점 달성!

시원스쿨 토플 전 강좌
무제한 수강

시험 전 필수!
특별 자료집 제공
* PDF

그래머 베이직 & 영어
발음/면접 강의 무료
* 발음/면접 강의 30일 수강권으로 제공

1:1 초밀착 카톡 스터디

첨삭권/ETS 모의고사 무료
* 상품마다 구성 상이

시원스쿨LAB(toefl.siwonschool.com)에서 토플 전강좌 끝장 프리패스를 신청하실 수 있습니다.
제공하는 혜택 등은 기간에 따라 다를 수 있습니다.

히트브랜드 토익·토스·오픽·인강 1위

시원스쿨LAB 교재 라인업

*2020-2022 3년 연속 히트브랜드대상 1위 토익·토스·오픽·인강

시원스쿨 토익 교재 시리즈

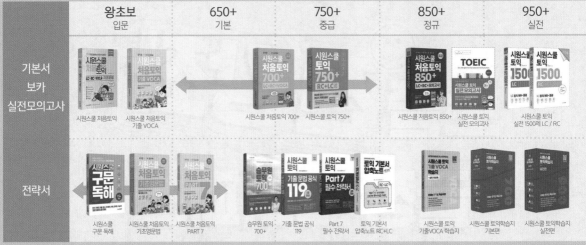

	왕초보 입문	650+ 기본	750+ 중급	850+ 정규	950+ 실전
기본서 보카 실전모의고사	시원스쿨 처음토익 / 시원스쿨 처음토익 기초 VOCA	시원스쿨 처음토익 700+ / 시원스쿨 토익 750+		시원스쿨 처음토익 850+ / 시원스쿨 토익 실전 모의고사	시원스쿨 토익 실전 1500제 LC / RC
전략서	시원스쿨 구문 독해 / 시원스쿨 처음토익 기초영문법 / 시원스쿨 처음토익 PART 7	승무원 토익 700+ / 기출 문법 공식 119 / Part 7 필수 전략서 / 토익 기본서 압축노트 RC+LC		시원스쿨 토익 기출VOCA 학습지	시원스쿨 토익학습지 기본편 / 시원스쿨 토익학습지 실전편

시원스쿨 토익스피킹, 듀오링고, 오픽, SPA 교재 시리즈

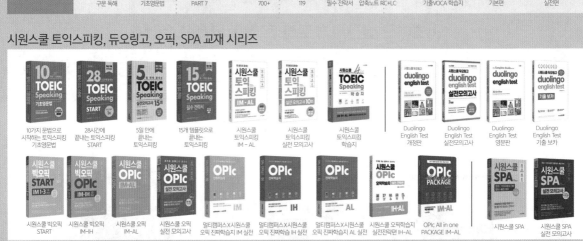

10가지 문법으로 시작하는 토익스피킹 기초영문법 | 28시간에 끝내는 토익스피킹 START | 5일 만에 끝내는 토익스피킹 | 15개 템플릿으로 끝내는 토익스피킹 | 시원스쿨 토익스피킹 IM – AL | 시원스쿨 토익스피킹 실전 모의고사 | 시원스쿨 토익스피킹 학습지 | Duolingo English Test 개정판 | Duolingo English Test 실전모의고사 | Duolingo English Test 영문판 | Duolingo English Test 기출 보카

시원스쿨 빅오픽 START | 시원스쿨 빅오픽 IM-IH | 시원스쿨 오픽 IM-AL | 시원스쿨 오픽 실전 모의고사 | 멀티캠퍼스X시원스쿨 오픽 진짜학습지 IM 실전 | 멀티캠퍼스X시원스쿨 오픽 진짜학습 IH 실전 | 멀티캠퍼스X시원스쿨 오픽 진짜학습지 AL 실전 | 시원스쿨 오픽학습지 실전전략편 IH-AL | OPIc All in one PACKAGE IM-AL | 시원스쿨 SPA | 시원스쿨 SPA 실전 모의고사

시원스쿨 아이엘츠 교재 시리즈   시원스쿨 토플 교재 시리즈

IELTS Study Pack | 아이엘츠 MASTER | 아이엘츠 기출 VOCA | 시원스쿨 TOEFL Basic | 시원스쿨 TOEFL Intermediate | 시원스쿨 TOEFL Actual Tests | 시원스쿨 TOEFL 기출 VOCA | 시원스쿨 TOEFL Speaking | 시원스쿨 TOEFL Writing | 시원스쿨 TOEFL Listening | 시원스쿨 TOEFL Reading

시원스쿨 지텔프 교재 시리즈   시원스쿨 텝스 교재 시리즈

지텔프 기출문제집 공식 기출 7회분 | 지텔프 기출문법 | 지텔프 기출VOCA | 지텔프 기출독해 | 지텔프 기출청취 | 시원스쿨 지텔프 최신 기출 유형 문법 모의고사 | 시원스쿨 지텔프 32-50 | 시원스쿨 지텔프 65+ | 시원스쿨 텝스 Basic | 시원스쿨 텝스 청해 | 시원스쿨 텝스 어휘 문법 | 시원스쿨 텝스 독해 | 뉴텝스 서울대 공식 기출문제집

고득점을 위한 **토플 리스닝 기본서**

SIWONSCHOOL
TOEFL
Listening

정답 및 해설

시원스쿨 **LAB**

고득점을 위한 **토플 리스닝 기본서**

SIWONSCHOOL
TOEFL
Listening

정답 및 해설

시원스쿨 **LAB**

I. Campus Service

1. Campus Facilities

Answers

1. D	2. B	3. C	4. A	5. D

Listen to part of a conversation between a student(M) and a librarian(W).

M: Good morning…umm…I hope I came to the right desk. I need some help.

W: I should be able to assist you, no matter what it is.

M: [1(D)]The thing is, I need to do a literature review for my linguistics class. So, I need to read a lot of articles… but I don't know where to find them. I've never done an assignment like this before.

W: Well, don't worry. You came to the right place. It's for a linguistics course, right? What topic are you reviewing?

M: Childhood language disorders.

W: OK, you are off to a good start then. Most students struggle to even decide on a topic. First of all, did your professor mention anything about reserving materials for the class? They usually help point you in the right direction.

M: Yes. She reserved several articles, and there was one that was helpful to me. But, now I need quite a few more from different sources.

W: The library carries several linguistics journals in our Reference Section. I think…more than 20 at least. They have all been published in the past few years. One of them is even titled *Childhood Linguistics*.

M: Oh, well…the article I have came from that journal. [2(B)] So, I'll still need other resources.

한 학생(남)과 사서(여) 사이의 대화 일부를 들어보시오.

남: 안녕하세요… 음… 제가 데스크를 제대로 찾아왔기를 바랍니다. 도움이 좀 필요해서요.

여: 제가 도와 드릴 수 있을 겁니다, 어떤 일이든지요.

남: [1(D)]무슨 문제인가 하면, 제 언어학 수업 때문에 문헌 조사를 해야 합니다. 그래서, 논문을 많이 읽어봐야 하는데… 어디서 찾아야 할지 잘 몰라서요. 전에 이런 과제를 해본 적이 없었거든요.

여: 음, 걱정하지 말아요. 제대로 찾아왔습니다. 언어학 수업에 필요한 것이 맞죠? 어떤 주제를 조사하나요?

남: 아동 언어 장애입니다.

여: 그렇군요, 그러면 순조롭게 출발하는 겁니다. 대부분의 학생들이 심지어 주제를 정하는 것조차 힘겨워하죠. 가장 먼저, 담당 교수님께서 수업용 자료 확보와 관련해서 어떤 언급이라도 하셨나요? 보통 올바른 방향으로 이끌어 가는 데 도움이 되거든요.

남: 네. 여러 가지 논문을 확보해주셨고, 저에게 도움이 되었던 것도 하나 있었어요. 하지만, 지금 저는 여러 다른 출처에서 상당수 더 필요합니다.

여: 우리 도서관에서는 참고 도서 구역에 여러 가지 언어학 관련 학술지를 보유하고 있습니다. 제 생각엔… 적어도 20권이 넘는 것 같아요. 모두 지난 몇 년 동안 출판된 것들입니다. 그 중 하나는 심지어 제목이 <아동 언어학>으로 되어 있어요.

남: 오, 음… 제가 갖고 있는 논문이 그 학술지에서 나온 거예요. [2(B)]그래서, 여전히 다른 자료들이 필요합니다.

W: You should still have plenty of choices. You won't need to pore over all the books, either. All the materials are available electronically now. You can narrow your search through different filters, and then search for your keywords. Umm…"childhood" or "disorders," for instance. You should get a lot of decent results.

M: [5(D)] That's great. Just…well, I guess I'll be spending a lot of time at the library over the next few weeks.

W: Because you prefer working here? Oh, I see. Actually, you don't need to be on a library computer to access our database. Any computer connected to the campus network should be able to. So, as long as you are on campus…

M: That's a relief! I mean…the library is comfortable and all…but it is going to be a lot of material to get through. It will take a long time.

W: Well, [3(C)]you won't need to read the entirety of every article. With our database, each article starts with an abstract…you know, a summary. Umm…be sure that they are on display. There should be a box that you need to click, that says "Show Abstract." Then, you can skim the abstract and see if it is useful to you. It should save you a lot of time.

M: That will be a lifesaver! Maybe this project won't be such a burden then. Umm… [4(A)]I'll go ahead and take a look at the database while I'm still here, just in case…

W: Of course. There are more computers available on the 4th floor if there aren't any free ones here now. And, I'll be here until 6, if you need any more help.

M: Thank you so much. You've given me hope about this assignment!

여: 여전히 많은 선택권이 있을 겁니다. 모든 책을 세세히 읽어볼 필요도 없을 겁니다. 지금 모든 자료가 컴퓨터로 이용 가능합니다. 여러 다른 필터를 통해 검색 범위를 좁히신 다음, 키워드에 대해 검색하실 수 있습니다. 음… 예를 들면, "유년기"나 "장애" 같은 단어를 사용하는 거죠. 준수한 검색 결과를 많이 얻게 될 겁니다.

남: [5(D)] 아주 좋네요. 그냥… 음, 저는 앞으로 몇 주 동안 도서관에서 많은 시간을 보내게 될 것 같아요.

여: 여기서 작업하는 게 더 좋아서 그런 건가요? 오, 알겠어요. 사실, 도서관 데이터베이스에 접속하는 데 도서관 컴퓨터를 이용해야 할 필요는 없어요. 캠퍼스 네트워크에 연결되는 어떤 컴퓨터든 가능할 겁니다. 그래서, 캠퍼스에 있기만 한다면…

남: 그렇다면 다행이네요! 제 말은… 도서관이 편하기도 하지만… 파악해야 할 자료가 많이 있을 겁니다. 시간이 많이 소요될 거예요.

여: 음, [3(C)]모든 논문을 전부 읽을 필요는 없을 거예요. 도서관 데이터베이스엔, 각 논문이 초록… 그러니까, 요약문으로 시작됩니다. 음… 그것이 보이는지 확인해 봐요. "초록 확인하기"라고 쓰여 있는 박스가 하나 있으니까 클릭하면 됩니다. 그 다음에, 초록을 훑어보면서 유용한 것인지 확인해 볼 수 있어요. 그게 시간을 많이 절약하게 해줄 겁니다.

남: 그게 제 구세주가 되겠네요! 그러면 아마 이 프로젝트가 그렇게 부담이 되진 않을 거예요. 음… [4(A)]아직 여기 있는 동안 어서 가서 그 데이터베이스를 한번 살펴봐야겠어요, 만일의 경우에 대비해서요…

여: 물론이죠. 지금 여기 남아 있는 컴퓨터가 하나도 없으면 4층에 이용 가능한 컴퓨터들이 더 있습니다. 그리고, 어떤 도움이든 더 필요하면, 제가 여기 6시까지 있을 겁니다.

남: 정말 감사합니다. 이 과제와 관련해서 저에게 희망을 안겨주셨어요!

[스크립트 어휘]

literature review 문헌 조사 no matter what A is A가 무엇이든 (상관없이) article 논문, 글 disorder 장애 be off to a good start 순조롭게 출발하다 struggle to do ~하는 것을 힘겨워하다 reserve ~을 확보하다 journal 학술지 point A in the right direction A를 올바른 방향으로 이끌다 pore over ~을 세심히 읽어보다 decent 준수한, 꽤 괜찮은 and all ~도 get through ~을 파악하다, 거치다 entirety 전체, 전부 abstract 초록 skim ~을 훑어보다 lifesaver 궁지를 벗어나게 해 주는 것, 구원자

1. 학생은 왜 사서를 방문하는가? [Topic & Purpose]
(A) 참고 도서 대출에 관해 알아보기 위해
(B) 있어야 할 곳에 없는 책에 관해 문의하기 위해
(C) 한 가지 학술지에 관해 더 알아보기 위해
(D) 과제에 필요한 자료를 더 많이 찾기 위해

해설 (오답 A) 학생이 목적을 말하는 구간에서 참고 도서를 대출하
겠다는 내용은 언급된 적 없다.
(오답 B) 어떤 특정한 책을 언급하지 않았다.
(오답 C) 특정 학술지만 보려 하는 것이 아니다.
(정답 D) 도움이 필요하다며 학생이 찾아왔고 그 후 학생이 수
업 관련 조사를 해야 하는데 어디서 논문을 찾을지 모
르겠다고 하므로 정답이다.

2. 도서관의 학술지 및 논문 이용과 관련해 사서는 무슨 말을 하는
가? [Detail]
(A) 반드시 교수에 의해 확보되어야 한다.
(B) 온라인 데이터베이스에서 모두 볼 수 있다.
(C) 한 번에 오직 2주 동안만 대출될 수 있다.
(D) 2년이 넘은 출판물은 기록 보관소에 보관된다.

해설 (오답 A) 지문에서 언급된 적 없는 정보이다.
(정답 B) 더 많은 자료가 필요하다는 학생의 말에 도서관 사서
는 모든 자료가 컴퓨터로 이용 가능하다고 한다.
(오답 C) 지문에서 언급된 적 없는 정보이다.
(오답 D) 기록을 보관하는 데이터베이스를 언급은 하지만 2년
넘은 출판물에 대해 언급한 적 없다.

3. 사서는 학생이 어떻게 시간을 절약할 수 있다고 제안하는가?
[Detail]
(A) 더 구체적인 주제를 조사함으로써
(B) 한 가지 학술지의 논문들에 집중함으로써
(C) 논문 요약문을 먼저 훑어봄으로써
(D) 집에서 빠른 컴퓨터로 작업함으로써

해설 (오답 A) 지문에서 언급된 적 없는 정보이다.
(오답 B) 한 가지 학술지에 집중하라는 것이 아니라 요약문에
집중하라고 한다.
(정답 C) 시간이 오래 걸릴 것 같다는 학생에게 요약문을 읽어
시간을 절약할 수 있다고 한다.

(오답 D) 집에서 작업하는 것이 시간을 절약해준다는 말은 없
다.

4. 학생이 왜 도서관 컴퓨터를 이용하기로 결정할 가능성이 큰가?
[Inference]
(A) 더 많은 도움이 필요할 수도 있다고 생각한다.
(B) 자신의 컴퓨터가 캠퍼스 네트워크에 연결되지 않는다.
(C) 여러 가지 논문을 출력해야 한다.
(D) 도서관에서 6시에 친구와 만날 것이다.

해설 (정답 A) 학생이 혹시 모르니 도서관에서 살펴본다고 하자, 도
서관 사서는 도움이 필요하면 물어보라고 한다.
(오답 B) 지문에서 언급된 적 없다.
(오답 C) 지문에서 언급된 적 없다.
(오답 D) 6시라는 시간은 도서관 사서가 도서관에 있을 시간이
다.

5. 대화의 일부를 다시 들어보시오. 그런 다음, 질문에 답하시오.

남: 아주 좋네요. 그냥… 음, 저는 앞으로 몇 주 동안 도서관에서
많은 시간을 보내게 될 것 같아요.
여: 여기서 작업하는 게 더 좋아서 그런 건가요? 오, 알겠어요.
사실, 도서관 데이터베이스에 접속하는 데 도서관 컴퓨터를
이용해야 할 필요는 없어요.

사서는 왜 다음과 같이 말하는가? [Function]
여기서 작업하는 게 더 좋아서 그런 건가요?

(A) 학생이 도서관에 남아 있어야 하는 것을 걱정한다.
(B) 학생이 가지 않는 것에 대해 놀라워하고 있다.
(C) 일부 정보가 이미 출간되었다고 생각한다.
(D) 학생이 도서관에서 공부하는 것이 불필요하다고 생각한다.

해설 (오답 A) 걱정하는 감정이 아니다.
(오답 B) 학생이 떠나지 않겠다고 한 적 없다.
(오답 C) 해당 대화 구간에서 언급된 적 없다.
(정답 D) 어쩔 수 없이 도서관에서 시간을 보낼 것 같다는 학생
의 말에 사서는 꼭 도서관 컴퓨터로 데이터베이스에
접속할 필요는 없다고 말한다. 이는 다른 곳에서 접속
해 공부해도 된다는 의미이다.

[문제 어휘]
reference 참고 place A on reserve A를 확보해 놓다, 예약해 놓다 publication 출판물 archive 기록 보관소

2. Student Center

1. C	2. B	3. AB	4. B	5. D

Listen to a conversation between a student(W) and the director of the Student Activity Center(M).

M: Good afternoon, Lisa. Is everything prepared for the trip next weekend?

W: We're all set. We have twelve people so far. Our bus will leave campus at 7 a.m., so we should get into Chicago by noon. Then, after a quick lunch, we can go downtown for the film festival.

M: You've planned everything very well then. And it's so great we can support one of our students who is screening a short film at the festival.

W: The director is a friend of mine. He keeps playing it off like it's not a big deal, but from what I hear, he might even win an award! [2(B)]That would be a big deal for our university, so I thought we could support him through the Student Activity Center. That's how I came up with the idea for the trip. Through working here, I realized the center is a great way to celebrate our students' achievements.

M: Well, it looks like everything will go off without a hitch. You advertised it well, and you've communicated all the details clearly.

W: It was nothing. And none of it would be possible if you hadn't approved the funding.

M: I'd be a terrible director if I didn't green-light good ideas! Oh, how are you planning to get from the bus station to the theater?

W: The metro has stops at both locations, so it will be as easy as that.

M: Of course. Chicago is your hometown, isn't it?

W: A nearby suburb, but yeah, I spent a lot of time in the city growing up. [1(C)]Umm…also…the metro will work, but I have another idea I wanted to run by you.

M: What is it?

W: I checked the city map, and I realized the bus station and theater are both accessible from the Bloomingdale Trail, and the weather is supposed to be perfect.

한 학생(여)과 학생회관 운영 책임자(남) 사이의 대화를 들어 보시오.

남: 안녕하세요, 리사. 다음 주말에 떠나는 여행 준비가 모두 되었나요?

여: 전부 준비됐어요. 지금까지 12명이 모였어요. 우리 버스 가 아침 7시에 캠퍼스에서 출발하기 때문에, 정오쯤 시카 고에 도착할 거예요. 그 후에, 간단한 점심 식사를 하고 나 서, 영화제 참가를 위해 시내로 가면 됩니다.

남: 그럼 전부 아주 잘 계획해 둔 것 같네요. 그리고 우리 학생 들 중 한 명이 그 영화제에서 단편 영화를 선보이는 것을 응원할 수 있어서 아주 기쁩니다.

여: 그 감독이 제 친구 중 한 명이에요. 그 친구는 별것 아니라 는 듯이 계속 아무렇지 않게 행동하지만, 제가 듣기로는, 심지어 상을 받을 수도 있대요! [2(B)]그게 우리 대학교에는 아주 중요한 일이 될 수 있기 때문에, 저희가 학생회관을 통해서 그 친구를 응원할 수 있겠다고 생각했죠. 그렇게 해서 이 여행에 대한 아이디어를 떠올리게 된 거였어요. 여기서 일하는 것을 통해서, 저는 학생회관이 우리 학생 들의 성과를 축하할 수 있는 아주 좋은 방법이라는 걸 알 게 되었어요.

남: 음, 모든 게 아주 술술 잘 풀릴 것 같네요. 그걸 잘 광고해 주셨고, 모든 세부 사항을 명확하게 전달해 주었어요.

여: 별로 대단한 것도 아니었는데요. 그리고 그 자금을 승인해 주시지 않았다면 어느 것도 가능할 수 없을 거예요.

남: 좋은 아이디어를 승인해주지 않는다면 저는 끔찍한 운영 책임자일 겁니다! 오, 버스 정류장에서 극장까지는 어떻 게 갈 계획인가요?

여: 지하철이 두 곳에 모두 정거장이 있기 때문에, 아주 편리 할 거예요.

남: 그렇군요. 시카고가 고향 아닌가요?

여: 근처의 교외 지역이긴 하지만, 네, 자라면서 그 도시에서 많은 시간을 보냈죠. [1(C)]음… 그리고… 지하철이면 되긴 하겠지만, 말씀드리고 싶었던 다른 아이디어가 있어요.

남: 그게 뭐죠?

여: 제가 도시 안내도를 확인해봤는데, 그 버스 정류장과 극 장이 모두 블루밍데일 트레일에서 갈 수 있는데다, 날씨도 완벽할 거예요.

M: The Bloomingdale Trail?

W: You know?…Oh…I guess it's new. [3(B)]It's this great feature of the city. It's a park that runs above northwestern Chicago.

M: What do you mean 'above it'?

W: It was constructed on an old elevated train line, you know, that runs above the city. Just like the Chicago metro does. [3(A)]Bloomingdale Trail was built on some of the retired track that hasn't been used in years.

M: And?

W: Well, this track was for freight, and now everything is moved by trucks anyways. So, now it's been turned into an interconnected park, with sections in different neighborhoods. [3(B)]It's about three miles long, and it's covered in beautiful flowers. And, since you're up high, you get a fantastic look at the city skyline.

M: Wow…that's quite a park. Umm…I'm afraid you're not considering how the other students might feel, though. Three miles isn't a short walk…especially in the middle of a trip.

W: Well, students who don't want to could just take the metro, and the rest of us could go on the trail.

M: Sorry, Lisa, [4(B)]but remember, you said you'd be in charge of the group in the advertisements, and some students might be intimidated by getting around the city. Who would make sure the students on the metro got back safely? They'd need another leader.

W: Oh, I guess I am responsible…but…who else could do it? No one else knows the city.

M: [5(D)]Well, I used to teach in Chicago…a long time ago. But, I'm still comfortable getting around the city.

W: Really?

M: And I do always love a good film festival…

W: You'll come then? That would be perfect!

남: 블루밍데일 트레일이라고요?

여: 있잖아요?… 오… 새로 생긴 것 같아요. [3(B)]이곳이 그 도시의 아주 멋진 특징이에요. 시카고 북서부 위로 이어지는 공원이에요.

남: '그 위로'가 무슨 말인가요?

여: 예전에 고가 전철 노선이 있던 곳에 지어진 곳인데, 그러니까, 도시 위로 다니는 거예요. 마치 시카고 전철처럼요. [3(A)]블루밍데일 트레일은 오랫동안 이용되지 않았던 구석진 일부 철로에 지어진 거예요.

남: 그래서요?

여: 음, 이 철로가 화물 열차용이었는데, 지금은 어쨌든 모든 게 트럭으로 운송되고 있거든요. 그래서, 지금은 그곳이 여러 다른 지역의 일부분을 서로 연결하는 공원으로 개조되었어요. [3(B)]길이는 약 3마일 정도이고, 아름다운 꽃들로 덮여 있죠. 그리고, 높은 곳에 있기 때문에, 도시의 스카이라인이 만들어내는 환상적인 경관이 보여요.

남: 와우… 아주 멋진 공원이네요. 음… 하지만, 나머지 학생들이 어떻게 느낄지는 고려하지 않고 있는 것 같아요. 3마일은 걷기에 짧은 거리가 아닌데… 특히 여행 도중에는요.

여: 음, 원하지 않는 학생들은 그냥 지하철을 탈 수도 있고, 나머지 저희는 그 트레일로 갈 수 있어요.

남: 미안하지만, 리사, [4(B)]광고에서 일행을 책임질 거라고 말했는데, 어떤 학생들은 그 도시에서 돌아다니는 게 겁이 날 수도 있다는 걸 기억해야 해요. 전철을 타는 학생들이 안전하게 돌아온다는 걸 누가 확실히 할 수 있겠어요? 그 학생들은 리더가 한 명 더 필요할 거예요.

여: 오, 제가 책임이 있는 것 같아요… 하지만… 다른 누가 할 수 있을까요? 그 도시를 아는 사람이 없어요.

남: [5(D)]음, 제가 전에 시카고에서 학생들을 가르친 적이 있어요… 아주 오래 전에요. 그래도, 여전히 그 도시 곳곳을 다니는 데 불편함이 없습니다.

여: 정말이세요?

남: 그리고 좋은 영화제를 항상 아주 좋아하고 있죠…

여: 그럼 함께 가시는 거예요? 그렇게 되면 완벽할 거예요!

[스크립트 어휘]
screen (영화) ~을 상영하다 play it off 아무렇지 않게 행동하다, 아무 일 없는 듯 행동하다 come up with (아이디어 등) ~을 생각해내다, 제안하다 celebrate ~을 기념하다, 축하하다 go off without a hitch 일이 술술 잘 풀리다 green-light 승인하다 run by (반응 등을 알아보기 위해) ~에게 말하다 feature 특징 retired 구석진, 외진 freight 화물 운송 skyline 스카이라인(하늘과 맞닿은 것처럼 보이는 건물들의 윤곽) intimidated 겁을 내는

1. 학생은 왜 남성을 만나러 갔는가? [Topic & Purpose]
(A) 여행을 계획하는 데 도움을 요청하기 위해
(B) 영화제 환영 행사에 초대하기 위해
(C) 여행 계획 변경과 관련해 문의하기 위해
(D) 캠퍼스 동아리에 더 많은 자금을 요청하기 위해

해설 (오답 A) 여행 계획은 이미 다 완성되었다고 하므로 잘못된 정보이다.
(오답 B) 초대하는 얘기는 언급된 적 없다.
(정답 C) 원래 지하철을 타기로 했지만 다른 길로 가는 것에 대해 얘기하고 싶었다고 하므로 정답이다.
(오답 D) 언급된 적 없는 정보이다.

2. 여성은 학생회관에서 하는 일을 통해 무엇을 알게 되었다고 말하는가? [Detail]
(A) 다가오는 문화 행사에 대한 일정
(B) 학생의 성과를 인정하는 것의 중요성
(C) 효율적으로 여유 시간을 관리하는 것의 어려움
(D) 캠퍼스에서 다른 학생들을 만나는 것의 이점

해설 (오답 A) 언급된 적 없는 정보이다.
(정답 B) 학생들의 성과를 축하할 수 있는 아주 좋은 방법임을 (great way to celebrate our students' achievements) 알게 되었다고 하므로 정답이다.
(오답 C) 언급된 적 없는 정보이다.
(오답 D) 언급된 적 없는 정보이다.

3. 학생이 블루밍데일 트레일과 관련해 밝히는 두 가지 사항은 무엇인가? [Detail]
2개의 선택지를 클릭하시오.
[A] 한때 화물을 운송했던 철로의 일부분이었다.
[B] 거의 3마일 길이의 높은 곳에 지어진 공원이다.
[C] 시카고를 방문하는 관광객들에게 인기 있는 곳이다.
[D] 도시 내에서 잘 알려지지 않은 교통 수단이다.

해설 [정답 A] 블루밍데일 트레일의 주요 특징 나열 내용 중 일부이다.
[정답 B] 블루밍데일 트레일의 주요 특징 나열 내용 중 일부이다.
[오답 C] 시카고는 언급되었지만 관광객들에게 인기 있다는 내용은 없다.
[오답 D] 오랫동안 사용되지 않았던 곳을 기반으로 만들었지만 잘 알려지지 않은 교통 수단이라는 내용은 없다.

4. 남성은 왜 광고 내의 정보를 언급하는가? [Organization]
(A) 일정상의 실수를 지적하기 위해
(B) 학생의 제안과 관련된 문제를 강조하기 위해
(C) 기차를 타고 해당 도시로 가는 게 더 나은 선택사항이라고 제안하기 위해
(D) 왜 그렇게 많은 학생들이 해당 여행을 신청했는지 나타내기 위해

해설 (오답 A) 실수를 지적하는 상황은 아니다.
(정답 B) '기억해(but remember)'라는 말로 강조하며, 광고에서 리사가 책임지겠다고 한 학생 안전 문제를 제기한다.
(오답 C) 어떤 한 방법이 더 낫다고 말하는 의도는 아니다.
(오답 D) 언급된 적 없는 정보이다.

5. 대화의 일부를 다시 들어보시오. 그런 다음, 질문에 답하시오.

여: 오, 제가 책임이 있는 것 같아요… 하지만… 다른 누가 할 수 있을까요? 다른 학생들은 아무도 그 도시를 알지 못해요.
남: 음, 제가 전에 시카고에서 학생들을 가르친 적이 있어요… 아주 오래 전에요. 그래도, 여전히 그 도시 곳곳을 다니는 데 불편함이 없습니다.
여: 정말이세요?

남성이 다음과 같이 말할 때 무엇을 암시하는가? [Function]
음, 제가 전에 시카고에서 학생들을 가르친 적이 있어요… 아주 오래 전에요. 그래도, 여전히 그 도시 곳곳을 다니는 데 불편함이 없습니다.

(A) 최근에 시카고를 방문한 적이 있다.
(B) 블루밍데일 트레일에 관해 알지 못해 놀라워하고 있다.
(C) 지하철을 타는 대신 시카고에서 걸어 다니고 싶어한다.
(D) 학생들과 함께 해당 여행을 떠날 의향이 있다.

해설 (오답 A) 최근에 시카고를 방문했다는 내용은 없다.
(오답 B) 놀라워하는 감정이 아니다.
(오답 C) 어떤 수단으로 이동할지를 말하는 것이 아니다.
(정답 D) 본인이 시카고를 잘 안다는 뜻으로 하는 말이며, 이는 함께 갈 의향이 있음을 나타낸다.

[문제 어휘]
reception 환영회, 환영 연회 point out ~을 지적하다 highlight ~을 강조하다 sign up for ~을 신청하다, ~에 등록하다 be willing to do ~할 의향이 있다, 기꺼이 ~하다

3. Accommodation

Answers

1. C	2. C	3. BD	4. B	5. A

Listen to a conversation between a student(M) and the head of building maintenance(W).

W: Hello. Can I help you?

M: Hi. Umm…I'm staying on campus during the summer break, to take some extra classes. So I'm living with the other students taking summer classes in Downey Hall, next to the Student Center.

W: Right, on the East Green.

M: And this week, [1(C)]workers started some renovations to the building. I'm not sure what they're doing…something outside, between our buildings.

W: Oh, I believe they're clearing some space for an outside patio area that students can use. It should be really nice.

M: Well, [1(C)]whatever it is…it's really loud. And they start first thing in the morning, and I dunno, usually work through the day. All day, every day. [5(A)]Most of us, too…the summer students…have been placed in rooms right next to the construction work. It's right outside our windows: I can almost reach out and touch the workers.

W: That's why we save major renovation projects like this for the summer break. Umm…usually, there aren't many, if any, students on campus.

M: I wish that were the case this time, but…

W: It's an unfortunate coincidence…we didn't realize there'd be students in Downey Hall.

M: It's not just a few of us, either. The hall is pretty full. We've all been complaining about it together this week. I mean…it's summertime, and we need to open our windows. But when we do, it's all dust and noise. It even smells.

W: Right…and that building doesn't have air conditioning. It must be uncomfortable.

한 학생(남)과 건물 관리자(여) 사이의 대화를 들어보시오.

여: 안녕하세요. 무엇을 도와 드릴까요?

남: 안녕하세요. 음… 제가 추가로 강의를 좀 수강해야 해서 여름 방학 중에 캠퍼스 내에 머물러 있습니다. 그래서, 여름 수업을 듣는 다른 학생들과 함께 학생회관 옆에 있는 다우니 홀에서 생활하고 있어요.

여: 네, 이스트 그린에 있는 곳이군요.

남: 그리고 이번 주에, [1(C)]작업자들이 건물에 일부 개조 공사를 시작했어요. 무슨 일을 하시는 건지는 잘 모르겠지만… 밖에서 뭔가 하시고 계세요, 저희 건물들 사이에서요.

여: 오, 학생들이 이용할 수 있는 옥외 테라스 구역에 필요한 공간을 만들고 계시는 것 같네요. 정말 멋질 겁니다.

남: 음, [1(C)]무엇이 됐든… 너무 시끄러워요. 그리고 아침 일찍부터 작업을 시작하시는데, 잘 모르겠지만, 보통 하루 내내 작업하세요. 매일, 하루 종일이요. [5(A)]저희 대부분도 그렇지만… 여름 학기 학생들이… 그 공사 작업 장소 바로 옆에 위치한 방에 배치되었어요. 저희 방 창문 바로 바깥쪽인데, 거의 팔을 뻗으면 작업자들에게 닿을 수 있을 정도예요.

여: 그게 바로 저희가 이 작업 같은 주요 개조 공사 프로젝트를 여름 방학 중으로 남겨 놓는 이유입니다. 음… 보통, 캠퍼스에 학생들이, 있다 하더라도, 많지는 않거든요.

남: 그게 이번에 해당되는 경우라면 좋겠어요, 하지만…

여: 안타까운 우연의 일치입니다… 저희는 다우니 홀에 학생들이 있을 거라는 사실을 알지 못했어요.

남: 저희 몇 명만 있는 게 아니에요. 기숙사가 아주 꽉 차 있어요. 저희 모두가 이번 주에 이 문제에 대해 함께 계속 불평하고 있어요. 무슨 뜻이냐 하면요… 여름이라서, 창문을 열어야 하거든요. 하지만 그렇게 하면, 온통 먼지와 소음이에요. 심지어 냄새도 나요.

여: 알겠습니다… 그리고 그 건물은 에어컨이 없죠. 분명 불편할 겁니다.

M: You can imagine… We still have four weeks of classes too…and I'm guessing the project will be ongoing during that whole time. ^{2(C)}I know it isn't likely…but, like…is there any way they could postpone the work? I know that's asking a lot. Maybe they could start work a bit further away from our windows at least? It's just so dusty and noisy.

W: I sympathize with your problem…^{3(D)}but all this work has been planned for months. ^{3(B)}Delaying it is totally out of the question…and the plans are in place. And it's not like the construction team can start over somewhere else.

M: I get it.

W: If Housing had let us know that students would be in Downey, then maybe this whole thing could have been avoided. But, as is…it's out of our hands now.

M: Could we move to another dorm then?

W: Well…most dorms are in the middle of being deep cleaned. Waxed floors, all the furniture removed and washed…ventilation…so they aren't livable right now. But…you know, Evans Hall usually houses the football team during their summer training. But, they're doing that off-campus this season. So, it might be available…

M: I'll take whatever I can get.

W: It's out of the way though, close to the football field. It's also quite old. But, it might just be the answer we need.

M: It would make all of us so happy.

W: ^{4(B)}I'll make a call to the Housing Department, and I'll let you know what I find out. Just leave your name and number, OK? And thanks for bringing this to our attention.

M: Sure!

남: 상상이 되실 거예요… 저희가 여전히 4주의 강의 기간이 남아 있기도 하고… 그리고 저는 그 프로젝트가 그 기간 내내 계속될 거라고 생각하고 있어요. ^{2(C)}가능성이 없을 것 같다는 건 알지만… 그러니까… 그 작업을 미룰 수 있는 방법이라도 있나요? 너무 많은 요구라는 건 알아요. 어쩌면 적어도 저희 방 창문에서 조금 더 떨어져서 작업을 시작할 수 있지 않을까요? 그냥 먼지도 너무 나고 소음도 너무 커서요.

여: 겪고 있는 문제에 공감합니다… ^{3(D)}하지만 이 모든 작업이 수개월 동안 계획된 것입니다. ^{3(B)}이걸 연기한다는 건 전적으로 불가능합니다… 그리고 계획들이 잡혀 있고요. 그리고 공사 작업팀이 어딘가 다른 곳에서 다시 시작할 수 있는 일도 아닙니다.

남: 알겠습니다.

여: 기숙사 관리팀에서 다우니 홀에 학생들이 있을 거라는 것을 알려주었다면, 아마 이 모든 걸 피할 수도 있었을 거예요. 하지만, 실상은… 이제 저희 손을 떠났죠.

남: 그럼 저희가 다른 기숙사로 옮길 수 있나요?

여: 음… 대부분의 기숙사가 대대적으로 청소하는 과정에 있습니다. 바닥에 광택을 내고, 모든 가구를 꺼내 닦아내고… 환기 장치도 그렇고요… 그래서 당장은 생활할 수 없습니다. 하지만… 저기, 에반스 홀에 보통 여름 훈련 중인 축구팀이 머무릅니다. 하지만, 그 팀이 이번 시즌엔 캠퍼스 밖에서 하고 있어요. 그래서, 아마 이용 가능할 수도 있습니다…

남: 제가 들어갈 수 있는 곳이면 어디든 좋습니다.

여: 하지만 그곳은 축구장과 가까워서 좀 외진 곳입니다. 꽤 낡기도 했고요. 하지만, 우리에게 필요한 바로 그 해결책이 될 수도 있을 거예요.

남: 저희 모두가 아주 기쁘게 될 거예요.

여: ^{4(B)}제가 기숙사 관리팀에 전화해서 알아보고 알려드릴게요. 이름과 전화번호만 좀 남겨 주세요, 괜찮죠? 그리고 이 문제에 저희가 주의를 기울일 수 있게 해줘서 감사합니다.

남: 물론이죠!

[스크립트 어휘]
renovation 개조, 보수 dunno 알지 못하다(don't know의 구어체 표기) coincidence 우연의 일치 postpone ~을 미루다, 연기하다 sympathize with ~에 공감하다 out of the question 불가능한, 논의의 여지가 없는 in place 제자리에 있는 out of one's hands ~의 손에서 떠난 ventilation 통풍, 환기 available 이용 가능한 out of the way 외진 곳에 있는 bring A to one's attention ~가 A에 주의를 기울이게 되다, 관심을 갖게 되다

1. 학생에게 어떤 문제가 있는가? [Topic & Purpose]
(A) 기숙사에 가구가 없다.
(B) 학생회관에 출입할 수 없다.
(C) 개조 공사 프로젝트로 방해받고 있다.
(D) 여름 동안 숙소가 급히 필요하다.

해설 (오답 A) 다른 기숙사에서 청소를 위해 가구가 치워져 있다는
얘기는 있지만 학생이 제기하는 문제는 아니다.
(오답 B) 언급된 없는 정보이다.
(정답 C) 무엇 때문에 왔는지 묻는 직원의 질문에 학생은 개조
공사 때문에 너무 시끄럽다고 한다.
(오답 D) 학생은 이미 여름 동안 머물 기숙사에 입주해 있다.

2. 학생은 문제에 대해 어떤 해결책을 제안하는가? [Detail]
(A) 서비스 운영 시간을 변경하는 일
(B) 업체를 더 인기 있는 장소로 이전하는 일
(C) 프로젝트 작업을 몇 주 동안 연기하는 일
(D) 테라스 공간을 이용 가능하도록 만드는 일

해설 (오답 A) 서비스 운영 시간과 관련이 없다.
(오답 B) 다른 곳부터 먼저 공사를 진행해보라고는 했지만 더
인기 있는 곳으로의 이전은 아니다.
(정답 C) 학생은 작업을 연기해달라고 하므로 정답이다.
(오답 D) 언급된 적 없는 정보이다.

3. 직원은 해당 개조 공사 작업과 관련해 무엇을 암시하는가?
[Inference]
2개의 선택지를 클릭하시오.
[A] 논란이 많은 결정이었다.
[B] 지금은 변경될 수 없다.
[C] 여러 변경 과정을 거쳤다.
[D] 오래 전에 승인되었다.

해설 [오답 A] 결정할 시점에 논란이 많았다는 것은 알 수 없다.
[정답 B] 연기하는 것은 안 된다고 하기 때문에 현재는 변경될
수 없는 상황임을 알 수 있다.
[오답 C] 변경 과정이 있었다고 한 적은 없다.
[정답 D] 개조 작업이 오랫동안 계획되어 왔다는 정보를 통해
오래 전에 이미 승인된 것임을 알 수 있다.

4. 여성은 학생들을 이동시키는 것의 가능성과 관련해 무엇을 암
시하는가? [Inference]
(A) 대학 측에서 해야 하는 일이라고 생각하지 않는다.
(B) 기숙사 관리팀에서 최종 결정을 내릴 것이다.
(C) 학생들이 축구팀과 기숙사를 공유할 것이다.
(D) 학생들이 학생회관과 더 가까운 곳에서 생활할 것이다.

해설 (오답 A) 대화 중에 제시되지 않는 정보이다.
(정답 B) 옮기는 것에 대해 얘기하다가 여성이 기숙사 관리팀
에게 전화해보고 다시 알려준다고 한 걸 보면 관리팀
에서 최종 결정을 내린다는 것을 알 수 있다.
(오답 C) 원래 에반스 홀에 사는 축구팀은 현재는 캠퍼스 밖에
있다고 하므로 같이 공유하지는 않는다.
(오답 D) 오히려 외진 곳에서 생활하게 된다고 한다.

5. 대화의 일부를 다시 들어보시오. 그런 다음, 질문에 답하시오.

남: 저희 대부분도 그렇지만… 여름 학기 학생들이… 그 공사
작업 장소 바로 옆에 위치한 방에 배치되었어요. 저희 방 창
문 바로 바깥쪽인데, 거의 팔을 뻗으면 작업자들에게 닿을
수 있을 정도예요.

학생은 왜 다음과 같이 말하는가? [Function]
거의 팔을 뻗으면 작업자들에게 닿을 수 있을 정도예요.

(A) 가까운 곳에서 진행되는 공사 작업을 강조하기 위해
(B) 학생과 한 작업자가 대치한 상황을 설명하기 위해
(C) 기숙사 방에 있으면 안심이 되지 않는다는 뜻을 나타내기
위해
(D) 작업자들에게 경계선을 설치하도록 권하기 위해

해설 (정답 A) 해당 문장 앞 내용은 공사 작업이 바로 방 앞이라고 했
기에 그 말을 한 번 더 강조하는 의도이다.
(오답 B) 작업자가 닿을 수 있을 정도로 가깝다는 내용은 있지
만 대치된다는 내용은 없다.
(오답 C) 해당 내용을 확대 해석한 것으로서, 대화 흐름상 어울
리지 않는 내용이다.
(오답 D) 해결 방안이 아니라 문제에 대한 얘기만 하고 있으므
로 오답이다.

[문제 어휘]
disturb ~을 방해하다, ~에 지장을 주다 relocate ~을 이전하다, 옮기다 controversial 논란이 많은 alter ~을 변경하다, 바꾸다 undergo ~을 거치
다, 겪다 revision 변경, 수정 emphasize ~을 강조하다 proximity 가까움, 근접함 confrontation 대치

4. Work

1. B	2. B	3. A	4. D	5. B

Listen to a conversation between a student(M) and a university employee(W) at the campus employment office.

W: Hi, welcome. How can I help you today?

M: Hello. My name is Hanzel Gertthrobber. Last year I…

W: Oh, I think I remember you. Weren't you placed in the… let's see…the campus restaurant? The Buckeye Bistro?

M: Wow…do you remember all the students who come through here?

W: (laughs) Not at all…but you know, your manager, Mr. Tuck, gave you really high marks on your evaluation. He said you could even become a professional waiter someday.

M: Gee…that sure is swell. I really hope I can live up to his expectations for me.

W: I'm sure you will. Campus jobs should be like a diving board into the rest of your lives.

M: I'm still not sure if the food industry is where I want to end up, but I could do worse. I mean, people gotta eat, right? Those jobs aren't going anywhere. Umm…but, for this year, I think I'd like experience in a different field.

W: Oh, you're here about a job? You should know that most of our placements have already been made. You might be too late. If you had come in earlier, I surely could have put you under Mr. Tuck again. You could've had that job, no problem.

M: I know. My plans actually fell apart. You see, ³⁽ᴬ⁾I was going to get an off-campus job at another restaurant, an upscale one. The tips would have been better, you know? I had an interview, but then they just wanted me to work lunch shifts…when I have class. So, obviously, I can't work there. ¹⁽ᴮ⁾And I'm not having any luck at other businesses. So, now I'm just holding out hope that I might still be able to scoop up a campus position.

W: ²⁽ᴮ⁾I'm really sorry, but they were all filled weeks ago.

한 학생(남)과 대학 내 일자리 지원 센터 직원(여) 사이의 대화를 들어보시오.

여: 안녕하세요, 어세 오세요. 오늘 무엇을 도와 드릴까요?

남: 안녕하세요. 제 이름은 핸젤 거트스로버입니다. 작년에 제가…

여: 오, 기억 나는 것 같아요. 배치되었던 곳이… 어디 보자… 캠퍼스 레스토랑 아니었나요? 벅아이 비스트로였죠?

남: 와우… 이곳을 거쳐가는 학생들을 전부 기억하세요?

여: (웃음) 전혀 그렇지 않아요… 하지만 그러니까, 담당 매니저이셨던 터크 씨께서 평가서에 정말 높은 점수를 주셨어요. 심지어 나중에 전문 종업원이 되실 수도 있다는 말씀까지 하셨어요.

남: 와… 그건 분명 아주 좋은 거네요. 저는 저에 대한 그분의 기대에 부응할 수 있기를 정말로 바라고 있어요.

여: 분명 그러실 거예요. 캠퍼스 내의 일자리는 남은 삶에 대한 도약대와 같아야 합니다.

남: 제가 결국 자리 잡기를 원하는 곳이 요식업계인지는 아직 잘 모르겠지만, 나쁘지 않을 수도 있죠. 무슨 말이냐 하면요, 사람들이 식사는 해야 하잖아요? 그 일자리들은 어디 가지 않을 거예요. 음… 하지만, 올해는, 다른 분야를 경험해보고 싶은 생각입니다.

여: 오, 일자리 때문에 오신 건가요? 대부분의 자리들이 이미 인원 배치가 이뤄진 상태라는 걸 알아두세요. 너무 늦게 온 걸지도 몰라요. 더 일찍 찾아왔다면, 분명 다시 터크 씨 밑에서 일하도록 배치해 드릴 수 있었을 거예요. 아무 문제없이 그 일자리를 얻을 수 있었을 겁니다.

남: 알고 있습니다. 제 계획은 사실 물 건너 갔죠. ³⁽ᴬ⁾그게, 제가 캠퍼스 밖에 있는 다른 레스토랑에서 일자리를 얻어볼 생각이었어요, 규모가 큰 곳으로요. 팁을 더 잘 받을 수 있잖아요? 제가 면접을 한 군데 봤는데, 그곳에선 점심 교대 근무로만 일하길 원했어요… 그땐 제가 수업이 있거든요. 그래서, 당연히, 그곳에선 일할 수 없어요. ¹⁽ᴮ⁾그리고 다른 업체들에 대해선 운이 하나도 없었어요. 그래서, 지금은 그냥 캠퍼스 내의 일자리라도 아직 건져볼 수 있지 않을까 하는 희망을 갖고 있어요.

여: ²⁽ᴮ⁾죄송하지만, 일자리들은 모두 몇 주 전에 충원되었어요.

M: Umm...not to be rude, but could you check again? [5(B)]I don't know for sure, [4(D)]but my friend, Damien, frequents the campus gym, the Jackson Center. He's a health nut, so he's there every day. And he says there are probably openings there.

W: Um...what makes your friend, the gym guy, think that? Openings at the Jackson Center are usually the first to fill up. They're really popular.

M: He says that, well, the gym has been messier lately... Equipment left unorganized, a shortage of towels, and there never seems to be anyone at the desk. I mean, it could just be that more people are using the gym, and they aren't keeping the facility as neat as they should...

W: Wait...hold on...there's a notice for the Jackson Center...huh, well, I'll be...It looks like your friend was right. Some student staff members have resigned lately...apparently there was a schedule conflict. But, that's good news for you! You must have some luck.

M: Oh, that's fantastic! Who should I contact?

W: I can just take your information now, and then someone from the gym should contact you.

남: 음… 무례하게 굴고 싶진 않지만, 다시 한번 확인해 주실 수 있으세요? [5(B)]제가 확실히 아는 건 아니지만, [4(D)]제 친구 데미언이 캠퍼스 체육관인 잭슨 센터에 자주 가거든요. 이 친구가 건강 관리에 미쳐 있어서, 그곳에 매일 가요. 그래서 아마 그곳에 빈자리가 있을 수도 있다고 하더라고요.

여: 음… 무엇 때문에 체육관에 잘 간다는 그 친구가 그런 생각을 하는 걸까요? 잭슨 센터의 빈 자리들은 보통 가장 먼저 충원돼요. 정말 인기가 많거든요.

남: 그 친구가 하는 말은, 그러니까, 그 체육관이 최근에 더 지저분해져서… 장비는 정리되지 않은 상태로 있고, 타월 부족 문제도 있고, 데스크에 사람이 항상 아무도 없는 것 같대요. 무슨 뜻이냐 하면요, 그저 더 많은 사람들이 체육관을 이용하다 보니, 사람들이 해야 하는 만큼 말끔하게 그 시설을 유지하지 않고 있어서 그런가 봐요…

여: 잠깐만요… 기다려보세요… 잭슨 센터에 대한 공지가 있네요… 어, 음, 제가… 그 친구 말이 맞는 것 같아요. 최근에 몇몇 학생 직원이 그만두었는데… 보니까 일정 충돌 문제가 있었던 것 같아요. 하지만, 학생에겐 좋은 소식이 되겠네요! 운이 좋은 게 분명해요.

남: 오, 정말 잘됐네요! 어느 분께 연락 드려야 하죠?

여: 제가 지금 바로 개인 정보를 받아둘 수 있고, 그러고 나면 체육관에 계신 분이 연락 드릴 겁니다.

[스크립트 어휘]

mark 점수, 평점 evaluation 평가(서) live up to ~에 부응하다 diving board 다이빙 보드, 도약대 end up 결국 ~하다 fall apart 물 건너 가다, 무산되다, 결렬되다 hold out hope that ~라는 희망을 갖고 있다 scoop up ~을 건져 올리다 frequent v. ~에 자주 가다 nut (무언가에) 미친 사람 opening 빈자리, 공석 facility 시설(물) resign 그만두다, 사임하다

1. 학생은 왜 취업 지원 센터에 갔는가? [Topic & Purpose]
(A) 이전의 일자리에 대한 의견을 제시하기 위해
(B) 캠퍼스 내에서 일자리를 얻으려 시도하기 위해
(C) 레스토랑 일자리를 그만두기 위해
(D) 한 구직 자리에 관해 더 많은 것을 알기 위해

해설 (오답 A) 이전 일자리 이야기는 했지만 그에 관한 의견을 제시
하기 위해 온 것은 아니다.
(정답 B) 작년에 일했던 이야기를 시작으로 지금 캠퍼스 내에서
일을 하고 싶다고 말하므로 정답이다.
(오답 C) 그만두려는 목적이 아니므로 오답이다.
(오답 D) 체육관 구직 자리에 관해 이미 듣고 왔기 때문에 그
것에 관해 더 많은 것을 알기 위해서 보다는 일자리를
얻으려는 목적이다.

2. 학생의 요청 사항이 왜 직원을 놀라게 하는가? [Detail]
(A) 이미 이전의 일자리를 제안받았기 때문에
(B) 지원 마감기한이 오래 전에 지났기 때문에
(C) 캠퍼스 내의 다른 일자리에서 해고되었기 때문에
(D) 이미 캠퍼스 밖에서 일자리를 얻은 상태이기 때문에

해설 (오답 A) 학생 요청에 대한 직원의 반응이 아니다.
(정답 B) 일자리는 이미 오래전에 채워졌다고 강조한다.
(오답 C) 해고되었다고 말한 적은 없다.
(오답 D) 캠퍼스 밖 일자리를 알아봤다고만 했을 뿐 이미 구했
다고는 하지 않았다.

3. 학생이 이전의 레스토랑 일자리에 관해 암시하는 것은 무엇인
가? [Inference]
(A) 캠퍼스 밖에 있는 레스토랑만큼 보수가 좋지 않았다.
(B) 까다로운 책임자 때문에 스트레스가 많았다.
(C) 그로 하여금 전문적으로 레스토랑 일을 추구하도록 영감을
주었다.
(D) 수업이 있는 시간대로 교대 근무 일정을 잡았다.

해설 (정답 A) 학생은 본인이 캠퍼스 밖에 있는 일자리를 구하려고
했던 이유를 말하며 팁을 더 받는다고 한다.
(오답 B) 책임자에 대한 안 좋은 얘기는 없었다.
(오답 C) 언급된 적 없는 정보이다.
(오답 D) 수업 시간과 겹치는 일정은 캠퍼스 밖 일자리에 대한
정보이다.

4. 학생이 왜 친구 데미언을 언급하는가? [Organization]
(A) 같은 장소에서 일하고 싶은 바람을 나타내기 위해
(B) 캠퍼스 내의 일자리들이 지닌 흔한 어려움을 강조하기 위
해
(C) 두 사람의 근무 일정을 비교하기 위해
(D) 왜 한 가지 일자리가 지원 가능할 수도 있다고 생각하는지
설명하기 위해

해설 (오답 A) 언급된 적 없는 정보이다.
(오답 B) 언급된 적 없는 정보이다.
(오답 C) 데미언이 그 곳에서 일한다고 말한 적은 없다.
(정답 D) 데미언으로부터 들은 바에 의하면 캠퍼스 체육관에
일자리가 있을 수도 있다고 한다.

5. 대화의 일부를 다시 들어보시오. 그런 다음, 질문에 답하시오.

남: 제가 확실히 아는 건 아니지만, 제 친구 데미언이 캠퍼스 체
육관인 잭슨 센터에 자주 가거든요. 이 친구가 건강 관리에
미쳐 있어서, 그곳에 매일 가요. 그래서 아마 그곳에 빈 자리
가 있을 수도 있다고 하더라고요.
여: 음… 무엇 때문에 체육관에 잘 간다는 그 친구가 그런 생각
을 하는 걸까요? 잭슨 센터의 빈 자리들은 보통 가장 먼저
충원돼요. 정말 인기가 많거든요.

여성이 다음과 같이 말할 때 여성과 관련해 무엇을 유추할 수
있는가? [Inference]
음… 무엇 때문에 체육관에 잘 간다는 그 친구가 그런 생각을
하는 걸까요?

(A) 학생이 친구에게서 거짓말을 들었다고 생각한다.
(B) 해당 정보가 믿을 만한 것이라고 생각하지 않는다.
(C) 개인 정보의 확산을 우려하고 있다.
(D) 이미 그 소문을 여러 번 들었다.

해설 (오답 A) 잘못된 정보라고 생각하지 거짓말이라고 생각하지는
않는다.
(정답 B) 해당 문장에 앞서 학생의 친구가 체육관에 자리가 있
을 거라고 한 말이 있고 해당 문장 뒤에 반대되는 내용
이 나오기에 믿기 힘든 정보로 생각한다는 것을 알 수
있다.
(오답 C) 관련 없는 내용이다.
(오답 D) 소문을 몇 번 들었는지에 대한 내용이 아니다.

[문제 어휘]
turn in ~을 제출하다 deadline 마감기한 fire v. ~을 해고하다 demanding 까다로운, 요구가 많은, 부담이 큰 supervisor 책임자, 상사, 부서장
inspire A to do ~하도록 A를 자극하다, 영감을 주다 make a comparison between ~을 비교하다 available 이용 가능한 reliable 믿을 만한

5. Administration

1. A	2. C	3. A	4. C	5. C

Listen to a conversation between a student(W) and a music director(M).

W: Mr. Bennekamper?

M: Yes, what is it?

W: Sorry, but umm…my name is Susan Strong. I'm a sound engineer student. Umm…I had a few questions about the jazz band.

M: Oh, well, all the positions are filled for the jazz band. You can try again in the fall. And we have made exceptions in the past, but we generally only take music majors. You're welcome to audition, though.

W: Well, I do play electric guitar, but…not at this level. And, that's not why I'm here.

M: [2(C)]Oh, my apologies. It's just…students think the jazz band just accepts anyone who wants to play.

W: It's fine. I know you're busy. [1(A)]The thing is, I'm in charge of the sound recording for your spring concert. Umm… I attended the rehearsal last night, so I know how to set up the microphones. But, I need to know about a few more details.

M: Hmm…it might be better for you to speak to our student conductor. In fact, it might be a good opportunity for him to learn about recording live performances…

W: I'm sorry, [3(A)]but my department takes these recordings seriously…so I'm always supposed to speak with the faculty member in charge. Plus, there is one unique aspect of the performance that I'm really not sure how to address…

M: Let me guess…the tap dancing? It is surprising. Most people don't expect to see tap dancing at a jazz concert. But the two art forms are actually closely linked. I'm glad our spring concert showcases their relationship.

W: That's fascinating…

한 학생(여)과 음악 감독(남) 사이의 대화 일부를 들어보시오.

여: 배네캠퍼 씨이신가요?

남: 네, 무슨 일이시죠?

여: 실례지만, 음… 제 이름은 수전 스트롱입니다. 저는 음향 엔지니어 학생입니다. 음… 재즈 밴드와 관련해 몇 가지 질문이 있어서요.

남: 오, 음, 재즈 밴드의 모든 자리는 충원된 상태입니다. 가을에 다시 신청하실 수 있습니다. 그리고 저희가 과거에 예외를 둔 적이 있긴 했지만, 일반적으로 오직 음악 전공 학생만 받습니다. 하지만, 얼마든지 오디션은 보실 수 있습니다.

여: 음, 제가 분명 전기 기타를 치기는 하지만… 이곳에 맞는 수준은 아닙니다. 그리고, 제가 여기 온 이유는 그게 아니에요.

남: [2(C)]오, 죄송합니다. 그게 그저… 학생들은 단지 재즈 밴드가 연주하길 원하는 누구나 받아준다고 생각하거든요.

여: 괜찮습니다. 바쁘시다는 걸 알고 있습니다. [1(A)]무슨 일이냐 하면요, 제가 이번 봄 콘서트의 음향 녹음을 책임지고 있습니다. 음… 제가 어젯밤 리허설에 참석했기 때문에, 마이크 설치 방법은 알고 있습니다. 하지만, 몇 가지 세부 사항에 관해 더 알고 싶습니다.

남: 흠… 우리 학생 지휘자와 얘기해보는 게 더 나을지도 몰라요. 사실, 그가 라이브 공연 녹음에 관해 배울 수 있는 좋은 기회가 될 수도 있겠네요…

여: 죄송하지만, [3(A)]저희 학과에선 이 녹음을 중요하게 여기고 있습니다… 그래서 저는 항상 담당 교수님과 이야기를 나눠야 합니다. 게다가, 이 공연엔 제가 대처하는 방법을 정말 확실히 알지 못하는 한 가지 특별한 측면도 있습니다…

남: 제가 맞춰볼게요… 탭 댄스 얘기인가요? 놀라운 부분이죠. 대부분의 사람들은 재즈 콘서트에서 탭 댄스를 보게 될 것이라고 예상하진 않죠. 하지만 이 두 가지 예술 형식이 사실 밀접하게 연관되어 있습니다. 저는 저희 봄 콘서트가 그런 관계를 선보이게 되어서 기쁘게 생각합니다.

여: 대단히 흥미롭네요…

M: [5(C)]As far as recording goes, any mics you use for percussion instruments…for snares or toms, should work fine. And for placement…umm…are you getting all this down?

W: Oh, I have a good memory. And, well, I know how to set everything else up, so this is the only issue.

M: Well, good for you. Honestly, anywhere in front of the dancer should work for placement…but we should run some tests, just to make sure.

W: Of course. Umm…if I may…why is there a tap-dancing performance during a jazz concert?

M: (laughs) Well, tap dance has a rich history in American music. It was a major feature in early Hollywood…surely you know Shirley Temple…Fred Astaire? They tapped along with jazz. Umm…but that came later in the life of tap dance. It goes back further to Vaudeville and even has its roots in slavery.

W: Tap dancing started with slaves?

M: It's true. It's a merger of African percussive styles and clog dancing from the British Isles…a fascinating combination of styles. When slave owners confiscated drums and other percussive instruments, slaves kept the movement and rhythm connected through dance… [4(C)]wooden shoes back then. Of course, now metal-tipped tap shoes are used…

W: Wait…I noticed that. The tap dancer was wearing wooden shoes!

M: That's right. Our guest performer, Tracy Cutler, is not only an exceptional tap dancer, but also an enthusiastic scholar of its history. Those are his own clogs, and when he proposed the idea to perform in them, I couldn't say no. Umm…if you want to know more about this topic, I am sure Tracy would love to talk with you.

W: Wow…you learn something new every day. But…umm… as far as the recording goes…when can we run some tests for the sound quality?

M: Well, Tracy will be here tomorrow morning for a rehearsal. We could take a few minutes at the beginning or end to test some microphones. Whenever is best for you.

남: [5(C)]녹음 문제와 관련해서는, 타악기에 대해 사용하시는 어떤 마이크든… 스네어나 톰톰에 대한 것도 그렇지만, 잘 작동될 겁니다. 그리고 배치 문제는… 음… 이 얘기를 전부 받아 적고 있나요?

여: 오, 제가 기억력이 좋습니다. 그리고, 저, 제가 다른 모든 건 설치 방법을 알고 있기 때문에, 이 부분이 유일한 문제입니다.

남: 음, 잘됐네요. 솔직히, 배치 문제는 댄서 앞쪽이면 어디든 잘 되겠지만… 몇 가지 테스트를 진행해봐야 합니다, 혹시 모르니까요.

여: 물론입니다. 음… 실례가 안된다면… 왜 재즈 콘서트 중에 탭 댄스 공연이 들어가 있는 건가요?

남: (웃음) 음, 탭 댄스는 미국 음악에 있어 깊은 역사를 지니고 있습니다. 할리우드 초기에 주요 특징이었어요… 분명 셜리 템플은 아시겠죠… 프레드 애스테어는 어떤가요? 그들은 재즈에 맞춰 탭 댄스를 추었어요. 음… 하지만 그건 탭 댄스의 역사에서 나중에 있었던 일이죠. 더 이전의 보드빌까지 거슬러 올라가는데, 심지어 노예 제도에 뿌리를 두고 있기도 해요.

여: 탭 댄스가 노예와 함께 시작되었다고요?

남: 그렇습니다. 아프리카의 타악기 양식과 영국 제도의 클록 댄스를 합친 것인데… 아주 흥미로운 양식들의 조합이죠. 노예 주인들이 드럼과 다른 타악기들을 몰수했을 때, 노예들은 춤과 [4(C)]그 당시 나막신을 통해 동작과 리듬을 보존했죠. 물론, 지금은 금속을 붙인 탭 슈즈를 이용합니다…

여: 잠시만요… 저도 그걸 알아차렸어요. 탭 댄서 분께서 나무로 된 신발을 신고 계셨어요!

남: 맞습니다. 저희 초청 공연자인 트레이시 커틀러 씨는 아주 뛰어난 탭 댄서일 뿐만 아니라 그 역사를 연구하시는 열정적인 학자이기도 합니다. 그 신발은 그분 소유의 나막신인데, 그분께서 그걸 신고 공연하시겠다는 아이디어를 제안하셨을 때, 저는 안 된다고 할 수 없었어요. 음… 이 주제와 관련해 더 많은 것을 알고 싶으면, 분명 트레이시 씨는 함께 얘기 나누는 걸 아주 좋아할 겁니다.

여: 와우… 매일 뭔가 새로운 걸 아시게 되네요. 하지만… 음… 녹음 문제와 관련해서는… 저희가 언제 몇 가지 음향 테스트를 진행할 수 있을까요?

남: 음, 트레이시 씨가 리허설 때문에 내일 아침에 여기로 오실 겁니다. 시작하거나 끝날 때 몇 분 동안 시간을 갖고 몇몇 마이크를 테스트할 수 있을 거예요. 언제든 원하실 때 하시면 됩니다.

conductor 지휘자 aspect 측면, 양상 address ~에 대처하다, ~을 처리하다 as far as A go A와 관련해서는, A에 관한 한 percussion instrument 타악기 snare 스네어(드럼의 한 종류) toms 톰톰(드럼의 한 종류) get A down A를 받아 적다 feature 특징 Vaudeville 보드빌(1890 년대에서 1930년대까지 미국에서 유행했던 버라이어티 쇼의 하나) merger 합침, 통합 clog 클록, 나막신 confiscate ~을 몰수하다, 빼앗다

1. 학생은 왜 남성의 사무실에 찾아갔는가? [Topic & Purpose]
(A) 공연 녹음에 필요한 정보를 얻기 위해
(B) 음악 수업 과제와 관련해 묻기 위해
(C) 재즈 밴드 가입과 관련해 문의하기 위해
(D) 남성의 강의에서 나온 몇몇 요점을 명확히 해두기 위해

해설 (정답 A) 공연 음향 녹음을 담당하는 학생이 추가 세부 사항을 원하므로 정보를 얻기 위해 온 것이다.
(오답 B) 과제는 언급된 적 없는 정보이다.
(오답 C) 대화 초반에 남성이 오해한 내용이므로 진짜 목적이 아니다.
(오답 D) 언급된 적 없는 정보이다.

2. 남성은 왜 학생이 재즈 밴드 가입에 관심이 있다고 생각하는 가? [Detail]
(A) 그녀가 전기 기타를 연주한다.
(B) 그녀가 리허설에 참석했다.
(C) 그가 그런 요청을 자주 처리한다.
(D) 그가 곧 오디션을 개최한다.

해설 (오답 A) 학생이 전기 기타를 연주하는 것은 맞지만 남성이 착각한 이유는 아니다.
(오답 B) 학생이 리허설에 참석했던 것은 맞지만 남성이 착각한 이유는 아니다.
(정답 C) 일반적으로 학생들이 재즈 밴드 가입을 쉽다고 생각한다는 말에서 알 수 있다.
(오답 D) 언급된 적 없는 정보이다.

3. 학생은 자신의 학과에 대해 무엇을 암시하는가? [Inference]
(A) 공연 녹음에 흠이 없기를 원하고 있다.
(B) 최근에 예술 공연을 녹음하기 시작했다.
(C) 학생들 사이에서 협업을 권장하고 있다.
(D) 해당 재즈 밴드와 아직 작업하지 않았다.

해설 (정답 A) 담당 학생과 만나 얘기하라는 남성의 말에 학생은 자신의 학과가 녹음을 중요하게 생각한다며 담당 교수를 만나고자 한다. 즉 공연 녹음이 완벽하길 바란다는 것을 알 수 있다.
(오답 B) 언급된 적 없는 정보이다.
(오답 C) 언급된 적 없는 정보이다.

(오답 D) 언급된 적 없는 정보이다.

4. 남성의 말에 따르면, 탭 댄스가 오랫동안 어떻게 변화했는가? [Detail]
(A) 타악기가 특징을 이루기 시작했다.
(B) 재즈 음악의 인기에 적응했다.
(C) 전에는 나무로 된 신발을 신고 공연했다.
(D) 영국 제도의 클록 댄스와 합쳐졌다.

해설 (오답 A) 언급된 정보지만 탭 댄스의 변화는 아니다.
(오답 B) 재즈의 인기에 대한 얘기는 없다. 그리고 재즈 음악에 맞춰 탭 댄스를 춘 것은 탭 댄스의 역사에서 나중에 있었던 일이지 변화 과정이 아니다.
(정답 C) 학생이 질문한 탭 댄스에 대해 설명하는 부분에 제시되는 내용이다.
(오답 D) 언급된 정보지만 탭 댄스의 변화는 아니다.

5. 대화의 일부를 다시 들어보시오. 그런 다음, 질문에 답하시오.

남: 녹음 문제와 관련해서는, 타악기에 대해 사용하시는 어떤 마이크든… 스네어나 톰톰에 대한 것도 그렇지만, 잘 작동될 겁니다. 그리고 배치 문제는… 음… 이 얘기를 전부 받아 적고 있나요?
여: 오, 제가 기억력이 좋습니다.

남성은 왜 다음과 같이 말하는가? [Function]
음… 이 얘기를 전부 받아 적고 있나요?

(A) 자신의 강의에서 중요한 개념을 명확히 해두기 위해
(B) 학생의 필기 능력을 칭찬하기 위해
(C) 학생에게 정보를 받아 적도록 권하기 위해
(D) 한 주제에 대한 학생의 관심 부족을 비판하기 위해

해설 (오답 A) 강의 내용이 아니다.
(오답 B) 실제 필기에 대해 말하는 것이 아니다.
(정답 C) 남성이 설명을 하다가 해당 문장을 말하자, 학생은 자신이 기억력이 좋아 적지 않아도 된다고 하므로 해당 문장은 정보를 받아 적으라는 남성의 권유이다.
(오답 D) 학생이 내용에 관심이 없는지는 알 수 없다.

clarify ~을 명확히 해두다 flawless 흠이 없는 collaboration 협업 adapt to ~에 적응하다 merge with ~와 합쳐지다 applaud ~을 칭찬하다

II. Academic Purpose

Practice Test 1

Answers

1. C	2. D	3. A	4. AB	5. B

Listen to a conversation between a student(W) and a professor(M).

M: Good afternoon, Nichole. [C]I wanted to check with you about how your classroom observations are going.

W: They've been great. [D]I've been observing Ms. Logan's sixth-grade class three days a week at Warren Elementary. I feel like I'm learning a lot. I mean, there's only so much you can learn from taking a class, right?

M: I couldn't agree more. It's one of the reasons I'm especially proud of our education program. Our education students spend so much time getting real experience in real classrooms. Um…but anyway, I really wanted to follow up with you about the geography unit you mentioned in your daily reports.

W: Geography…oh, about the fifty states?

M: From what I can tell, Ms. Logan is a follower of the interdisciplinary approach of education, which is fantastic for you as well as her students.

W: Oh, right! You know, I didn't even realize how much information she is squeezing into a unit about the fifty states!

M: Please, elaborate.

W: Well, you know, just learning where the states are on the map—the geography, right?—is rather dry. So, Ms. Logan has been focusing on the origin of the state names, too.

M: So, where the name comes from?

한 학생(여)과 교수(남) 사이의 대화 일부를 들어보시오.

남: 안녕하세요, 니콜. [C]수업 관찰이 어떻게 되어 가고 있는지 확인해 보고 싶었어요.

여: 아주 잘 되고 있어요. [D]제가 워렌 초등학교에서 일주일에 3일씩 로건 선생님의 6학년 수업을 계속 관찰하고 있습니다. 많은 것을 배우고 있는 느낌이에요. 제가 드리려는 말씀은, 수업에 들어가보면 배울 수 있는 것이 아주 많을 수밖에 없지 않을까요?

남: 전적으로 동의합니다. 그것이 제가 우리 교육 프로그램에 특히 자부심을 갖는 이유들 중의 하나입니다. 우리 교육 전공 학생들은 실제 교실에서 현실적인 경험을 얻는 데 아주 많은 시간을 보내죠. 음… 하지만 어쨌든, 작성해준 일일 보고서에 언급했던 지리학 단원과 관련해서 꼭 더 얘기를 들어보고 싶었습니다.

여: 지리학이라면… 오, 50개 주에 관한 것 말인가요?

남: 제가 아는 바로는, 로건 선생님께선 학제적인 교육 방식을 따르시는 분인데, 그게 그분 학생들뿐만 아니라 니콜에게도 아주 좋은 부분입니다.

여: 오, 맞아요! 말씀드리자면, 저는 심지어 그분께서 얼마나 많은 정보를 50개 주와 관련된 한 단원에 꽉꽉 채워 넣으시는지도 알아차리지 못했어요!

남: 더 자세히 얘기해 보세요.

여: 음, 그러니까, 단지 그 주들이 지도상에서 어디에 위치해 있는지는 배우는 건, 지리학이잖아요?, 다소 딱딱해요. 그래서, 로건 선생님께서는 주마다 이름의 유래에도 초점을 맞추고 계세요.

남: 그럼, 이름이 어디서 비롯되었는지에 관한 건가요?

W: Yep. As you know, a lot of state names are unfamiliar words…Ohio…Nebraska…Kentucky. 3(A)So, she's using this as an opportunity to teach about some of the Native American tribes and languages that helped influence the state's name. Umm…Ohio, for instance, comes from the Iroquois word for "great river." So, the students learned some about the Iroquois tribe and its history.

M: That's great, Nichole. Ms. Logan is combining different subjects into one.

W: And it's not only history. It has aspects of cultural studies…plus foreign languages, since a lot of names have French, Spanish, and even Latin origins.

M: But…isn't this a lot of information for the teacher to cover?

W: That's the best part. After introducing a few states like this, Ms. Logan assigned each student a different state to do a report on. Then the students spent the rest of the unit doing research in the library. So, over this past week, the students have been giving presentations about their states.

M: 4[A],[B]The lesson could have been a basic geography unit…but instead, the students learned about Native American cultures, history, foreign languages…plus they practiced their research and oral presentation skills?

W: Yes. And, best of all—to me at least—the students really enjoyed it. They were excited to share fascinating facts about their state. I mean…I remember doing a similar unit in elementary school…

M: That's great…if the students aren't engaged…then the lesson isn't effective, no matter what. 5(B)Nichole, I'm wondering, would you mind talking about this lesson in class on Thursday?

W: Oh, but I wouldn't have my weekly report ready by then.

M: Don't worry…it would be informal. I think the other students would benefit from hearing about this experience. I worry some of them haven't had as… rewarding observations as you've had.

W: 5(B)Then I'd be happy to.

여: 네. 아시다시피, 많은 주의 이름이 익숙하지 않은 단어들로 되어 있잖아요… 오하이오나… 네브래스카… 켄터키도 그렇고요. 3(A)그래서, 로건 선생님께서는 이걸 주 이름에 영향을 미치는 데 도움이 되었던 몇몇 아메리카 원주민 부족과 그 언어에 관해 가르치시는 기회로 활용하고 계세요. 음… 예를 들어, 오하이오는 "위대한 강"을 뜻하는 이로쿼이 부족의 단어에서 나온 거예요. 그래서, 학생들이 이로쿼이 부족과 그 역사에 관해 좀 배우게 되었죠.

남: 아주 좋네요, 니콜. 로건 선생님께서 서로 다른 과목들을 하나로 조합하고 계시는군요.

여: 그리고 역사뿐만이 아니에요. 문화 연구의 측면도 있고… 게다가 외국어와 관련된 것도 있는데, 많은 이름들이 프랑스어나 스페인어, 그리고 심지어 라틴어를 기원으로 하기 때문이죠.

남: 하지만… 이건 로건 선생님께서 다루시기엔 정보가 많지 않나요?

여: 그게 가장 좋은 부분이에요. 이렇게 몇몇 주를 소개하신 다음, 로건 선생님께서는 보고서 작업을 하도록 각 학생에게 다른 주를 하나씩 배정해 주셨어요. 그런 다음엔 학생들이 그 단원의 나머지 부분에 대해 도서관에서 조사를 하면서 시간을 보냈죠. 그래서, 이번 주 내내, 학생들이 계속 각자 맡은 주에 관해 발표를 했어요.

남: 4[A],[B]그 수업이 기본적인 지리학 단원이 될 수도 있었지만… 대신, 학생들이 아메리카 원주민 문화와 역사, 외국어와 관련해 배웠고… 게다가 자료 조사 및 구두 발표 기술까지 연습했다는 건가요?

여: 네. 그리고, 적어도 제가 보기엔, 가장 좋았던 점은 학생들이 정말로 즐거워했다는 거예요. 각자 맡은 주에 관한 아주 흥미로운 사실들을 공유하면서 신이 났거든요. 무슨 뜻이냐 하면… 저도 초등학교에 다닐 때 비슷한 단원을 해본 기억이 있어요…

남: 아주 좋네요… 학생들이 참여하지 않는다면… 뭐가 됐든, 그 수업은 효과적이지 않죠. 5(B)니콜, 궁금한 게 있는데, 목요일 강의 시간에 이 수업에 관해 얘기해줄 수 있나요?

여: 오, 하지만 그때까지 제 주간 보고서를 준비하진 못할 거예요.

남: 걱정 말아요… 격식에 얽매이지 않을 겁니다. 다른 학생들이 이 경험과 관련해 들으면 얻는 게 많을 것 같아요. 저는 일부 학생들이 니콜만큼… 보람 있는 관찰 시간을 갖지 못했을까 걱정됩니다.

여: 5(B)그러면 기꺼이 하겠습니다.

[스크립트 어휘]

observation 관찰 follow up with (후속적으로) ~에게 더 알아보다 interdisciplinary (여러 학문 분야가 관련된) 학제적인 squeeze into ~에 꽉 꽉 집어넣다 tribe 부족 aspect 측면, 양상 cover (주제 등) ~을 다루다 assign A B A에게 B를 배정하다, 할당하다 engaged 참여하는, 관여하는 no matter what 무엇이 됐든, 무슨 일이든 benefit from ~로부터 이득을 보다, 혜택을 얻다

1. 대화는 주로 무엇에 관한 것인가? [Topic & Purpose]
(A) 니콜이 한 과제물에 대해 받은 점수
(B) 니콜의 학업 과정과 관련된 문제
(C) 니콜이 계속 봐오고 있는 수업
(D) 니콜이 한 교사에 대해 갖고 있는 불만

해설 (오답 A) 과제물 점수에 대해 언급한 적 없다.
(오답 B) 학업 과정보다 한 수업 관찰과 관련된 대화이다.
(정답 C) 교수가 학생에게 수업 관찰이 어떻게 되어 가는지 확인해 보고 싶었다고 하므로 정답이다.
(오답 D) 언급된 적 없는 정보이다.

2. 니콜은 로건 선생님의 6학년 수업을 관찰하는 것에 대해 어떻게 생각하는가? [Attitude]
(A) 자신이 전에 해본 어떤 과제와도 다르다.
(B) 자신의 조사 능력을 시험했다.
(C) 자신이 수업 중에 배운 것을 보여주지 못한다.
(D) 강의실에서 배우는 것보다 더 유익하다.

해설 (오답 A) 언급된 적 없는 정보이다.
(오답 B) 언급된 적 없는 정보이다.
(오답 C) 언급된 적 없는 정보이다.
(정답 D) 수업 관찰을 통해 많은 것을 배운다고 얘기한다.

3. 니콜은 왜 아메리카 원주민 부족을 언급하는가? [Organization]
(A) 수업 중에 활용된 교수법을 보여주기 위해
(B) 한 교사의 수업 방식을 비판하기 위해
(C) 수업 중의 일부 정보가 정확한지 확인하기 위해
(D) 6학년 학급을 위한 수업 계획을 제안하기 위해

해설 (정답 A) 해당 교사가 학생들을 가르치는 방법을 자세하게 설명하고 있다.
(오답 B) 한 교사의 수업 방식을 말하는 것이긴 하지만 비판하는 것은 아니다.

(오답 C) 정보를 확인하기 위함은 아니다.
(오답 D) 수업 계획을 제안한다고 하는 내용은 없다.

4. 로건 선생님은 자신의 6학년 학급에 어떤 중요한 기술을 가르쳤는가? [Detail]
2개의 선택지를 클릭하시오.

[A] 도서관에서 주제들을 조사하는 것
[B] 다른 사람들 앞에서 이야기하는 것
[C] 교실 수업을 관찰하는 것
[D] 그룹 프로젝트를 하는 것

해설 [정답 A] 학생이 설명한 수업의 특징을 교수가 요약하며 내용뿐만 아니라 주제 조사 방법도 배웠다고 한다.
[정답 B] 학생이 설명한 수업의 특징을 교수가 요약하며 내용뿐만 아니라 발표하는 것도 배웠다고 한다.
[오답 C] 로건 선생님이 6학년 학생들에게 가르친 내용이 아니다.
[오답 D] 언급된 적 없는 정보이다.

5. 니콜은 목요일에 있을 강의 중에 무엇을 할 것 같은가? [Inference]
(A) 주간 보고서를 제출하는 일
(B) 자신의 수업 관찰 내용을 이야기하는 일
(C) 학생들의 발표를 듣는 일
(D) 한 교사에게 의견을 제공하는 일

해설 (오답 A) 언급된 적 없는 정보이다.
(정답 B) 교수가 니콜에게 경험한 내용을 다른 학생들에게도 공유해달라고 한다.
(오답 C) 발표를 듣는 것이 아니라 니콜에게 발표하기를 원한다.
(오답 D) 교사에게 제공하는 것이 아니라 다른 학생들에게 관찰 내용을 전달하는 것이다.

[문제 어휘]

challenge ~을 시험하다, 자극하다 demonstrate ~을 보여주다, 증명하다 beneficial 유익한 criticize ~을 비판하다 turn in ~을 제출하다

Answers

1. B	2. 해설 참조	3. A	4. C	5. C

Listen to a conversation between a student(W) and a professor(M).

W: [5(C)]Hello, Professor Hill? These are your office hours, right? I hope I'm not interrupting.

M: Oh, you're fine. My office hours are until 6 this evening. What can I do for you?

W: Well, [1(B)]I've been working on my research project for our class, and I'm trying to write it now. You know, it's on the local spread of invasive species.

M: You're investigating the spread of kudzu around Moundsville, right? How's your research coming along?

W: Fine, I think. I should have all the data that I need. Maybe too much, actually. Umm… [1(B)]the thing is, now that I have all my information, I don't know how to compile it in my report. Like, how to make it into useful charts and graphs.

M: Every student has the same concerns, and you know what? It is challenging. Sometimes the fun part is gathering the data…but then it's hard to know what to do with it. First of all, you need to trust yourself that you're the expert on your data. So then, just consider what you would need to tell someone who has no idea about your subject. Umm…for instance, I always imagine that I'm explaining it to my wife.

W: Your wife?

M: Well, she's an art professor here on campus…so she isn't familiar with my research. So, if I can get her to understand it, then I must have presented the data well.

W: Oh, I see. So, I should try to look at my data from someone else's perspective, and then organize it to make it helpful for them.

M: That's always a good way to start.

W: [2]Well, what about my secondary sources? Should I include those too?

한 학생(여)과 교수(남) 사이의 대화를 들어보시오.

여: [5(C)]안녕하세요, 힐 교수님? 지금 연구실에 계시는 시간이시죠? 제가 방해가 되지 않았으면 합니다.

남: 오, 괜찮아요. 오늘은 저녁 6시까지가 연구실에 있는 시간입니다. 무슨 일인가요?

여: 저, [1(B)]제가 저희 수업 조사 프로젝트 작업을 계속 해오고 있었는데, 지금 그 내용을 쓰려 하고 있습니다. 그러니까, 외래 침입종의 국내 확산 문제에 관한 것입니다.

남: 마운즈빌 곳곳의 칡뿌리 확산 문제를 조사하고 있는 게 맞죠? 조사 작업이 어떻게 되어 가고 있죠?

여: 잘 되고 있는 것 같아요. 필요한 모든 자료를 확보했을 겁니다. 실은, 아마 너무 많을지도 몰라요. 음… [1(B)]문제는, 이제 모든 정보를 갖고 있긴 한데, 그걸 제 보고서에 정리해서 넣는 방법을 알지 못해서요. 그게, 유용한 차트와 그래프로 만들어 넣는 방법을요.

남: 모든 학생이 같은 부분을 걱정하는데, 그거 알아요? 힘든 작업이죠. 때로는 자료를 모으는 게 재미있는 부분으로 느껴지다가… 그 후엔 그걸 어떻게 해야 할지 알기가 어렵죠. 우선, 자신이 그 자료에 대한 전문가라는 믿음을 스스로 가져야 합니다. 그리고 그 다음엔, 그 주제에 관해 알지 못하는 누군가에게 무엇을 말해주어야 할지 고려해 보세요. 음… 예를 들어, 저는 항상 제 아내에게 설명해준다는 상상을 합니다.

여: 아내 분께요?

남: 음, 제 아내는 이곳 대학의 미술 교수이기 때문에… 제 연구 분야를 잘 알지 못하죠. 그래서, 아내를 이해시킬 수 있다면, 분명 그 자료를 잘 발표한 게 되는 거죠.

여: 오, 알겠어요. 그럼, 저는 다른 누군가의 관점에서 제 자료를 살펴본 다음, 그 사람에게 도움이 될 수 있게 정리하도록 해봐야겠네요.

남: 그렇게 시작하는 게 항상 좋은 방법입니다.

여: [2]음, 제가 갖고 있는 2차 자료는 어떻게 하죠? 그것들도 포함해야 할까요?

M: You have to, unless you want to plagiarize! Umm…but aside from that, it's important to show the road map of your thinking. So, your secondary sources as well as clear graphs and charts will support the foundation of your data and show us how you arrived at your conclusion.

W: OK, my process…well, I started by checking historical records about plant life distribution in the area. I looked at almanacs and farming records. Then I charted the spread of kudzu across the area…and showed where it hasn't reached. Then I proposed theories about its spreading pattern.

M: That's a good road map…you show where you're still going, too. The charts are especially important. Making clear graphics could be a great aid in organizing your data.

W: Oh! Oh…no. I just had an important idea right on the tip of my tongue…

M: That happens to me all the time. Umm…[3(A)]what works for me is playing a quick word association game. In fact, I just played it with my daughter yesterday when she couldn't recall something on her homework. I started saying random words on the topic, and eventually, that sparked her memory. Umm…so…let's see, what were we just talking about…

W: Ah, I got it! But thanks for the tip…I'll try it next time.

M: Great! So, what was it?

W: In my research, some of my data goes beyond the boundaries of Moundsville. Should I include it, or should I keep my research focused?

M: Well, for the scope of this project, try to focus on your main topic. [4(C)]But, if you want to return to this project for your final assignment, I would allow it. I think this idea about invasive plants has "room to grow,"…pardon the pun.

W: Oh, thanks! I might do that then. I have a few ideas for what else I could do with the research.

M: I look forward to reading your draft next week.

W: Thanks!

남: 그래야죠, 표절하기 원하는 게 아니라면요! 음… 하지만 그 외에도, 사고 과정의 로드맵을 보여주는 것도 중요합니다. 그래서, 명확한 그래프와 차트뿐만 아니라 2차 자료가 그 자료의 토대를 뒷받침하고 우리에게 어떻게 그러한 결론에 도달했는지 보여주게 될 겁니다.

여: 네, 제 작업 과정은… 음, 저는 지역 내의 식물 분포와 관련된 역사적인 기록을 확인하는 것으로 시작했어요. 여러 연감과 농업 관련 기록을 살펴봤죠. 그런 다음, 지역 전체에 걸친 칡뿌리 확산 정도를 도표로 만들었고… 그게 이르지 못한 곳이 어딘지 나타냈어요. 그러고 나서, 그 확산 패턴에 관한 이론을 제시했죠.

남: 좋은 로드맵이네요… 여전히 어디로 향하고 있는지도 보여주고 있어요. 차트는 특히 중요합니다. 명확한 시각 자료를 만드는 게 자료를 정리하는 데 있어 아주 큰 도움이 될 수 있습니다.

여: 오! 오… 이런. 방금 중요한 아이디어가 생각이 날 듯 말 듯 했어요…

남: 저도 항상 그럽니다. 음… [3(A)]저한테 효과가 있는 방법은 간단한 단어 연상 게임을 해보는 거예요. 사실, 어제만 해도 제 딸이 숙제를 하다가 뭔가 떠올리지 못해서 함께 그 게임을 했어요. 주제에 관한 단어를 무작위로 말하기 시작했는데, 결국엔, 그게 딸의 기억력을 자극했죠. 음… 그래서… 어디 보자, 우리가 방금 얘기하던 게 무엇과 관련된…

여: 아, 생각났어요! 하지만 팁을 알려주셔서 감사합니다… 다음 번에 한번 해보겠습니다.

남: 잘됐네요! 그럼, 그게 뭐였죠?

여: 제 조사 내용 중에서, 마운즈빌 지역의 경계를 넘어서는 일부 자료가 있어요. 그걸 포함해야 할까요, 아니면 제 조사 내용을 초점이 맞춰진 상태로 유지하는 게 좋을까요?

남: 음, 이 프로젝트의 범위로 볼 때, 주제 내용에 초점을 맞추도록 하세요. [4(C)]하지만, 기말 과제로 이 프로젝트를 다시 하길 원하는 경우에는, 허용할게요. 저는 침입종 식물에 관한 이 아이디어가 "더 커질 여지"가 있다고 생각해요… 말장난은 미안합니다.

여: 오, 감사합니다! 그럼 그렇게 할 수도 있겠어요. 이 조사와 관련해서 다른 어떤 걸 할 수 있을지에 대한 아이디어가 몇 가지 있거든요.

남: 작성한 초안을 다음 주에 읽어보는 게 아주 기대되네요.

여: 감사합니다!

[스크립트 어휘]
office hours (대학 연구실에서의) 학생 면담 시간 interrupt 방해하다 invasive species (동식물의) 외래 침입종 kudzu 칡뿌리 compile (자료 등) ~을 모아 정리하다 perspective 관점, 시각 secondary sources 2차 자료(다른 저작물을 통해 얻은 자료) plagiarize 표절하다 road map 로드맵, (계획 등을 일목요연하게 정리한) 지침 distribution 분포(도) almanac 연감 on the tip of one's tongue 생각이 날 듯 말 듯한, 말이 나올 듯 말 듯한 association 연상, 연관 recall ~을 떠올리다, 기억해내다 spark ~을 자극하다, 촉발시키다 scope 범위 pun 말장난, 언어 유희 draft 초안

1. 여성은 왜 교수를 만나러 갔는가? [Topic & Purpose]
(A) 과제물에 대해 받은 의견을 되짚어보기 위해
(B) 수업 과제물에 대해 도움을 요청하기 위해
(C) 조사 과제에 대한 주제를 확인하기 위해
(D) 몇몇 시각 자료를 살펴보기 위해

해설 (오답 A) 과제물에 대해 이미 받은 의견은 없다.
(정답 B) 학생은 과제물에 대한 자료를 어떻게 정리할지 모르겠다며 찾아온 이유를 밝히고 있다.
(오답 C) 학생은 이미 주제는 정했다고 한다.
(오답 D) 시각 자료를 살피는 것보다 더 광범위하게 자료 정리 도움을 필요로 한다.

2. 교수는 보고서에 무엇을 포함하도록 권하는가? [Connecting Content]

각 항목에 대해 해당 칸에 클릭하시오.

	포함	미포함
개인적인 의견		✓
시각 자료	✓	
인터뷰 내용		✓
2차 자료	✓	

해설 학생이 과제에 무엇을 포함하는게 좋을지에 대해 조언을 얻고 있는 상황에서 교수는 2차 자료와 더불어 그래프나 차트 같은 시각 자료를 포함하는 것이 중요하다고 말한다.

3. 교수는 왜 학생에게 딸의 숙제와 관련해 이야기하는가? [Organization]
(A) 뭔가를 기억해내는 방법을 공유하기 위해
(B) 자신이 왜 최근에 바빴는지 설명하기 위해
(C) 자료가 어떻게 효과적으로 활용될 수 있는지 보여주기 위해
(D) 강의 중에 제시했던 한 가지 요점을 더 자세히 설명하기 위해

해설 (정답 A) 학생이 순간적으로 할 말을 잊은 상황에서 교수가 딸의 숙제 얘기를 하며 기억을 쉽게 해내는 방법을 알려준다.
(오답 B) 언급된 적 없는 정보이다.
(오답 C) 딸 숙제 내용과 관련 없는 정보이다.
(오답 D) 언급된 적 없는 정보이다.

4. 교수는 학생에게 무엇을 하도록 허용하는가? [Detail]
(A) 보고서에 추가 정보를 포함하는 일
(B) 더 늦은 날짜에 과제물을 제출하는 일
(C) 다른 과제물에 같은 주제를 활용하는 일
(D) 자신의 연구실에서 일부 자료를 빌려가는 일

해설 (오답 A) 교수는 학생에게 주제에 초점을 맞추라고 하며, 추가 정보를 허용하거나 요구하지 않는다.
(오답 B) 언급된 적 없는 정보이다.
(정답 C) 학생이 과제 주제에 대해 질문했을 때 교수는 이번 과제에는 한 부분에 집중하라고 하면서 대신 해당 주제를 기말 과제에 활용해도 된다고 한다.
(오답 D) 언급된 적 없는 정보이다.

5. 대화의 일부를 다시 들어보시오. 그런 다음, 질문에 답하시오.

여: 안녕하세요, 힐 교수님? 지금 연구실에 계시는 시간이시죠? 제가 방해가 되지 않았으면 합니다.
남: 오, 괜찮아요. 오늘은 저녁 6시까지가 연구실에 있는 시간입니다. 무슨 일인가요?

교수는 왜 다음과 같이 말하는가? [Function]
오늘은 저녁 6시까지가 연구실에 있는 시간입니다.

(A) 만나는 시간에 대한 대안을 제안하기 위해
(B) 방해받는 것에 대한 불만을 표현하기 위해
(C) 시간이 있다는 사실을 학생에게 알리기 위해
(D) 일부 잘못된 정보를 바로잡기 위해

해설 (오답 A) 시간이 있냐는 학생의 질문에 대한 긍정적 응답이기에 대안은 아니다.
(오답 B) 교수의 감정을 반대로 나타낸 것이다.
(정답 C) 해당 문장 전에 학생이 시간이 있냐고 물었고 해당 문장은 그에 대한 대답이므로 시간이 있다고 밝히는 의도이다.
(오답 D) 해당 문장 앞에 잘못된 정보는 없다.

[문제 어휘]
go over ~을 짚어보다, 검토하다 illustrate ~을 보여주다, 설명하다 elucidate ~을 더 자세히 설명하다 turn in ~을 제출하다 alternative 대안이 되
는, 대체하는

Practice Test 3

Answers

1. C	2. A	3. B	4. C	5. C

Listen to a conversation between a student(M) and his literature professor(W).

W: Hello, Steve. How's your midterm paper coming along?

M: Slowly but surely. It's a lot to organize, but it's rewarding to dig so deeply into a work of literature. I should have my rough draft finished by next week.

W: I'm glad you're enthusiastic about it.

M: ¹⁽ᶜ⁾Umm…there's something I've been thinking a lot about lately though, something you said in the lecture on Monday. Umm…you said all stories are the same story.

W: Ah…I was quoting Cormac McCarthy…quite poorly too. It's a line from his novel *The Crossing*: "Rightly told all tales are one."

M: That's right. I can't get that idea out of my head. How can every story be the same?

W: Well, of course, they aren't. But, this points to a popular idea in literary studies, and even in psychology and cultural studies. It's not that all stories are the same, but rather they can all be traced back to the same idea.

M: Like genres? A love story is a love story…a mystery is a mystery.

W: Hmm…sort of. ⁴⁽ᶜ⁾It's the idea of the "monomyth," which was proposed by Joseph Campbell. ⁵⁽ᶜ⁾Maybe you haven't heard of monomyth, but maybe you've heard of the hero's journey?

M: I don't believe so.

한 학생(남)과 문학 교수(여) 사이의 대화를 들어보시오.

여: 안녕하세요, 스티브. 중간 과제물은 어떻게 되어 가고 있나요?

남: 더디긴 하지만 확실히 하고 있어요. 정리할 게 많긴 하지만, 한 가지 문학 작품을 이렇게 깊이 있게 파고드는 게 보람이 있어요. 다음 주쯤이면 대략적인 초안이 완료될 겁니다.

여: 열의가 있어서 기쁘네요.

남: ¹⁽ᶜ⁾음… 하지만 제가 최근에 계속 많이 생각해보고 있는 게 있는데, 월요일 강의 중에 교수님이 말씀하셨던 거예요. 음… 모든 이야기가 같은 이야기라고 말씀하셨잖아요.

여: 아… 코맥 맥카시의 말을 인용한 거였는데… 별로 잘 하지도 못했지만요. 그의 소설 <국경을 넘어>에 나오는 "제대로 이야기하면 모든 이야기는 하나"라는 말입니다.

남: 그거예요. 그 말이 머릿속에서 지워지지가 않아요. 어떻게 모든 이야기가 같을 수 있죠?

여: 음, 당연히, 같지 않죠. 하지만, 이건 문학 연구에 있어, 그리고 심지어 심리학과 문화적 연구에 있어 보편적인 개념을 가리킵니다. 모든 이야기가 동일하다는 말이 아니라, 모두 같은 개념으로 거슬러 올라갈 수 있다는 뜻입니다.

남: 장르 같은 건가요? 러브 스토리는 러브 스토리이고… 미스터리는 미스터리인 것처럼요.

여: 흠… 어느 정도는요. ⁴⁽ᶜ⁾이건 조셉 캠벨이 제시한 "단일 신화"라는 개념입니다. ⁵⁽ᶜ⁾아마 단일 신화에 대해선 들어보지 못했겠지만, 아마 영웅의 여정에 대해선 들어봤을 것 같은데요?

남: 그런 것 같지 않아요.

W: I'd bet anything you're familiar with it. ^{4(C)}It's the basic template of some of humanity's most famous stories: a hero goes on a journey, emerges victorious against a great challenge, and returns home changed.

M: That's a bit simple...

W: There's more to it, of course, ^{2(A)}but it's an established story arc that has been successful in culture after culture. You know *The Odyssey*, correct?

M: The Greek epic, of course.

W: Well, we read *Sir Gawain and the Green Knight* in class this semester. ^{3(B)}They both follow the hero's journey: the hero is called to action, goes on an adventure, and eventually, returns transformed.

M: So, two stories from different time periods...yet they have the same basic model. But, I mean...they're both pretty old.

W: Doesn't this model still sound familiar? Think about film—you know, our modern stories. ^{3(B)}*The Wizard of Oz...The Matrix...* I could go on and on.

M: Now that I think about it...isn't *Harry Potter* even an example of the hero's journey?

W: Exactly! In fact, it could be argued that every book in the *Harry Potter* series employs the hero's journey! But you see how it works. The hero is thrust into a new, magical world and learns of his destiny. Then, through each book and the series overall, he faces great challenges, and emerges braver and stronger, better able to help his fellow wizards.

M: (laughs) So Harry Potter is Odysseus?

W: Well, in certain ways, yes! But, I hope you take away the right idea from this. That each story is the same isn't a criticism—it isn't some form of copying or plagiarism. Instead, it says something about how people respond to stories. Why does the formula work? Why does it enthrall readers and viewers, over and over again throughout human history?

M: You know, I think I can use some of these ideas in my paper. And now I have a much better understanding of what you meant in class.

W: Well, I'm glad you followed up on something that piqued your curiosity. I look forward to reading your paper.

M: Thanks, professor!

여: 그것에 익숙하다는 걸 장담할 수 있어요. ^{4(C)}인류에게 있어 일부 가장 유명한 이야기의 기본적인 원형에 해당되는 것인데, 영웅이 여정을 떠나, 위대한 도전에서 승리를 거두고, 금의환향하는 거죠.

남: 좀 단순한데요…

여: 당연히, 더 많은 부분이 있긴 하지만, ^{2(A)}문화권마다 성공을 거두면서 확고히 자리를 잡은 스토리 아크입니다. <오디세이> 알고 있죠?

남: 당연하죠, 그리스 서사시잖아요.

여: 음, 우리가 이번 학기 수업 중에 <가윈 경과 녹색 기사>를 읽었어요. ^{3(B)}두 작품 모두 영웅의 여정을 따르고 있는데, 영웅이 소명을 받고, 모험을 떠났다가, 결국엔, 다른 사람이 되어 돌아오는 거죠.

남: 그러니까, 두 이야기가 서로 다른 시대에 쓰여졌지만… 동일한 기본 모델이 있는 거네요. 하지만, 말하자면… 두 이야기는 모두 아주 오래됐잖아요.

여: 이 모델이 아직도 익숙하게 들리지 않나요? 영화를 생각해보세요, 그러니까, 우리 시대의 현대적인 이야기를요. ^{3(B)}<오즈의 마법사>나… <매트릭스>… 계속 끄집어낼 수 있어요.

남: 이제 생각해 보니까… 심지어 <해리 포터>도 영웅의 여정 이야기에 대한 예시가 되지 않나요?

여: 바로 그거예요! 사실, <해리 포터> 시리즈의 모든 책이 영웅의 여정 이야기를 활용하고 있다고 주장할 수 있어요! 그건 그렇고, 어떤 방식인지 이해하고 있군요. 그 영웅이 새롭고 마법 같은 세계로 떠밀려지면서 자신의 운명을 알게 되는 거죠. 그리고, 각각의 책과 해당 시리즈 전반에 걸쳐, 위대한 도전에 직면하면서, 더 용감하고 더 강한 사람이 되어 동료 마법사들을 더 잘 도울 수 있게 되죠.

남: (웃음) 그럼 해리 포터가 오디세우스인가요?

여: 음, 어떤 면에서는 그렇죠! 하지만, 여기서 중요한 개념을 파악하길 바라요. 각 이야기가 같다는 것은 비판할 문제도 아니고, 어떤 형태의 복제나 표절도 아닙니다. 대신, 사람들이 이야기마다 어떻게 반응하는지에 대한 것을 말해주죠. 왜 그 공식이 통하는가? 왜 그게 인류 역사 전반에 걸쳐 자꾸 반복해서 독자와 시청자들을 사로잡는가?

남: 저기, 제 생각에 이 개념들의 일부를 제 과제에 활용할 수 있을 것 같아요. 그리고 이제 교수님께서 강의 중에 하신 말씀이 훨씬 더 잘 이해돼요.

여: 음, 뭔가 호기심을 자극했던 것에 대해 더 잘 알게 되었다니 기쁘네요. 작성할 과제물을 읽어보는 게 아주 기대됩니다.

남: 감사합니다, 교수님!

[스크립트 어휘]

draft 초안 quote ~을 인용하다 monomyth (전형적인 영웅의 여정을 이야기하는 구성으로 된) 단일 신화 template 원형, 견본 story arc 스토리 아크(연속극이나 연재 만화처럼 에피소드 방식으로 이야기가 전개되는 것) employ ~을 활용하다 be thrust into ~로 떠밀려지다 plagiarism 표절 formula 공식 enthrall ~을 사로잡다 follow up on (후속적으로) ~에 대해 더 잘 알게 되다 pique one's curiosity ~의 호기심을 자극하다 look forward to -ing ~하기를 크게 기대하다

1. 남성은 왜 교수를 만나러 갔는가? [Topic & Purpose]
(A) 자신이 들은 한 소설에 관해 얘기하기 위해
(B) 한 유명 작가에 관한 정보를 얻기 위해
(C) 강의 중에 언급된 것에 관해 묻기 위해
(D) 한 연구 과제에 대한 주제를 제안하기 위해

해설 (오답 A) 소설에 대한 내용이 언급되지만 학생이 찾아간 목적은 아니다.
(오답 B) 한 작가가 뒤에 언급되지만 학생이 찾아간 목적은 아니다.
(정답 C) 지난 시간에 교수가 언급한 내용에 대해 설명이 필요하다고 하므로 정답이다.
(오답 D) 중간 과제물은 언급하지만 그 주제에 대해 제안하러 찾아간 목적이 아니다.

2. 교수는 왜 <오디세이>와 <가윈 경과 녹색 기사>를 언급하는가? [Attitude]
(A) 한 가지 이야기 패턴이 어떻게 재현되는지 설명하기 위해
(B) 중세의 작가가 어떻게 그리스 서사시에서 영감을 얻었는지 보여주기 위해
(C) 강의 중에 다룬 내용의 일부를 살펴보기 위해
(D) 한 학자가 제시한 개념에 반박하기 위해

해설 (정답 A) 둘 다 영웅 여정의 스토리를 따른다고 한다.
(오답 B) 그리스 서사시는 언급되지만 영감 받은 얘기는 없다.
(오답 C) 잘못된 흐름의 오답이다.
(오답 D) 반박의 내용은 없다.

3. 교수가 영화 <매트릭스>와 관련해 암시하는 것은 무엇인가? [Organization]
(A) 영화로 영웅의 여정을 묘사한 첫 번째 작품이었다.
(B) 마찬가지로 영웅의 여정을 하나의 모델로 포함하고 있다.
(C) 구식 줄거리의 한계를 보여주었다.
(D) 독창적이라고 평가받을 만한 자격이 없다.

해설 (오답 A) 첫 번째 작품이라고 한 적은 없다.
(정답 B) 영웅 여정의 스토리 작품을 얘기하면서 추가하는 작품 이름에 <매트릭스>가 언급된다.
(오답 C) 언급된 적 없는 정보이다.
(오답 D) 언급된 적 없는 정보이다.

4. 교수는 캠벨의 단일 신화와 관련해 어떤 주장을 펼치는가? [Detail]
(A) 예술가들이 절대 진정으로 독창적일 수 없음을 나타낸다.
(B) 시간이 흐를수록 더 많은 작가들이 활용하면서 향상되고 있다.
(C) 이야기를 사람들에게 중요하게 만드는 것이 무엇인지 보여 줄 수 있다.
(D) 현대에 들어서 점점 더 관련성이 떨어지고 있다.

해설 (오답 A) 언급된 적 없는 정보이다.
(오답 B) 언급된 적 없는 정보이다.
(정답 C) 인류에게 가장 유명한 이야기의 전형을 설명하며 캠벨의 단일 신화를 언급한다.
(오답 D) 언급된 적 없는 정보이다.

5. 대화의 일부를 다시 들어보시오. 그런 다음, 질문에 답하시오.

여: 아마 단일 신화에 대해선 들어보지 못했겠지만, 아마 영웅의 여정에 대해선 들어봤을 것 같은데요?
남: 그런 것 같지 않아요.
여: 그것에 익숙하다는 걸 장담할 수 있어요.

교수가 다음과 같이 말할 때 무엇을 암시하는가? [Function]
그것에 익숙하다는 걸 장담할 수 있어요.

(A) 대부분의 학생들이 학업 과정에서 영웅의 여정을 공부한다.
(B) 학생이 수업을 위해 더 많은 조사를 해야 한다.
(C) 영웅의 여정이 어느 문화에서든 존재한다.
(D) 교수가 심화된 주제로 학생에게 도전 의식을 북돋우고 싶어한다.

해설 (오답 A) 학업 과정에서 다룬다는 얘기는 언급된 적 없는 잘못된 추측이다.
(오답 B) 관련 없는 정보이다.
(정답 C) 해당 문장 전에 영웅의 여정에 대해 들어본 적 있는지 교수가 묻자 학생이 없는 것 같다고 하자, 교수는 분명 익숙할 것이라는 말로 어디에나 존재하는 이갸기임을 의미하고 있다.
(오답 D) 전혀 관련 없는 정보이다.

[문제 어휘]
illustrate ~을 설명하다, 보여주다 medieval 중세의 refute ~에 반박하다 depict ~을 묘사하다 incorporate ~을 포함하다, 통합하다 deserve credit for ~라고 평가 받을 자격이 있다 ubiquitous 어디에나 있는

Practice Test 4

Answers

1. D	2. C	3. BD	4. A	5. A

Listen to a conversation between a student(M) and his biology professor(W).

W: We've read about a variety of ways that animals use mimicry to both evade predators and attract prey. Your experiment is supposed to test the efficacy of one of these methods.

M: [1(D)]Right, and we can reproduce one of the experiments we've read about…but…well, I'm actually interested in trying one that goes in the other direction.

W: Oh? What do you mean? How animals attempt to… what…look like themselves? I'm not sure that I follow.

M: Well, I read about an experiment that supported the opposite…that the…umm…what are they called on moth wings? The eyes…well, that they actually don't mimic eyes.

W: [2(C)]Eyespots, right. The patterns on moth wings…well, on fish too, and some reptiles…that look like eyes. They're supposed to ward off would-be predators.

M: That's right. But, the article I read doesn't support that idea.

W: I think I see where you're going. [2(C)]The whole idea that birds are scared away—which they are, it's been proven—because the spots look like eyes…well, that could just be our imagination. And it's just taken on its own life as a common explanation.

M: Oh…so it hasn't even been proven through experiments?

한 학생(남)과 담당 생물학 교수(여) 사이의 대화 일부를 들어보시오.

여: 우리는 동물들이 포식자들을 피하면서 먹이도 유인하기 위해 모방을 활용하는 다양한 방식에 관한 내용을 읽어봤습니다. 여러분의 실험은 이 방법들 중의 하나가 지닌 효과를 테스트해보는 것이 되어야 합니다.

남: [1(D)]네, 그리고 저희가 읽어본 실험들 중의 하나를 재현할 수 있죠… 하지만… 음, 저는 사실 그 반대 방향에 해당되는 것을 시도해보는 데 관심이 있어요.

여: 그래요? 무슨 뜻이죠? 어떻게 동물들이… 뭔가… 자신의 모습처럼 보이기 위해 시도하는 건가요? 제가 잘 이해한 건지 모르겠군요.

남: 음, 제가 그 반대의 것을 뒷받침하는 실험에 관한 글을 읽었는데… 그게… 음 나방 날개에 있는 걸 뭐라고 부르죠? 눈 모양으로 된 것… 그러니까, 그게 실제로는 나방이 눈을 모방한 게 아니라는 입장이요.

여: [2(C)]맞아요, 눈꼴무늬요. 나방 날개에 있는 패턴인데… 음, 물고기에도 있고, 일부 파충류도 지니고 있는… 눈처럼 보이는 것이죠. 잠재적인 포식자들을 물리치기 위한 것이죠.

남: 맞아요. 하지만, 제가 읽은 논문은 그 개념을 지지하지 않고 있었어요.

여: 무슨 얘기를 하는 건지 알 것 같네요. [2(C)]새들이 겁을 먹고 도망치는 게, 이건 실제로도 맞는데, 입증됐어요, 그 무늬가 눈처럼 보이기 때문이라는 것이… 음, 단지 우리의 상상에 불과한 것일 수 있어요. 그리고 일반적인 설명으로서 그냥 자리잡게 된 것이죠.

남: 오… 그럼 심지어 실험을 통해서 입증된 게 아니었나요?

W: It's just a limitation of what experiments can even do. We see eyespots and, well, given what we call them, perceive them as eyes. The thing is, we can never actually know how birds would perceive them. All we can do is observe how predators react. So, what happened in the experiment you read about?

M: Well, it wanted to test the eyespot theory, to see if spots that looked more like eyes would more effectively scare off predators. They decided to test this between circular, eye-shaped spots and more rectangular patterns.

W: So, the rectangular markings don't look like eyes. I see. Go on.

M: They made model moths and attached food to them. [3][D]And on the moth wings, they drew the different markings…the circular and rectangular ones. Umm… and, after making their observations, they found that the eye-like markings didn't make a difference.

W: Interesting. Was there any difference at all between the shapes?

M: No, not really. But, they discovered something else, something they weren't even investigating. [3][B], [5][A]They did find that larger markings—no matter its shape—did deter the predators. So, eyespots aren't as much mimicry as they are…umm…I'd say, a form of intimidation.

W: Well, the two are closely related already…but I see what you mean.

M: So, what do you think? Can I do this experiment for my project?

W: It sounds like a fantastic experiment, but you'll run into one major problem. Where can you reproduce the experiment? You'll need a lot of natural space. Our campus is far too busy and urban.

M: Oh, I've already figured that out. I'll do it over spring break, when I go home. Umm…I live in the countryside with my family, pretty deep. So, my backyard will be perfect for the experiment.

W: Yes, I believe that will work then. [4][A]One week might not be enough time to gather data, though, so make sure you reflect that limitation in your report, and make logical conclusions based on what you can observe.

여: 그저 실험으로 할 수 있는 것에도 한계가 있는 거죠. 우리에겐 눈꼴무늬가 보이고, 음, 우리가 그렇게 부른다는 걸 고려해 볼 때, 그걸 눈처럼 인식하죠. 문제는, 우리는 사실 새들이 그걸 어떻게 인식할지 전혀 알 수 없다는 겁니다. 우리가 할 수 있는 거라고는 포식자들이 어떻게 반응하는가 하는 부분입니다. 그래서, 읽어봤다던 그 실험에선 어떤 일이 있었나요?

남: 음, 실험에서는 그 눈꼴무늬 이론을 테스트해보고 싶어 했어요. 눈을 더 많이 닮아 보이는 무늬가 효과적으로 포식자들에게 겁을 주어 내쫓을 수 있을지 알아보기 위해서요. 연구자들은 둥근 눈 모양의 무늬와 직사각형에 더 가까운 패턴 사이에서 이걸 테스트하기로 결정했어요.

여: 그럼, 그 직사각형 표시는 눈처럼 보이지 않겠네요. 알겠어요. 계속 얘기해 보세요.

남: 모형 나방을 만들어서 거기에 음식을 달아놓았어요. [3][D]그리고 그 모형 나방 날개엔, 다른 표시들을 그려 넣었죠… 원형과 직사각형으로 된 것들이요. 음… 그리고, 관찰을 마치고 나서, 눈처럼 보이는 표시가 차이를 만들어내지 못한다는 사실을 알게 되었어요.

여: 흥미롭네요. 그 모양들 사이에서 어떤 차이가 조금이라도 나타났나요?

남: 아뇨, 별로 없었어요. 하지만, 다른 것을 발견했는데, 그 사람들이 심지어 조사하고 있던 것도 아니었어요. [3][B], [5][A]모양과 상관없이, 더 큰 표시가 포식자들을 제지한다는 사실을 확실히 알게 되었어요. 그래서, 눈꼴무늬는 모방에 해당한다기보다는… 음… 뭐랄까, 일종의 위협인 거죠.

여: 음, 두 가지는 이미 밀접하게 관련되어 있지만… 무슨 뜻인지 알아요.

남: 그럼 어떻게 생각하세요? 제가 제 프로젝트를 위해 이 실험을 해도 될까요?

여: 훌륭한 실험 같기는 하지만, 한 가지 중요한 문제와 맞닥뜨리게 될 거예요. 어디서 이 실험을 재현할 수 있을까요? 자연 공간이 많이 필요할 거예요. 우리 캠퍼스는 너무 많이 분주하고 도시적이죠.

남: 오, 그건 이미 파악해 두었습니다. 제가 집에 가는 봄 방학 동안에 할 거예요. 음… 제가 가족과 함께 꽤 외진 시골 지역에 살고 있거든요. 그래서, 저희 뒷마당에서 실험하면 완벽할 거예요.

여: 네, 그럼 그렇게 하는 게 좋을 것 같군요. [4][A]하지만, 자료를 모으기엔 일주일이라는 시간이 충분하지 않을 수도 있기 때문에, 반드시 보고서에 그러한 한계를 반영하고, 관찰할 수 있는 것을 바탕으로 논리적인 결론을 제시하도록 하세요.

[스크립트 어휘]

mimicry 모방, 흉내 evade ~을 피하다 predator 포식자 prey 먹이 efficacy 효과(성) reproduce ~을 반복하다, 복제하다 reptiles 파충류 ward off ~을 물리치다, 피하다 scare away ~에게 겁을 주어 쫓아내다(= scare off) take on one's own life as ~로서 자리잡다 rectangular 직사각형의 investigate ~을 조사하다 deter ~을 제지하다 intimidation 위협, 협박 run into ~와 맞닥뜨리다 reflect ~을 반영하다

1. 학생은 왜 교수를 만나러 갔는가? [Topic & Purpose]
   (A) 과제물에 대한 기한 연장을 요청하기 위해
   (B) 과제물에 대해 받은 점수에 이의를 제기하기 위해
   (C) 최근의 강의에서 이야기한 주제를 명확히 하기 위해
   (D) 한 과제물에 대해 약간의 변경을 요청하기 위해

해설 (오답 A) 기한에 대한 언급은 없다.
   (오답 B) 점수에 대한 언급은 없다.
   (오답 C) 강의 속 내용이 아닌 프로젝트를 위한 실험 얘기를 한다.
   (정답 D) 프로젝트 실험을 설명하는 교수의 말에 학생은 다른 방법에 관심이 있다면서 허락을 구하고 있다.

2. 교수의 말에 따르면, 나방과 나비의 날개에 있는 눈꼴무늬와 관련된 일반적인 오해는 무엇인가? [Detail]
   (A) 그 표시가 오직 날아다닐 때만 눈에 보인다.
   (B) 그 표시가 특정 조류 종을 유혹한다.
   (C) 그 표시가 새들에게 눈처럼 보인다.
   (D) 그 표시가 모방이 아니라 짝짓기에 이용된다.

해설 (오답 A) 언급된 적 없는 정보이다.
   (오답 B) 언급된 적 없는 정보이다.
   (정답 C) 눈꼴무늬가 새들에게 눈처럼 보인다는 것은 단지 우리의 상상일 수도 있다고 한다.
   (오답 D) 언급된 적 없는 정보이다.

3. 학생이 설명하는 실험의 결과는 무엇이었는가? [Detail]
2개의 선택지를 클릭하시오.

   [A] 새들이 직사각형 모양의 표시에 더 많이 겁을 먹었다.
   [B] 표시의 모양보다 크기가 더 많은 영향이 있었다.
   [C] 일부 새들은 그 모양을 눈으로 인식하지 못했다.
   [D] 표시의 모양이 새들에게는 중요하지 않았다.

해설 (오답 A) 직사각형 모양은 언급되었지만 해당 내용은 틀린 정보이다.
   (정답 B) 모양과 상관없이 큰 표시가 영향을 미쳤다고 한다.
   (오답 C) 언급된 적 없는 정보이다.

(정답 D) 여러 모양을 그려봤지만 상관없었다고 한다.

4. 학생은 실험과 관련해 어떤 문제를 겪을 것인가? [Detail]
   (A) 관찰할 수 있는 시간이 제한되어 있다.
   (B) 반드시 아주 도시적인 곳에서 실시해야 한다.
   (C) 일부 특수 장비를 갖고 있지 않다.
   (D) 책에 쓰여 있는 정확한 안내 사항을 따를 수 없다.

해설 (정답 A) 일주일이라는 시간이 충분하지 않을 수도 있다고 교수가 언급한다.
   (오답 B) 잘못된 정보이다.
   (오답 C) 언급되지 않은 정보이다.
   (오답 D) 언급되지 않은 정보이다.

5. 대화의 일부를 다시 들어보시오. 그런 다음, 질문에 답하시오.

   남: 모양과 상관없이, 더 큰 표시가 포식자들을 제지한다는 사실을 확실히 알게 되었어요. 그래서, 눈꼴무늬는 모방에 해당한다기보다는… 음… 뭐랄까, 일종의 위협인 거죠.
   여: 음, 두 가지는 이미 밀접하게 관련되어 있지만… 무슨 뜻인지 알아요.

   교수는 왜 다음과 같이 말하는가? [Function]
   음, 두 가지는 이미 밀접하게 관련되어 있지만… 무슨 뜻인지 알아요.

   (A) 학생이 말한 사실을 인정하기 위해
   (B) 한 실험의 결과물을 거부하기 위해
   (C) 대안이 되는 주장을 제시하기 위해
   (D) 학생의 연구 출처에 대해 의구심을 나타내기 위해

해설 (정답 A) 모방보다 위협이라는 학생의 말에 교수는 두 가지가 사실 밀접하게 관련이 있다고 한다.
   (오답 B) 결과 자체를 거부하는 것은 아니다.
   (오답 C) 대안을 제시하는 것이 아니다.
   (오답 D) 연구 출처에 대한 의구심을 표현하는 것이 아니다.

[문제 어휘]

extension (기한 등의) 연장 challenge ~에 이의를 제기하다 clarify ~을 명확하게 하다 influential 영향력이 있는 fail to do ~하지 못하다 lack ~가 없다, 부족하다

Answers

1. B	2. B	3. C	4. A	5. A

Listen to a conversation between a student(W) and her professor(M).

M: [1(B)]I'm sorry, Clair, but this isn't what I expected for the assignment.

W: Oh…but, it was a film review, wasn't it?

M: That's right, but what you gave me was only a synopsis. You just told me what occurs in the movie, from start to finish.

W: I don't understand…isn't that what a film review does? It tells you the story of a movie so people know whether it's good or not.

M: That's only a part of it. A real film review should do so much more. [2(B)]But, don't be too worried. I think this was my fault. I obviously needed to explain the assignment better. So, many of your peers did the same thing as you.

W: We all thought it was just a simple film review…

M: Right…so it was a miscommunication of expectations on my part.

W: Can you give me an idea of what I should've done in my review?

M: Plot summary is only a part of it. [3(C)]You also need to analyze the film. What does it do well? What does it do poorly? Beyond that, you discuss the film in its context, how it compares to other films, or how it fits in among the director's other works. And in the end, how did you feel about it?

W: It sounds like I needed to be more critical then, and share my personal opinions.

M: Well, you were quite objective in your review. But good criticism needs to be personal—it's your expert opinion, after all, backed up by your knowledge and experience.

W: Hmm…I think I get it. Should I rewrite it then?

한 학생(여)과 담당 교수(남) 사이의 대화를 들어보시오.

남: [1(B)]미안하지만, 클레어, 이건 제가 과제물로 예상했던 것이 아닙니다.

여: 아… 하지만, 영화 평론을 하는 게 아니었나요?

남: 맞긴 한데, 저에게 준 것은 그저 개요에 불과했어요. 단지 처음부터 끝까지 영화에서 일어나는 것만 말해 주었어요.

여: 이해가 잘 안 돼요… 그게 영화 평론 아닌가요? 사람들에게 그것이 좋은지 아닌지 알 수 있게 영화 속 이야기를 전달하는 거잖아요.

남: 그건 일부에 불과합니다. 진정한 영화 평론은 훨씬 더 많은 것을 해야 해요. [2(B)]하지만, 너무 걱정하지 말아요. 이건 제 잘못인 것 같네요. 제가 분명 이 과제를 더 잘 설명할 필요가 있었어요. 그래서, 같이 수업 듣는 많은 학생들도 이렇게 똑같이 과제를 했어요.

여: 저희는 모두 그냥 간단한 영화 평론이라고 알고 있었어요…

남: 네… 그래서, 제 쪽에서 예상한 것을 잘못 전달한 거였어요.

여: 제가 평론에서 뭘 했어야 했는지 좀 알려주시겠어요?

남: 줄거리 요약은 평론의 일부에 불과합니다. [3(C)]영화를 분석하기도 해야 해요. 그 영화가 무엇을 잘 하고 있는가? 무엇을 잘 하지 못하고 있는가? 그 외에도, 맥락 속에서 그 영화를 이야기해야 하는데, 다른 영화들과 어떻게 비교되는가, 아니면 감독의 다른 작품들 사이에서 어떻게 어울리는가 하는 것들이죠. 그리고 결국엔, '나는' 그 영화에 대해 어떻게 생각하는지 이야기를 해야하죠.

여: 그렇다면 제가 더 비판적으로 바라보면서, 개인적인 의견을 공유해야 했던 것 같아요.

남: 음, 작성한 평론 내용을 보면 꽤 객관적이었어요. 하지만 좋은 비판은 개인적인 것이어야 하는데, 결국에는, 개인적인 지식과 경험에 의해 뒷받침된 자신만의 전문적인 의견인 것이죠.

여: 흠… 이해되는 것 같아요. 그럼 다시 작성해야 하나요?

M: I don't think I can have everyone just re-do this assignment. It might be a lost cause…again, because of me. Instead, let's use this as a learning opportunity for the whole class. We'll spend our next session discussing the qualities of a good film review. Or, maybe…I have a friend who runs a popular film review website. He's actually a well-known critic. Perhaps he could come in and speak to you all about his profession.

W: So he could teach us how to write good reviews?

M: Actually, he could provide valuable insights into the entire experience. You see, film critics are an important part of the film industry…so they even watch movies before they're released, or catch the premiere showings on opening nights.

W: Opening nights have a lot of fanfare. Doesn't that influence the viewing experience?

M: That's right! The energy of the theater—or even just seeing a film on the big screen—impacts how the reviewer feels about a movie, too…so it even becomes a part of a review. You know, 4(A)the Student Center plays a movie every weekend in Cutler Hall. Students can attend for free, so everyone can go. Then all the students would see the film with a similar experience.

W: 5(A)That would be great. But…what about this assignment? Should I rewrite it?

M: 2(B)Hold onto it for now. Let me talk with my friend and see what I can arrange.

남: 모든 학생에게 그저 이 과제를 다시 하라고 할 순 없을 것 같아요. 다시 한번 말하지만, 저 때문에… 가망 없는 걸지도 몰라요. 대신, 이번 일을 이 강의의 모든 수강생을 위한 학습의 기회로 활용해 보죠. 우리는 좋은 영화 평론의 특성을 이야기하는 데 다음 수업 시간을 보낼 겁니다. 아니면, 아마… 제 친구 한 명이 인기 영화 평론 웹사이트를 운영하고 있어요. 실제로도 잘 알려진 평론가입니다. 어쩌면 그 친구를 불러서 그의 직업과 관련해 수강생 모두에게 이야기해 달라고 할 수도 있어요.

여: 그분이 좋은 평론을 쓰는 방법을 저희에게 가르쳐주시도록 말인가요?

남: 사실, 그가 전체적인 경험에 대한 소중한 통찰력을 제공해줄 수 있을 겁니다. 그러니까, 영화 평론가들이 영화 산업의 중요한 한 부분이라서… 그들은 심지어 개봉되기 전에 영화를 보기도 하고, 개봉일 상영 시간에 관람하기도 하죠.

여: 영화 개봉일은 화려한 게 많잖아요. 그게 관람 경험에 영향을 미치지 않나요?

남: 맞아요! 영화관의 에너지가, 아니면 심지어 큰 스크린으로 영화를 보는 것만으로도, 평론가가 영화를 어떻게 생각하는지에 대해 영향을 주어서… 심지어 평론의 일부가 되기도 하죠. 아는지 모르겠지만, 4(A)학생회관이 매주 주말에 커틀러 홀에서 영화 한 편을 상영해요. 학생들이 무료로 참석할 수 있기 때문에, 누구나 갈 수 있어요. 그래서 모든 학생들이 영화를 보면서 비슷한 경험을 할 수 있을 겁니다.

여: 5(A)아주 좋을 것 같아요. 하지만… 이 과제는 어떻게 하죠? 다시 써야 하나요?

남: 2(B)일단 좀 기다려 보세요. 제가 친구와 얘기해서 뭘 마련할 수 있는지 알아볼게요.

[스크립트 어휘]
synopsis 개요 plot 줄거리 context 맥락, 문맥 critical 비판적인 expert 전문적인, 전문가다운 lost cause 가망 없는 일 quality 특징 insight 통찰력, 이해 fanfare (축하, 광고 등의) 화려한 것, 팡파르 hold onto ~을 그대로 갖고 있다, 고수하다

1. 학생은 왜 교수 연구실에 찾아갔는가? [Topic & Purpose]
(A) 한 과제물에 대한 기한 연장을 요청하기 위해
(B) 최근에 제출한 한 과제물의 내용을 되짚어보기 위해
(C) 추가 학점을 위한 과제를 제안하기 위해
(D) 잘 쓰지 못한 과제물을 수정하기 위해

해설 (오답 A) 기한 연장은 언급된 적 없다.
(정답 B) 대화 초반부에 교수는 학생이 쓴 영화 평론에 대해 언급하며, 대화 전반적으로 둘은 그 과제물의 문제점 등을 되짚어 보고 있다.
(오답 C) 언급된 적 없는 정보이다.
(오답 D) 과제물을 수정하는 것은 아니다.

2. 교수는 왜 영화 평론 과제물을 채점하지 않은 상태로 둘 것인가? [Detail]
(A) 교수가 선정한 영화를 학생들이 볼 수 없었다.
(B) 교수는 과제물을 적절하게 설명하지 못했다는 점을 인정한다.
(C) 학생들이 이미 최종 프로젝트를 완료했다.
(D) 교수는 개인적 시각으로 과제를 채점하지 않는다.

해설 (오답 A) 언급된 적 없는 정보이다.
(정답 B) 대화 초반부에 교수는 자신이 정확하게 설명하지 못했다고 말하며, 대화 후반부에 일단 이 과제는 그대로 두겠다고 한다.
(오답 C) 과제물을 채점하지 않은 상태로 두는 이유가 아니다.
(오답 D) 언급된 적 없는 정보이다.

3. 교수의 말에 따르면, 학생이 좋은 영화 평론의 어떤 요소들을 포함하지 못했는가? [Detail]
(A) 감독에 관한 배경 정보
(B) 영화 줄거리의 요약
(C) 다른 영화들과의 맥락에 대한 분석
(D) 다른 잘 알려진 평론가들에 대한 의견

해설 (오답 A) 언급된 적 없는 정보이다.
(오답 B) 줄거리 요약 이상의 것이 필요하다고 한다.
(정답 C) 좋은 영화 평론은 분석이 있어야 하고, 맥락 속에서 다른 영화들과의 비교가 있어야 한다고 말한다.
(오답 D) 언급된 적 없는 정보이다.

4. 교수는 왜 학생회관에서 영화를 관람하는 일을 언급하는가? [Organization]
(A) 학생들이 영화를 보면서 동일한 경험을 할 수 있다.
(B) 학생들이 인기 있는 평론가와 함께 영화를 볼 수 있다.
(C) 학생들이 영화관에 비해 돈을 절약할 수 있다.
(D) 학생들이 학생회관에서 희귀 영화를 볼 수 있다.

해설 (정답 A) 학생회관에서 학생들이 영화를 보면서 같은 경험을 할 수 있다고 한다.
(오답 B) 언급된 적 없는 정보이다.
(오답 C) 무료로 볼 수 있다고는 했으나 학생들이 그것 때문에 학생회관에서 영화를 본다고 한 적 없다.
(오답 D) 언급된 적 없는 정보이다.

5. 대화의 일부를 다시 들어보시오. 그런 다음, 질문에 답하시오.

여: 아주 좋을 것 같아요. 하지만… 이 과제는 어떻게 하죠? 다시 써야 하나요?
남: 일단 좀 기다려 보세요. 제가 친구와 얘기해서 뭘 마련할 수 있는지 알아볼게요.

교수가 다음과 같이 말할 때 무엇을 암시하는가? [Function]
일단 좀 기다려 보세요. 제가 친구와 얘기해서 뭘 마련할 수 있는지 알아볼게요.

(A) 과제를 최종 확정하기에 앞서 계획을 세우고 싶어한다.
(B) 모든 학생이 쓴 영화 평론을 읽는 데 더 많은 시간이 필요하다.
(C) 채점 결정과 관련해 친구의 의견을 들어보고 싶어한다.
(D) 모든 영화 평론을 채점하는 데 친구의 도움이 필요하다.

해설 (정답 A) 과제에 대한 학생의 질문에 대해 교수가 친구와 논의 후 알려주겠다고 말하는 것은 최종 확정 전에 계획이 필요하다는 의미를 나타낸다.
(오답 B) 학생들의 영화 평론을 더 읽어야 한다는 내용은 없다.
(오답 C) 친구에게 채점 의견을 묻는 것은 아니다.
(오답 D) 과제를 채점하는 것과 관련 없는 내용이다.

[문제 어휘]
extension (기한 등의) 연장 go over ~을 짚어보다, 검토하다 turn in ~을 제출하다 ungraded 채점하지 않은 fail to do ~하지 못하다

Chapter 03 Lecture

I. Arts

1. Literature

Practice Test 1

Answers

1. D	2. A	3. 해설 참조	4. A	5. D	6. A

Listen to part of a lecture in an American literature class. The professor is discussing realism.

P: All right, everyone. We've spent the past several classes discussing Romanticism—its style and characteristics, its major authors. As we move on, remember that literary movements are usually a reaction to whatever came before. [1(D)]So, with that in mind, let's talk about realism, which was an artistic as well as a literary movement that was popular in the second half of the 19th century in the United States.

S: So...around the time after the Civil War?

P: That's right. So, if you can imagine the influence a post-war society may have on art, then you might already have an idea of how realism differed from the...let's say optimism and fantasy of Romanticism. [3(Romanticism)]Specifically, the purpose of realism made it unique from other styles. It didn't want to fantasize or embellish life. [3(Realism)]Instead, it wanted to provide a gritty, close-up look of life—all its harsh truths—as a way to inspire change in society. [3(Romanticism)]And it wanted to achieve this without being sentimental, or overly emotional, like we see in Romantic works. No, realism wanted to be straight and objective, to serve up life as it really was. So, to understand realism, we need to understand the society and context in which it arose.

S: We already mentioned the Civil War...

P: Yes, but there were some other key conditions, too.

미국 문학 강의의 수업 일부를 들어보시오. 교수가 사실주의를 이야기하고 있다.

P(교수): 좋습니다, 여러분. 우리는 지난 몇 번의 수업에서 낭만주의 양식과 특징들, 그리고 주요 작가들을 이야기하면서 시간을 보냈습니다. 이제 다음으로 넘어갈 텐데, 문예 운동은 보통 무엇이 됐든 그 이전에 있었던 것에 대한 대응이라는 사실을 기억하시기 바랍니다. [1(D)]자, 그 부분을 염두에 두고, 미국에서 19세기 후반기에 인기를 얻었던 예술 운동이자 문예 운동이었던 [1(D)]사실주의에 관해 이야기해 보겠습니다.

S(학생): 그럼… 미국 남북 전쟁 후의 무렵인가요?

P: 그렇습니다 그래서, 전후 사회가 예술에 미칠 수 있는 영향력을 떠올려 보실 수 있다면, 사실주의가 그… 말하자면 낭만주의가 지닌 낙관론 및 환상과 어떻게 달랐는지 이미 알 수 있을지도 모르겠습니다. [3(Romanticism)]특히, 사실주의는 그 목적으로 인해 다른 양식들과 달리 특별한 존재가 되었습니다. 사실주의는 삶에 대한 환상을 품거나 미화하기를 원하지 않았죠. [3(Realism)]대신, 사회 속의 변화를 자극하기 위한 방법으로서 모든 가혹한 사실을 포함해 삶에 대해 불쾌한 현실을 있는 그대로 가까이 들여다보는 관점을 제공하고 싶어했습니다. [3(Romanticism)]그리고 우리가 낭만주의 작품에서 본 것과 같이 감상적이거나 지나치게 감정적이지 않고 그러한 목적을 달성하고자 했습니다. 네, 사실주의는 정말 있는 그대로 삶을 보여주기 위해 숨김이 없고 객관적이기를 원했습니다. 그래서, 사실주의를 이해하려면, 사실주의가 나타난 사회와 맥락을 이해해야 합니다.

S: 이미 미국 남북 전쟁을 언급해 주셨어요…

P: 네, 하지만 몇 가지 다른 중요한 상황들도 존재합니다.

²⁽ᴬ⁾For one thing, people were becoming increasingly interested in rationality, how universal truths could be reached through clear, logical thinking and analysis. This was apparent in both the rise of the scientific method and rationalist philosophy.

S: So people valued facts over feelings?

P: I believe we can say that. And, alongside these changes in thinking, the country was also experiencing significant political and socioeconomic upheavals. Industrialization and urbanization were spreading, literacy was increasing, population was booming from immigration, and an affluent middle class was emerging. These developments complemented the popularization of rational thinking and led to the realization that, to really address society's ills, well…they needed to be understood. If people can understand, say, the conditions that create poverty, then the problem of poverty itself could be fixed. In this sense, realism became a way to understand and affect social changes. So, let's turn our attention to realist writers and see how this idea played out. As I said earlier, the goal was to present reality unaltered, so the writers aimed for verisimilitude. That's V-E-R-…wait, let me just write it on the board.

S: Verisimilitude…

P: It means to seem real…right or true. Verisimilitude would be…well, more like a photograph than a painting. As close to reality as you can get. And just like a camera taking a photograph, the writers didn't want to pass on their own judgments or exaggerate the subject. Realist art needed to speak for itself. ³⁽ᴿᵉᵃˡⁱˢᵐ⁾This means that realist literature is believable. The characters are like everyday people, and what happens to them, well, could happen to anyone. This also made the characters more important than the plot. Since these weren't fantastical tales, there was more focus on the characters and how they reacted to their plight, their feelings about their conditions. And, they had to do this without, again, any help from the writer, who was as objective as possible. So, with our basic understanding of realism established, let's go over a few of the most important writers. Today, we'll start with Stephen Crane and Mark Twain. Stephen Crane was primarily a journalist who saw life at its rawest. His most famous work, *The Red Badge of Courage*, was a haunting Civil War novel. ⁴⁽ᴬ⁾But his other stories turned an unflinching eye toward the slums and inescapable poverty. *Maggie: A Girl of the Streets* details the heartbreaking story of a poor girl who, failed by her

²⁽ᴬ⁾우선 한 가지는, 사람들이 점점 더 이성에 관심을 갖게 되었는데, 어떻게 분명하고 논리적인 사고와 분석을 통해 보편적인 진실에 이를 수 있는가 하는 것이었습니다. 이는 과학적인 방법과 이성주의 철학의 출현 모두에 있어 명백했습니다.

S: 그럼, 사람들이 감정보다 사실을 중요하게 여겼나요?

P: 그렇게 말할 수 있다고 생각합니다. 그리고, 이러한 사고 방식의 변화와 함께, 미국이라는 나라도 중요한 정치적, 사회경제적 대격변을 겪고 있었습니다. 산업화와 도시화가 확산되고 있었고, 글을 읽고 쓰는 능력이 향상되었으며, 이민으로 인해 인구가 급증했고, 부유한 중산층이 나타나고 있었죠. 이러한 발전들이 이성적인 사고의 대중화에 보탬이 되어, 사회의 병폐들을 정말로 해결하기 위해서는, 음… 그것들이 이해되어야 한다는 깨달음으로 이어졌습니다. 사람들이, 즉, 가난을 만들어내는 상황들을 이해할 수 있다면, 가난이라는 문제 자체가 바로잡힐 수 있을 겁니다. 이런 의미에서, 사실주의는 사회적 변화를 이해하고 그 변화에 영향을 미치는 방법이 되었습니다. 그래서, 사실주의 작가들에게 우리의 관심을 돌려서 이런 생각이 어떻게 실현되었는지 알아보도록 하겠습니다. 제가 앞서 언급한 바와 같이, 그 목적은 바뀌지 않은 채로 현실을 제시하는 것이기 때문에, 작가들은 핍진성을 목표로 삼았습니다. 이 용어는 V-E-R-… 잠시만요, 보드에 그냥 써 드릴게요.

S: 핍진성…

P: 이 용어는 현실적으로 보이고… 정확하거나 사실적이게 보이는 것을 의미합니다. 핍진성을 말하자면… 음, 그림이라기보다는 사진에 좀 더 가깝다고 할 수 있습니다. 가능한 한 현실과 가까워지는 것이죠. 그리고 마치 카메라로 사진을 촬영하듯이, 작가들이 자신만의 판단을 전달하거나 주제를 과장하기를 원하지 않았습니다. 사실주의 예술은 자명해야 했습니다. ³⁽ᴿᵉᵃˡⁱˢᵐ⁾이는 사실주의 문학이 그럴듯하다는 것을 의미합니다. 인물들은 일상 속의 사람들 같고, 그들에게 일어나는 일은, 음, 누구에게나 일어날 수 있죠. 이는 또한 줄거리보다 그 인물들을 더욱 중요하게 만들었습니다. 환상적인 이야기가 아니었기 때문에, 인물 자체를 비롯해 그들이 어떻게 역경에 대응했는가에 대해, 그들의 상황과 관련된 감정에 대해 더욱 초점이 맞춰졌습니다. 그리고, 등장인물들은, 다시 한번 말하지만, 가능한 한 객관적이었던 작가로부터 어떠한 도움도 받지 못한 채로 이러한 일을 해야 했습니다. 자, 사실주의에 대해 확고해진 우리의 기본적인 이해와 함께, 가장 중요한 작가 몇 명을 살펴보죠. 오늘은, 스티븐 크레인과 마크 트웨인으로 시작하겠습니다. 스티븐 크레인은 본래 저널리스트였던 사람으로, 삶을 가장 날것 그 자체로 바라봤습니다. 가장 유명한 작품인 <붉은 무공훈장>은 잊히지 않는 남북 전쟁 소설입니다. ⁴⁽ᴬ⁾하지만 그의 다른 이야기들은 빈민가와

alcoholic parents, sinks deeper and deeper into destitution and despair. And, again, he told these stories without moralizing. As in journalism, Crane's stories existed as they were. The reader was left to draw their own conclusions. [5(D)]Without Crane and his work, Modernism and its writers, like Ernest Hemingway, would have lacked a major influence.

Probably the biggest name among the realists would be Mark Twain, who I am sure you all have heard of. Perhaps you read *The Adventures of Huckleberry Finn* in high school. With Twain, we can see verisimilitude at work, and also how realism could be used to inject more truth into fiction. Twain did this through the realistic ways his characters spoke and acted. For example, he used dialects to recreate natural speech. [6(A)]Twain's style was a sharp break from earlier American writers who followed the trends of European Romanticists. By doing so, Twain helped create the first uniquely American literary tradition.

헤어나올 수 없는 가난을 향해 수그러들지 않는 눈길을 돌렸습니다. <거리의 여인 매기>는 알코올 중독자 부모로부터 버림받은 한 가난한 소녀가 점점 더 깊은 궁핍과 절망 속으로 빠져드는 가슴 아픈 이야기를 자세히 그려내고 있습니다. 그리고, 다시 한번 말하지만, 그는 이러한 이야기들을 도덕화하지 않고 표현했습니다. 저널리즘이 그러하듯, 크레인의 이야기들은 있는 그대로 존재했습니다. 독자는 각자 결론을 이끌어내도록 남겨졌죠. [5(D)]크레인과 그의 작품이 아니었다면, 모더니즘과 어니스트 헤밍웨이 같은 모더니즘 작가들은 커다란 영향을 받지 못했을 것입니다.

아마 사실주의 작가들 중에서 가장 유명한 이름은, 분명 여러분 모두 들어봤을 마크 트웨인일 겁니다. 아마 고등학생이었을 때 <허클베리 핀의 모험>을 읽어봤을 텐데요. 트웨인을 통해, 우리는 작품 속의 핍진성뿐만 아니라, 어떻게 사실주의가 소설에 더 많은 사실성을 주입하는 데 활용될 수 있는지 확인할 수 있습니다. 트웨인은 등장 인물들이 사실적으로 말하고 행동하는 방식을 통해 이를 해냈습니다. 예를 들어, 그는 방언을 이용해 자연스러운 대화를 재창조했습니다. [6(A)]트웨인의 문체는 유럽 낭만주의 작가들의 경향을 따랐던 초기 미국 작가들로부터 크게 벗어난 것이었습니다. 그렇게 함으로써, 트웨인은 처음으로 독특하게 미국적인 문학 전통을 탄생시키는 데 도움을 주었습니다.

[스크립트 어휘]
Civil War 미국 남북 전쟁 optimism 낙관주의 fantasize ~에 대한 환상을 품다 embellish ~을 미화하다, 꾸미다 gritty 불쾌한 현실을 그대로 보여주는 serve up ~을 내놓다, 제공하다 rationality 이성(주의) upheaval 격변 literacy 글을 읽고 쓸 줄 아는 능력 affluent 부유한 complement ~을 보완하다 address ~을 해결하다, 처리하다 ills 병폐 play out 실현되다 unaltered 변경되지 않은 verisimilitude 핍진성(여러 예술 분야에서 사실에 가깝거나 흡사한 정도를 나타내는 용어) pass on ~을 전달하다 exaggerate ~을 과장하다 speak for itself 자명하다 plight 역경 unflinching 수그러들지 않는, 물러서지 않는 fail ~을 저버리다 destitution 궁핍 despair 절망 moralize 도덕적으로 설명하다 lack ~가 없다 dialect 방언, 사투리 sharp break from ~에서 크게 벗어난 것

1. 강의의 주 목적은 무엇인가? [Topic & Purpose]
(A) 두 명의 작가가 어떻게 미국의 사실주의에 영향을 미쳤는지 이야기하는 것
(B) 사실주의의 내용 전개 방식을 낭만주의의 방식과 대조해보는 것
(C) 사실주의가 어떻게 사회적인 변화들을 초래했는지 설명하는 것
(D) 사실주의의 유래와 특징들을 설명하는 것

해설 (오답 A) 두 작가에 대한 이야기가 아니다.
(오답 B) 전개 방식이 주가 아니다.
(오답 C) 변화에 관한 이야기가 아니다.
(정답 D) 사실주의를 언급하면서 전반적으로 유래와 특징을 나열하고 있다.

2. 교수는 왜 과학적인 방법과 이성주의 철학을 언급하는가? [Organization]
(A) 한 문예 운동을 이야기하기 위한 맥락을 확고히 하기 위해
(B) 문학이 어떻게 대중적인 생각의 변화에 영향을 미쳤는지 보여주기 위해
(C) 사실주의 소설에서 흔히 나타났던 주제들을 강조하기 위해
(D) 사실주의 작가들이 반발했던 사회적 경향들을 제시하기 위해

해설 (정답 A) 사실주의가 나타난 사회와 맥락을 이해해야 한다고 말하면서 언급하는 것이 과학적인 방법과 이성주의 철학이다.
(오답 B) 문학이 미친 영향이 아니다.
(오답 C) 주제와 연관된 내용이 아니다.
(오답 D) 반발이 주가 아니다.

3. 교수는 낭만주의와 사실주의 사이에서 여러 가지를 비교하고 있다. 다음 특징들 중에서 어느 것이 낭만주의 또는 사실주의를 설명하는지 선택하시오. [Connecting Content]

각 항목에 대해 해당 칸을 클릭하시오.

	낭만 주의	사실 주의
삶의 세부적인 부분들을 미화한다	✓	
사회적인 변화를 자극하는 데 목적이 있다		✓
감상적인 문체를 활용한다	✓	
실제와 같은 인물들을 특징으로 한다		✓

해설 · 사실주의는 다른 양식들과 다르게 삶을 미화하지 않는다고 하므로 낭만주의가 미화하는 것으로 볼 수 있다.
· 사실주의는 사회에 변화를 자극하려 했다고 한다.
· 낭만주의는 감상적이라고 한다.
· 사실주의 속 인물들은 일상 속의 사람같다고 한다.

4. 교수의 말에 따르면, 무엇 때문에 <거리의 여인 매기>가 중요한가? [Detail]
(A) 가난의 결과를 바라보는 객관적인 시선
(B) 전쟁에 관한 크레인의 전작 소설과의 대조
(C) 환상적인 배경의 활용
(D) 마크 트웨인의 작품에 미친 영향

해설 (정답 A) 가난을 도덕화하지 않고 표현했다고 하므로 객관적인 시선이다.
(오답 B) 대조하는 것이 아니다.
(오답 C) 환상적인 배경이 아니다.

(오답 D) 마크 트웨인의 작품이 아니라 어니스트 헤밍웨이 같은 모더니즘 작가들에게 영향을 미쳤다.

5. 스티븐 크레인의 작품에 대한 교수의 의견은 무엇인가? [Attitude]
(A) 이후의 작가들이 쓴 작품만큼 사실적이지 않았다.
(B) 마크 트웨인의 작품만큼 영향력이 있을 것이다.
(C) 사회 속에서 어떠한 의미 있는 변화도 초래하지 못했다.
(D) 모더니즘 작가들에게 커다란 영향을 미쳤다.

해설 (오답 A) 언급된 적 없는 정보이다.
(오답 B) 언급된 적 없는 정보이다.
(오답 C) 교수는 크레인의 작품에 대해 부정적인 의견을 나타내지 않고 있다.
(정답 D) 크레인의 작품이 모더니즘과 그 작가들에게 커다란 영향을 미친 사실을 언급하고 있다.

6. 교수가 마크 트웨인 이전의 미국 문학과 관련해 암시하는 것은 무엇인가? [Inference]
(A) 문체가 유럽에서 인기 있었던 문체를 모방하기만 했다.
(B) 미국의 낭만주의는 유럽의 낭만주의보다 더 뛰어났다.
(C) 유럽의 작가들이 사실주의 문체를 더 잘 이해했다.
(D) 발전되려면 낭만주의와 결합해야 했다.

해설 (정답 A) 트웨인의 문체는 유럽 낭만주의 경향을 따랐던 미국 초기 작가들로부터 벗어나는 것이라고 한다.
(오답 B) 미국과 유럽을 비교하는 것은 아니다.
(오답 C) 언급된 적 없는 정보이다.
(오답 D) 언급된 적 없는 정보이다.

[문제 어휘]
recount ~을 이야기하다 contrast A with B A와 B를 대조하다 bring about ~을 초래하다, 유발하다 react against ~에 반발하다 employ 활용, 이용 fail to do ~하지 못하다 mimic ~을 모방하다 have a grasp on ~을 이해하다

1. B	2. C	3. D	4. C	5. A	6. B

Listen to part of the lecture in a literature class.

Professor:
There's always some resistance to change as literary styles begin transitioning from one movement to the next. Some cultural critics want to maintain the established art form… to keep it the same. [1(B)]Then, of course, there are the new artists who desire change…an evolution of the art form. We can clearly see this push and pull in France during the 19th century. There was, for instance, the French Academy, which was created to safeguard—or perhaps cement—literary tastes. As you can imagine, it was a conservative and strict organization. Under the French Academy's guidance, all French plays had to be neoclassical in form, with no deviation. So, they had to have five acts, use elevated language, and follow other structural limitations. But, as we all know, you can't stop change, and the French Academy could only resist the shift from neoclassicism to Romanticism for so long.

[1(B)]A play by Victor Hugo called *Hernani* perhaps best epitomized this conflict of tastes. Now, [2(C)]Hugo was by all regards a brilliant writer. His novels and essays are some of the best-known in Western civilization. Being said, *Hernani* wasn't too remarkable of a play. Its plot is overstuffed, and critics at the time were largely indifferent to it.

Hernani is more famous for the events surrounding its premiere in 1830, which was quite peculiar. In fact, *Hernani*'s opening night is regarded as one of the major literary events of 19th century France. Hugo, as you've probably surmised, was a Romanticist, so in his time, he was a bit of a rebel who wanted to overthrow the iron grip that neoclassicism had on French literature. This meant turning against the structure of Greek plays, which emphasized unity of time, space, and action. Umm…this means that the plot of plays happened in one location, over the course of one day, and was about one main event. If you think this sounds too constraining, then Hugo would full-heartedly agree with you. Instead of Greek plays, Hugo found inspiration with Shakespeare. And, as you can recall, some of the English bard's plays are absolutely sprawling. Their locations span entire kingdoms, there are time jumps

문학 강의의 수업 일부를 들어보시오.

교수:
문학 양식이 한 가지 운동에서 다음으로 전환되기 시작할 때 항상 변화에 대한 일부 저항이 존재합니다. 일부 문화 평론가들은 기존의 예술 형식을 유지하고 싶어하는데… 똑같이 말이죠. [1(B)]그리고, 당연히, 변화… 그러니까 예술 형식의 진화를 갈망하는 새로운 예술가들이 나타납니다. 우리는 19세기 프랑스에서 이러한 밀고 당기기를 분명히 확인할 수 있습니다. 예를 들어, 문학적 양식을 보호하기 위해, 또는 아마도 공고히 하기 위해 만들어졌던 프랑스 아카데미(아카데미 프랑세즈)가 있었습니다. 상상이 되시겠지만, 이곳은 보수적이고 엄격한 단체였습니다. 프랑스 아카데미의 지침 하에서, 프랑스의 모든 희곡은 한치의 오차도 없이 형식적으로 신고전주의적이어야 했습니다. 따라서, 이 희곡들은 5개의 막으로 되어 있으면서 고상한 언어를 사용하고, 다른 구조적인 제약을 따라야 했습니다. 하지만, 우리 모두 알다시피, 변화를 거스를 순 없으며, 프랑스 아카데미는 신고전주의에서 낭만주의로의 변화에 대해 그저 오랫동안 저항할 수밖에 없었습니다.

[1(B)]빅토르 위고가 쓴 <에르나니>라는 제목의 희곡은 아마 이러한 양식의 갈등을 가장 잘 보여주는 전형적인 작품이었을 겁니다. 자, [2(C)]위고는 단연 훌륭한 작가였습니다. 그의 소설과 수필들은 서구 문화권에서 몇몇 가장 잘 알려진 작품들이죠. 그렇긴 해도, <에르나니>는 그렇게 주목할 만한 희곡은 아니었습니다. 줄거리는 지나치게 많은 내용으로 채워져 있고, 당시의 평론가들은 대체로 이 작품에 냉담했습니다.

<에르나니>는 1830년에 있었던 초연을 둘러싼 사건들로 더 유명한데, 그게 꽤 유별났습니다. 실제로, <에르나니>의 개막일은 19세기 프랑스의 주요 문학적 행사들 중의 하나로 여겨지고 있습니다. 위고는, 아마 여러분도 추측했겠지만, 낭만주의자였기 때문에, 당시에, 그는 신고전주의가 프랑스 문학에 영향을 미쳤던 철권 통치를 타도하고 싶어했던 일종의 반항아였습니다. 이는 시간과 공간, 그리고 행위의 통일을 강조했던 그리스 희곡 구조에 대해 등을 돌리는 것을 의미했습니다. 음… 이는 희곡의 줄거리가 한 장소에서, 하루의 시간에 걸쳐 발생되어, 한 가지 주된 사건에 관한 것이었음을 의미합니다. 여러분이 이것을 너무 속박하는 것 같다고 생각한다면, 위고는 여러분의 생각에 전폭적으로 동감할 것입니다. 그리스 희곡 대신, 위고는 셰익스피어에게서 영감을 얻었습니다. 그리고, 기억하시겠지만, 이 영국 시인의 희곡들 중 일부는 그 전개가 완전히 제멋대로입니다. 장소는 왕국들 전체에 걸쳐

as events unfold, and they feature side stories alongside their main plots. [3(D)]*Macbeth*, for example, moves all around Scotland, with different castles and battlefields…Characters and scenes even occur on the road between two locations.

The neoclassical influence also meant that plays had to adhere strictly to one genre. They could either be high art…so, dramatic…or a comedy, which was simpler, but still with some protocol. Characters could make jokes and get into humorous scenarios, but they still had to be realistic. So, there was still a lot of restraint and structure, even with neoclassical comedies. [4(C)]Shakespeare also served as an influence for Hugo in this area. Even Shakespeare's most serious tragedies still had comedic characters, such as the ever-important role of the fool. In this way, his plays mixed drama and comedy and broke down the barriers between genres.

There were other aspects of neoclassicism that the Romantics wanted to move on from. For one thing, they wanted theater to be more focused on passion and individual feeling. I mean, they wanted the individual experience to be at the core of the play. This also suggests the political side of Romanticism, the idea that individuals possessed the faculties to govern themselves without royal rulers. This shift in social perspective was exciting among the young artists who championed Romanticism. They wanted change in art and in society. So, to the conservative *status quo* of French art, Romanticism indeed looked radical and controversial.

[5(A)]So, back to *Hernani*, Hugo wrote it to include all these Romantic conventions, knowing that it would upset the neoclassical audiences. So, he sort of…stacked his audience for opening night. He invited his friends—other Romantics—to support him and the, let's say, liberties of *Hernani.* They arrived in strange costumes, which further enraged the more traditional members of the audience. The Romanticists also cheered wildly anytime *Hernani* broke away from the neoclassical tradition. Of course, this led to the conservative theatergoers speaking up too, so the play was constantly delayed by all the outbursts. There were debates mid-scene, and eventually the conflict erupted from the theater and into the streets, where fist fights and other altercations occurred. It was a riot, all because *Hernani* didn't follow a strict structure, or a certain poetic meter. And it wasn't just one night. The controversy continued over the next 45 nights of the play's run. [6(B)]It was amazing how this argument over artistic aesthetics, the old versus the new, inspired so much passion and controversy.

있고, 사건이 펼쳐지면서 시간을 건너뛰고 있으며, 주된 줄거리 외에도 부차적인 이야기들을 특징으로 합니다. 예를 들어, [3(D)]<맥베스>는 여러 다른 성들과 전장들이 존재하는 스코틀랜드 전역을 돌아다닙니다… 인물들과 장면들이 심지어 두 곳의 다른 장소 사이에 위치한 길에서도 나타납니다.

신고전주의의 영향은 또한 희곡이 한 가지 장르를 엄격히 고수해야 했다는 것을 의미했습니다. 순수 예술 작품… 그러니까, 극적이거나… 아니면, 더 단순한 희극 중의 하나일 수 있지만, 여전히 원칙이 좀 있었습니다. 인물들이 우스갯소리를 늘어놓으면서 유머러스한 시나리오에 접어들 수는 있었지만, 여전히 사실적이어야 했습니다. 따라서, 여전히 많은 규제와 구조가 존재했으며, 심지어 신고전주의 희극에 대해서도 그러했습니다. 셰익스피어는 또한 이러한 영역에 있어서도 위고에 영향을 미친 사람이었습니다. [4(C)]심지어 셰익스피어의 가장 심각한 비극 작품들조차 언제나 중요한 역할에 해당되는 광대 같은 희극적인 인물들이 여전히 있습니다. 이런 식으로, 그의 희곡들은 극적인 요소와 희극적인 요소를 섞었고, 장르 간의 장벽을 허물었습니다.

낭만주의 작가들이 바꾸길 원했던 신고전주의의 다른 측면들도 있습니다. 그 한 가지로, 이들은 희곡이 격정과 개인적인 감정에 더 초점이 맞춰지길 원했습니다. 말하자면, 개인적인 경험이 극의 핵심이 되길 원했습니다. 이는 또한 낭만주의의 정치적인 측면, 즉 왕권을 지닌 통치자가 아닌 개인이 스스로를 다스릴 능력을 지니고 있다는 개념도 나타내는 것입니다. 이러한 사회적 관점의 변화는 낭만주의를 옹호했던 젊은 예술가들을 흥분시켰습니다. 이들은 예술 및 사회의 변화를 원했습니다. 따라서, 프랑스 예술의 보수적인 현상에 있어, 낭만주의는 정말 급진적이고 논란이 많은 것처럼 보였습니다.

[5(A)]자, <에르나니> 이야기로 돌아가서, 위고는 신고전주의 관객들을 언짢게 만들 것이라는 사실을 알면서도, 이러한 모든 낭만주의적 관습들을 포함해 이 작품을 집필했습니다. 그래서, 그는 개막일 밤 관객을 일종의… 바람잡이로 채웠습니다. 그는 자신의 친구들, 즉 다른 낭만주의자들을 초대해 자신을 비롯해, 예를 들어, <에르나니>의 자유로움도 지지해 달라고 부탁했습니다. 이들은 요상한 복장을 하고 나타났는데, 이는 전통을 더 많이 따르는 관객들을 한층 더 격분하게 만들었습니다. 이 낭만주의자들은 또한 <에르나니>가 신고전주의적 전통을 깨뜨리는 순간마다 크게 환호했습니다. 당연히, 이는 보수적인 극장 관람객들까지 목소리를 높이는 상황에 이르렀기 때문에, 이 연극 공연은 그 모든 감정 폭발로 인해 계속 지연되었습니다. 장면 중간에 논쟁이 벌어지면서, 결국 이러한 갈등이 극장에서 분출되어 거리로 이어졌고, 여기서 주먹다짐과 다른 언쟁이 일어났습니다. 이건 폭동이었는데, 모든 게 <에르나니>가 엄격한 구조, 즉 특정한 시적 운율을 따르지 않았기 때문이었습니다. 그리고 그 하룻밤만의 일이 아니었습니다. 논란은 이 연극이 상연된 이후 45일 동안에 걸쳐 지속되었습니다. [6(B)]신구 대결의 양상을 띤 이러한 예술

And it's important today to remember *Hernani* as we continue to argue over what constitutes real art.	적 미학에 대한 논쟁이 그렇게 많은 격정과 논란을 자극했다는 사실은 놀라운 일이었습니다. 그리고 오늘날에도 <에르나니>를 기억하는 것이 중요한데, 우리가 계속해서 무엇이 진정한 예술을 구성하는가를 두고 논쟁하고 있기 때문입니다.

[스크립트 어휘]

transition from A to B A에서 B로 전환되다, 이행되다 cement v. ~을 공고히 하다 taste 미적 가치관, 양식 neoclassical 신고전주의의 deviation 벗어남, 탈선, 일탈 epitomize ~을 전형적으로 보여주다 by all regards 단연 overstuffed 지나치게 가득 찬 peculiar 유별난, 이상한 surmise 추측하다 rebel 반항아, 반역자 overthrow ~을 전복시키다 constraining 속박하는, 제약적인 bard (음유) 시인 sprawling 제멋대로인, 고르지 못한 adhere to ~을 고수하다, 지키다 protocol 원칙, 규약 restraint 규제, 통제 tragedy 비극 faculty to do ~하는 능력 champion v. ~을 옹호하다 radical 급진적인, 과격한 controversial 논란이 많은 stack ~을 속이다, ~을 채우다 break away from ~을 깨트리다 erupt 분출되다 altercation 언쟁, 실랑이 poetic meter 시적 운율 run 상연, 상영 aesthetics 미학 constitute ~을 구성하다

1. 강의는 주로 무엇에 관한 것인가? [Topic & Purpose]
(A) 빅토르 위고가 이후의 프랑스 희곡에 미친 영향
(B) <에르나니>가 어떻게 프랑스 희곡의 전통에 맞섰는가
(C) 낭만주의 희곡에 대한 셰익스피어의 기여
(D) 빅토르 위고의 신고전주의 희곡과 관련된 논란

해설 (오답 A) 영향에 대한 내용이 아니다.
(정답 B) 혁신을 원하는 예술가였던 빅토르 위고의 <에르나니>에 대해 전반적으로 다룬다.
(오답 C) 셰익스피어가 주된 내용이 아니다.
(오답 D) 논란이 주된 내용이 아니다.

2. 희곡 <에르나니>에 대해 교수는 어떤 태도를 보이는가? [Attitude]
(A) 프랑스의 정치적 상황에 관해 언급했다.
(B) 셰익스피어의 희곡들과 함께 기억되어야 한다.
(C) 빅토르 위고의 가장 예술적인 작품은 아니었다.
(D) 프랑스 희곡의 전통을 충실하게 따랐다.

해설 (오답 A) <에르나니>를 설명하는 교수의 말에서 프랑스의 정치적 상황은 파악하기 어렵다.
(오답 B) 셰익스피어 희곡에 영향을 받았다고 말하지만 함께 기억되어야 한다는 내용은 파악하기 어렵다.
(정답 C) 그는 대단한 예술가라고 하지만 이 작품은 주목할 만하지 않다고 한다.
(오답 D) <에르나니>는 전통을 따르지 않았기에, 오히려 반대되는 태도이다.

3. <맥베스>의 어떤 특징이 신고전주의의 원칙과 어울리지 않는가? [Detail]
(A) 한 가지 주된 이야기를 전달한다.

(B) 고상한 언어를 사용한다.
(C) 단 하루 동안에 발생된다.
(D) 여러 장소에서 일어난다.

해설 (오답 A) <맥베스>는 주된 이야기 외에 부차적인 이야기들도 포함한다.
(오답 B) <맥베스>가 고상한 언어를 사용하였다는 내용은 파악하기 어렵다.
(오답 C) 언급된 적 없는 정보이다.
(정답 D) 신고전주의는 장소가 통일되어야 했지만 <멕베스>는 장소가 계속 변경된다고 한다.

4. 교수는 왜 셰익스피어의 희곡들에 나오는 광대들을 언급하는가? [Organization]
(A) 신고전주의 희곡들이 어떻게 여러 장르를 조합했는지 보여주기 위해
(B) 셰익스피어가 어떻게 신고전주의의 원리들을 거부했는지 설명하기 위해
(C) 셰익스피어가 위고에게 영향을 미친 또 다른 방식을 설명하기 위해
(D) 희곡에서 흔히 등장하는 인물 유형의 예시를 제공하기 위해

해설 (오답 A) 신고전주의 희곡들은 한 가지 장르를 엄격히 고수해야했다.
(오답 B) 셰익스피어가 신고전주의에서 벗어난 것은 사실이지만 광대를 언급한 이유는 아니다.
(정답 C) 셰익스피어가 또 영향을 미쳤다고 하며 광대를 심각한 비극 작품에 사용한 것을 언급한다.
(오답 D) 광대가 셰익스피어 연극에 등장하는 것은 사실이지만 교수가 광대를 언급한 이유는 아니다.

5. 위고는 왜 <에르나니> 개막일에 친구들을 초대했는가? [Detail]

(A) 자신의 신념을 공유하는 사람들을 참석시키기 위해

(B) 그들에게 새로운 유형의 연극을 소개하기 위해

(C) 극장이 개막일에 반드시 가득 차도록 만들기 위해

(D) 그들에게 보수적인 관점을 바꾸도록 요구하기 위해

해설　(정답 A) 위고는 신고전주의 관객들을 언짢게 할 것을 알고 지지를 위해 그와 같은 생각을 갖고 있는 친구들을 초대했다고 한다.

(오답 B) 언급된 적 없는 정보이다.

(오답 C) 언급된 적 없는 정보이다.

(오답 D) 친구들은 보수적이지 않은 다른 낭만주의자들이다.

6. 교수가 <에르나니> 공연 중에 발생된 갈등과 관련해 암시하는 것은 무엇인가? [Inference]

(A) 다른 작가들을 설득해 낭만주의 작품을 쓰지 못하게 했다.

(B) 예술에 대해 밀접하게 지니고 있는 의견들로 인해 촉발되었다.

(C) 당시에 프랑스에서 일어난 더 큰 사회적 충돌을 반영했다.

(D) 해당 연극을 인기 있게 만들기 위해 빅토르 위고에 의해 선동되었다.

해설　(오답 A) 언급된 적 없는 정보이다.

(정답 B) 예술적 미학에 대한 논쟁이 많은 논란을 자극했다고 한다.

(오답 C) 더 큰 사회적 충돌에 대한 언급은 없다.

(오답 D) 연극을 인기 있게 만들기 위해 위고가 선동했는지는 알 수 없는 내용이다.

[문제 어휘]

confront ~에 맞서다　take place 발생되다, 일어나다　blend ~을 조합하다, 혼합하다　tenet 원리　challenge A to do A에게 ~하도록 요구하다　dissuade A from -ing A를 설득해 ~하지 못하게 하다　spur ~을 촉발시키다, 자극하다　reflect ~을 반영하다　instigate ~을 선동하다, 부추기다

2. Art

Answers

1. C	2. C	3. B	4. B	5. C	6. A

Listen to part of a lecture in a contemporary art class.

P: So, earlier in the semester, I told you that one of your assignments will involve attending a local gallery exhibition and writing a report on the featured artist. The exhibit will start next week, and it will last well through the rest of the semester. So, don't worry about not having enough time to attend...Just a heads up, I won't accept that as an excuse for any extensions! [1(C)]Anyway, the artist on exhibit is Rose Frantzen. Some of you may not know of her work since Frantzen is relatively new on the art scene. However, she has quickly become regarded as an "artist's artist," for both the quality of her artwork and her dedication to the craft. In addition, she has a unique style that combines different elements of

현대 미술 강의의 수업 일부를 들어보시오.

P(교수): 자, 학기 초에, 제가 과제물 중의 하나가 지역 미술관 전시회에 참석해 특별 전시 중인 미술가에 관한 보고서를 작성하는 일을 포함할 것이라고 말씀드렸죠. 그 전시회가 다음 주에 시작되어, 학기 나머지 기간 내내 충분히 오래 진행될 겁니다. 그러니까, 참석할 시간이 충분히 있을지에 대해선 걱정하지 마세요… 한 가지만 전하자면, 저는 그것을 어떤 기한 연장에 대해서도 변명으로 받아들이지 않을 것입니다! [1(C)]어쨌든, 전시 중인 미술가는 로즈 프란첸입니다. 여러분 중 일부는 이 미술가의 작품을 알지 못할 수도 있는데, 프란첸은 미술계에서 비교적 최근에 등장한 인물이기 때문입니다. 하지만, 작품의 수준 및 완성도에 대한 헌신 둘 모두로 인해, 빠르게 '미술가의 미술가'로 여겨지게 되었습니다. 게다가, 우리가 수업 중에 다뤘던 것들의

the ones we've covered in class, which makes her an ideal subject for us. Her style has come to be known as Realistic Impressionism. Sounds familiar, right? We've studied both movements separately, though it may seem surprising that they can be combined. Umm…so, let's quickly review these movements so that we're all on the same page here.

S: Impressionism started in the 19th century, most notably with French painters, like Monet and Renoir, among others. It broke away from earlier traditional styles, especially in how they painted. They applied thick layers of paint and used long, heavy brushstrokes, and these techniques left a texture on the canvas.

P: Good. And what kinds of subjects did they paint?

S: Well, that's another way that they broke from tradition. Instead of portraits and still life paintings, they painted everyday scenes…people going about their lives in cafés or at a park, walking down the street. There were a lot of landscapes too, and other scenes of nature.

P: Right, that's a decent overview of Impressionism. So, when you visit the gallery, I want you to pay special attention to Frantzen's landscapes. [2(C), 6(A)]In particular, there's one of a farm that especially emphasizes the impressionist influence in her style. At first glance, it looks fairly ordinary…just a typical scene. But, look for the impressionist detail. For instance, the sky is slightly off. Its color is unnatural, a sort of rusty yellow. The fence, too, is an icy blue color. But these colors help give the impression of a cold and bleak winter day on a desolate farm. They imbue the painting with specific, potent sentiments. And, she is from a small town in Iowa, so she's quite familiar with these scenes. In fact, when she moved back to Iowa after living abroad, she closely studied her surroundings. [3(B)]She would even frequently visit animal auctions…you know, where farmers sell cattle and other livestock. She wasn't buying, of course, but she used it as a place where she could observe realistic human movement—how people stood, their posture. She claims that it really benefitted her work.

S: Is this where she gets her influence from Realism?

P: That's right. Let's think about Realism for a second… which of its traits should we be able to find in Frantzen's paintings?

여러 다른 요소들을 하나로 엮어내는 독특한 양식을 지니고 있어서, 이 미술가는 우리에게 이상적인 주제에 해당됩니다. 이 미술가의 양식은 '사실적 인상주의'로 알려지게 되었습니다. 익숙하게 들리지 않나요? 우리가 이 두 가지 운동을 따로 공부하기는 했지만, 이 두 가지가 하나로 조합될 수 있다는 사실이 놀랍게 보일 수도 있습니다. 음… 그래서, 우리 모두가 여기서 이해하고 있는 내용이 같도록 이 운동들을 간략히 살펴보도록 하겠습니다.

S(학생): 인상주의는 19세기에 시작되었고, 다른 화가들 중에서도 특히 모네와 르누아르 같은 프랑스 화가들로 주목받았잖아요. 이전의 전통적인 양식을 깨뜨렸는데, 특히 그림을 그리는 방식에 있어서요. 이들은 물감을 두껍게 여러 겹으로 발랐고, 길게 이어지는 묵직한 붓놀림을 활용했는데, 이런 기법들이 캔버스 위에 질감을 남기게 되었죠.

P: 잘 이야기했습니다. 그럼 이들은 어떤 종류의 주제를 그렸죠?

S: 음, 그건 그 화가들이 전통을 깬 또 다른 방법에 해당해요. 초상화와 정물화 대신, 이들은 일상적인 장면을 그렸죠… 사람들이 삶 속에서 카페나 공원에 다니거나, 거리를 따라 걷는 모습을. 풍경도 많이 있었고, 자연을 담은 다른 장면들도요.

P: 맞습니다, 인상주의를 간략하게 꽤 잘 설명해 주었네요. 그래서, 이 미술관을 방문할 때, 프란첸의 풍경화에 특별히 관심을 기울여 주었으면 합니다. [2(C), 6(A)]특히, 이 미술가의 양식에 있어서 인상주의의 영향을 특별히 강조하는 농장 작품이 있습니다. 처음에 볼 땐, 상당히 평범한… 그저 전형적인 장면처럼 보입니다. 하지만, 인상주의적인 세부 요소를 찾아보세요. 예를 들어, 하늘이 약간 동떨어져 보입니다. 그 색이 부자연스러운데, 일종의 녹슨 황색입니다. 담장도 마찬가지인데, 얼음 같은 푸른색입니다. 하지만, 이 색들은 황량한 농장의 차갑고 음산한 어느 겨울날에 대한 인상을 주는 데 도움이 됩니다. 이것들은 이 그림을 특정하고, 강력한 감정들로 가득 채웁니다. 그리고, 이 미술가가 아이오와의 한 작은 마을 출신이기 때문에, 이러한 장면들에 꽤 익숙합니다. 실제로, 해외에서 거주하다가 아이오와로 되돌아 갔을 때, 주변 환경을 면밀히 살펴봤습니다. [3(B)]심지어 동물 경매장을 자주 방문하기도 했는데… 그러니까, 농부들이 소와 다른 가축을 내다파는 곳을 말입니다. 물론, 동물을 사들이거나 하진 않았지만, 사람들의 사실적인 움직임, 즉 사람들이 어떻게 서 있고, 자세를 잡는지 관찰할 수 있는 장소로 활용했습니다. 그녀는 그것이 정말로 자신의 작품에 도움이 되었다고 말합니다.

S: 그게 그녀가 사실주의에서 영향을 받은 부분인가요?

P: 그렇습니다. 잠깐 사실주의에 관해 생각해 봅시다… 그 특징들 중에서 어느 것을 우리가 프란첸의 그림에서 찾을 수 있어야 할까요?

S: From what it sounds like, her paintings should be honest. Real, objective looks at people in their natural surroundings. Nothing should be embellished or idealized.

P: Good. So, to see the role of Realism in her work, [6(A)]you should find another one of her famous paintings in the gallery. You'll recognize it because of the pumpkins. It's a woman surrounded by them, but her face is so real it's like a photograph. Umm…and not perfect, too. Her nose is, you know, a little crooked, and her hair isn't neat… but like how a person would really look in the middle of a pumpkin patch on a gusty autumn day. So, in these elements, there's Realism. But then things get a little wild in the background. Brushstrokes crash into one another in jutting zigzags. And there are more colors than the orange of the pumpkins. You'll notice little shocks of electric blue between the pumpkins. So, these aspects are from more of an impressionist approach…and they're both mixed in the painting to stunning effect. [5(C)]And, overall, I think Frantzen is an artist who can be enjoyed by anyone. I mean, some artists, especially the more abstract ones, you need to know the context of their work…their life story and the ideas behind their art…to really appreciate them. But not with Frantzen.

S: Still, it would help us to know some of her background.

P: Oh, of course. Let's see…She attended art school in Chicago, but didn't receive much support from her instructors. So she focused on advertising work instead, and had some success in that world. Then the head of her ad agency convinced her that, well, she was too good for advertising…that she could be a real artist. Now, we know it isn't the easiest profession, so she kept doing freelance work in order to afford paint for her more serious work. And now, she's popular across the country. [4(B)]I think her life story is actually quite inspiring. We all might face similar difficulties…apparent dead ends in our careers, some undesired career changes. But, just keep working on what's important to you. That's what you need to keep in your heart.

S: 말씀하시는 것으로 봐서는, 그녀의 그림들은 거짓이 없을 것 같아요. 자연스러운 배경 속에 있는 사람들에 대한 사실적이고 객관적인 시선 말이에요. 어떤 것도 미화되거나 이상화되지 말아야 하죠.

P: 좋은 답변이네요. 그래서, 이 미술가의 작품 속에서 사실주의 역할을 확인하려면, [6(A)]미술관에서 그녀가 그린 유명한 그림들 중의 또 다른 작품을 찾아야 합니다. 호박 때문에 쉽게 알아볼 수 있을 겁니다. 한 여성이 호박들로 둘러싸여 있는데, 그 얼굴이 너무 사실적이어서 마치 사진인 것처럼 보입니다. 음… 그리고 완벽하지도 않습니다. 그 여성의 코는, 그러니까, 약간 구부러져 있고, 머리는 정돈되지 않은 상태인데… 마치 사람이 바람이 거센 어느 가을날에 호박 밭 한 가운데에 실제로 있을 법한 모습을 하고 있습니다. 그래서, 이러한 요소들 속에, 사실주의가 있죠. 하지만 배경을 보면 분위기가 좀 거칠어집니다. 붓 자국들이 지그재그로 튀어나와 서로 충돌합니다. 그리고 호박의 오렌지색보다 더 많은 색이 있습니다. 호박들 사이에서 금속성 청색의 작은 충돌들을 알아차리게 될 겁니다. 그래서, 이러한 측면들이 좀 더 인상주의적인 방식에서 비롯된 것이며… 두 가지 모두가 그 그림 속에 혼재되어 있어 놀랄 만한 효과를 냅니다. [5(C)]그리고, 전반적으로, 저는 프란첸이 누구나 즐길 수 있는 미술가라고 생각합니다. 말하자면, 일부 미술가들은, 특히 더 추상적인 미술가들의 경우, 그 작품의 맥락을 알아야 합니다… 그들의 삶에 대한 이야기와 미술 작품 이면에 존재하는 개념들을요… 그래야 제대로 감상할 수 있죠. 하지만 프란첸은 아닙니다.

S: 그렇다고 해도, 저희가 그 미술가의 배경을 좀 알면 도움이 될 거예요.

P: 오, 물론입니다. 어디 보자… 프란첸이 시카고에서 예술 학교를 다니긴 했지만, 강사들로부터 많은 지지를 받진 못했습니다. 그래서 대신 광고 일에 집중했고, 그 업계에서 어느 정도 성공을 거두었습니다. 그때 소속 광고 대행사의 사장이 프란첸을 설득했는데, 음, 광고 일을 하기엔 너무 뛰어나서… 진짜 예술가가 될 수 있을 거라고 말이죠. 이제, 우리는 그것이 아주 쉬운 직업이 아니라는 것을 아는데, 프란첸은 더 중요한 작업에 필요한 물감을 구하기 위해 계속 프리랜서로 일을 했습니다. 그리고 지금, 그녀는 전국적으로 유명합니다. [4(B)]저는 프란첸의 삶에 대한 이야기가 실제로 상당히 영감을 준다고 생각합니다. 우리는 모두 비슷한 어려움에 직면할 수도 있죠… 경력상에서 분명해 보이는 막다른 길이나, 원치 않는 어떤 진로 변경 같은 것들을 말이에요. 하지만, 여러분에게 중요한 것을 계속 해나가 보세요. 그게 바로 여러분이 마음 속에 계속 품고 있어야 하는 것입니다.

heads up 알림, 경고 extension (기한 등의) 연장 craft (작품 등의) 완성도, 기교 cover (주제 등) ~을 다루다 be on the same page (~에 대해) 이해하고 있는 내용이 같다 texture 질감 break from ~을 깨트리다 decent 꽤 좋은, 준수한 bleak 음산한, 으스스한 desolate 황량한 imbue 가득 채우다 potent 강력한 benefit ~에 도움이 되다, 이득이 되다 objective 객관적인 embellish ~을 미화하다 idealize ~을 이상화하다 crooked 구부러진 gusty 바람이 거센 jutting 튀어나온 shock 충돌 aspect 측면, 양상 abstract 추상적인 afford ~을 제공하다, 주다

1. 강의의 목적은 무엇인가? [Topic & Purpose]
(A) 학생들에게 새 미술관을 홍보하는 것
(B) 두 가지 예술 양식 사이의 차이점을 설명하는 것
(C) 수강생들에게 한 미술가의 작품을 소개하는 것
(D) 미술가들이 어떻게 다양한 방식으로 작업할 수 있는지 보여주는 것

해설 (오답 A) 미술관 홍보가 강의의 목적이 아니다.
(오답 B) 예술 양식들의 차이점보다는 로즈 프란첸의 작품 소개가 강의의 주된 목적이다.
(정답 C) 초반부에서 학생들이 가야할 전시회의 미술가인 로즈 프란첸을 언급하고 그 작품들을 설명하고 있다.
(오답 D) 여러 미술가를 살펴보는 것은 아니다.

2. 교수는 프란첸의 농장 그림과 관련해 무슨 말을 하는가?
[Detail]
(A) 사실주의 화가로서 지닌 능력을 보여준다.
(B) 그 화가의 가장 유명한 작품이다.
(C) 인상주의 양식의 요소들을 포함하고 있다.
(D) 그 화가가 해외에서 여행하던 중에 만들었다.

해설 (오답 A) 인상주의와 관련해서 언급하고 있다.
(오답 B) 가장 유명한 작품이라는 말은 없다.
(정답 C) 농장 그림에 관심을 기울이라고 하면서 그 작품은 특히 인상주의 양식을 강조한다고 한다.
(오답 D) 해외에서 고향으로 돌아가 고향의 주변 환경을 잘 표현한 그림이다.

3. 프란첸은 왜 동물 경매장에 갔는가? [Detail]
(A) 사람들의 초상화를 그리겠다고 제안하기 위해
(B) 사람들의 자연스러운 움직임을 관찰하기 위해
(C) 자신의 풍경화에 필요한 영감을 얻기 위해
(D) 자신이 살던 시골 환경과 다시 연결되기 위해

해설 (오답 A) 사람들의 사실적인 움직임을 관찰하였지만 초상화 그림에 대한 제안은 아니다.
(정답 B) 동물 경매장에 가서 사람들의 움직임을 관찰했다고 한다.
(오답 C) 풍경화에 필요한 영감을 얻은 적은 없다.
(오답 D) 다시 고향 환경과 연결된다는 것은 자의적 해석을 통해 너무 멀리 유추한 내용이다.

4. 교수가 프란첸이 겪은 미술가 활동 경력상의 힘겨움에 관해 이야기할 때 교수와 관련해 무엇을 유추할 수 있는가?
[Inference]
(A) 미술가들의 활동 경력이 시간이 흐름에 따라 어떻게 변화되었는지 보여주고 싶어한다.
(B) 자신의 미술 수업을 듣는 학생들에게 프란첸이 영감을 주는 역할을 할 수 있다고 생각한다.
(C) 프란첸이 젊은 미술가로서 직면했던 문제들에 공감한다.
(D) 그 힘겨움이 프란첸 작품의 몇몇 주제에 영향을 미쳤다고 생각한다.

해설 (오답 A) 경력의 변화를 이야기하려는 것은 아니다.
(정답 B) 학생들에게 프란첸처럼 힘들더라도 본인에게 중요하다고 생각하는 것을 계속 하라고 격려한다.
(오답 C) 교수의 경험과 관련 짓는 것은 아니다.
(오답 D) 자의적 해석을 통해 너무 멀리 유추한 내용이다.

5. 강의의 일부를 다시 들어보시오. 그런 다음, 질문에 답하시오.

그리고, 전반적으로, 저는 프란첸이 누구나 즐길 수 있는 미술가라고 생각합니다. 말하자면, 일부 미술가들은, 특히 더 추상적인 미술가들의 경우, 그 작품의 맥락을 알아야 합니다… 그들의 삶에 대한 이야기와 미술 작품 이면에 존재하는 개념들을요… 그래야 제대로 감상할 수 있죠. 하지만 프란첸은 아닙니다.

교수가 다음과 같이 말할 때 무엇을 암시하는가? [Inference]
저는 프란첸이 누구나 즐길 수 있는 미술가라고 생각합니다.

(A) 학생들이 강의의 이 부분에 특히 주의를 기울여야 한다.
(B) 프란첸의 배경과 관련된 상세 정보가 특별히 흥미롭지는 않다.
(C) 학생들이 추가 정보 없이 프란첸의 작품을 감상할 수 있다.
(D) 대부분의 사람들이 이미 프란첸의 삶에 대한 이야기에 익숙하다.

해설 (오답 A) 주의를 기울이라는 의도는 아니다.
(오답 B) 프란첸의 배경 정보가 작품 감상에 꼭 필요한 것은 아니라는 뜻이지 흥미롭지 않음을 암시하는 것은 아니다.
(정답 C) 다른 미술가들에 대해서는 미리 알아야 할 것들이 있지만 로즈 프란첸은 다르다고 하므로 추가 정보 없이 그녀의 작품을 감상할 수 있음을 나타낸다.

(오답 D) 주어진 정보로 유추할 수 없는 내용이다.

6. 교수는 어떻게 강의 내용을 구성하는가? [Organization]
(A) 특정 미술가의 작품 두 가지를 살펴봄으로써
(B) 특정 미술가의 초기 및 후기 작품을 대조함으로써
(C) 한 화가를 이전의 미술가들과 비교함으로써

(D) 한 미술가의 경력을 시간 순으로 설명함으로써

해설 (정답 A) 로즈 프란첸의 두 작품으로 강의를 구성해 각 작품의 특징을 전반적으로 살펴보고 있다.
(오답 B) 초기와 후기로 나누지 않는다.
(오답 C) 다른 미술가들과 비교하지는 않는다.
(오답 D) 시간 순으로 설명하는 구성은 아니다.

[문제 어휘]
relate to ~에 공감하다 face ~에 직면하다, ~와 맞닥뜨리다 contrast ~을 대조하다

Practice Test 2

Answers

1. A	2. C	3. C	4. CD	5. D	6. D

Listen to part of a lecture in an architecture class. The professor has been discussing housing designs.

Professor:
So, recently, we've been discussing housing designs in the United States, namely those in urban areas around the 1940s. We've looked at photos of apartment complexes in New York City and Boston, for example, which showed how architects tried to comfortably house multiple residents in the same building. [1(A)]Now, we'll switch over and look at suburban housing, which was a new phenomenon after World War II. Young men returned from the war ready to start families, so an entire generation needed affordable housing. There was a substantial demand, and the architecture firm Levitt & Sons aimed to fill it. Instead of following their own artistic ideas, they designed the houses to suit potential homebuyers, that is to say, [2(C)]homes that would satisfy the needs of young families. They established a residential community in New York with their newly designed, functional homes. It had about 2,000 units, and the community became known as Levittown. Nowadays, it's regarded as the first suburb.

Levitt & Sons designed what came to be known as the Cape Cod house. Umm…not because they were in Cape Cod, but because they looked like the traditional cottages that were common in the Northeast. Again, they were simple, without any artistic flourishes. The living room was

건축학 강의의 수업 일부를 들어보시오. 교수가 주택 디자인을 계속 이야기하고 있다.

교수:
자, 요즘, 우리는 미국의 주택 디자인, 즉 1940년대 무렵의 도시 지역에 있던 것을 이야기해 오고 있습니다. 우리는, 그 예로, 뉴욕 시와 보스턴의 아파트 단지 건물 사진들을 살펴봤는데, 이는 건축가들이 어떻게 동일한 건물 내에서 다수의 주민들에게 편하게 살 곳을 제공하려 했는지 보여주었습니다. [1(A)]이제, 다음으로 넘어가서 교외 지역의 주택을 살펴볼 텐데, 이는 2차 세계 대전 후에 나타난 새로운 현상이었습니다. 젊은 남성들이 전쟁에서 돌아와 가정을 꾸리기 시작할 준비를 했기 때문에, 한 세대 전체가 가격이 알맞은 주택을 필요로 했습니다. 수요가 상당했기 때문에, 건축회사 레빗 앤 선즈는 그 수요를 충족시키는 것을 목표로 삼았습니다. 자신들의 예술적 아이디어를 따르는 대신, 잠재적인 주택 구매자들에게 적합한 집, 다시 말해서, [2(C)]젊은 부부가 사는 가정의 요구를 충족할 만한 집을 디자인했습니다. 이들은 자신들이 새로 디자인한, 기능적인 집들로 뉴욕에 거주 단지를 세웠습니다. 그 곳에 약 2,000 세대가 있었으며, 그 거주 단지는 레빗타운이라고 알려지게 되었습니다. 지금은, 최초의 교외 지역으로 여겨지고 있죠.

레빗 앤 선즈는 케이프 코드 하우스라고 알려지게 되는 집을 디자인했습니다. 음… 케이프 코드에 있어서가 아니라, 북동부 지역에서 흔했던 전통적인 작은 집을 닮았다는 점이 그 이유였습니다. 다시 한번 말하지만, 이 집들은 단순했으며, 예술적으로 과장된 어떤 요소도 없었습니다. 거실은 집 앞부분에

at the front of the house, and its window looked out at the street. Then it had two bedrooms, and a bathroom and a kitchen, all on one floor. Umm…and to keep costs down, the bathroom was situated next to the kitchen, so the house only required one plumbing system. Very practical, right? And, maybe some of you are thinking, this seems a little small for a family, with only two bedrooms. [2(C)]But this was another appealing feature of the Cape Cod house. You see, as the family grew, the house could be expanded. Each unit had an unfinished attic space, and Levitt & Sons promoted this space as a way to add a bedroom or two to the home. Plus, since everything was on one floor, it was easy to attach extra rooms to the house later, or expand the living room or kitchen.

[4(C)]Each house was designed the exact same way, built with the same materials, and followed the same standards. This uniformity helped make them economical, and their low prices allowed young families to move out of the cities. And, for the first time, there was an entire residential community of identical houses, save for maybe…a different colored roof, maybe different paint jobs. [6(D)]Of course, a demand for variety was sure to follow, and Levitt & Sons were ready with their second design. But, you know, it wasn't anything radical. They had a winning formula already, after all. The second design was the ranch house. It had a different style of roof, and overall adopted a more modern look…not as historical as the Cape Cod design. I doubt Levitt stressed too much while coming up with this so-called new design, and it definitely didn't cost them much, but it was another success for the firm.

[3(C)]Perhaps the biggest departure of the ranch house was moving the living room to the back of the house instead of the front. Umm…and this slight change became the house's main selling point. You'll recall the large window in the living room. Well, now it was facing the back of the house, and looked out over the backyard. It became known as the "picture window" because it gave an ideal, framed view of the outside. So, you can imagine the parents sitting in the living room while they watch their children play in the yard. What a sight! This subtle change was indicative of a wider turning away of the American family toward private, isolated lives. The house no longer looked out at the street, which takes the family out into the world, but instead to the secluded, private backyard. It struck a chord with homebuyers, even though Levitt & Sons only rotated the design of the house. Nonetheless, it was a significant change.

있었으며, 그 창문에서 거리가 내다보였습니다. 그리고 두 개의 침실과 욕실 하나, 그리고 주방이 하나 있었는데, 모두 한 층에 있었습니다. 음… 그리고 비용을 낮게 유지하기 위해, 욕실은 주방 옆에 자리잡고 있었기 때문에, 이 집은 오직 하나의 배관 시스템만 필요했습니다. 아주 실용적이지 않나요? 그리고, 아마 여러분 중 일부는 이 집에 침실이 두 개 밖에 없기 때문에 한 가정이 살기엔 조금 작은 것 같다고 생각할 수도 있습니다. [2(C)]하지만 이는 케이프 코드 하우스가 지닌 또 다른 매력적인 특징이었습니다. 그러니까, 가족 규모가 늘어날수록, 집이 확장될 수 있었습니다. 각 세대에 완성되지 않은 다락방 공간이 있었고, 레빗 앤 선즈는 이 공간을 집에 침실 한 두 개를 추가할 수 있는 방법으로 홍보했습니다. 게다가, 모든 것이 한 층에 있었기 때문에, 나중에 집에 추가로 방을 이어 붙이거나, 거실 또는 주방을 확장하기가 쉬웠습니다.

[4(C)]각 집은 정확히 동일한 방식으로 디자인되고, 동일한 자재로 지어졌으며, 동일한 기준을 따랐습니다. 이러한 일관성은 그 집들을 경제적으로 만드는 데 도움이 되었고, 그 낮은 가격으로 인해 젊은 가정이 도시에서 벗어나 이사할 수 있게 되었죠. 그리고, 처음으로, 아마… 다른 색으로 된 지붕과, 다른 색으로 된 페인트칠을 제외하면, 전체가 동일한 집들로 구성된 하나의 거주 단지가 존재했습니다. [6(D)]당연히, 다양성에 대한 수요가 분명 뒤따랐고, 레빗 앤 선즈는 두 번째 디자인에 대한 준비가 되어 있습니다. 하지만, 말하자면, 전혀 급진적인 것은 아니었습니다. 어쨌든, 이들은 이미 승리 공식을 알고 있었죠. 두 번째 디자인은 랜치 하우스였습니다. 이 집은 지붕이 다른 스타일로 되어 있었고, 전반적으로 더욱 현대적인 모습을 채택했는데… 케이프 코드 디자인만큼 역사적이지는 않았습니다. 저는 레빗이 이렇게 소위 새로운 디자인을 생각해내면서 너무 많은 것을 강조했다고 생각하지 않으며, 분명 그들에게 많은 비용이 들진 않았지만, 그 회사에겐 또 다른 성공이었습니다.

[3(C)]아마 이 랜치 하우스에서 가장 크게 변경된 점은 거실을 집의 앞부분 대신 뒷부분으로 옮겼다는 점일 것입니다. 음… 그리고 이 작은 변화가 이 집의 주된 셀링 포인트가 되었습니다. 거실에 있었던 큰 창문이 기억나실 겁니다. 음, 이제 이 창문은 집 뒷면을 마주하고 있으면서 뒤뜰이 내다보이게 되었습니다. 이 창문이 이상적인, 프레임으로 외부를 바라보는 경관을 제공해 주었기 때문에 "전망 창"이라는 명칭으로 알려지게 되었습니다. 그래서, 부모가 거실에 앉아 뜰에서 노는 아이들을 보는 모습이 상상이 되실 겁니다. 정말 멋진 모습이죠! 이 미묘한 변화는 미국의 가정이 개인적이고 고립된 삶으로 더 폭넓게 돌아서고 있다는 것을 나타냈습니다. 이 집이 더 이상 거리를 내다보지 않았는데, 이는 바깥 세상을 내다보던 가족을 돌려세워, 대신 한적하고 사적인 뒤뜰로 눈길을 향하게 합니다. 레빗 앤 선즈는 그저 집의 디자인만 회전시켰는데, 이것이 주택 구매자들의 공감을 불러일으켰습니다. 그럼에도 불구하고, 이는 중요한 변화였습니다.

Similar to the Cape Cod house, the ranch house was offered for a low price. [4(D)]Levitt & Sons continued to streamline their building processes and save on costs. They adopted the assembly line model introduced by Ford, though, of course, not on an actual factory assembly line. [4(D)]Since the houses had identical designs, builders were trained to do one specific job. Umm…they would install the doors, or paint the house. Each worker would work on each individual house, dividing the work process and reducing the time and money spent building each house. [5(D)]So much success was doubtlessly going to have imitators, and by the 1950s, Levitt & Sons' houses became the prototype design for construction firms across the country, and sub urbs—identical pretty boxes on the hill—began springing up everywhere.

케이프 코드 하우스와 유사하게, 랜치 하우스도 저렴한 가격에 제공되었습니다. [4(D)]레빗 앤 선즈는 지속적으로 건축 과정을 간소화해 비용을 절약했습니다. 이들은 포드가 도입한 조립 라인 모델을 채택했는데, 당연히, 실제 공장 조립 라인에서 작업한 것은 아니었습니다. [4(D)]이 집들이 동일한 디자인으로 되어 있었기 때문에, 건축업자들이 한 가지 특정 작업을 하도록 교육받았던 것이죠. 음… 이들은 문들을 설치하고, 집에 페인트칠을 했습니다. 각 작업자가 각각의 집을 개별적으로 맡아 작업하면서, 작업 과정을 분담하고 각각의 집을 짓는 데 들어가는 시간과 돈을 줄였습니다. [5(D)]너무 큰 성공으로 인해 의심의 여지없이 모방 업체들이 생겨나게 되었고, 1950년대 무렵엔, 레빗 앤 선즈의 집이 전국 각지의 건설 업체들에게 원형 디자인이 되었으며, 동일한 예쁜 상자 같은 집들이 언덕에 자리잡은 교외 지역이 여기저기서 우후죽순처럼 나타나기 시작했습니다.

[스크립트 어휘]

switch over (순서상 다음으로) 넘어가다 phenomenon 현상 affordable 가격이 알맞은 aim to do ~하는 것을 목표로 하다 flourish n. 과장, 장식 feature 특징 attic 다락(방) uniformity 일관성, 통일성 radical 급진적인, 과격한 winning formula 승리 공식 come up with (아이디어 등) ~을 생각해내다, 내놓다 departure 변화, 벗어남 subtle 미묘한 be indicative of ~을 나타내다, 가리키다 isolated 고립된 secluded 한적한 strike a chord with ~의 공감을 불러일으키다 rotate ~을 회전시키다 streamline ~을 간소화하다 adopt ~을 채택하다 imitator 모방 업체, 모방하는 사람 prototype 원형, 시제품 spring up 우후죽순처럼 생겨나다

1. 강의는 주로 무엇에 관한 것인가? [Topic & Purpose]
(A) 한 건축 업체가 어떻게 가격이 알맞은 주택을 제공했는가
(B) 건설 비용을 절약하는 데 활용된 방법
(C) 20세기 미국 도시들의 주택 디자인 경향
(D) 교외 지역의 확산 이면에 존재하는 영향력

해설 (정답 A) 강의 초반부에 교외 지역 주택을 살펴 본다고 알리면서 적당한 가격의 주택을 레빗 앤 선즈가 어떻게 제공했는지 설명하고 있다.
(오답 B) 비용 절약이 주된 내용은 아니다.
(오답 C) 20세기 미국 도시들의 주택을 전반적으로 보는 것이 아니다.
(오답 D) 어떤 현상의 이면에 존재하는 영향력에 초점을 맞춰 설명하는 것은 아니다.

2. 케이프 코드 하우스의 어떤 특징이 젊은 가족들에게 매력적이었는가? [Detail]
(A) 주방에 붙어 있었던 거실
(B) 여러 층에 이르렀던 배관 시스템
(C) 별도의 방으로 개조될 수 있었던 다락방
(D) 아이들이 놀 수 있었던 널찍한 뒤뜰

해설 (오답 A) 거실을 언급했지만 이 부분이 매력적임을 언급하지는 않는다.

(오답 B) 배관 시스템을 실용적이라고 했지만 젊은 가족들에게 매력적인 특징으로 언급한 것은 아니다.
(정답 C) 케이프 코드 하우스는 젊은 가족들에게 매력적이었다고 말하면서 다락방의 존재와 별도의 방으로 만들어질 수 있는 특징을 언급하고 있다.
(오답 D) 뒤뜰이 넓었는지는 알 수 없다.

3. 교수는 왜 랜치 하우스의 거실 창문을 이야기하는가? [Organization]
(A) 그것이 어떻게 지역들을 덜 공동체적으로 만들었는지 설명하기 위해
(B) 그것이 어떻게 거리의 전경을 제공해 주었는지 설명하기 위해
(C) 케이프 코드 하우스와 다른 주요 차이점을 강조하기 위해
(D) 가정마다 개인적인 삶에 초점을 맞추는 데 도움을 주었음을 나타내기 위해

해설 (오답 A) 덜 공동체적으로 되었는지는 알 수 없다.
(오답 B) 랜치 하우스의 거실 창문은 거리가 아닌 뒤뜰 전경을 바라보게 해준다.
(정답 C) 케이프 코드 하우스와 다른 두 번째 집 유형인 랜치 하우스를 언급하면서 창문을 차이점으로 설명하고 있다.

(오답 D) 개인적인 삶에 더 초점을 맞추게 되었다고 말하지만, 그것을 언급하려고 랜치 하우스 창문을 얘기한 것이 아니다.

(오답 B) 언급된 적 없는 정보이다.
(오답 C) 전국적으로 퍼졌지만 세계적으로 확산되었다는 내용은 없다.
(정답 D) 모방 업체들이 나타나서 유사한 지역 공동체들이 생겼다고 한다.

4. 무엇이 레빗 앤 선즈가 자사의 건설 비용을 낮게 유지할 수 있게 해주었는가? [Detail]
2개의 선택지를 클릭하시오.

[A] 개조 가능한 다양한 집을 만들었다.
[B] 주요 도시 근처에 거주 단지들을 지었다.
[C] 동일한 자재로 집을 지었다.
[D] 작업자들이 특정 작업을 완료하도록 교육했다.

해설 (오답 A) 비용을 낮춘 요소가 아니다.
(오답 B) 낮은 비용으로 인해 오히려 도시에서 벗어나 교외 지역에 많이 지어졌다.
(정답 C) 케이프 코드 하우스와 관련하여, 똑같은 자재로 집을 지었기에 낮은 비용으로 만들 수 있었다고 한다.
(정답 D) 랜치 하우스와 관련하여, 집들이 같은 디자인으로 만들어졌기에 작업자들이 특정 작업을 하도록 훈련되어 비용을 낮췄다고 한다.

6. 강의의 일부를 다시 들어보시오. 그런 다음, 질문에 답하시오.

당연히, 다양성에 대한 요구가 분명 뒤따랐고, 레빗 앤 선즈는 두 번째 디자인에 대한 준비가 되어 있습니다. 하지만, 말하자면, 전혀 급진적인 것은 아니었습니다. 어쨌든, 이들은 이미 승리 공식을 알고 있었죠. 두 번째 디자인은 랜치 하우스였습니다.

교수가 다음과 같이 말할 때 교수와 관련해 무엇을 유추할 수 있는가? [Inference]
하지만, 말하자면, 전혀 급진적인 것은 아니었습니다.

(A) 첫 번째 디자인이 두 번째보다 더 우수했다고 생각한다.
(B) 레빗 앤 선즈가 디자인에 더 많은 노력을 기울였어야 했다고 생각한다.
(C) 많은 주택 구입자들이 그러한 변화들을 기뻐했다고 생각하지 않는다.
(D) 해당 디자인 두 가지가 매우 유사하다고 여기고 있다.

해설 (오답 A) 두 가지를 비교하여 하나가 더 낮다고 말하는 것이 아니다.
(오답 B) 노력을 더 기울여야 한다고 하지 않는다.
(오답 C) 주택 구입자들의 의견은 해당 구간에 나오지 않는다.
(정답 D) 두 번째 디자인이 전혀 급진적이지 않고 이미 승리 공식을 알고 있다고 말하는 것은 두 디자인이 유사함을 의미한다.

5. 레빗타운의 성공에 따라 나타난 결과는 무엇이었는가? [Detail]
(A) 대다수의 사람들이 도시 밖으로 이사했다.
(B) 아파트 건물 단지의 인기가 식었다.
(C) 레빗 앤 선즈의 예술적인 비전이 세계적으로 확산되었다.
(D) 유사한 지역 공동체들이 다른 여러 지역에서 나타났다.

해설 (오답 A) 교외에 많은 유사한 집들이 생겼지만 대다수 사람들이 도시 밖으로 이동했는지는 알 수 없다.

[문제 어휘]
convert A into B A를 B로 개조하다, 전환하다 communal 공동의, 공용의 adaptable 개조 가능한 matching 어울리는 a majority of 대다수의, 대부분의 superior to ~보다 더 우수한

3. Music

Answers

1. B	2. A	3. A	4. C	5. D	6. C

Listen to part of a lecture in a music history class.

Professor:
At the turn of the twentieth century, composers in both the United States and Europe were becoming interested in moving beyond what, up to that point, had been traditional forms of music. Umm…you see, these were composers of more-or-less classical music. This was the typical idea of artistic music that used routine Western scales and chords. Umm…but, as the 1900s continued, composers of the avant-garde began pushing it even further. They experimented not only with sound, but form and even medium. Their experiments sometimes upset the more traditionally minded critics and audiences. But it was meant to be radical and to challenge the concept of art. [1(B)]American composer John Cage made great strides in avant-garde music. While he started out as a more classical composer, he was drawn more and more by the potential and possibilities of musical experimentation. [1(B)]Two key events changed his perspective on what constitutes music.

The first of these events was his meeting with avant-garde painter Robert Rauschenberg in 1951. Avant-garde, of course, is a term that can apply to all artistic genres, a French term literally meaning "vanguard"…umm…the troops that go before the rest. Now, Rauschenberg had painted a series of paintings that were all white, though they were painted on different textures of canvas. White, and that's it. However, Rauschenberg's motivation for the piece wasn't nearly as simple as the execution. He was exploring the limits of art. In effect, how little art could there be for a piece to still be artistic? [2(A)]Even if they were all white, new elements affect the paintings—the lighting, dust, the movement of shadows. And this challenge revolutionized Cage's way of thinking about art and its creation.

[3(A)]The next influential event for Cage came when he experienced an anechoic chamber, which is a specially made room whose walls absorb sound. Umm…anechoic means without echoes, so the idea is that you can

음악사 강의의 수업 일부를 들어보시오.

교수:
20세기로 전환되던 시점에, 미국과 유럽 두 곳의 작곡가들은 모두, 당시까지, 전통적인 음악의 형태였던 것들을 넘어서는 데 관심을 갖게 되었습니다. 음… 그러니까, 이 사람들은 다소 고전적인 음악을 만든 작곡가들이었습니다. 이는 통상적인 서양 음계와 코드들을 활용한 예술적 음악의 전형적인 개념이었습니다. 음… 하지만, 1900년대가 이어지면서, 아방가르드 작곡가들은 훨씬 더 깊이 있게 밀어붙이기 시작했습니다. 이들은 소리에 대한 것뿐만 아니라, 방식, 그리고 심지어 표현 수단에 대한 것까지 실험했습니다. 이들의 실험은 때로는 더 전통적인 생각을 지닌 평론가들과 관객들을 언짢게 만들었습니다. 하지만 이는 급진적이면서 예술의 개념에 도전하기 위한 것이었습니다. [1(B)]미국의 작곡가 존 케이지는 아방가르드 음악에 있어 장족의 발전을 이뤘습니다. 그가 처음에는 더 고전적인 음악을 하는 작곡가로 시작하기는 했지만, 음악적 실험의 잠재성과 가능성에 점점 더 크게 이끌렸습니다. [1(B)]두 가지 핵심적인 사건이 무엇이 음악을 구성하는가에 대한 그의 관점을 바꿔 놓았습니다.

이 사건들 중의 첫 번째는 1951년에 있었던 아방가르드 화가 로버트 라우센버그와의 만남이었습니다. 아방가르드는, 당연히, 모든 예술 장르에 적용할 수 있는 용어인데, 말 그대로 "전위"… 음… 나머지보다 선봉에 서는 병력을 의미하는 프랑스 말입니다. 자, 라우센버그는 전부 흰색이었던 일련의 그림을 그리긴 했지만, 서로 다른 질감을 지닌 캔버스에 그렸습니다. 흰색, 그게 전부입니다. 하지만, 작품에 대한 라우센버그의 동기는 그 실행만큼 전혀 단순하지 않았습니다. 그는 예술의 한계를 탐구하고 있었습니다. 실제로, 한 작품이 여전히 예술적일 수 있도록 하는 데 예술이 얼마나 적게 존재할 수 있을까요? [2(A)]설사 전부 흰색이라 하더라도, 새로운 요소들, 즉 빛, 먼지, 그림자의 움직임 등이 그림에 영향을 미치게 됩니다. 그리고 이러한 도전이 예술 및 그 창조에 대한 케이지의 사고 방식에 대변혁을 일으켰습니다.

[3(A)]그 다음으로 케이지에게 영향을 미친 사건은 그가 소리를 흡수하는 벽들이 존재하는 특수 제작된 방인 무향실을 경험했을 때 일어났습니다. 음… 무향이라는 말은 울림이 없다는 뜻이기 때문에, 이 개념은 그런 방에 가면 거의 완전한 적막

experience virtually pure silence in such a room. Cage, however, with his highly trained ears, heard two noises. One was high, and he was later told that it was created by his nervous system. The other sound was low, and it similarly came from within him: it was the sound of his blood pumping through his body. [3(A)]And hearing these sounds deeply affected Cage. He had the realization that music does not even need to be created—it exists everywhere around us…even in us. He called this idea "found sound"—the sounds that occur everywhere, already, without our intervention. So, soft breathing in a silent room, or the traffic pouring through your window. [4(C)]In Cage's newly developed line of thinking, these sounds were just as musical as any made by instruments.

Cage wanted to showcase found sound in a composition. He needed a way to get an audience to recognize random sounds in the environment as music. And he did this by creating his famous piece "4 minutes 33 seconds." It's also known as the silent composition, and maybe you can guess why. Well, it was completely silent, for four minutes and 33 seconds. Similar to how Rauschenberg's paintings were entirely white, right? During the premiere, a pianist sat on stage ready to play. But, the only thing she did was open and close the lid of the piano at the start and end of each movement, which there were three of…but again, not a single note in any of them. As you can imagine, this didn't go over well with eager audiences and music critics. They felt tricked and scandalized. But Cage thought the piece was played perfectly…exactly how he created it to be. And the fact that people were upset by it showed that they missed the intention, which was that even in the absence of music, there is still sound, and that sound itself is musical. The music during the first performance was actually the audience breathing, the wind howling outside, the patter of raindrops. To correctly hear "4'33" then, the audience needed to key into these other sounds, the found sound. It was a revolutionary idea, even for avant-garde music. [5(D)]Umm…nonetheless, I can entirely understand how the audience felt. The piece still confuses people today.

And believe it or not, Cage's silent piece is frequently performed around the world. [6(C)]But, these performances are more often than not completely misinterpreted. It's been used in choreography, but the dancers made sounds with their feet as they danced across the stage. And it's done ironically, where people talk about how quiet it is during the performance. Umm…so you can see how these acts miss Cage's point entirely.

을 경험할 수 있다는 것입니다. 하지만, 케이지는, 고도로 숙련된 귀를 지니고 있어서, 두 가지 소리를 들었습니다. 하나는 높은 소리였는데, 그가 나중에 자신의 신경계에 의해 만들어진 것이었다고 밝혔습니다. 다른 하나는 낮은 소리였는데, 유사하게 자신에게서 들렸던 것으로서, 자신의 몸 전체에 걸쳐 혈액이 솟구치는 소리였습니다. [3(A)]그리고 이런 소리들을 들은 것이 케이지에게 크게 영향을 미쳤습니다. 그는 음악이 우리 주변 어디에나… 심지어 우리 안에도 존재하기 때문에, 만들어낼 필요조차 없다는 깨달음을 얻었습니다. 그는 이러한 생각을 우리의 개입 없이 이미 어디에서나 나타나는 소리라는 뜻에서 "발굴한 소리"라고 불렀습니다. 그러니까, 조용한 방에서 들리는 작은 숨소리나, 창문을 통해 쏟아져 들어오는 차량 소리 같은 것들이죠. [4(C)]케이지가 새롭게 발전시킨 의식 구조 속에서, 이런 소리들은 악기가 내는 어떤 소리만큼이나 바로 음악적인 것이었습니다.

케이지는 작곡을 통해 발굴한 소리를 선보이고 싶었습니다. 그는 환경 속에서 무작위로 들리는 소리들을 음악으로 인식할 수 있는 관객을 확보할 방법이 필요했습니다. 그리고 그의 유명 작품인 "4분 33초"를 만들어냄으로써 그렇게 했습니다. 이는 또한 무음 작품으로도 알려져 있으며, 아마 왜 그런지 아실 수 있을 겁니다. 음, 이 작품은 철저히 무음이었습니다, 4분 33초 동안 말이죠. 라우센버그의 그림들이 완전히 흰색으로 되어 있던 방식과 유사하지 않나요? 첫 공연에서, 한 피아니스트가 연주할 준비를 하고 무대 위에 앉았습니다. 하지만, 그 피아니스트가 한 일이라곤 세 악장 중 시작과 마지막에 피아노 뚜껑을 열었다 닫은 것뿐이었습니다… 하지만 다시 한 번 말하지만, 그 중 어떤 것에도 단 하나의 음도 없었습니다. 상상이 되시겠지만, 이는 열성적인 관객들과 음악 평론가들에게 좋게 받아들여지지 않았습니다. 이들은 속았다는 생각에 분한 기분이 들었습니다. 하지만 케이지는 그 작품이 완벽하게 연주되었다고 생각했죠… 정확히 자신이 만들어낸 의도대로 말이죠. 그리고 사람들이 그 작품으로 인해 언짢아했다는 사실은 그 의도, 즉 심지어 음악의 부재 속에서도 여전히 소리가 존재하고, 그 소리 자체가 음악적이라는 점을 놓쳤다는 것을 나타냈습니다. 첫 공연 중에서 음악은 사실 관객들의 숨소리와 외부에서 윙윙거리는 바람 소리, 그리고 빗방울이 후두둑 떨어지는 소리였습니다. 그래서 "4분 33초"를 제대로 들으려면, 관객들이 이 다른 소리들, 즉 발굴한 소리를 이해해야 했습니다. 이는 혁신적인 아이디어였으며, 심지어 아방가르드 음악에 있어서도 그러했습니다. [5(D)]음… 그럼에도 불구하고, 저는 그 관객들이 어떻게 느꼈을지 전적으로 이해할 수 있습니다. 이 작품은 여전히 오늘날에도 사람들을 혼란스럽게 합니다.

그리고 믿기 힘들겠지만, 케이지의 무음 작품은 전 세계 곳곳에서 자주 공연되고 있습니다. [6(C)]하지만, 이런 공연들은 대개 완전히 잘못 해석되고 있죠. 안무가 함께 활용되어 왔는데, 무용수들이 무대 전체에 걸쳐 춤을 출 때 발소리를 냅니다. 그리고 공연이 역설적으로 진행되는데, 사람들이 공연 중에 얼마나 조용한지에 관해 이야기하기 때문입니다. 음… 그래서 이런 행동들이 어떻게 케이지의 의도를 완전히 놓치는 것인지 알 수 있습니다.

[스크립트 어휘]

more-or-less 다소의 scale 음계 medium 표현 수단, 매체 radical 급진적인, 과격한 make great strides in ~에 있어 장족의 발전을 이루다 perspective 관점, 시각 constitute ~을 구성하다 vanguard 전위, 선봉 texture 질감 execution 실행 revolutionize ~에 대변혁을 일으키다 anechoic chamber 무향실(소리 등의 반사가 없는 방) intervention 개입, 간섭 composition 작곡(된 작품) movement 악장, (큰 음악 작품의) 한 부분 scandalize ~을 분개하게 만들다 howl (바람이) 윙윙거리다 patter 후두둑 떨어지는 소리 key into ~을 이해하다 choreography 안무

1. 교수는 주로 무엇을 이야기하는가? [Topic & Purpose]
(A) 한 아방가르드 음악 작품에 포함된 고전주의적 요소들
(B) 한 도전적인 음악 작품에 영향을 미친 생각들
(C) 한 실험적인 작곡가에 대한 비판적인 반응
(D) 아방가르드가 그림과 음악에 미친 영향

해설 (오답 A) 고전주의 음악 요소들을 다루는 것은 아니다.
(정답 B) 도전적인 아방가르드 음악 작품에 영향을 미친 두 가지 사건들을 다루겠다고 도입부에서 언급하고 있다.
(오답 C) 작곡가에 대한 비판적 반응을 다루는 것은 아니다.
(오답 D) 그림과 음악에 미친 영향을 다루는 것은 아니다.

2. 교수의 말에 따르면, 라우센버그의 그림이 어떻게 존 케이지에게 영향을 미쳤는가? [Detail]
(A) 예술이 내용물 없이도 의미를 지닐 수 있다는 것을 보여주었다.
(B) 평론가들의 의견에 대해 그만 걱정하도록 그에게 자극제가 되었다.
(C) 다른 여러 장르의 예술가들과 공동 작업하도록 그를 이끌었다.
(D) 시각적인 표현 수단을 위한 음악을 작곡하도록 그의 도전 의식을 북돋았다.

해설 (정답 A) 하얀 캔버스더라도 다양한 의미가 있을 수 있다는 것이 존 케이지에게 영향을 주었다고 한다.
(오답 B) 평론가들에 대한 언급은 있지만 그만 걱정하도록 한 내용은 알 수 없다.
(오답 C) 다른 예술가들과의 공동 작업은 언급된 적 없는 정보이다.
(오답 D) 음악의 시각적 표현에 대한 내용은 알 수 없다.

3. 존 케이지에게 있어 무향실 경험이 왜 중요했는가? [Detail]
(A) 적막함이 자연적인 소리를 음악적으로 만들어준다는 사실을 깨달았다.

(B) 음악이 무향실에서 연주될 수 있게 작곡하고 싶어했다.
(C) 신체의 자연적인 소리를 이용해 음악을 작곡하도록 영감을 얻었다.
(D) 음악 작곡에서 울림을 활용하는 것의 잠재성을 인식했다.

해설 (정답 A) 무향실을 경험한 후 음악을 만들지 않고도 음악적일 수 있다는 것을 깨달았다고 한다.
(오답 B) 언급된 적 없는 정보이다.
(오답 C) 신체의 자연적인 소리를 이용하여 작곡한다고 한 적이 없다.
(오답 D) 울림의 잠재성을 인식했다고 말하는 내용은 없다.

4. 존 케이지는 발굴한 소리에 대해 어떻게 생각했는가? [Attitude]
(A) 실제가 아닌 이론적으로 활용될 수 있다고 생각했다.
(B) 작곡된 음악 작품이 되도록 조정될 수 있다고 생각했다.
(C) 악기만큼 음악적인 것이라고 생각했다.
(D) 무작위적인 소리가 들어간 작곡이 너무 혼란스럽다고 생각했다.

해설 (오답 A) 존 케이지는 실제로 선보였다.
(오답 B) 환경 속에서 무작위로 들리는 소리들을 음악으로 인식할 수 있도록 두었기에 '작곡/조정'과는 반대된다.
(정답 C) 발굴한 소리가 악기가 내는 소리만큼 음악적인 것으로 인식한 점을 언급하고 있다.
(오답 D) 무작위적 소리에 대한 존 케이지의 부정적인 생각은 이 강의에서 알 수 없다.

5. 교수는 "4분 33초" 초연에 참석한 관객들과 관련해 무엇을 암시하는가? [Inference]
(A) 공연 중에 차량 소리에 의해 방해를 받았을 수도 있다.
(B) 케이지의 실험적인 작곡을 열렬히 지지했다.
(C) 평론가들만큼 많이 그 작품을 즐기지 못했다.
(D) 예상된 방식으로 그 음악 작품에 반응했다.

해설 (오답 A) "4분 33초"에서 주변 소리는 공연 방해 요소가 아니다.
(오답 B) 좋게 받아들여지지 않고 언짢아했다고 말한다.
(오답 C) 평론가들과 관객을 비교한 내용이 없어서 알 수 없다.
(정답 D) 관객들이 속았다고 언짢아 하는 것도 교수는 전적으로 이해할 수 있다고 말하고 있다. 이는 그러한 반응을 예상할 수 있었다는 의미를 나타낸다.

6. 교수는 왜 현재의 많은 "4분 33초" 공연들이 잘못된 해석이라고 말하는가? [Detail]
(A) 다른 공연들이 동반되고 있다.
(B) 너무 많은 악기를 특징으로 한다.
(C) 의도적인 소리들을 포함하고 있다.
(D) 현장 관객들 앞에서 진행된다.

해설 (오답 A) 안무 같은 다른 공연이 동반되는 것이 문제라기 보다는 의도적인 발소리가 문제이다.
(오답 B) 현재 4분 33초 공연에 많은 악기가 사용된다는 내용은 없다.
(정답 C) 요즘 공연들이 잘못 해석된 이유로 댄서들이 발로 소리를 내는 것을 언급하는데, 이는 공연 의도에 맞지 않는 소리이다.
(오답 D) 현장 관객들 앞에서 진행하는 것이 잘못된 해석의 이유는 아니다.

[문제 어휘]
inform ~에 영향을 미치다 **lead A to do** ~하도록 A를 이끌다 **collaborate with** ~와 공동 작업하다 **challenge A to do** A에게 ~하도록 요구하다 **in theory** 이론적으로 **distract** ~을 방해하다, ~에 지장을 주다 **fashion** 방식, 방법 **be accompanied by** ~을 동반하다 **feature** ~을 특징으로 하다 **take place** 진행되다, 발생되다

Practice Test 2

Answers

1. D	**2.** C	**3.** C	**4.** A	**5.** A	**6.** A

Listen to part of a lecture in a music history class. The professor has been discussing music of the twentieth century.

P: So, tell me, when you think of rock 'n roll music, what's the first instrument that comes to mind?

S: The electric guitar, of course.

P: And I think most everyone would agree. [1(D)]The very sound of rock 'n roll revolves around the electric guitar. But, the genre didn't become popular until the 1950s. The history of the instrument goes back a bit further, and it had undergone several stages of development already since the 1920s. It's no surprise that its origins reach back to the acoustic guitar, or Spanish guitar—originally made from wood with strings created from animal products. Then came steel strings, which paved the way for further innovation with the lap guitar. You might know it better as the steel guitar, or even slide guitar, because the player uses a steel tube that slides along the neck

음악사 강의의 수업 일부를 들어보시오. 교수가 20세기의 음악을 계속 이야기하고 있다.

P(교수): 자, 이야기해 보세요, 로큰롤 음악을 떠올릴 때, 가장 먼저 생각나는 악기가 무엇인가요?

S(학생): 일렉트릭 기타죠, 당연히.

P: 그리고 제 생각엔 거의 모든 사람이 동의할 것 같네요. [1(D)] 로큰롤의 바로 그 소리가 일렉트릭 기타를 중심으로 하고 있습니다. 하지만, 이 장르는 1950년대나 되어서야 인기를 얻기 시작했습니다. 악기의 역사는 그보다 좀 더 과거로 거슬러 올라가는데, 1920년대 이후로 이미 여러 단계의 발전 과정을 거쳤습니다. 그 유래가 과거의 어쿠스틱 기타, 즉 원래 나무로 제작되어 동물 제품으로 만들어진 줄이 장착된 스페인 기타로 거슬러 올라간다는 사실이 놀랍진 않습니다. 그 후에 금속 줄이 나왔는데, 이것이 랩 기타가 더욱 혁신적으로 발전할 수 있는 토대를 마련해주었습니다. 여러분은 이 기타를 스틸 기타, 또는 심지어 슬라이드 기타로 더 잘 알고 있을 수도 있는데, 연주자가 금속 튜브를 이용해 기타의 넥 부분을 따라 미끄러지듯 연주하기

to play it. These are all acoustic instruments, and each iteration changed the sound in some way. The goal with the electric guitar, at least initially, was to make the instrument louder.

Umm…but let's take a moment with the steel guitar. It was introduced to the United States after the Spanish-American War, which was at the end of the 19th century. The instrument was already popular in Hawaii, [2(C)]and the US sailors who were stationed there loved the music of the island. Some sailors learned to play the steel guitar, and then they brought it back to the mainland with them when they went home. It wasn't long before Hawaiian steel guitar music took off across the country. It was actually a predecessor of other popular genres—jazz and blues, as well as rock 'n roll.

Alongside the rise in this style of music, public dances were all the rage in 1920s America. People would gather every week to listen to steel guitar bands. [3(C)]But, without amplification, the music was difficult to hear in crowded places. Umm…you know why it's also called the lap guitar, right? It was played on the player's lap, so the strings and sound hole were pointed toward the ceiling. Sound was projected upward instead of out and across the audience. So, as audiences became larger and larger, some new innovation was needed.

S: And electric guitars are amplified, so more people could hear.

P: Right. As always, necessity is the mother of invention. Inventors began attaching electrical coils to acoustic guitars, and it worked, but with some undesired side effects. The electric devices not only increased how loudly the instrument could be played, but they also altered the quality of the sound. This early prototype of the electric guitar was still hollow, so the amplifiers picked up the vibrations in the body. The sound became distorted and harsh as the volume increased, but, you know, at the time, musicians just wanted a clean, natural tone.

S: Were these guitars made by Les Paul? I read that he was the first to make electric guitars.

P: Well, no, not yet. These were already around by the time Les Paul began working on his own contribution in the early 1940s. Umm…but [4(A)]he was the first to successfully solve the distortion problem, with what you probably recognize today as the electric guitar—the solid-body

때문입니다. 이것들은 모두 어쿠스틱 악기들이며, 움직임을 반복할 때마다 어떤 식으로든 소리가 달라집니다. 일렉트릭 기타가 지닌 목적은, 적어도 처음에는, 이 악기의 소리를 더 크게 만드는 것이었습니다.

음… 하지만 잠깐 스틸 기타에 관해 이야기해 보도록 하겠습니다. 이 기타는 19세기 말에 있었던 스페인-미국 전쟁 후에 미국에 도입되었습니다. 이 악기는 하와이에서 이미 인기가 있었으며, [2(C)]그곳에 배치되었던 미국 해군 병사들이 이 섬의 음악을 아주 좋아했습니다. 어떤 병사들은 스틸 기타 연주법을 배운 다음, 고향으로 돌아가면서 본토로 함께 가지고 돌아갔습니다. 얼마 지나지 않아 하와이의 스틸 기타 음악이 전국 각지에서 유행했습니다. 이 음악이 사실 로큰롤뿐만 아니라, 재즈와 블루스 같이 인기 있는 다른 장르의 전신이었습니다.

이런 음악 유형의 등장 외에도, 대중적인 춤이 1920년대 미국에서 대유행이었습니다. 사람들이 매주 모여 스틸 기타 밴드의 연주를 듣곤 했죠. [3(C)]하지만, 소리의 증폭 없이는, 붐비는 장소에서 음악을 듣기 힘들었습니다. 음… 이 악기가 왜 랩 기타라고도 불리는지 알고 계시죠? 연주자의 무릎에 올려놓고 연주하기 때문에, 줄과 공명 통이 천장 쪽을 가리키게 되었습니다. 소리가 관객들을 향해 퍼져 나가는 것이 아니라 위로 향했죠. 따라서, 관객들이 점점 더 많이 늘어남에 따라, 어떤 새로운 혁신이 필요했습니다.

S: 그리고 일렉트릭 기타 소리가 증폭되면서, 더 많은 사람들이 들을 수 있었죠.

P: 그렇습니다. 늘 그렇듯이, 필요성은 발명의 어머니입니다. 발명가들이 어쿠스틱 기타에 전기 코일을 부착하기 시작했고, 이것이 효과를 내긴 했지만, 원하지 않는 부작용이 좀 생겼습니다. 전기 장치들이 이 악기의 소리를 크게 늘려 연주될 수 있도록 해준 것뿐만 아니라, 소리의 질도 변화시켰습니다. 초기의 이 일렉트릭 기타 원형은 여전히 속이 비어 있었기 때문에, 앰프가 기타 몸통 속의 진동까지 잡아냈던 것이죠. 그 소리는 음량이 늘어날수록 찌그러지고 귀에 거슬리게 되었는데, 그러니까, 당시에는, 음악가들이 그저 깨끗하고 자연스러운 음색을 원했습니다.

S: 그 기타들이 레스 폴에 의해 만들어졌던 건가요? 그분이 처음으로 일렉트릭 기타를 만들었다는 글을 읽은 적이 있어요.

P: 음, 아뇨, 아직입니다. 이 기타들은 레스 폴이 1940년대 초에 기타에 이바지하기 위한 작업을 시작할 무렵에 이미 나와 있었습니다. 음… [4(A)]하지만 그가 처음으로 사운드 디스토션(소리 왜곡) 문제를 성공적으로 해결했죠, 여러분이 아마 오늘날 일렉트릭 기타로 인식하는 솔리드 바디 형식의 기타로요. 진동을 일으키는 속이 빈 몸통이 없으니까, 사운드 디스토션도 나타나지 않았습니다.

guitar. Without the vibrating hollow body, there was no distortion.

S: ^{5(A)}I'm confused, though…to me, distortion and electric guitars go hand in hand. I'm just thinking of, say,…Jimi Hendrix. His music was remarkable because of how he used distortion. Well, plus how he played. But *that's* the sound of rock 'n roll. Not steel guitars…

P: You're absolutely right…you're just jumping ahead a bit. But, it still shows how the sound of the electric guitar evolved over time. So, Les Paul's goal was to remove distortion, but it wasn't long until guitarists were adding it back in…Hendrix, then Led Zeppelin…Black Sabbath. ^{6(A)}The electric guitar opened the door for all these amazing effects, and how it could be played with vibrato, and slides, and feedback. The electric guitar completely changed rock 'n roll, and then further transformations continued to create new and exciting styles, even to this day. I mean, entire genres, like punk and heavy metal, wouldn't even exist without distortion.

S: 하지만… ^{5(A)}제가 헷갈리는 게 있는데, 왜곡된 소리와 일렉트릭 기타는 함께 존재하는 부분이잖아요. 저는 그저, 예를 들면… 지미 헨드릭스를 생각하고 있었어요. 그의 음악은 왜곡된 소리를 활용한 방식 때문에 주목할 만한 것이었잖아요. 음, 그리고 그의 연주 방식 때문이기도 했고요. 하지만 '그게' 로크롤 사운드잖아요. 스틸 기타가 아니라…

P: 전적으로 그렇습니다… 그저 약간 이야기가 앞서 가고 있는 것뿐이에요. 하지만, 여전히 일렉트릭 기타의 소리가 시간이 흐름에 따라 어떻게 진화했는지 보여주는 부분입니다. 그래서, 레스 폴의 목표는 사운드 디스토션을 없애는 것이었는데, 얼마 지나지 않아 기타리스트들이 그걸 다시 추가하게 되었죠… 헨드릭스, 그리고 레드 제플린… 블랙 사바스도요. ^{6(A)}일렉트릭 기타는 이 모든 놀라운 효과들뿐만 아니라, 비브라토와 슬라이드 주법, 그리고 피드백을 이용한 연주 방식으로 이어지는 길을 마련해 주었습니다. 일렉트릭 기타는 로크롤을 완전히 바꿔 놓았으며, 그 뒤로 더 많은 변형이 지속되면서, 심지어 오늘날에 이르기까지, 새롭고 흥미로운 스타일을 만들어냈습니다. 말하자면, 펑크나 헤비 메탈 같은, 모든 장르들이 사운드 디스토션 없이는 심지어 존재하지도 않았을 겁니다.

[스크립트 어휘]
instrument 악기 undergo ~을 거치다, 겪다 pave the way for ~의 토대를 마련하다, ~을 위한 길을 터놓다 lap 무릎 iteration 반복 station ~을 배치하다, 주둔시키다 take off 유행하다 predecessor 전신, 전임자 be all the rage 대유행하다 amplification 증폭 amplify ~을 증폭하다 prototype 원형, 시제품 pick up ~을 받아들이다 distorted 찌그러진, 왜곡된 harsh 귀에 거슬리는 solid-body (속이 비어 있지 않은) 솔리드 바디 타입의 go hand in hand 함께 어울리다, 밀접한 관련이 있다

1. 교수는 주로 무엇을 이야기하는가? [Topic & Purpose]
(A) 일렉트릭 기타가 어떻게 증폭된 소리를 만들어내는가
(B) 일렉트릭 기타가 나오기 이전의 로크롤 음악
(C) 20세기 중반에 미국에서 인기 있었던 음악 장르들
(D) 일렉트릭 기타의 발전

해설 (오답 A) 언급되는 내용이지만 주제가 되기에는 지엽적이다.
(오답 B) 일렉트릭 기타 이전의 이야기가 중점이 아니다.
(오답 C) 로크롤이 나오긴 했지만 음악 장르들이 주제는 아니다.
(정답 D) 도입부에서 일렉트릭 기타의 초창기를 언급하면서 이 악기의 역사에 대해 말하고 있다.

2. 교수는 왜 20세기로 접어들 당시에 하와이에 배치되었던 해군 병사들을 이야기하는가? [Organization]
(A) 하와이의 전통 음악에 스틸 기타를 도입했다.
(B) 그 섬 전역에서 대중적인 무도회를 개최하기 시작했다.
(C) 미국 본토로 스틸 기타를 가져갔다.

(D) 스페인 기타를 스틸 기타와 결합시켰다.

해설 (오답 A) 하와이 음악에 미친 영향은 없다.
(오답 B) 대중적인 춤은 하와이 다음 내용에서 언급된다.
(정답 C) 해군 병사들이 스틸 기타에 관심을 보이며 배운 후 본토로 가져갔다고 한다.
(오답 D) 스페인 기타와 결합시켰는지는 알 수 없는 정보이다.

3. 교수는 왜 스틸 기타를 사람의 무릎에 올려놓고 연주했다는 사실을 언급하는가? [Organization]
(A) 재즈 및 블루스의 음악적 스타일과 관련 짓기 위해
(B) 그 소리가 어떻게 왜곡되었는지 설명하기 위해
(C) 그 악기가 왜 사람들이 많은 곳에서 아주 조용했는지 보여주기 의해
(D) 아주 다양한 어쿠스틱 악기들을 설명하기 위해

해설 (오답 A) 언급된 적 없는 정보이다.
(오답 B) 소리의 왜곡 방식과 관련된 내용은 아니다.

(정답 C) 사람 무릎에 올려놓고 연주하는 방식으로 인한 소리 전달의 한계를 언급하고 있다.

(오답 D) 악기의 다양성과 관련 없다.

4. 레스 폴의 일렉트릭 기타 디자인이 초기의 다른 모델들과 어떻게 달랐는가? [Detail]

(A) 솔리드 바디 타입으로 되어 있었다.

(B) 금속 기타 줄을 사용했다.

(C) 금속 튜브로 연주했다.

(D) 왜곡된 소리를 내뿜었다.

해설 (정답 A) 레스 폴이 처음으로 사운드 디스토션 문제를 해결했다고 하면서 그 과정에서 솔리드 바디 타입이 차이점이었다고 한다.

(오답 B) 언급된 적 없는 정보이다.

(오답 C) 언급된 적 없는 정보이다.

(오답 D) 왜곡된 소리의 해결과 관련되어 있다

5. 지미 헨드릭스를 언급하는 학생과 관련해 무엇을 유추할 수 있는가? [Inference]

(A) 왜곡된 소리의 제거를 사람들이 얼마나 바랐는지 이해하지 못했다.

(B) 유명한 록 음악가들을 교수보다 더 잘 알고 있다.

(C) 대부분의 록 음악에 담긴 왜곡된 기타 소리를 즐기지 않는

다.

(D) 헨드릭스가 폴보다 일렉트릭 기타와 관련해 더 많은 영향력이 있었다고 생각한다.

해설 (정답 A) 지미 헨드릭스를 예시로 들며 왜곡된 소리는 빠질 수 없다고 말하고 있다. 이는 과거에 왜곡된 소리를 왜 제거하려 했는지를 이해하지 못하고 있음을 나타내는 말이다.

(오답 B) 학생이 교수보다 더 잘 알고 있는지는 알 수 없다.

(오답 C) 왜곡된 소리를 좋아한다는 예시로 꺼낸 말이다.

(오답 D) 언급된 적 없는 정보이다.

6. 교수가 나중에 나타난 일렉트릭 기타 소리의 발전과 관련해 암시하는 것은 무엇인가? [Inference]

(A) 그 다용도성이 음악인들의 창의력에 보탬에 되었다.

(B) 그 결함이 혁신적인 음악인들에 의해 자주 이용되었다.

(C) 기술이 향상되면서 점점 더 소리가 커지게 되었다.

(D) 특정 음악 장르의 인기가 아니었다면 존재하지 못했을 것이다.

해설 (정답 A) 일렉트릭 기타 소리의 발전과 함께 다양한 연주 방식과 스타일이 만들어진 사실을 언급하고 있다.

(오답 B) 혁신적인 음악인들에 의해 사용되었는지는 모른다.

(오답 C) 기타 소리 발전으로 소리가 더 커졌다고 한 적 없다.

(오답 D) 특정 음악 장르의 인기와는 관련 없다.

[문제 어휘]

project ~을 내뿜다, 만들어내다 versatility 다용도성, 다목적성 complement ~에 보탬이 되다, ~을 보완하다 exploit (부당하게) ~을 이용하다

II. Life Science

1. Animal Behavior

Practice Test 1

Answers

1. D	2. C	3. B	4. 해설 참조	5. A	6. B

Listen to part of a lecture in a biology class.

P: We've been discussing recently how various factors can influence an organism's behavior. And, yesterday we started looking at the role the environment plays. As an organism adapts to the unique demands of its environment, its behavior will also change. ^{1(D)}So, last night you read a case study about two closely related animal species, the Eastern marmot and the Olympic marmot. Umm…marmots are large rodents…ground squirrels, technically…and they're about the size of a house cat. Different species live across the Northern Hemisphere, usually in fields and mountainous areas. Even though they spend a large chunk of the year hibernating, they've proven to be fantastic subjects for observation for behavioral studies. ^{2(C)}Does anyone recall why from the reading?

S1: They're very active during the warmer seasons, when they aren't hibernating. And, unlike a lot of other rodents, they aren't nocturnal…so they're very active during the daytime, making it much easier to observe them in the wild.

P: That's right. Umm…so let's take a look at the Eastern marmots first. They're indigenous to the eastern side of North America. ^{3(B)}The climate is temperate, and the growing season is rather long, about five months. Eastern marmots mate, play, and eat during this time of year.

S2: ^{6(B)}So this is when Eastern marmots do most of their growing? During their growing season? I wasn't sure what it meant in the reading, but I get it now.

P: I'm sorry, what? Oh…growing season. That doesn't refer to how long it takes for Eastern marmots to grow. It's the growing season for the environment…you know, when

생물학 강의의 수업 일부를 들어보시오.

P(교수): 우리는 요즘 얼마나 다양한 요인들이 생물체의 행동에 영향을 미칠 수 있는지 계속 이야기하고 있습니다. 그리고, 어제, 우리는 환경이 하는 역할을 살펴보기 시작했습니다. 생물체가 주변 환경의 특별한 요구에 적응하는 과정에서, 그 행동 또한 변화됩니다. ^{1(D)}자, 어제 저녁에 여러분은 두 가지 밀접하게 관련되어 있는 동물 종인 이스턴 마멋과 올림픽 마멋에 관한 사례 연구 내용을 읽어봤습니다. 음… 마멋은 큰 설치류로서… 정확히 말하자면, 땅에 사는 다람쥐이며…대략 집고양이만한 크기입니다. 다양한 종들이 북반구 전역에 걸쳐 살고 있는데, 보통 들판과 산악 지역에 살고 있습니다. 일년 중에서 많은 기간을 동면하면서 보내기는 하지만, 그들은 환상적인 행동 연구 관찰 대상인 것으로 드러났습니다. ^{2(C)}왜 그런지 읽은 내용이 기억나는 사람 있나요?

S1(학생1): 동면을 하지 않는 따뜻한 계절 중에는 아주 활동적입니다. 그리고, 다른 많은 설치류와 달리, 야행성이 아니라서… 낮 시간에 아주 활동적이기 때문에, 야생에서 관찰하기가 훨씬 더 쉽습니다.

P: 그렇습니다. 음… 그럼 이스턴 마멋을 먼저 살펴보도록 하겠습니다. 이들은 북미 동부 지역의 토종 동물입니다. ^{3(B)}기후가 온화하고, 생장철이 다소 길어서, 약 5개월입니다. 이스턴 마멋은 이 기간 중에 짝짓기를 하고, 뛰어 놀고, 먹습니다.

S2(학생2): ^{6(B)}그럼 그 기간에 이스턴 마멋이 대부분의 성장을 하는 건가요? 생장철 중에요? 그 내용을 읽었을 때는 무슨 뜻인지 잘 몰랐는데, 이제 알겠어요.

P: 미안하지만, 뭐라고 했죠? 오… 생장철이요. 그게 이스턴 마멋이 성장하는 데 얼마나 오래 걸리는지를 가리키진 않습니다. 생장철은 환경에 대한 것입니다… 그러니까, 초목이 성장하는 때인데, 모든 게 눈으로 덮여 있는 때와 반대인 거죠. 식물이 자라는 것인데, 마멋이 생존하기 위해 먹는 꽃들과 풀들이요, 음… 그래서 이 기간이 바로 이스턴

vegetation is growing, as opposed to when everything is covered in snow. Plants are growing—the flowers and herbs that the marmots survive on, umm…so this is just the time when they're most active, eating and foraging. Understand? OK, so let's talk about the social behavior of the Eastern marmot then.

S1: [4(E)]They're quite aggressive, aren't they? The reading mentioned that they're territorial, and they live by themselves for the most part. Even when it comes to courting and mating, it doesn't seem like Eastern marmots form any kind of relationship.

P: Well, yes, that's one way to describe it. Umm…after hibernation, in the spring, that's when mating occurs. And, you're right…there's very little to it. They mate and separate immediately. [4(E)]Even the offspring don't stick around long. They leave their mothers around six to eight weeks after birth.

S2: That seems young. Are they really prepared to be independent at that age?

P: Well, that's when they're ready to go out and face their world. And, at that young age, they can. This is where the environment comes into play…remember, they have a comfortable climate, and there's a copious amount of vegetation to eat. Umm…so, relatively speaking, they have a rather easy time surviving. In a sense, it's easy enough that a baby can do it. So, how do you think this condition affects their behavior?

S1: It seems, the easier it is to survive in an environment, the less they have to rely on each other, right? So they don't necessarily need communities, or even families, to survive.

P: Ah, precisely! So, is this the same situation with the Olympic marmots then?

S1: No…it's almost the opposite situation. [4(O)]They live as a family, or a colony of families, and the young ones live with their mother until they're two years old, or older even. [5(A)]And, they form strong bonds. They play together, and they're friendly. [4(O)]They even have a special language they use together…you know, whistles and chatter…warnings to help each other, and they even have special greetings too! So, are Eastern and Olympic marmots so different in their behavior just because of their environments?

P: That's the prevailing theory. You see, [3(B)]the Olympic

마멋이 가장 활동적이고, 잘 먹고 먹이를 찾아 다니는 때인 겁니다. 이해하시겠죠? 좋습니다. 자, 그럼 이스턴 마멋의 사회적 행동에 관해 이야기해 보겠습니다.

S1: [4(E)]꽤 공격적이지 않나요? 읽은 내용엔 영역 동물이고, 대부분 자신들끼리만 산다고 나와 있었어요. 심지어 구애하고 짝짓기하는 것과 관련해서도, 이스턴 마멋은 어떤 종류의 관계도 형성하지 않는 것처럼 보여요.

P: 음, 네, 그렇게 설명하는 게 한 가지 방법입니다. 음… 동면을 마친, 봄철이, 짝짓기가 일어나는 시기이죠. 그리고, 맞습니다. 거의 별일이 없습니다. 짝짓기를 하고 나면 곧바로 갈라서죠. [4(E)]심지어 새끼도 함께 오래 머물러 있지 않습니다. 태어난 후 약 6~8주 만에 어미 곁을 떠납니다.

S2: 그건 어릴 때인 것 같아요. 정말 그 나이에 독립할 준비가 되는 건가요?

P: 음, 그때가 바로 그들이 밖으로 나가 세상과 맞닥뜨릴 준비를 하는 시기입니다. 그리고, 그렇게 어린 나이에도, 할 수 있습니다. 이때가 바로 환경이 작용하는 지점입니다… 기억해야 하는 점은, 그곳엔 쾌적한 기후가 있고, 엄청난 양의 먹기 좋은 식물이 있습니다. 음… 그래서, 상대적으로 봤을 때, 이들은 생존하는 시간이 다소 수월합니다. 어떤 면에서는, 새끼가 그렇게 할 수 있을 정도로 충분히 수월하죠. 그럼, 이런 조건이 그들의 행동에 어떻게 영향을 미친다고 생각하시나요?

S1: 그냥 보기엔, 환경 속에서 생존하는 게 더 수월할수록, 서로 덜 의존하게 되지 않을까요? 그래서 생존을 위한 공동체나, 심지어 가족도 꼭 필요하지 않을 것 같아요.

P: 아, 정확합니다! 자, 그럼 올림픽 마멋의 경우에도 동일한 상황일까요?

S1: 아뇨… 거의 반대되는 상황입니다. [4(O)]그들은 가족이나, 가족 군락을 이뤄 살고, 어린 새끼들은 두 살 또는 심지어 그 이상이 될 때까지도 어미와 함께 살아요. [5(A)]그리고, 강한 유대 관계를 형성하죠. 함께 놀고, 친화력도 좋죠. [4(O)]심지어 함께 사용하는 특별한 언어도 있는데…그러니까, 휘파람 소리나 짹짹거리는 소리인데…서로 돕기 위해 경고도 하고, 심지어 특별한 인사도 해요! 그럼, 이스턴 마멋과 올림픽 마멋이 단지 환경 때문에 서로 행동이 그렇게 다른 건가요?

P: 그게 지배적인 이론입니다. 말하자면, [3(B)]올림픽 마멋은 북서부의 올림픽 산맥 지역에 살고 있습니다. 그곳의 날씨 조건은 거의 온화하다고 말할 수 없는 수준인데… 바람이 많이 불고 눈도 많이 내립니다… 그리고 생장철이 훨씬 더 짧아서, 겨우 두 세 달 길이밖에 되지 않습니다. 따라서, 그때가 유일하게 올림픽 마멋이 먹고, 놀고, 새끼를 기르는 시기이죠. 환경이 덜 뒷받침되기 때문에, 이들은 생존

marmots live in the Olympic Mountains in the Northwest. The weather conditions aren't nearly as temperate… there's a lot more wind and snow…and a much shorter growing season, which is only two or three months long. So, that's the only time that Olympic marmots can eat, play, and raise their young. With a less supportive environment, they need to cooperate in order to increase their chances of survival. The young are nurtured until they are capable of surviving in the wild alone. Cooperation is a necessary survival tool, and the Eastern marmots simply don't need it as much as their cousins in the Northwest.

가능성을 높이기 위해 협력해야 합니다. 새끼들은 야생에서 홀로 생존할 수 있을 때까지 보살핌을 받습니다. 협력은 필수 생존 수단이며, 이스턴 마멋은 그저 북서부 지역에 사는 자신들의 동족만큼 필요로 하진 않습니다.

[스크립트 어휘]
organism 생물체 adapt to ~에 적응하다 rodent 설치류 hibernate 동면하다, 겨울잠을 자다 nocturnal 야행성의 indigenous to ~ 토종인, ~가 원산지인 forage 먹이를 찾아 다니다 territorial 영역권을 주장하는, 특정 영역의 when it comes to ~와 관련해서는, ~라는 측면에 있어 court 구애하다 come into play 작용하다, 개입하다 copious 엄청난 affect ~에 영향을 미치다 rely on ~에 의존하다 colony 군락 bond 유대(감) chatter 짹짹거리는 소리, 깩깩대는 소리 prevailing 지배적인, 우세한 nurture ~을 양육하다

1. 강의의 주제는 무엇인가? [Topic & Purpose]
(A) 마멋이 사는 다른 서식지들
(B) 야생에서 마멋을 관찰하는 어려움
(C) 주변 환경에 대한 마멋의 물리적 적응
(D) 두 가지 마멋 종의 행동에 대한 대조

해설 (오답 A) 너무 구체적인 내용이다.
(오답 B) 언급된 적 없는 정보이다.
(오답 C) 적응보다는 행동을 전반적으로 다루고 있다.
(정답 D) 도입부에서 두 가지 마멋 종을 언급한 후 전반적으로 두 종의 행동을 비교한다.

2. 학생들이 읽은 자료에 따르면, 왜 마멋이 좋은 관찰 대상인가? [Detail]
(A) 그들이 사는 굴이 멀리서 식별하기 쉽다.
(B) 사람들에게서 도망 가지 않는다.
(C) 낮 시간 중에 활동적이다.
(D) 북미 지역 전체에 걸쳐 발견된다.

해설 (오답 A) 언급된 적 없는 정보이다.
(오답 B) 언급된 적 없는 정보이다.
(정답 C) 교수의 질문에 학생이 마멋은 야행성이 아니라서 쉽게 관찰할 수 있다고 한다.
(오답 D) 언급은 되었지만 학생이 좋은 관찰 대상이라고 언급한 정보는 아니다.

3. 교수는 두 가지 마멋 종의 행동에 나타나는 차이점을 어떻게 설명하는가? [Organization]
(A) 포식자의 존재
(B) 기후의 요구
(C) 서식지의 부족
(D) 개체수의 증가

해설 (오답 A) 언급된 적 없는 정보이다.
(정답 B) 이스턴 마멋은 따뜻한 기후에 살고 올림픽 마멋은 바람과 눈이 많은 곳에 사는 것이 행동에 변화를 준다고 한다.
(오답 C) 언급된 적 없는 정보이다.
(오답 D) 언급된 적 없는 정보이다.

4. 강의에 제시되는 정보를 바탕으로, 다음 특성들 중 어느 것이 이스턴 마멋 또는 올림픽 마멋에 속하는지 표기하시오. [Connecting Content]
각 항목에 대해 해당 칸에 클릭하시오.

	이스턴 마멋	올림픽 마멋
새끼들이 빠르게 성숙함	✓	
대규모 공동체로 서식함		✓
짹짹거리는 소리로 소통함		✓
영역 동물이며 공격적임	✓	

해설 이스턴 마멋은 빠르게 성숙하게 되어 독립한다고 하면서 영역

동물이고 공격적이라고 한다. 올림픽 마멋은 가족이나 대규모 공동체로 서식한다며 짹짹거리는 소리로 소통한다고 한다.

요? 생장철 중에요? 그 내용을 읽었을 때는 무슨 뜻인지 잘 몰랐는데, 이제 알겠어요.

P: 미안하지만, 뭐라고 했죠? 오… 생장철이요. 그게 이스턴 마멋이 성장하는 데 얼마나 오래 걸리는지를 가리키진 않습니다.

5. 올림픽 마멋에게서 보여지는 협력에 대한 학생의 태도는 어떠한가? [Attitude]

    (A) 그들의 동료애에 깊은 인상을 받고 있다.

    (B) 그들의 공격성에 놀라워하고 있다.

    (C) 그들의 짝짓기 의식에 관심이 있다.

    (D) 그들의 사회 구조를 헷갈려 한다.

교수는 왜 다음과 같이 말하는가? [Function]

미안하지만, 뭐라고 했죠? 오… 생장철이요.

    (A) 읽기 자료에 있던 일부 정보를 바로잡아주기 위해

    (B) 한 학생에게 잘못 생각했다는 것을 알리기 위해

    (C) 읽기 자료에 포함되지 않았던 정보를 다루기 위해

    (D) 일반적인 오해를 이야기하기 위해

해설 (정답 A) 올림픽 마멋이 서로 협력한다는 이야기를 하면서 그 동료애에 깊은 인상을 받은 느낌으로 말한다.

    (오답 B) 올림픽 마멋의 공격성은 언급되지 않는다.

    (오답 C) 협력과는 관련 없는 내용이다.

    (오답 D) 학생은 해당 내용을 헷갈려 하지 않는다.

해설 (오답 A) 읽기 자료 속 정보가 틀렸다는 것은 아니다.

    (정답 B) 학생이 이야기한 내용을 되물으면서 해당 문장 뒤에서 그 내용이 잘못되었다고 설명한다.

    (오답 C) 읽기 자료에 포함되었는지가 주된 내용은 아니다.

    (오답 D) 일반적인 오해가 아니라 학생이 헷갈려 하는 부분이다.

6. 강의의 일부를 다시 들어보시오. 그런 다음, 질문에 답하시오.

    S2: 그럼 그 기간에 이스턴 마멋이 대부분의 성장을 하는 건가

[문제 어휘]

habitat 서식지 contrast 대조, 대비 from afar 멀리서 chirp 짹짹거리는 소리 camaraderie 동료애, 동지애 ritual 의식, 식

Practice Test 2

Answers

1. D	2. D	3. B	4. A	5. C	6. B

Listen to part of a lecture in a biology class.

P: The great distances birds fly during seasonal migrations are already a topic of fascinating studies. But other species fly equally amazing distances simply for, umm… a bite to eat. It's part of their normal eating routine to travel thousands of miles to forage for food. The albatrosses are a perfect example of this behavior. Albatrosses are large seabirds that build their nests on islands and find food at sea…mainly schooling fish and squid. [D]One particular species of albatross is known to forage, on average, a thousand miles from its nest. One documented journey was over nine thousand miles, and that was done with a chick in the nest, waiting for food!

생물학 강의의 수업 일부를 들어보시오.

P(교수): 새들이 계절 이주 기간에 날아가는 아주 먼 거리는 이미 대단히 흥미로운 여러 연구의 주제입니다. 하지만 다른 종은 단순히, 음… 간단히 먹을 것을 찾기 위해 동일하게 놀라울 정도의 거리를 날아갑니다. 먹이를 찾아 다니기 위해 수천 마일을 이동하는 건 이들의 일반적인 먹이 찾기 루틴의 일부분입니다. 알바트로스가 이러한 행동에 대한 완벽한 예시입니다. 알바트로스는 섬에 둥지를 틀고 바다에서 먹이를 찾는 대형 바닷새이며… 주로 떼 지어 다니는 물고기와 오징어를 대상으로 합니다. [D]한 특정 알바트로스 종은, 평균적으로, 둥지에서 1천 마일이나 떨어진 곳에서 먹이를 찾아 다니는 것으로 알려져 있습니다. 기록된 어떤 여행에서는 9천 마일이 넘게 이동했으며, 이는 새끼가

How's that for parenting? A question, Nathan?

S1: I don't understand…why wouldn't they just nest closer to their food supply? Isn't that what most birds do? [3(B)]What's the point of flying that far for food if they just spend all their energy getting there and back again? And how do the chicks survive alone that long? It doesn't make sense.

P: It is perplexing, isn't it? But, as with other odd behaviors, animals adapt to the specific demands of their environment. Albatross chicks, for example, can survive for long periods between meals. They're used to eating infrequently. As far as the location of the nest goes, albatrosses cannot forage enough food from one spot. That's why they have to take long round trips, hitting multiple foraging locations along the way. And, food sources can be few and far between. [2(D)]On top of that, islands nearest to the feeding spots are undesirable for nests because they're also home to predators. And what's an easier target than a tasty chick left unprotected? So, like most parents, they just don't have much say in the matter—they do what they have to. And, the parents have adapted too. [3(B)]They use a special flying technique called dynamic soaring that limits the energy they use on long-distance trips. If it weren't for this adaptation, then you're right—they'd waste all their energy from the food on the journey. Umm…oh, one more thing. They only lay one egg at a time. Any idea how this helps them?

S2: Well, that means they only have one mouth to feed. Even distributing the food between two chicks would greatly reduce their calorie intake.

P: That's correct, Hannah.

S2: Well, this ties into migration in general…but, how do birds know where to go over such great distances? [4(A)]After flying for a thousand miles, how can they possibly know how to return to their nest?

P: Well, the truth is, we aren't exactly sure how they do it. For one thing, observing seabirds has proven difficult. They don't do well in captivity, and the nature of their environment—the open sea and remote islands—makes it nearly impossible to study them in the wild. Umm…so, what we've done, is extrapolate what we already know from songbirds, and assume that seabirds function in the same way. And in this regard, there are two different theories for how birds accurately travel long distances.

둥지에서 먹이를 기다리고 있는 상태에서 이뤄진 일입니다! 그야말로 진정한 양육 아닌가요? 질문 있나요, 네이선?

S1(학생1): 이해가 잘 되지 않아요… 왜 먹이 공급원과 더 가까운 곳에서 둥지를 틀지 않으려 할까요? 대부분의 새들은 그렇게 하지 않잖아요? [3(B)]그곳에 갔다가 다시 돌아오는 데 모든 에너지를 소비하면서까지 먹이를 찾기 위해 그렇게 멀리 날아가는 이유가 뭐죠? 그리고 새끼들은 어떻게 혼자 그렇게 오래 살아남아 있나요? 이해가 안 돼요.

P: 혼란스럽지 않나요? 하지만, 다른 이상한 행동들과 마찬가지로, 동물들은 주변 환경의 특정한 요구에 적응합니다. 예를 들어, 알바트로스 새끼들은 식사 시간 사이에 오랫동안 생존할 수 있습니다. 드물게 먹는 것에 익숙해져 있죠. 둥지의 위치와 관련해서 이야기하자면, 알바트로스는 한 장소에서 충분한 먹이를 찾아 다닐 수 없습니다. 그게 바로 먼 거리를 왕복 이동해야 하는 이유입니다, 도중에 위치한 여러 먹이 사냥 장소를 들르면서 말이죠. 그리고, 먹이 공급원이 아주 드물고 띄엄띄엄 있을 수 있습니다. [2(D)]그 외에도, 양육 장소에서 가장 가까운 섬들은 둥지를 틀기엔 바람직하지 않은데, 그곳은 포식자들의 서식지이기도 하기 때문이죠. 그리고 보호받지 못한 상태로 남겨진 맛있는 새끼만큼 쉬운 목표물이 있을까요? 따라서, 대부분의 부모들처럼, 그들도 단지 이 문제에 대해 어떻게 할 수 있는 방법이 없기 때문에, 할 일을 하는 겁니다. 그리고, 그 부모들도 적응해 왔습니다. [3(B)]장거리 이동에 소비하는 에너지를 제한하는 역학적 상승 비행이라고 부르는 특수 비행 기술을 활용합니다. 이러한 적응력이 없었다면, 제대로 이야기해 주었다시피, 그 여행 중의 먹이에서 얻는 에너지를 모두 소모시키게 될 겁니다. 음… 아, 한 가지 더 있네요. 이들은 한 번에 오직 하나만 알을 낳습니다. 이게 어떻게 도움이 되는지 아는 사람 있나요?

S2(학생2): 음, 오직 한 마리만 먹이를 먹게 된다는 의미인 것 같아요. 새끼 두 마리 사이에서 먹이를 나눠주는 것조차 칼로리 섭취를 크게 감소시킬 테니까요.

P: 바로 그렇습니다, 한나!

S2: 음, 지금 여쭤보는 건 전반적으로 이동과 연결되는 부분인데요… 새들은 그렇게 아주 먼 거리에 걸쳐 어디로 가야 하는지 어떻게 아는 거죠? [4(A)]1천 마일을 날고 난 후엔, 어떻게 둥지로 돌아가는 방법을 알 수 있는 가능성이 있는 건가요?

P: 음, 사실, 우리도 새들이 어떻게 하는 건지 정확히 확신하진 못합니다. 한 가지 이유는, 바닷새들을 관찰하는 게 힘든 것으로 드러났죠. 바닷새들이 잡혀 있는 상태에선 잘 지내지 못하고, 그들의 환경이 지니는 특성, 그러니까 탁 트인 바다와 멀리 떨어진 섬들로 인해 야생에서 연구하는 게

They, umm…either use, what we can think of as a magnetic compass, similar to a real compass, in fact, or a celestial one. The magnetic compass somehow reads the Earth's magnetic field and guides the birds. But, you know, this would require some sort of magnetic sensory organ in the birds, and that hasn't been found yet. [5(C)] There is a mineral, magnetite, in birds, which is a natural magnet, and this could point to some solid conclusions. However, it's also found in birds that don't migrate, so… there isn't a clear connection. The other method would be…umm…celestial navigation, not unlike how sailors of the past navigated. [6(B)]So, it's probable that albatrosses take advantage of one…or both, even…of these methods to get their food. How would you like that, traveling thousands of miles for your next burrito?

S1: I guess I won't complain next time I have to go all the way to Southbank to visit its dining hall.

거의 불가능합니다. 음… 그래서, 우리가 해온 것은, 명금류(고운 소리로 우는 새들)를 통해 이미 알고 있는 것을 바탕으로 추론하는 것인데, 바닷새들도 동일한 방식으로 활동한다고 추정하는 거죠. 그리고 이런 관점에서, 새들이 어떻게 먼 거리를 정확히 이동하는지에 대해 두 가지 다른 이론이 있습니다. 그 이론들은, 음… 둘 중 하나를 활용하는데, 진짜 나침반과 유사한 자기 나침반 또는 천체 나침반으로 우리는 생각할 수 있죠. 자기 나침반은 어떤 방식으로 지구의 자기장을 판독하며, 새들을 인도합니다. 하지만, 말하자면, 이는 새들의 몸 속에 일종의 자기장 감각 기관을 필요로 할텐데, 이는 아직 발견되지 않았습니다. [5(C)]새들의 몸 속에 천연 자석인 자철석에 해당되는 무기물이 있으며, 이것이 어떤 확실한 결론을 말해주는 것일 수도 있습니다. 하지만, 이는 이주하지 않는 새들을 몸 속에서도 발견되기 때문에… 명확한 관련성은 없습니다. 나머지 수단 하나는… 음… 천체 항법인데, 과거의 선원들이 항해했던 방식과 크게 다르지 않습니다. [6(B)]따라서, 알바트로스가 이것을 활용하고 있거나… 아니면 심지어… 이 두 가지 방법을 모두 활용해 먹이를 구할 가능성이 있습니다. 여러분이 다음 번에 부리토를 사러 갈 때 수천 마일을 이동해야 한다면 어떨 것 같은가요?

S1: 저는 다음 번에 사우스뱅크에 있는 식당을 방문하러 거기까지 죽 가야 한다 하더라도 불평하지 않을 것 같아요.

[스크립트 어휘]
migration 이주, 이동 forage 먹이를 찾아 다니다 schooling 떼 지어 있는 chick (새의) 새끼 perplexing (이해가 되지 않아) 혼란스럽게 하는, 당황하게 만드는 adapt to ~에 적응하다 hit ~에 들르다, 이르다 few and far between 아주 드문, 흔치 않은 predator 포식자 dynamic soaring 역학적 상승 비행(상승 기류를 이용해 신체 에너지를 쓰지 않고 비행하는 것) intake 섭취(량) tie into ~와 연결되다, 결부되다 extrapolate ~을 추론하다 celestial 하늘의, 천체의 organ (신체의) 기관, 장기 magnetite 자철석 point to ~을 나타내다, 가리키다 take advantage of ~을 활용하다, 이용하다

1. 교수는 주로 무엇을 이야기하고 있는가? [Topic & Purpose]
(A) 바닷새들이 길을 찾는 두 가지 가능한 방법
(B) 대형 바닷새들의 이주 경로
(C) 바닷새들이 섬에 둥지를 트는 이유
(D) 먹이를 찾아 둥지에서 멀리 날아다니는 한 가지 바닷새

해설   (오답 A) 길을 찾는 방법을 다루는 것이 아니다.
(오답 B) 일반적인 대형 바닷새들의 이주 경로를 다루지 않는다.
(오답 C) 섬에 둥지를 트는 이유가 주제가 아니다.
(정답 D) 강의 도입부에서 바닷새인 알바트로스의 한 종이 먹이를 찾아 둥지에서 멀리 날아 떠난다고 하면서 그 내용을 전반적으로 다루고 있다.

2. 교수의 말에 따르면, 알바트로스가 둥지를 만드는 곳을 결정 짓는 한 가지 요소는 무엇인가? [Detail]
(A) 섬에 고유하게 자라는 식물
(B) 섬 주변의 바다에 있는 먹이 종류
(C) 섬에 있는 다른 알바트로스의 존재
(D) 섬에 존재하는 포식자들의 숫자

해설   (오답 A) 언급된 적 없는 정보이다.
(오답 B) 충분치 않은 먹이는 언급이 되었지만 먹이 종류는 언급되지 않았다.
(오답 C) 언급된 적 없는 정보이다.
(정답 D) 가까운 섬은 많은 포식자들의 먹이가 되기 쉬우므로 선호되지 않는다고 한다.

3. 교수는 왜 역학적 상승 비행을 언급하는가? [Organization]
   (A) 알바트로스가 어떻게 빠르게 날 수 있는지 보여주기 위해
   (B) 한 학생의 의구심에 대한 설명을 제공하기 위해
   (C) 한 학생이 언급하는 내용을 바로잡아주기 위해
   (D) 알바트로스가 포식자들을 피하는 방법을 설명하기 위해

해설　(오답 A) 해당 내용을 언급한 의도가 아니다.
　　　(정답 B) 이 새들이 역학적 상승 비행을 이용한다고 하면서 이
　　　　　방식이 아니었다면 학생의 의견이 맞았을 거라고 하
　　　　　기에 학생의 의구심을 풀어주는 설명이라는 것을 알
　　　　　수 있다.
　　　(오답 C) 내용을 바로잡아주는 것보다는 학생이 궁금했던 부분
　　　　　을 풀어주는 내용이다.
　　　(오답 D) 포식자들은 둥지 선정 이유와 관련 있다.

4. 알바트로스의 길 찾는 능력에 관한 과학자들의 이론과 관련해
   교수가 암시하는 것은 무엇인가? [Inference]
   (A) 알바트로스에 대한 실제 연구에 의해 뒷받침되는 것이 아
   　　니다.
   (B) 잡혀 있는 알바트로스에 대한 관찰 내용만을 바탕으로 하
   　　는 것이다.
   (C) 야생에 있는 알바트로스에 대한 희귀한 관찰에 의해 입증
   　　되었다.
   (D) 새롭게 떠오른 증거에 의해 폭넓게 이의가 제기되었다.

해설　(정답 A) 알바트로스의 길 찾는 능력에 대한 학생들의 질문에
　　　　　교수는 그 부분이 실제로 관찰하기가 어렵다고 하기
　　　　　에 실제 연구에 뒷받침되는 것이 아님을 알 수 있다.
　　　(오답 B) 잡힌 알바트로스에 대한 연구는 쉽지 않다.
　　　(오답 C) 입증되었다는 내용은 없다.
　　　(오답 D) 언급된 적 없는 정보이다.

5. 교수의 말에 따르면, 과학자들이 새들이 길을 찾아 다니는 방법
   을 설명하는 데 왜 자철석보다 더 많은 증거를 필요로 하는가?
   [Detail]
   (A) 충분히 강력한 자석 물질이 아니다.

　(B) 성체보다 새끼의 몸 속에 더 일반적으로 들어 있다.
　(C) 먼 거리를 이동하지 않는 새들의 몸 속에 존재한다.
　(D) 모든 알바트로스 종의 몸 속에서 발견되지 않았다.

해설　(오답 A) 자석의 강력함에 대해서는 언급하지 않고 있다.
　　　(오답 B) 언급된 적 없는 정보이다.
　　　(정답 C) 이동하지 않는 새들의 몸에도 있다고 한다.
　　　(오답 D) 언급된 적 없는 정보이다.

6. 강의의 일부를 다시 들어보시오. 그런 다음, 질문에 답하시오.

   P: 따라서, 알바트로스가 이것을 활용하고 있거나… 아니면 심
   　 지어… 이 두 가지 방법을 모두 활용해 먹이를 구할 가능성
   　 이 있습니다. 여러분이 다음 번에 부리토를 사러 갈 때 수천
   　 마일을 이동해야 한다면 어떨 것 같은가요?
   S1: 저는 다음 번에 사우스뱅크에 있는 식당을 방문하러 거기
   　 까지 죽 가야 한다 하더라도 불평하지 않을 것 같아요.

   교수는 왜 다음과 같이 말하는가? [Function]

   여러분이 다음 번에 부리토를 사러 갈 때 수천 마일을 이동해야
   한다면 어떨 것 같은가요?
   (A) 강의실에 음식물을 반입한 것에 대해 학생들을 비판하기
   　　위해
   (B) 학생들의 일상 생활을 한 동물의 행동과 대조하기 위해
   (C) 알바트로스의 식습관이 건강에 좋지 않다는 점을 나타내기
   　　위해
   (D) 현대의 편리함이 어떻게 많은 어려움을 없애주었는지 설명
   　　하기 위해

해설　(오답 A) 음식물 반입은 관련 없는 내용이다.
　　　(정답 B) 해당 문장 전에 알바트로스의 먹이 찾는 방법을 말하
　　　　　면서 해당 내용을 대입하여 학생들에게 질문하고 있
　　　　　으므로 학생들의 일상과 대조해보는 질문임을 알 수
　　　　　있다.
　　　(오답 C) 식습관에 대해 말하는 것은 아니다.
　　　(오답 D) 현대의 편리함을 강조하려는 의도는 아니다.

[문제 어휘]
native to ~에 고유한, ~ 토종인　challenge ~에 이의를 제기하다　emerge 떠오르다, 나타나다　prevalent 일반적인　contrast A with B A를 B와 대
조하다

2. Animal Communication

Practice Test 1

Answers

1. C	2. A	3. 해설 참조	4. C	5. C	6. D

Listen to part of a lecture in a biology class.

P: [1(C)] So, last night's reading touched on the idea of symbiosis…so we'll take a closer look at it today. Who can tell me what symbiosis is?

S1: Well, honestly, I thought I knew. That is, before last night's reading. But now I'm not sure. I thought it had to do with two organisms benefitting from a relationship. But, now I think that's the definition for mutualism. I'm not sure how they're different.

P: Actually, I'm glad you're confused! [2(A)]It's an important point to clarify. Depending on the field, symbiosis can mean different things to different scientists. Umm…so, as you mentioned, it can be nearly synonymous with mutualism, and it is used in that way quite frequently. Nonetheless, there's a strong argument as to why there should be a distinction between the two terms.

Umm…so let's start at a basic understanding of the idea. Originally, [3(S)]symbiosis simply meant two organisms living together. The type of relationship didn't matter—beneficial or harmful—as long as they lived closely together, it was considered a form of symbiosis. [3(M)]That basic definition allows for mutualism, then, to refer specifically to positive symbiotic relationships, where both organisms benefit. See, the terms can become more specific—so your book isn't wrong. [1(C)]One thing I wish it covered better, though, is that the relationship doesn't need to be equally beneficial. So, the easiest way to think about it is that mutualism is a type of symbiosis. Everyone OK so far?

Let me give you an example of a mutualistic relationship. In Australia, there's a type of butterfly that shares a mutualistic relationship, one which is vital for its survival. Umm…and this will show you how the benefits for both sides don't necessarily have to be balanced. This particular butterfly is a species in the Lycaenidae

생물학 강의의 수업 일부를 들어보시오.

P(교수): [1(C)] 자, 어제 저녁의 읽기 자료에 공생에 관한 개념이 간략히 언급되어 있었기 때문에… 오늘 더 자세히 살펴 보겠습니다. 공생이 무엇인지 누가 이야기해 보시겠어요?

S1(학생1): 음, 솔직히, 저는 알고 있다고 생각했어요. 그러니까, 어제 저녁에 자료를 읽기 전에는 말이죠. 하지만 지금은 잘 모르겠어요. 저는 그게 어떤 관계를 통해 이득을 얻는 두 생물체와 관련된 것이라고 생각했거든요. 하지만, 지금은 그게 상리 공생에 대한 정의인 것 같아요. 그게 어떻게 다른지 잘 모르겠어요.

P: 사실, 헷갈렸다는 이야기를 들으니 반갑네요! [2(A)]명확히 해줘야 하는 중요한 부분입니다. 분야에 따라, 공생은 다른 과학자들에게 다른 것을 의미할 수 있습니다. 음… 그래서, 언급해준 것과 같이, 상리 공생과 거의 동의어에 해당될 수도 있고, 꽤 자주 그런 식으로 쓰이고 있기도 하죠. 그럼에도 불구하고, 이 두 가지 용어 사이에 왜 차이가 존재해야 하는지에 대한 강력한 주장이 있습니다.

음… 그래서 이 개념의 기본적인 이해부터 이야기를 시작해 보겠습니다. 원래, [3(S)]공생은 단순하게 함께 사는 두 생물체를 의미했습니다. 그 관계의 종류는 유익하든, 아니면 유해하든 중요하지 않았고, 함께 밀접하게 사는 한, 일종의 공생으로 여겨졌습니다. [3(M)]그래서, 이 기본적인 정의로 인해 상리 공생이 두 생물체가 이득을 보는 긍정적인 공생 관계를 특별히 가리키게 되죠. 자, 이 용어들은 더 구체적으로 변할 수 있기 때문에, 여러분의 책이 잘못된 것은 아닙니다. [1(C)]하지만, 한 가지 제가 더 잘 다뤘으면 하는 부분은, 그 관계가 동일하게 유익할 필요는 없다는 점입니다. 그래서, 이와 관련해 가장 쉽게 생각할 수 있는 방법은 상리 공생이 일종의 공생이라는 점입니다. 여기까지 모두 이해됐나요?

제가 상리 공생 관계에 대한 예를 하나 들어 보겠습니다. 호주에 가면, 상리 공생 관계를 유지하는 나비 한 종류가 있는데, 이 관계는 그 나비의 생존에 있어 필수적입니다. 음… 그리고 이것이 여러분에게 어떻게 양측 모두에 대한 이득이 반드시 균형을 이루지 않아도 되는지 보여주게 될

family… which, actually, has several species that maintain fascinating relationships with ants. But, anyways, this butterfly requires the assistance of ants to progress through its life cycles. [4(C)]And, it all starts with the adult butterfly finding a specific plant on which to lay its eggs. And, what's special about this plant is just that it has ants on or around it. It can sniff out the desired plant by following a pheromone released by ants, by sniffing them out, in a sense. So, it will lay eggs on the plant where the ants are, and the caterpillars that hatch from them feed on the leaves. They're rather defenseless, though, and must travel to rocks or other shelters to hide from predators. But, this is where it gets interesting. The caterpillar is always attended by the ants, like they're its personal bodyguards. [5(C)]The caterpillar only returns to feed on the plant if it is escorted by its ant guards. So, the caterpillar gains protection. Why do you think the ants would do this?

S2: Well…with animals, it's always about food, right?

P: [6(D)]You're on the right track.

S2: Ants are drawn to sweet foods, so maybe the caterpillar has access to a special dew or honey? Or maybe the ants eat its cocoon, or its silk? Oh, no. That can't be right.

P: That's not bad reasoning, really. [5(C)]In fact, the caterpillars do produce a sweet substance. They have a special gland that produces…hmm…yeah, you can think of it like a type of honey…like a sugary liquid. Umm…and the caterpillar makes it in large quantities, enough to feed its gang of ants. Now, it gets even more complicated than that. Remember, without this relationship, the caterpillar couldn't mature through its life cycle. And, not just because the ants protect it from potential predators. If the ants don't consume the liquid, the caterpillar's gland swells and becomes infected, killing the caterpillar. So, it would never become a butterfly. Yes, Adam?

S1: I'm not sure I get it. The caterpillar will die without the ants, but…the ants only get an easy meal? Don't they have access to other sources of food? So, their survival isn't on the line at all. They could, you know… just walk away from this relationship. My point is, how is this mutualism? I see how it's symbiotic…oh…wait… I forgot. You said the benefits of the relationship, they don't need to be evenly balanced. That's…why you said that. Sorry, I get it now.

겁니다. 이 특정 나비는 부전나비과에 속한 한 종이며… 여기엔, 사실, 개미들과 아주 흥미로운 관계를 유지하는 여러 종이 속해 있습니다. 하지만, 어쨌든, 이 나비는 자신의 수명 주기를 거치면서 살아가는 데 있어 개미의 도움을 필요로 합니다. [4(C)]그리고, 그 모든 것이 알을 낳을 특정 식물을 찾는 성체 나비와 함께 시작되죠. 그리고, 이 식물이 특별한 점은 식물 위에 또는 주변에 개미들이 있다는 것입니다. 이 나비는 개미들이 분비하는 페로몬을 쫓는 것으로 원하는 식물을 후각적으로 찾아내는데, 어떤 의미로는, 개미들을 후각에 의해 찾는 방법인 것이죠. 그래서, 개미들이 있는 식물에 알을 낳고, 거기서 부화하는 애벌레는 그 잎을 먹고 자랍니다. 하지만, 다소 무방비 상태이기 때문에, 반드시 바위나 다른 피신처로 이동해 포식자들로부터 몸을 숨깁니다. 그런데, 이 부분이 바로 흥미로운 점입니다. 이 애벌레는 항상 개미들을 동반하고 다닙니다, 마치 이 개미들이 개인 경호원인 것처럼 말이죠. [5(C)]이 애벌레는 오직 개미 경호원들의 호위를 받는 경우에만 그 식물을 먹으러 되돌아갑니다. 그래서, 이 애벌레는 보호를 받고 있는 것이죠. 이 개미들이 왜 이렇게 하는 것 같은가요?

S2(학생2): 음… 동물들의 경우에, 항상 먹이와 관련되어 있지 않나요?

P: [6(D)]제대로 짚었습니다.

S2: 개미들은 달콤한 음식에 이끌리기 때문에, 아마 그 애벌레가 특별한 이슬이나 꿀 같은 것에 접근할 수 있어서 그렇지 않을까요? 아니면 아마 개미들이 애벌레의 고치, 그러니까 명주실을 먹지 않을까요? 오, 이런. 그럴 리는 없을 것 같아요.

P: 괜찮은 추론입니다, 정말로요. [5(C)]실제로, 이 애벌레들은 분명 달콤한 물질을 만들어냅니다. 이들이 갖고 있는 특수 샘에서 만들어내는 게… 흠… 네, 일종의 꿀 같은 걸 떠올리면 될 거예요… 당분이 있는 액체 같은 것을요. 음… 그리고 이 애벌레는 그걸 함께 다니는 개미 무리를 충분히 먹일 수 있을 정도로 대량으로 만듭니다. 이제, 이보다 훨씬 더 복잡한 이야기가 시작됩니다. 기억해야 하는 점은, 이러한 관계없이는, 이 애벌레는 수명 주기 내내 성숙할 수 없을 겁니다. 그리고, 그건 단지 그 개미들이 잠재적인 포식자들로부터 보호해주기 때문만은 아닙니다. 만일 그 개미들이 그 액체를 소비하지 않는다면, 이 애벌레의 샘이 부풀어오르면서 감염되어, 애벌레를 죽이게 됩니다. 따라서, 절대로 나비가 될 수 없을 겁니다. 네, 아담?

S1: 제가 잘 이해하고 있는지 모르겠습니다. 그 애벌레는 개미가 없으면 죽지만… 개미는 그저 편하게 먹을 것을 얻는 건가요? 다른 먹이 공급원도 이용할 수 있는 것 아닌가요? 그럼, 그 개미들의 생존은 전혀 위태롭지 않네요. 이 개미들은 그저, 그러니까… 이 관계에서 벗어날 수 있는 거잖아요. 제가 말씀드리려는 건, 이게 어떻게 상리 공

P: No worries at all. And, you know, as I mentioned earlier, this family of butterfly has all kinds of symbiotic relationships with ants. Some are parasitic, and others are completely predatory. And you'll read some about those in tonight's reading.	생인가요? 어떻게 공생 관계인지는 알겠지만… 아… 잠시만요… 제가 잊었네요. 교수님께서 관계의 유익함을 이야기하셨는데, 그게 고르게 균형 잡혀 있을 필요는 없다고 하셨죠. 그래서… 그렇게 말씀하셨던 거네요. 죄송해요. 이제 알겠습니다. P: 전혀 문제없습니다. 그리고, 말하자면, 아까 제가 언급했다시피, 이 나비과는 개미들과 온갖 종류의 공생 관계를 유지하고 있습니다. 어떤 것은 기생 관계이기도 하고, 다른 경우에는 완전히 포식 관계이기도 하죠. 그리고 오늘 저녁의 읽기 자료를 통해 그 관계들에 관해 좀 읽어보게 될 겁니다.

[스크립트 어휘]
symbiosis 공생 have to do with ~와 관련되다 organisms 생물체 benefit from ~에서 이득을 얻다, 혜택을 보다 mutualism 상리 공생 synonymous with ~와 동의어인 as to ~와 관련해 species (동식물의) 종 sniff out ~을 후각적으로 찾아내다, 냄새로 알아내다 pheromone 페로몬(동종 유인 호르몬) caterpillar 애벌레 hatch 부화하다 cocoon (곤충의) 고치, 보호막 gland (분비 물질을 만드는) 샘, 선 mature 성숙하다 on the line 위태로운 parasitic 기생의 predatory 포식의

1. 교수는 주로 무엇을 이야기하고 있는가? [Topic & Purpose]
(A) '공생'이라는 용어의 다른 의미들
(B) 살기 위해 나비에 의존하는 한 가지 개미 종
(C) 생물체들 사이의 특별한 공생 관계
(D) 상리 공생에 대한 일반적인 오해

해설 (오답 A) 다른 의미들 여러 개를 살펴보는 것이 아니다.
(오답 B) 나비에 의존하는 한 가지 개미 종을 보는 것이 아니고 더 큰 개념인 공생 관계가 주제이다.
(정답 C) 공생 관계에 대해 도입부에서 언급하면서 오늘은 한 가지 특정 공생 관계를 살펴볼 것이라고 한다.
(오답 D) 오해를 살펴보는 것이 아니다.

2. 교수가 "공생"이라는 단어와 관련해 암시하는 것은 무엇인가? [Inference]
(A) 때때로 너무 구체적으로 쓰이고 있다.
(B) 여러 다른 과학 분야에 걸쳐 같은 의미를 지니고 있다.
(C) 학생의 교재가 그것을 부정확하게 정의했다.
(D) 오직 긍정적인 관계에 있는 생물체들에게만 적용된다.

해설 (정답 A) 공생은 사실 다양한 것을 의미하기 위해 사용된다고 하기에 때때로 너무 구체적으로 쓰임을 알 수 있다.
(오답 B) 같은 의미가 아닌 다양한 의미를 갖고 있다.
(오답 C) 언급된 적 없는 정보이다.
(오답 D) 언급된 적 없는 정보이다.

3. 강의에서, 교수가 공생 및 상리 공생을 정의하고 있다. 다음 중 어느 특징이 이 용어들에 적용되는지 표기하시오.
[Connecting Content]
해당 칸에 클릭하시오.

	공생	상리 공생	해당 없음
두 생물체들 사이의 관계를 나타냄	✓	✓	
관계가 두 생물체 모두에게 유익함	✓	✓	
관계가 한쪽에게 부정적임	✓		
관계의 유익함이 반드시 동일해야 함			✓

해설 · 공생은 두 생물체들 사이의 관계이고 한쪽에게 긍정 또는 부정적인 것이 될 수 있다고 한다.
· 상리 공생은 두 생물체들 사이의 관계이지만 두 생물체에게 다 유익하다고 한다.
· 관계의 유익함이 지닌 동일성은 언급된 적 없다.

4. 교수가 이야기하는 애벌레와 개미 사이의 상리 공생에서 나비는 어떤 역할을 하는가? [Detail]
(A) 개미를 포식자에게서 보호해준다.
(B) 개미의 둥지에 알을 낳는다.
(C) 개미가 사는 식물을 찾아낸다.
(D) 애벌레를 위해 꿀 같은 물질을 만들어낸다.

해설 (오답 A) 언급된 적 없는 정보이다.

(오답 B) 둥지에 알을 낳는다고는 하지 않는다.

(정답 C) 나비는 공생 관계를 위해 특정한 식물을 찾으며, 그 식물은 개미가 사는 곳이라고 한다.

(오답 D) 언급된 적 없는 정보이다.

5. 교수의 말에 따르면, 개미는 애벌레를 호위함으로써 어떤 이득을 얻는가? [Detail]

(A) 애벌레가 개미의 배설물을 먹는다.

(B) 애벌레가 개미에게 먹이 공급원을 찾도록 도움을 준다.

(C) 애벌레가 개미가 소비하는 달콤한 액체를 만들어낸다.

(D) 애벌레가 일종의 감염을 막아준다.

해설 (오답 A) 개미가 애벌레의 분비물을 먹는다.

(오답 B) 먹이 공급원을 찾도록 도움을 주는 것이 아니라 먹이 (달콤한 액체)를 제공한다.

(정답 C) 개미가 호위하는 이유가 무엇인지 질문한 후, 달콤한 액체를 먹기 위해서라고 말한다.

(오답 D) 개미가 애벌레가 감염되는 것을 막아준다.

6. 강의의 일부를 다시 들어보시오. 그런 다음, 질문에 답하시오.

P: 제대로 짚었습니다.

S2: 개미들은 달콤한 음식에 이끌리기 때문에, 아마 그 애벌레가 특별한 이슬이나 꿀 같은 것에 접근할 수 있어서 그렇지 않을까요? 아니면 아마 개미들이 애벌레의 고치, 그러니까 명주실을 먹지 않을까요? 오, 이런. 그럴 리는 없을 것 같아요.

학생이 다음과 같이 말할 때 무엇을 의미하는가? [Function]
오, 이런. 그럴 리는 없을 것 같아요.

(A) 어디에서 일부 정보를 읽었는지 잊었다.

(B) 애벌레가 먹이를 만들어낸다고 확신하고 있다.

(C) 대체 이론을 제안하고 있다.

(D) 자신의 대답이 옳지 않을 것이라고 생각한다.

해설 (오답 A) 정보가 어디서 왔는지에 대한 것은 아니다.

(오답 B) 앞 내용과는 관련 없는 정보이다.

(오답 C) 대체 이론은 제안되지 않는다.

(정답 D) 해당 문장 앞에서 한 말에 대해 스스로 그럴리는 없다고 하므로 자신의 대답이 틀렸다고 생각하는 말이다.

[문제 어휘]
depend on ~에 의존하다 be applied to ~에 적용되다 trait 특징, 특색 alternative 대체의, 대안의

Practice Test 2

Answers

1. D	2. A	3. C	4. B	5. CD	6. C

Listen to part of a lecture in a biology class. The class has been discussing animal communication systems.

P: In our previous classes, we discussed various examples of animal communication. Umm…you'll recall the courtship dances of some exotic birds, and we briefly touched upon the possible meanings of whale songs. [1(D)]Today, we'll talk about animals that are a bit closer to, well, us—mammals. And, even closer…primates—chimpanzees and orangutans, gorillas, too. A question, Klara?

생물학 강의의 수업 일부를 들어보시오. 강의에서 이야기하는 것은 동물의 의사소통 체계이다.

P(교수): 이전의 강의 시간들을 통해, 우리는 동물의 의사소통에 대한 다양한 예시들을 이야기했습니다. 음… 여러분이 일부 이국적인 새들의 구애를 위한 춤이 기억날 것이며, 고래의 노래가 지니는 의미 가능성도 간략히 언급했습니다. [1(D)]오늘은, 음, 우리와 조금 더 가까운 동물인 포유류에 관해 이야기할 겁니다. 그리고, 훨씬 더 가까운… 영장류, 그러니까 침팬지와 오랑우탄, 그리고 고릴라 이야기도 해보겠습니다. 질문 있나요, 클라라?

S1: I've read about this before, these studies with the language of gorillas. [6(C)]I mean, they can even use sign language to tell the researchers how they feel!

P: Well, I agree…but slow down a little. During this unit, we've explicitly been using the word "communication," right? We haven't actually mentioned "language" at all… at least I hope we haven't.

S1: But I thought it was…you know, just a choice of words. If it isn't, then what's the difference between communication and language?

P: Right, we should clarify that. Let's establish, first of all, that *language* is just one type of communication. It's umm…well, communication is the umbrella a great variety of communication systems—visual, auditory, even chemical—fall under. And these systems have some core qualities in common. The signals that are used, for example…so the dancing of the birds, or the words and sentences we use in human language…all possess specific meaning. So there are signals with meaning, and these signals must express a purpose. And it's basic— primal, if you want to think of it like that. They warn of danger, or express the need for sustenance.

That's umm…where the similarities start to end, though. [1(D)]It should be no surprise that human language is unique…as far as we know, truly unique among living organisms. It has features that don't appear in any other animal communication system. One big one is that human language possesses "learnability", meaning it isn't only instinctive. Think of a puppy…at a certain point in its development, it will start barking. And it doesn't need to learn how to bark…or what to bark…from other dogs. It's instinctive…natural and innate. Human language, on the other hand, must be learned…a baby's first words, the alphabet, grammar classes… Umm… what do you think? What else makes human language unique?

S2: Well, you just mentioned it. Grammar, right?

P: I guess I did give that one away! But you're right, grammar hasn't been—

S2: Oh, [2(A)]but I learned about this in my linguistics class last year. Umm…we looked at a study about prairie dogs using grammar… The researchers concluded that the different chirps and cries of prairie dogs could be considered language because they exhibited parts of speech. So, yeah…a certain cry would be a noun that

S1(학생1): 제가 전에 이 부분과 관련된 글을 읽은 적이 있어요, 고릴라의 언어에 대한 연구들이요. [6(C)]그러니까, 연구원들에게 느끼는 바를 전달하기 위해 심지어 수화를 이용할 수도 있더라고요.

P: 음, 동의합니다… 하지만 조금만 천천히 이야기합시다. 이 단원에서, 우리는 '의사소통'이라는 단어를 분명하게 계속 사용하고 있습니다. 그렇죠? 우리는 사실 '언어'라는 말을 전혀 언급한 적이 없습니다… 적어도 우리가 그러지 않았기를 바랍니다.

S1: 하지만 저는 그게… 말하자면, 단지 단어의 선택 문제였다고 생각했어요. 그게 아니라면, 의사소통과 언어 사이의 차이점이 무엇인가요?

P: 맞습니다, 우리는 그걸 명확히 해둬야 합니다. 가장 먼저, '언어'가 그저 한 가지 의사소통 유형이라는 점을 밝혀 보겠습니다. 그게 음… 저, 의사소통은 시각적인 것과 청각적인 것, 그리고 심지어 화학적인 것까지 아주 다양한 의사소통 체계가 그 아래에 속해 있는 범주입니다. 그리고 이 체계들은 공통적으로 몇 가지 핵심적인 특징들이 있습니다. 예를 들어, 사용되고 있는 신호들… 그러니까 새들의 춤이나 우리 인간이 언어로 사용하는 단어들과 문자들은… 모두 특정한 의미를 지니고 있습니다. 따라서, 의미를 지닌 신호들이 있고, 이 신호들은 반드시 목적을 나타내야 합니다. 그리고 이는 기본적인, 즉 근본적인 것인데, 그렇게 생각하기를 원한다면 말이죠. 이 신호들은 위험을 경고하거나, 자양물에 대한 필요성을 나타내기도 합니다.

하지만, 그건 음… 유사성들이 멀어지기 시작하는 지점입니다. [1(D)]인간의 언어가 특별하다는 건 놀랍지 않습니다… 우리가 아는 한, 살아 있는 생물체들 사이에서 정말 특별하죠. 다른 어떤 동물의 의사소통 체계에서도 나타나지 않는 특징들을 지니고 있습니다. 한 가지 큰 특징이 인간의 언어는 '학습 용이성'을 지니고 있다는 점인데, 이는 본능적이지만은 않다는 의미입니다. 강아지를 한 마리 떠올려 보세요… 성장 과정의 한 특정 시점이 되면, 짖기 시작합니다. 그리고 다른 개들을 통해 짖는 법이나… 무엇을 짖어야 하는지를… 배울 필요가 없습니다. 본능적이죠… 자연스럽고 선천적입니다. 반면에, 인간의 언어는 반드시 학습되어야 합니다… 아기가 처음 말하는 단어들, 알파벳, 문법 수업들… 음… 어떻게 생각하시나요? 인간의 언어를 특별하게 만드는 다른 게 또 있나요?

S2(학생2): 음, 방금 언급하셨어요. 문법이 있지 않나요?

P: 분명 그 이야기를 한 것 같아요! 하지만 맞습니다, 문법은…

S2: 오, [2(A)]하지만 작년에 제 언어학 수업 시간에 이 부분과 관련해 배웠어요. 음… 문법을 활용하는 프레리도그에 관한 연구 내용을 살펴봤어요… 그 연구가들은 프레리도

identifies the predator…and another would describe it, like an adjective. Verbs, too, but now that I think about it…

P: Yes, that study made quite a few waves in both the biology and linguistics communities. And, just to make sure we're all on the same page, we're talking about prairie dogs—the burrowing rodents native to the American grasslands—not the, you know, *bark bark* kind of dogs.

Anyways, yes, this study made some interesting… discoveries. ^{3(C)}The researchers analyzed the high-pitched yips and chirps prairie dogs make when a predator is nearby. Then…they reached some rather generous conclusions. They claimed…not proved…that these sounds construct an actual language—remember the difference—because they demonstrated a basic level of grammar. Long story short…no—these warning calls aren't any different from those of other animals… like certain monkeys, to get back on track… And, well, that doesn't even address how parts of speech are incompatible with animal communication.

^{5[D]}You see, to be a language, the signals also need a quality called "discreteness". This means that it is built out of units that form bigger units…so our words that make sentences, and the words themselves are made out of separate syllables. Umm…to see it from the prairie dogs' perspective, when they see a large predator stalking around their home, they will call out the chirp for, say, "fox." Then another chirp that means "big", and another one to indicate if it's approaching quickly or slowly. Now, the real test is: does it matter which order the signals are made? It doesn't. That's why prairie dogs do not possess language. ^{4(B)}Discrete pieces of a language should be able to be put together in unique ways that express unique meanings. Some of these meanings can even be novel—the possibilities are infinite. ^{5[D]}So, we can make two sentences: "The large fox moves slowly," or "Move the large fox slowly." Or, even, "Move slowly, large fox!" Now, probably, no one has ever even spoken the last two examples. ^{5[C]}Nonetheless, we can understand their meaning. But this is what makes human language productive, which means it can be assembled into any variety of meanings. And no other communication system has demonstrated this ability.

And, there is another feature of language that's not

그의 서로 다른 짹짹거리는 소리와 울음 소리가 언어 능력의 일부분을 나타내기 때문에 언어로 여겨질 수 있다는 결론을 내렸어요. 그래서, 네… 특정 울음 소리는 포식자를 확인해주는 명사일 수 있고… 그리고 또 다른 울음 소리는 마치 형용사처럼 그걸 묘사할 수도 있고요. 동사도 될 수 있어요, 이제 생각해보니까요.

P: 네, 그 연구는 생물학과 언어학 분야에서 모두 상당히 많은 파장을 일으켰습니다. 그리고, 우리 모두가 함께 알고 있도록 해두기 위해 말하자면, 지금 이야기하고 있는 프레리도그는 미국 초원 지대가 원산지인 굴을 파고 사는 설치류를 말하는 겁니다, 그러니까, '멍멍' 짖는 개의 종류가 아닙니다.

어쨌든, 네, 이 연구는 몇몇 흥미로운… 발견을 이뤄냈죠. ^{3(C)}연구가들은 포식자가 근처에 있을 때 프레리도그가 내는 높은 음조의 깽깽거리는 소리와 짹짹거리는 소리를 분석했습니다. 그런 다음… 몇몇 다소 관대한 결론에 이르렀죠. 이들이 주장한 것은… 증명되진 않았는데… 이 소리들이 실제 언어를 구성한다는 점을요, 아까 말한 차이점을 기억하세요, 그 이유는 그 소리들이 기본적인 수준의 문법을 나타내기 때문이죠. 간단히 말해서… 아닙니다, 이 경고용 외침 소리들은 다른 동물들의 소리들과 전혀 다르지 않습니다… 다시 본론으로 돌아가자면… 특정 원숭이들과 같이 말이죠. 그리고, 음, 심지어 어떻게 품사가 동물의 의사소통과 양립할 수 없는지를 다루고 있지도 않습니다.

^{5[D]}말하자면, 언어가 되기 위해서는, 그 신호들이 '분리성'이라고 부르는 특징을 필요로 합니다. 이는 더 큰 개체를 구성하는 개체들로 만들어진다는 뜻입니다… 그러니까 문장을 구성하는 우리의 단어들과 단어 자체들은 분리된 음절들로 만들어져 있다는 말입니다. 음… 프레리도그의 관점에서 보자면, 그들이 집 근처에서 몰래 접근하는 큰 포식자를 보게 되는 경우에, 예를 들어, "여우"에 해당되는 짹짹거리는 소리를 외칠 겁니다. 그런 다음 "큰"이라는 의미를 지니는 또 다른 짹짹거리는 소리를, 그리고 포식자가 빠르게 또는 천천히 다가오고 있는지를 나타내는 또 다른 짹짹거리는 소리를 낼 겁니다. 이제, 진짜 중요한 문제가 있습니다. 그 신호음들이 어느 순서로 구성되는지가 중요할까요? 그렇지 않습니다. 그게 바로 프레리도그가 언어를 갖지 못하는 이유입니다. ^{4(B)}언어의 분리된 부분들은 고유의 의미를 나타내는 고유의 방식들을 통해 함께 조합될 수 있어야 합니다. 이러한 의미들 중의 일부는 심지어 새로울 수도 있으며, 그 가능성은 무한합니다. ^{5[D]} 그래서, 우리는 "큰 여우가 천천히 움직인다," 또는 "큰 여우를 천천히 움겨"와 같이 두 가지 문장을 만들 수 있습니다. 또는, 심지어, "천천히 움직여, 큰 여우!"라고도 할 수 있습니다. 자, 아마, 누구도 마지막 두 예문들을 말로 표현해본 적이 있는 사람은 없을 겁니다. ^{5[C]} 그럼에도 불구하고, 우리

displayed by any form of animal communication; that is "displacement". This is the ability to talk about things that are not present, or to talk about things in the abstract. So, to talk about a coyote you can't see, or talk about the future, or even ideas. So, sure, a prairie dog might be able to shout that a coyote is approaching, but if they can't see a coyote, then it doesn't even exist.

는 그 의미를 이해할 수 있죠. 하지만 이것이 인간의 언어를 생산적이게 만드는 점인데, 어떠한 종류의 의미로도 구성될 수 있다는 것을 의미합니다. 그리고 다른 어떤 의사소통 체계도 이런 능력을 보여주지 못했습니다.

그리고, 어떤 형태의 동물 의사소통에서도 보이지 않는 언어의 또다른 특징이 있는데, 그것은 '전이'입니다. 이는 존재하지 않는 것들에 관해 이야기하거나, 추상적인 것들에 관해 이야기할 수 있는 능력입니다. 즉, 볼 수 없는 코요테에 관해 이야기하거나, 미래 또는 심지어 개념들에 관해 이야기하는 것이죠. 따라서, 물론, 프레리도그가 코요테가 다가오고 있다고 소리칠 수 있을지는 모르겠지만, 그들이 코요테를 볼 수 없다면 그것은 존재하지도 않는다는 것입니다.

[스크립트 어휘]
courtship 구애 (활동) exotic 이국적인 touch upon (간단히) ~에 관해 언급하다 mammals 포유류 explicitly 분명하게, 명쾌하게 fall under ~의 범주에 속하다, ~에 해당되다, ~의 영향을 받다 quality 특징 primal 근본적인, 원시적인 sustenance 자양물, 생명을 유지시켜 주는 것 instinctive 본능적인 innate 선천적인 chirp 짹짹거리는 소리 exhibit ~을 보이다, 드러내다 on the same page 같은 내용을 이해하고 있는 burrow 굴을 파다 rodent 설치류 yip 깽깽거리는 소리 part of speech 품사 incompatible 양립할 수 없는 discreteness 분리, 불연속성, 단절 syllable 음절 stalk 몰래 접근하다, 가만히 뒤를 밟다 infinite 무한한 displacement 전이, 변위, 전위, 치환 abstract 추상적인

1. 교수는 주로 무엇을 이야기하고 있는가? [Topic & Purpose]
(A) 프레리도그의 의사소통 패턴에 대한 한 연구의 결과
(B) 동물들이 다른 동물들에게 경고를 나타내는 여러 다른 방법들
(C) 의사소통 체계를 형성하는 진화상의 과정들
(D) 인간의 언어와 동물의 의사소통을 구분 짓는 특징들

해설 (오답 A) 너무 지엽적인 내용이다.
(오답 B) 경고에 대한 의사소통이 중심 내용은 아니다.
(오답 C) 진화상의 과정들이 중심 내용은 아니다.
(정답 D) 강의 도입부에서 동물에 대해 이야기한다고 한 후 강의 전반적으로 인간의 언어와 구분 짓는 특징들을 다룬다.

2. 학생이 왜 언어학 수업 시간에 배운 한 연구를 언급하는가? [Function]
(A) 언어적 특징들을 활용하는 한 동물의 예를 제시하기 위해
(B) 설치류와 원숭이들이 의사소통하는 방식들을 대조하기 위해
(C) 생물학 주제에서 언어학에 속한 것으로의 전환을 명확하기 하게 위해
(D) 언어가 다른 의사소통 체계들보다 더 복잡하지 않다고 주장하기 위해

해설 (정답 A) 학생은 문법을 활용하는 프레리도그에 관한 연구를 언급한다.
(오답 B) 언급된 적 없는 정보이다.
(오답 C) 언급된 적 없는 정보이다.
(오답 D) 언급된 적 없는 정보이다.

3. 교수는 프레리도그와 관련된 한 연구에 대해 어떻게 생각하는가? [Attitude]
(A) 그 연구가 생물학보다 언어학에 더 많은 영향을 미치고 있다고 생각한다.
(B) 그 연구가 동물들이 인간과 같은 수준의 언어를 이뤄낼 수 있음을 증명한다는 데 동의한다.
(C) 해당 연구가들의 연구 결과 정도가 정확하지 않다고 생각한다.
(D) 프레리도그의 신호들이 포식자에 대한 경계로서 만들어졌다는 데 동의하지 않는다.

해설 (오답 A) 어디에 영향을 더 미치는지를 보는 것이 아니다.
(오답 B) 언급된 적 없는 정보이다.
(정답 C) 다소 관대한 결론과 증명되지 않았다는 표현을 통해 어느 정도 정확하지 않음을 알 수 있다.
(오답 D) 언급된 적 없는 정보이다.

4. 교수의 말에 따르면, 인간의 언어가 지닌 개별적인 개체들과 관련해 무엇이 특별한가? [Detail]

(A) 다른 동물 종이 입으로 말할 수 없는 소리들을 필요로 한다.

(B) 재조합되어 수없이 많은 의미들을 구성할 수 있다.

(C) 시각적인 것보다 청각적인 신호로서 기능한다.

(D) 학습할 필요 없이 인간의 아이들에게서 선천적으로 나타난다.

해설 (오답 A) 언급된 적 없는 정보이다.

(정답 B) 분리된 언어의 부분들은 재조합되어 무한대로 다양하게 사용될 수 있다고 한다.

(오답 C) 언급된 적 없는 정보이다.

(오답 D) 언급된 적 없는 정보이다.

5. 교수가 말하는 문장 "큰 여우를 천천히 옮겨"는 언어의 어떤 두 가지 특징을 나타내는가? 두 개의 선택지를 클릭하시오. [Detail]

[A] 학습 용이성

[B] 전이

[C] 생산성

[D] 분리성

해설 (오답 A) 해당 문장과 관련 없는 특징이다.

(오답 B) 전이는 볼 수 없는 코요테와 관련하여 설명된 언어의 특징이다.

(정답 C) 여러 문장을 만들 수 있으므로 생산성을 보여준다.

(정답 D) 앞서 분리성을 설명하면서 해당 문장이 그것을 나타내는 예시로 언급되고 있다.

6. 강의의 일부를 다시 들어보시오. 그런 다음, 질문에 답하시오.

S1: 그러니까, 연구원들에게 느끼는 바를 전달하기 위해 심지어 수화를 이용할 수도 있더라고요.

P: 음, 동의합니다… 하지만 조금만 천천히 이야기합시다. 이 단원에서, 우리는 "의사소통"이라는 단어를 분명하게 계속 사용하고 있습니다, 그렇죠? 우리는 사실 "언어"라는 말을 전혀 언급한 적이 없습니다… 적어도 우리가 그러지 않았기를 바랍니다.

교수는 왜 다음과 같이 말하는가? [Function]
이 단원에서, 우리는 "의사소통"이라는 단어를 분명하게 계속 사용하고 있습니다, 그렇죠?

(A) 다른 누구든 고릴라에 대한 해당 학생의 주장에 동의하는지 알아보기 위해

(B) 한 개념에 대한 해당 학생의 오해에 대해 실망감을 나타내기 위해

(C) 용어에 중요한 차이점이 존재한다는 점을 지적하기 위해

(D) 학생들이 요구받은 과제물을 신중히 완료했는지 확인하기 위해

해설 (오답 A) 동의하는지를 알아보는 것은 아니다.

(오답 B) 실망감은 없다.

(정답 C) 의사소통이라는 용어는 언어와 다르다는 것을 강조하는 것이다.

(오답 D) 과제를 언급하는 것은 아니다.

[문제 어휘]

signify ~을 나타내다, 의미하다 evolutionary 진화의, 진화론적인 contrast ~을 대조하다 transition 전환, 이행 have an implication for ~에 영향을 미치다 extent 범위, 정도 findings 결과물 point out that ~임을 지적하다 terminology (전문) 용어

3. Botany

Answers

1. B	2. C	3. A	4. C	5. A	6. C

Listen to part of a lecture in a botany class.

Professor:

We're just entering the autumn months, so that means, especially in our region, that the leaves will soon start to change color, from their vibrant summer greens to the gorgeous hues of red, yellow, and orange we all love. So, aside from telling us it's time to pull out our flannels and drink our favorite fall spiced beverages, these colors also signify a biological change in the trees. [1(B)]But, why exactly do the leaves change to these colors?

[2(C)]To explain, we need to go back to some material I'm sure you're all familiar with. Which is, why plants are green in the first place…chlorophyll. You remember chlorophyll, right? It's the chemical within plants that conducts photosynthesis, allowing the plant to extract energy from sunlight that can be turned into food. Chlorophyll, then, is the reason why plants are green. Now, the classic theory for why plants turn other colors—yellow, orange, and, umm…supposedly red—has always been that as winter approaches, plants quit producing new chlorophyll. Since it's sensitive to cold weather, the old chlorophyll breaks down, but it isn't replaced by newly created chlorophyll. The green color begins to fade as the level of chlorophyll in the plant drops, and this allows the other pigments in the plant—which have always been there, but just covered up by the overwhelming amount of green—to emerge. Umm… and, you know, [3(A)]this classic theory works to a degree. It explains how the yellows and oranges come out, but it doesn't quite work for red.

To understand why, we need to know what makes the red pigment in leaves. You know, green for chlorophyll…Well, the red pigment comes from a chemical called anthocyanin. And this is why the usual explanation doesn't work for red. You see, unlike yellow and orange, the red pigment— anthocyanin—isn't always present in the leaves. During the

식물학 강의의 수업 일부를 들어보시오.

교수:

이제 막 가을철로 접어들고 있습니다, 그 말인즉슨, 특히 우리 지역에서는, 나뭇잎들이 곧 색을 바꾸기 시작한다는 뜻입니다, 여름의 생동감 있는 초록색에서 우리 모두가 아주 좋아하는 대단히 아름다운 붉고, 노란, 그리고 오렌지 색조들로 말이죠. 자, 우리에게 플란넬 옷을 꺼내 입고 우리가 가장 좋아하는 가을 음료를 마실 때가 되었다고 알려주는 것 외에도, 이 색들은 또한 나무들의 생물학적 변화를 의미하기도 합니다. [1(B)]하지만, 정확히 왜 이 나뭇잎들이 이런 색들로 바뀌는 걸까요?

[2(C)]이를 설명하려면, 여러분 모두가 분명 잘 알고 있는 어떤 물질에 대한 이야기로 돌아가야 합니다. 그것은, 우선 왜 식물들이 초록색인지를 나타내는… 엽록소 이야기입니다. 엽록소가 무엇인지 기억하고 있죠? 이것은 식물 내에서 광합성을 하는 화학 물질로서, 식물이 햇빛으로부터 에너지를 추출해 양분으로 바꿀 수 있게 해주는 것입니다. 그래서, 이 엽록소가 바로 식물들이 초록색인 이유입니다. 자, 왜 식물들이 다른 색, 그러니까 노란색과 오렌지색, 그리고 음… 아마 붉은색으로 바뀌는 이유에 대해 항상 대표적이었던 이론은, 겨울이 다가오면서, 식물들이 새로운 엽록소 생산을 멈춘다는 것이었습니다. 엽록소가 추운 날씨에 민감하기 때문에, 기존의 엽록소는 분해되지만, 새롭게 만들어지는 엽록소로 대체되진 않는다는 것이죠. 식물 내의 엽록소 수준이 감소함에 따라 초록색이 바래기 시작하고, 이는 식물 내에 있던 다른 색소, 즉 언제나 그 안에 들어 있었지만, 단지 압도적인 양의 초록색에 의해 감춰져 있던 색소들이 나타날 수 있게 해주는 겁니다. 음… 그리고, 말하자면, [3(A)]이 대표적인 이론이 어느 정도는 맞습니다. 노란색과 오렌지색이 어떻게 나오는지는 설명해주지만, 붉은색에 대해서는 꽤 잘 적용되진 않습니다.

그 이유를 이해하려면, 무엇이 나뭇잎 속의 붉은 색소를 만드는지 알아야 합니다. 그러니까, 엽록소로 인해 녹색이 생기듯이… 음, 붉은 색소는 안토시아닌이라고 부르는 화학 물질에서 비롯됩니다. 그리고 이것이 바로 일반적인 설명이 붉은색에 대해 적용되지 않는 이유입니다. 말하자면, 노란색 및 오렌지색과 달리, 붉은 색소, 즉 안토시아닌이 항상 나뭇잎 속

summer, there are low levels of anthocyanin in the leaves. In fact, the presence of the chemical increases dramatically through autumn. So, they aren't just revealed by the disappearance of chlorophyll; they're made at the time that chlorophyll is breaking down anyways. This, of course, leads to a new question: [4(C)]why would a tree produce a new chemical in its leaves just before they fall off? Just, logically, it doesn't make sense. It would be like, I don't know, getting a suit tailored, even though you're just about to grow out of it. It would be pointless. And, well, nature doesn't work like that—there's always an economical reason for an organism to use its resources.

So, we can conclude that anthocyanin serves a special, necessary function. And there are multiple theories as to what that function could be. [5(A)]Some suggest that it protects the tree from insects, and another involves a complex relationship with fungi. Umm…but most of these explanations just seem to lead to more questions…they aren't completely neat. Recently, however, a new study emerged that, you know, seems to satisfy everyone. It makes sense in the context of the tree's seasonal cycles. Remember how chlorophyll breaks down in the autumn? When the tree stops producing it? It's not just chlorophyll— a whole bunch of other chemicals are also broken down at this time, and the components reabsorbed by the tree. You see…economical, right? And this process is vitally important to the tree. It helps it survive through the winter.

Now, where does anthocyanin come into play? Most of these chemical processes are sensitive to sunlight. Too much, and the process can't occur. Anthocyanin is sturdy, and more resistant to both sunlight and the cold. When everything else, like chlorophyll, is breaking down, anthocyanin is still hard at work. And it works as a sort of shield, protecting the crucial reabsorption processes from sunlight. And the support for this theory is easily observable. [6(C)]If you look at a red leaf on a tree, you'll notice that the majority of the pigment is on the topside of the leaf, which faces the sun. It's like a built-in shade for the leaf—the anthocyanin and its red pigment block the sunlight so that, underneath, the other chemicals can be broken down, uninterrupted. Everything serves some vital function, and the tree's actions make sense economically, and so, biologically.

에 존재하는 것은 아닙니다. 여름철에는, 나뭇잎 속의 안토시아닌 수치가 낮습니다. 사실, 이 화학 물질의 존재는 가을에 걸쳐 급격히 늘어납니다. 따라서, 단지 엽록소의 소멸에 의해 드러나는 것이 아니라, 엽록소가 어쨌든 분해되고 있을 때 만 들어집니다. 이는, 당연히, 한 가지 새로운 질문으로 이어집니다. [4(C)]왜 나무에서 나뭇잎들이 떨어지기 직전에 새로운 화학 물질을 생성할 필요가 있을까요? 그저, 논리적으로, 앞뒤가 맞지 않습니다. 이는 마치, 어울리는 이야기인지 모르겠지만, 여러분의 몸집이 막 더 커지려 하고 있음에도 불구하고 정장을 맞춰 입으려는 것과 같습니다. 무의미할 수 있다는 말이죠. 그리고, 음, 자연은 이런 식으로 움직이지 않는데, 생물체가 자원을 활용하는 데에는 항상 경제적인 이유가 있습니다.

따라서, 우리는 안토시아닌이 특별하고 필수적인 기능을 수행한다고 결론 지을 수 있습니다. 그리고 그 기능이 무엇일지에 관해서는 다수의 이론이 존재합니다. [5(A)]일부는 그것이 곤충으로부터 나무를 보호해준다고 주장하기도 하고, 다른 것은 균류와의 복잡한 관계와 관련되어 있기도 합니다. 음… 하지만 이 설명들의 대부분은 그저 더 많은 질문으로 이어지는 듯한데… 완전히 깔끔한 건 아닙니다. 하지만, 최근에, 새로운 연구 한 가지가 나타났는데, 그러니까, 모두를 만족시키는 것처럼 보입니다. 나무가 지닌 계절 주기라는 맥락에 있어 앞뒤가 맞습니다. 엽록소가 가을에 어떻게 분해되는지 기억하시나요? 나무가 그것을 생산하기 멈출 때요? 단순히 엽록소뿐만 아니라, 한꺼번에 많은 다른 화학 물질들도 이 시기에 분해되며, 그 요소들이 나무에 의해 재흡수됩니다. 그러니까… 경제적이지 않나요? 그리고 이 과정은 나무에게 있어 대단히 중요합니다. 겨울을 거쳐 생존하는 데 도움을 주죠.

이제, 안토시아닌은 어디에서 활동하기 시작할까요? 대부분의 이 화학 처리 과정들은 햇빛에 민감합니다. 너무 많으면, 그 과정이 일어나지 않을 수도 있습니다. 안토시아닌은 튼튼하며, 햇빛과 추위 모두에 대해 저항력이 더 뛰어납니다. 엽록소 같은, 다른 모든 것이 분해되고 있을 때, 안토시아닌은 여전히 열심히 활동합니다. 그리고 일종의 방패 역할을 하면서, 햇빛으로부터의 중요한 재흡수 과정을 보호해줍니다. 그리고 이 이론을 뒷받침하는 증거는 쉽게 관찰할 수 있습니다. [6(C)]나무의 붉은색 잎을 보면, 그 색소의 대부분이 태양을 향하는 잎의 표면에 나타나 있다는 것을 알 수 있습니다. 마치 나뭇잎에 내장된 그늘막 같은 것으로서, 안토시아닌과 그 붉은 색소가 햇빛을 차단해, 아래에 있는 나머지 화학 물질들이 방해받지 않고 분해될 수 있는 것이죠. 모든 것이 조금씩 필수적인 기능을 하기 때문에, 나무가 경제적으로, 그리고 그에 따라, 생물학적으로 활동한다는 게 이해가 됩니다.

[스크립트 어휘]

hue 색조 chlorophyll 엽록소 photosynthesis 광합성 break down 분해되다 pigment 색소 anthocyanin 안토시아닌(꽃이나 나뭇잎의 색을

결정하는 색소배당체) **fungi** 균류 **component** 요소 **reabsorb** ~을 재흡수하다 **come into play** 활동하기 시작하다, 작용하기 시작하다 **sturdy** 튼튼한, 견고한, 단단한 **shield** 방패 **built-in** 내장된, 붙박이의 **uninterrupted** 방해 받지 않은

1. 강의의 주 목적은 무엇인가? [Topic & Purpose]
(A) 나무 종류에 따라 어떻게 나뭇잎 색이 달라지는지 보여주는 것
(B) 나뭇잎의 색 변화에 관한 한 가지 이론을 이야기하는 것
(C) 엽록소가 가을에 어떻게 기능하는지 설명하는 것
(D) 왜 붉은 색소가 식물 속에 흔치 않은지 설명하는 것

해설 (오답 A) 바뀌는 색을 다루는 것은 아니다.
(정답 B) 도입부에서 왜 나뭇잎 색이 변화하는가를 질문하면서 주제를 소개한다.
(오답 C) 엽록소가 주된 내용은 아니다.
(오답 D) 붉은 색소가 주된 내용은 아니다.

2. 교수가 나뭇잎의 녹색을 이야기할 때 암시하는 것은 무엇인가? [Inference]
(A) 일부 학생들이 그 내용을 다루지 않았다는 점을 인식하고 있다.
(B) 엽록소에 대한 한 가지 오해를 알고 있다.
(C) 학생들이 이미 그 주제와 관련해 알고 있다고 생각한다.
(D) 한 가지 복잡한 과정을 오직 간략하게만 언급하고 싶어한다.

해설 (오답 A) 언급된 적 없는 정보이다.
(오답 B) 오해를 언급하지 않는다.
(정답 C) 해당 내용을 언급하면서 이미 학생들이 익숙한 주제임을 말하고 기억나는지를 묻는다.
(오답 D) 간략하게만 언급하려 하는 의도는 없다.

3. 교수가 대표적인 이론이 오직 "어느 정도는 맞다"고 말할 때 무엇을 의미하는가? [Function]
(A) 전부가 아닌 오직 특정 색에 대해서만 적용된다.
(B) 색소들이 분해될 때 발생되는 일만 보여준다.
(C) 다른 식물들이 아닌 나무들에게서 나타나는 과정이다.
(D) 여름이 아닌 가을에 나타나는 계절적 과정을 설명한다.

해설 (정답 A) 노란색과 주황색에는 적용되나 빨간색에는 적용되지 않기에 어느 정도만 맞다고 한다.
(오답 B) 해당 내용과 관련해 언급된 적 없는 정보이다.
(오답 C) 해당 내용과 관련해 언급된 적 없는 정보이다.
(오답 D) 해당 내용과 관련해 언급된 적 없는 정보이다.

4. 교수는 왜 정장을 맞추는 것을 언급하는가? [Organization]
(A) 안토시아닌이 어떻게 나무가 계절 변화에 적응하도록 돕는지 설명하기 위해
(B) 엽록소가 나무에 의해 어떻게 재활용되는지 알려주기 위해
(C) 나무에게서 진행되는 한 과정의 타이밍에 대해 혼란스러움을 표현하기 위해
(D) 일부 나뭇잎들이 왜 다른 색 대신 붉은색으로 변하는지 설명하기 위해

해설 (오답 A) 계절 변화에 적응하는 내용이 아니다.
(오답 B) 해당 내용과 관련해 언급된 적 없는 정보이다.
(정답 C) 왜 나뭇잎이 떨어지기 직전에 색을 바꾸는지 질문하면서 그것은 정장을 맞추는 것과 같다고 비유한다.
(오답 D) 어떤 색인지를 말하려는 것은 아니다.

5. 안토시아닌과 관련해 곤충 및 균류를 포함하는 이론들에 대한 교수의 의견은 무엇인가? [Attitude]
(A) 충분히 철저하지 못하다.
(B) 연구에 의해 잘 뒷받침되고 있다.
(C) 대부분의 과학자들에 의해 외면당하고 있다.
(D) 거짓이라는 것이 쉽게 증명된다.

해설 (정답 A) 해당 이론은 더 많은 질문을 만들어 내면서 깔끔하지 못하다고 한다.
(오답 B) 사실과 반대되는 내용이다.
(오답 C) 언급된 적 없는 정보이다.
(오답 D) 증명된 바는 없다.

6. 교수의 말에 따르면, 안토시아닌이 왜 나뭇잎 표면에 더 일반적으로 나타나는가? [Detail]
(A) 광합성을 진행하는 데 있어 엽록소를 돕기 위해
(B) 가을에 흡수하는 햇빛의 양을 늘리기 위해
(C) 방해 요소들로부터 화학 과정들을 보호하기 위해
(D) 엽록소의 분해를 막기 위해

해설 (오답 A) 언급된 적 없는 정보이다.
(오답 B) 햇빛은 방해 요소이다.
(정답 C) 나뭇잎 표면에 안토시아닌이 있어서 화학 과정들이 햇빛과 같은 방해 요소들로부터 보호받는다고 한다.
(오답 D) 언급된 적 없는 정보이다.

[문제 어휘]
apply to ~에 적용되다 **adjust to** ~에 적응하다 **disregard** ~을 외면하다, 무시하다 **disruption** 방해, 지장

1. B	2. CD	3. A	4. D	5. C	6. B

Listen to part of a botany class.

Professor:

^{6(B)}Life is amazing in the ways that it learns to survive, even in the harshest of environments. Life adapts in the hottest, coldest, and driest environments, and the tenacity of life is perfectly illustrated by desert plants. Your reading last night glanced over them, ^{1(B)}so I want to talk about them in more depth today, especially about how different desert plants have responded to the same problem—the lack of water—in unique and effective ways. There isn't only one solution, and each plant has evolved to find its own method of survival.

^{6(B)}Let's talk about succulent plants first. You might be familiar with them already…they've become quite popular among plant collectors. Mostly, well, because they're easy to take care of, which is connected to this topic. You see, succulents are magnificent at absorbing and retaining water. Obviously, rain is rare in the desert, and when it does rain, plants don't have much time before the water is evaporated and arid conditions return. To absorb as much water as quickly as possible, succulents have wide, shallow root systems that are effective at collecting water from the topsoil, an inch or so into the ground. While water doesn't penetrate so deeply into desert ground, it does tend to make the topsoil saturated, which further benefits succulents since they aren't good at wringing water out of moist soil. In addition, once succulents absorb water, they're also adept at retaining it, again aiding their survival between infrequent rains. They store water throughout their structure, in their leaves, stems, and roots. The hot desert air also saps water away from plants, ^{2(C)}but succulents are protected from this thanks to a waxy covering that makes them nearly waterproof, especially when their stomata are sealed. Umm…oh, one more thing. If you recall, most succulents are rather short and stubby…and this is also part of their water-saving design. ^{2(D)}By minimizing their surface area, they limit how exposed they are to the Sun. Less direct sunlight means less evaporated water. That's why some succulents don't even have leaves.

식물학 강의의 수업 일부를 들어보시오.

교수:

^{6(B)}생명체는 심지어 가장 가혹한 환경 속에서도 생존하는 법을 배운다는 점에서 놀랍습니다. 생명체는 가장 덥거나 추운, 그리고 메마른 환경 속에서도 적응하며, 생명체가 지닌 그러한 끈기를 완벽히 설명해주는 것이 사막의 식물입니다. 여러분이 어제 저녁에 읽은 자료는 그에 관한 내용을 대략적으로 보여주기 때문에, ^{1(B)}오늘 그에 관해 더 심층적으로 이야기하고자 하며, 특히, 어떻게 서로 다른 사막 식물들이 특별하고 효과적인 방식으로 같은 문제, 즉 물 부족 문제에 대처해왔는지에 관해 이야기하겠습니다. 단 하나의 해결책만 있는 것은 아니며, 각 식물은 자체적인 생존 방법을 찾아 진화해 왔습니다.

^{6(B)}먼저 다육 식물에 관해 이야기해보겠습니다. 아마 이미 익숙하실 수도 있는데… 식물 수집가들 사이에서는 꽤 인기를 얻게 되었습니다. 주로, 음, 관리하기 쉽기 때문인데, 이 부분이 오늘 주제와 연관되어 있습니다. 그러니까, 다육 식물은 물을 흡수하고 유지하는 일을 훌륭히 해냅니다. 분명, 사막 지역에는 비가 흔하지 않기 때문에, 비가 내리게 되면, 식물들은 그 물이 증발되고 메마른 환경으로 다시 바뀌기 전까지 시간이 많지 않습니다. 가능한 한 빨리 많은 물을 흡수하기 위해, 다육 식물은 땅 속에 1인치 정도의 깊이로 얕고 폭넓은 뿌리 체계를 갖추고 있어 표토에서 물을 끌어 모으는 데 효과적입니다. 물이 사막의 땅 속으로 아주 깊이 스며들지 않는 반면, 표토를 흠뻑 적시는 경향은 분명 있으며, 이는 다육 식물에게 더욱 이로운데, 촉촉한 토양에서 물을 쥐어짜듯 얻는 것을 잘하지 못하기 때문입니다. 게다가, 일단 다육 식물이 물을 흡수하고 나면, 그것을 유지해 비가 잦지 않은 기간 사이의 생존에 다시 도움이 되는 데에도 능숙합니다. 잎과 줄기, 그리고 뿌리 속에서 그 구조를 통해 물을 저장합니다. 뜨거운 사막의 열기 또한 식물들에게서 수분을 빼앗아가지만, ^{2(C)}다육 식물은 거의 방수 상태로 만들어주는 밀랍 같은 표면으로 인해 이 문제로부터 보호를 받고 있으며, 특히 기공들이 막혀 있을 때 그렇습니다. 음… 아, 한 가지 더 있네요. 기억을 떠올려 보시면, 대부분의 다육 식물은 다소 짧고 뭉툭하게 생겼으며… 이 또한 수분을 보관하기 위한 계획의 일환입니다. ^{2(D)}표면적을 최소화함으로써, 태양에 노출되는 방식을 제한하는 것이죠. 직사광선을 덜 받는다는 것은 수분이 덜 증발된다는 의미입니다. 그게 바로 일부 다육 식물에 심지어 잎도 존재하지 않는 이유입니다.

6(B)Another type of desert plant is drought-tolerant plants. Umm…and they're different from succulents in a few ways. 3(A)Their main survival trick is, well, they're kind of like bears. Bears hibernate through the cold winters to conserve energy. Umm…drought-resistant plants do something similar during dry periods. To do so, they actually dry out without dying. So, like a sleeping bear, they're in a dormant state. Most desert rains are short and light, but every once in a while, there's a downpour, and these are what drought-tolerant plants wake up for. After a heavy rainfall, drought-resistant plants absorb as much of the rainfall as they can using their deep roots. Umm…in fact, their roots are deeper and more complex than those of plants that live in wet climates. And, different from succulents, drought-tolerant plants can draw the remaining water from relatively dry soil, thanks to their deep roots.

5(C)And another creative adaptive strategy is to, well… just die before the droughts happen…and this is effective! No, really! 6(B)This is the exact strategy of annuals. You may remember that annuals are plants that mature and reproduce in a single growing season. Then the seeds that it produced become the next generation. In the desert, annual plants grow during the fall and spring, when the temperature is moderate—not the extreme heat of summer, or extreme cold of winter. Now, some of you may be thinking…but what happens if a single season is particularly dry? Wouldn't every plant be killed off? Well, 4(D) desert annuals have adopted a fail-safe for these kinds of inhospitable seasons too. Basically, not every seed released by a plant will grow in the next year. A percentage of the seeds will stay dormant, perhaps for many years. So, one rainless season won't kill every new plant…the insurance seeds will wait for the next season. In this way, annuals, as a native species in deserts, survive the harsh climate.

6(B)또 다른 유형의 사막 식물로 내건성 식물들이 있습니다. 음… 그리고 이 식물들은 몇 가지 측면에서 다육 식물과 다릅니다. 3(A)이들의 주된 생존 전략은, 음, 이 식물들은 일종의 곰과 같습니다. 곰은 에너지를 보존하기 위해 추운 겨울 동안 동면을 합니다. 음… 내건성 식물은 건조한 기간 중에 유사한 것을 합니다. 그렇게 하기 위해, 실제로 죽지 않은 채 마른 상태가 됩니다. 따라서, 잠 자는 곰처럼, 활동 중단 상태에 접어드는 것이죠. 대부분 사막의 비는 짧고 가볍게 내리지만, 어쩌다 한 번씩, 폭우가 내리는데, 이 경우에 바로 내건성 식물들이 깨어납니다. 큰비가 내리고 나면, 내건성 식물들은 깊은 뿌리를 이용해 가능한 많은 빗물을 흡수합니다. 음… 실제로, 이 뿌리는 습한 기후 속에서 사는 식물의 뿌리보다 더 깊고 더 복잡합니다. 그리고, 다육 식물과 달리, 내건성 식물은 그 깊은 뿌리로 인해, 비교적 건조한 토양에서도 남아 있는 물을 끌어들일 수 있습니다.

5(C)그리고 또 다른 창의적인 적응 전략은, 음… 가뭄이 나타나기 전에 그냥 죽는 것인데… 그리고 이는 효과적입니다! 설마 하시겠지만, 정말입니다! 이것이 바로 한해살이 식물의 전략입니다. 한해살이 식물이 단 한 차례의 성장기 속에서 성숙해 번식하는 식물이라는 것이 기억나실 겁니다. 그리고 이 식물에서 나온 씨앗이 다음 세대가 되죠. 사막에서, 한해살이 식물은 가을과 봄, 즉 극도의 열기가 나타나는 여름이나 극도의 추위가 나타나는 겨울이 아닌, 기후가 온화할 때 성장합니다. 자, 여러분 중 일부는 아마 이런 생각이 들 것 같은데… 단 하나의 계절이 특히 건조할 경우에는 어떤 일이 벌어지는가? 모든 식물이 몰살되진 않을까? 음, 4(D)사막의 한해살이 식물은 이런 종류의 살기 어려운 계절에 대비하기 위해 안전 장치도 채택했습니다. 기본적으로, 식물이 배출하는 모든 씨앗이 다음 해에서 성장하는 것은 아닙니다. 일정 비율의 씨앗이 활동 중단 상태로 유지되는데, 아마 수년 동안 그럴 수도 있습니다. 따라서, 비가 내리지 않는 계절이 한번 찾아와도 모든 새로운 식물을 죽이진 않으며… 예방 차원의 씨앗이 다음 계절을 기다리게 됩니다. 이런 식으로, 사막의 토종 식물로서, 한해살이 식물은 가혹한 기후 속에서 생존합니다.

[스크립트 어휘]

adapt 적응하다 tenacity 끈기, 의지, 불굴 glance over ~을 대충 훑어보다 succulent plant 다육 식물(건조한 기후에서 살아남기 위해 줄기나 잎에 수분을 많이 저장하고 있는 식물) be magnificent at ~을 훌륭히 해내다 evaporate ~을 증발시키다 arid 메마른, 건조한 penetrate 스며들다, 침투하다 saturated 흠뻑 젖은 wring ~을 쥐어 짜다 be adept at ~에 능숙하다 sap ~을 빼앗아 가다, 약화시키다 stomata 기공(stoma의 복수형) stubby 뭉툭한 drought-tolerant 내건성의, 가뭄을 잘 견디는 hibernate 겨울잠을 자다, 동면하다 dormant 활동을 중단한, 휴면기의 downpour 폭우 annual 한해살이 식물 fail-safe 안전 장치 inhospitable 살기 어려운

1. 강의는 주로 무엇에 관한 것인가? [Topic & Purpose]
(A) 한 가지 종류의 식물이 여러 기후에 적응한 방식들
(B) 식물들이 건조 지역에서 발전시킨 여러 적응 방법들
(C) 가장 회복력이 좋은 다육 식물의 종류
(D) 사막 지역 토종 식물들의 성장 주기

해설 (오답 A) 한 가지 종류의 식물만 살펴보는 것이 아니다.
(정답 B) 도입부에서 식물들이 건조 지역에 적응하는 다양하고 독특한 방법들을 다룰 거라고 말한다.
(오답 C) 회복력이 주된 내용은 아니다.
(오답 D) 성장 주기에 관한 것이 아니다.

2. 다육 식물이 어떻게 사막 기후에서 생존하기 위해 적응했는가? 두 개의 선택지를 클릭하시오. [Detail]

[A] 다육 식물은 잎에 모든 물을 저장한다.
[B] 다육 식물은 폭우 기간 사이에 말라버린다.
[C] 다육 식물은 밀랍 같은 외부 표면을 지니고 있다.
[D] 다육 식물은 표면적을 최소화한다.

해설 (오답 A) 언급된 적 없는 정보이다.
(오답 B] 언급된 적 없는 정보이다.
(정답 C) 밀랍 같은 외부 표면 상태를 설명하고 있다.
(정답 D) 표면적을 최소화하며 햇빛에 노출되는 것을 제한해 사막 기후에서 생존한다고 한다.

3. 교수는 왜 곰을 언급하는가? [Organization]
(A) 내건성 식물이 이용하는 방법을 설명하기 위해
(B) 식물과 동물의 생존 방법을 대조하기 위해
(C) 이전 수업 시간에 이야기한 정보를 떠올리기 위해
(D) 특별한 적응 방식의 추가적인 예시를 제공하기 위해

해설 (정답 A) 내건성 식물들이 이용하는 방법이 곰과 비슷하다고 설명하기 위해 곰을 언급하고 있다.
(오답 B) 대조하는 부분이 아니다.
(오답 C) 이전 수업 시간에 대한 내용이 아니다.
(오답 D) 추가적인 예시가 아니다.

4. 교수의 말에 따르면, 어떻게 한해살이 식물은 심지어 비가 내리지 않고 일년이 지난 후에도 나타날 수 있는가? [Detail]
(A) 한해살이 식물의 뿌리가 땅 속 깊은 곳에서 물을 끌어올릴 수 있다.
(B) 한해살이 식물이 바람을 통해 씨앗을 퍼트린다.
(C) 한해살이 식물의 씨앗이 수년 동안 수분을 유지한다.

(D) 한해살이 식물의 씨앗이 모두 같은 해에 자라지 않는다.

해설 (오답 A) 언급된 적 없는 정보이다.
(오답 B) 언급된 적 없는 정보이다.
(오답 C) 언급된 적 없는 정보이다.
(정답 D) 어떤 한해살이 식물들은 다음 해에 자라기도 하고 자라지 않기도 하는 것이 생존 방법이라고 하기에 모두 같은 해에 자라지 않는다는 것을 알 수 있다.

5. 강의의 일부를 다시 들어보시오. 그런 다음, 질문에 답하시오.

P: 그리고 또 다른 창의적인 적응 전략은, 음… 가뭄이 나타나기 전에 그냥 죽는 것인데… 그리고 이는 효과적입니다! 설마 하시겠지만, 정말입니다! 이것이 바로 한해살이 식물의 전략입니다.

교수는 왜 다음과 같이 말하는가? [Function]
설마 하시겠지만, 정말입니다!

(A) 실수로 한 말을 옹호하기 위해
(B) 단순히 주의를 끌려는 의도가 아니다
(C) 놀라운 아이디어를 인정하기 위해
(D) 한 학생의 질문에 대답하기 위해

해설 (오답 A) 실수로 한 말이 아니다.
(오답 B) 질문 의도와 관련 없다.
(정답 C) 해당 문장 앞에서 창의적인 전략을 설명하면서 그것을 사실이라고 강조하는 문장이므로 놀라운 아이디어를 인정하는 것이다.
(오답 D) 학생의 질문은 해당 문장 앞에 없었다.

6. 교수는 어떻게 강의 내용을 구성하는가? [Organization]
(A) 한 식물이 주변의 사막 환경에 대해 적응한 여러 다른 방식을 살펴봄으로써
(B) 한 가지 힘든 환경을 언급하고 여러 다른 식물들이 적응한 방식을 언급함으로써
(C) 한 식물이 물 없이 생존할 수 있게 해주는 방법들을 설명함으로써
(D) 사막에 서식하는 식물들에게 가혹한 환경을 강조함으로써

해설 (오답 A) 한 식물에 대해서만 말한 것이 아니다.
(정답 B) 건조한 환경, 즉 살기 어려운 환경을 언급한 후 다른 종류의 식물들이 그 환경을 극복한 방식들을 설명한다.
(오답 C) 한 식물에 대해서만 말한 것이 아니다.
(오답 D) 환경만을 강조한 것이 아니다.

[문제 어휘]
resilient 회복력이 있는 mechanism 방법, 구조, 작용 방식 inhabit ~에 서식하다, 거주하다

III. Physical Science

1. Astronomy

Practice Test 1

Answers

1. A	2. C	3. A	4. BC	5. C	6. D

Listen to part of a lecture in an astronomy class.

P: [1(A)]Before we start on our unit on the classification of galaxies, let's take it one level higher and talk about the distribution of galaxies throughout space. You can think of it as making a map of the universe, with each group of galaxies being its own continent…or, maybe, in this metaphor, its own island. Anyways, these efforts started clear back in the 1930s with the astronomers Harlow Shapley and Adelaide Ames. They were first able to document the relative positions of more than 1,200 galaxies by taking photographs through their telescopes. The number of galaxies was important, [2(C)]but the truly significant discovery was that galaxies were not evenly distributed in space. There were crowded quadrants, and then vast fields of emptiness. Soon, the idea emerged that galaxies are clustered together in space—they aren't uniform. So, stars form galaxies, and then groups of galaxies form clusters.

After the initial work of Shapley and Ames, other astronomers continued to map the clusters of galaxies. American astronomer George Abell made a significant contribution to this end. With a survey completed in 1958, Abell greatly expanded the map made by his predecessors. Umm…in fact, they can hardly be compared, since he concluded with more than 2,700 clusters of galaxies…Shapley and Ames had only catalogued single galaxies…not clusters. On top of this stunning index of clusters, [3(A)]Abell also created a classification system for galaxy clusters. Obviously, astronomers after Abell continued to discover new galaxy clusters, further mapping outer space; however, no one has yet come up with a better method of classifying them. Nowadays, Abell's system has become

천문학 강의의 수업 일부를 들어보시오.

P: [1(A)]은하의 분류에 관한 단원을 시작하기에 앞서, 한 단계 더 높여서 우주 전체에 걸친 은하의 분포에 관해 이야기해 보겠습니다. 각 집단에 속한 은하들이 각자 대륙… 또는, 아마, 이렇게 비유하자면, 각자 섬에 해당되는 우주 지도를 만든다고 생각하면 될 것 같습니다. 어쨌든, 이러한 노력은 과거 1930년대에 천문학자 할로우 섀플리와 애들레이드 에임스로부터 분명하게 시작되었습니다. 이들은 각자의 망원경을 통해 사진을 촬영하여 1,200개가 넘는 은하들의 상대적인 위치를 처음 문서로 기록할 수 있었습니다. 은하의 숫자가 중요하긴 했지만, [2(C)]진정으로 중요한 발견은 은하들이 우주에 고르게 분포되어 있지 않았다는 점이었습니다. 빽빽한 사분호들과 함께, 광대하게 비어 있는 곳들이 존재했습니다. 곧, 은하들이 우주 속에서 함께 무리를 이루고 있고, 이것들이 획일적이지 않다는 개념이 등장했습니다. 즉, 별들이 은하를 구성한 다음, 은하 집단들이 무리(은하단)를 구성하는 것이죠.

섀플리와 에임스의 초기 성과 이후로, 다른 천문학자들도 지속적으로 은하단의 지도를 만들어 나갔습니다. 미국의 천문학자 조지 에이벨은 이러한 목표에 상당히 크게 기여했습니다. 1958년에 조사를 완료하면서, 에이벨은 전임자들이 만든 지도를 크게 확장시켰습니다. 음…사실, 거의 비교하기 어려운 부분인데, 에이벨이 2,700개가 넘는 은하단으로 마무리 지은 반면… 섀플리와 에임스는 은하단이 아니라… 오직 개별 은하들만 분류했기 때문입니다. 이 놀라운 은하단 목록 외에도, [3(A)]에이벨은 은하단 분류 체계도 만들어냈습니다. 분명, 에이벨 이후의 천문학자들도 지속적으로 새로운 은하단을 발견해, 우주 공간의 지도를 더욱 넓혀갔지만, 아직 아무도 은하단을 분류하는 더 나은 방법을 제시하지 못했습니다. 오늘날, 에이벨의 체계는 이 분야에서 표준이 되었으며, 일반적으로 은하단을 연구하는 모든 천문학자에게 있어 출발점과 같습니다. 그의 체계는 직접 식별한 아주 많은 은하단에 힘입어 만들어졌으며,

standard in the field, and it's usually the starting point for any astronomer studying clusters. His scheme benefitted from the large number of clusters he identified himself—he was able to start with a vast sample. His clusters gave him enough data to make a thorough system with enough defining characteristics. [4[B,C]]Two of the most important characteristics in his classification scheme were richness and symmetry. [4[B]]Umm…richness may seem like an interesting word choice here, but it refers to the number of galaxies contained in a cluster.

S: So…how dense a cluster is?

P: Exactly. Meaning, richness, and density in this sense refer to the same characteristic. Simply put, rich clusters, or dense clusters, are relatively stuffed with galaxies. Though, obviously, there's still a lot of space between them all…

S: [4[C]]Then symmetry must mean how the cluster is shaped?

P: That's the basic idea. More importantly, how well the sides of the cluster mirror each other. And, with symmetry, Abell employed a scale to classify clusters between regular and irregular. So, imagine, a regular cluster is spherical—perfectly symmetrical—with the greatest density of galaxies at its center. It follows that irregular clusters are oddly shaped—bulging, or totally amorphous—with galaxies disproportionately dispersed.

S: Just to be clear, [5[C]]we're talking about how the entire cluster is shaped, right? Not the galaxies within the cluster?

P: Umm…yes. For clusters, let's consider the Coma Cluster. It's a sphere, but the galaxies within it are mostly elliptical galaxies—we'll get to that soon. They aren't spherical like the cluster itself—so no connection. Furthermore, there's the Virgo Cluster, with a similar relationship. It's an irregular cluster, lacking any symmetry, more or less, yet it contains well-balanced spiral and elliptical galaxies.

S: One more question…if clusters have different levels of richness, then they hold different amounts of galaxies. Umm…so how many galaxies does it take to make a cluster?

P: That's a great question! And, you see, according to Abell's definition of a cluster, it's not so much a question of how many galaxies total, but more so about how many there are in a given amount of space…hence the use of richness. To be a cluster, there have to be more than fifty

그는 방대한 샘플과 함께 시작할 수 있었습니다. 그 은하단들은 특징들을 충분히 규정하는 철저한 체계를 만들 수 있을 정도로 충분한 데이터를 에이벨에게 제공해 주었습니다. [4[B,C]]이 분류 체계에서 가장 중요한 특징들 중 두 가지는 풍부함과 대칭입니다. [4[B]]음… 여기서 풍부함이 흥미로운 단어 선택처럼 들릴 수도 있는데, 은하단에 포함되어 있는 은하의 수를 가리킵니다.

S: 그럼… 은하단이 얼마나 밀집되어 있는가를 말하는 건가요?

P: 바로 그렇습니다. 말하자면, 이런 의미에서 풍부함과 밀도는 같은 특징을 가리킵니다. 간단히 말해서, 풍부한 은하단, 즉 밀집된 은하단은 비교적 은하들이 잔뜩 들어 있는 것이죠. 하지만, 분명히, 그럼에도 불구하고 그 모든 은하단들 사이에는 많은 공간이 존재합니다…

S: [4[C]]그럼 대칭은 은하단이 어떤 모양으로 되어 있는지를 의미하는 게 틀림없겠네요?

P: 그게 기본적인 개념입니다. 더 중요한 부분은, 은하단의 측면들이 얼마나 잘 서로를 반영하는가 하는 점입니다. 그리고, 대칭과 함께, 에이벨은 규칙적인 은하단과 불규칙적인 은하단을 분류하는 등급을 활용했습니다. 자, 한번 상상해 보세요, 규칙적인 은하단은 중앙 부분에 가장 크게 밀집되어 있는 은하들을 지닌 구체 모양으로, 그러니까, 완벽한 대칭을 이루고 있습니다. 결론적으로 불규칙적인 은하단은 은하들이 불균형적으로 흩어져 있어서 이상한 모양으로, 즉 불룩하거나, 완전히 무정형인 상태로 있다는 것입니다.

S: 한 가지만 명확히 하고 싶은 것이 있는데요, [5[C]]은하단 전체가 어떻게 형성되는지에 관해 이야기하고 계신 게 맞죠? 은하단 안에 있는 은하들이 아니죠?

P: 음… 네. 은하단을 이해하기 위해, 머리털자리 은하단을 살펴보겠습니다. 이 은하단은 구체 모양이지만, 그 안에 있는 은하들은 대부분 타원형 은하이며, 이 이야기는 곧 다시 해드리겠습니다. 이 은하들은 은하단 자체와 같은 구체 모양이 아니기 때문에, 연관성이 없습니다. 게다가, 유사한 관계를 지닌 처녀자리 은하단도 있습니다. 불규칙 은하단인데, 어떤 대칭 요소도 없지만, 다소, 잘 균형 잡힌 나선형 및 타원형 은하들을 포함하고 있습니다.

S: 질문이 하나 더 있는데요… 은하단들이 서로 다른 수준의 풍부함을 지니고 있다면, 서로 다른 양의 은하들을 지니고 있는 거네요. 음… 그럼 은하단을 구성하는 데 얼마나 많은 은하들이 필요한가요?

P: 아주 좋은 질문입니다! 그래서, 말하자면, 에이벨의 은하단 정의에 따르면, 총 은하의 수가 얼마나 많은가 하는 문제라기 보다는, 특정 범위의 공간 안에 얼마나 많이 있는가

galaxies in a radius of around 2 megaparsecs — [6(D)] which is the size Abell assumed all clusters would be. And, amazingly enough, his estimate was right. So, this cluster radius has become a constant in astronomy and is known as "the Abell Radius." Oh, one other thing. The galaxies, the fifty or so that make the cluster, must be bright enough.

S: But, distant clusters would be dimmer, wouldn't they?

P: That's right, but…as you can imagine, clusters of entire galaxies already have a certain level of brightness that defines them.

하는 것과 관련되어 있습니다… 그러니까 풍부함의 유용성이죠. 은하단이 되려면, 약 2메가파섹 반경 내에 50개가 넘는 은하들이 있어야 하는데, [6(D)]이는 모든 은하단이 그럴 거라고 에이벨이 추정한 규모입니다. 그리고, 아주 놀랍게도, 그의 추정은 맞았습니다. 따라서, 이 은하단 반경은 천문학계에서 일정불변의 것이 되었으며, "에이벨의 반경"으로 알려져 있습니다. 아, 한 가지 더 있습니다. 은하단을 구성하는 50개가량의 은하들은 반드시 충분히 밝아야 합니다.

S: 하지만, 먼 은하단들은 더 흐릿하지 않을까요?

P: 맞습니다, 하지만… 상상이 되시겠지만, 은하들이 통째로 들어 있는 은하단들은 이미 그것들을 규정하는 일정 수준의 밝기를 지니고 있습니다.

[스크립트 어휘]

metaphor 비유, 은유 quadrant 사분원호 cluster v. ~을 무리 짓다 n. 집단, 무리, 은하단 predecessor 전임자 come up with ~을 생각해내다, 제시하다 scheme 체계, 제도, 계획 symmetry 대칭, 균형 scale 등급 spherical 구체의, 구형의 It follows that ~라는 결론에 이르게 되다, 결론적으로 ~이다 bulging 불룩한 amorphous 무정형의 disproportionately 불균형적으로 elliptical 타원형의 spiral 나선형의 radius 반경, 반지름 megaparsec 메가파섹(326만 광년, 1메가파섹은 1킬로파섹의 1,000배, 1파섹은 3.26광년)

1. 강의의 주 목적은 무엇인가? [Topic & Purpose]
(A) 은하단 분류 체계를 소개하는 것
(B) 은하 형성 방식에 관한 상이한 이론을 제시하는 것
(C) 은하단과 은하 사이의 중요한 차이점을 설명하는 것
(D) 우주의 물체들을 분류하는 몇몇 어려움을 설명하는 것

해설 (정답 A) 강의 도입부에서 은하단에 대해 말하면서 강의 전반적으로 은하단 분류 체계를 설명하고 있다.
(오답 B) 형성 방식에 대한 다른 이론들을 이야기하는 것이 아니다.
(오답 C) 차이점을 말하는 것이 아니다.
(오답 D) 분류의 어려움이 주된 내용은 아니다.

2. 섀플리와 에임스는 우주와 관련해 어떤 중요한 것을 발견했는가? [Detail]
(A) 대부분의 은하들이 소속 은하단과 같은 모양을 공유한다.
(B) 과거에 추정했던 것보다 더 많은 은하들이 우주에 있다.
(C) 은하들이 우주 전체에 걸쳐 함께 무리로 나타난다.
(D) 은하들의 분포가 획일적인 패턴을 따른다.

해설 (오답 A) 언급된 적 없는 정보이다.
(오답 B) 더 많은 은하들이 있다고 한 적은 없다.
(정답 C) 그들이 발견한 가장 중요한 것은 은하들이 똑같이 분포된 것이 아니라 함께 무리로 나타난다는 것이다.
(오답 D) 강의와 반대되는 내용이다.

3. 교수의 말에 따르면, 에이벨이 직접 아주 많은 은하단의 지도를 그린 것에 따른 결과는 무엇인가? [Detail]
(A) 그의 분류 체계가 철저해질 수 있게 해주었다.
(B) 많은 새 은하 유형을 발견하도록 에이벨에게 도움을 주었다.
(C) 에이벨의 분류 체계를 기존의 것들과 대조하게 되었다.
(D) 에이벨의 업적이 섀플리 및 에임스의 업적과 연관 짓게 되었다.

해설 (정답 A) 그는 많은 은하단 지도를 그렸다고 하며 그 후에 다른 천문학자들도 분류 체계를 만들었지만 그의 것보다 더 낫지 못했다고 한다.
(오답 B) 새 은하 유형을 발견했다고 하지 않는다.
(오답 C) 기존의 것들과 대조했다고 하지 않는다.
(오답 D) 업적과 관련해 연관 지었다고 하지 않는다.

4. 에이벨은 은하단을 분류하기 위해 어떤 특징들을 활용했는가? [Detail]
두 개의 선택지를 클릭하시오.

[A] 은하단의 거리
[B] 은하단의 밀도
[C] 은하단의 모양
[D] 은하단의 규모

해설 (오답 A) 언급된 적 없는 정보이다.
　　(정답 B) 은하단의 풍부함은 밀도를 말한다.
　　(정답 C) 은하단의 대칭은 모양을 말한다.
　　(오답 D) 언급된 적 없는 정보이다.

다고 하며 머리털자리 은하단과 처녀자리 은하단을
언급한다.
(오답 D) 언급된 적 없는 정보이다.

5. 교수는 왜 머리털자리 은하단과 처녀자리 은하단을 언급하는
　　가? [Organization]
　　(A) 에이벨의 분류 체계에 부족한 추가 상세 사항을 제공하기
　　　　위해
　　(B) 대칭적인 은하단과 비대칭적인 은하단 사이의 차이점을 강
　　　　조하기 위해
　　(C) 한 은하단의 모양이 소속 은하들의 모양에 의해 어떻게 영
　　　　향받지 않는지 알려주기 위해
　　(D) 구체 모양의 은하단들이 또한 가장 밀도 높은 은하들임을
　　　　나타내기 위해

해설 (오답 A) 분류 체계에 대한 내용이 아니다.
　　(오답 B) 대칭과 비대칭의 차이를 보는 것이 아니다.
　　(정답 C) 은하 모양은 상관없는지에 대한 학생의 질문에 그렇

6. 은하단들의 규모와 관련된 에이벨의 예측에 대해 교수는 어떻
　　게 생각하는가? [Attitude]
　　(A) 그는 그것이 반증되었다는 것에 충격을 받았다.
　　(B) 그는 앞으로 그것을 증명할 만큼 충분히 데이터가 있을지
　　　　의구심을 갖고 있다.
　　(C) 그는 그것이 천문학계에 에이벨의 가장 중요한 기여라고
　　　　확신한다.
　　(D) 그는 에이벨의 추정이 정확했다는 점에 대해 깊은 인상을
　　　　받았다.

해설 (오답 A) 반증되지 않는다.
　　(오답 B) 의구심을 갖고 있지는 않다.
　　(오답 C) 가장 중요한 기여라고 언급한 적은 없다.
　　(정답 D) 에이벨이 예측한 규모를 말하며 놀랍게도 그것이 맞
　　　　았다고 하므로 깊은 인상을 받은 것이다.

[문제 어휘]
differing 상이한 contrast A with B A를 B와 대조하다 lack ~가 부족하다 tend to do ~하는 경향이 있다 disprove ~이 틀렸음을 입증하다, ~의
반증을 들다

Practice Test 2

Answers

1. C	2. C	3. C	4. B	5. B	6. D

Listen to part of a lecture in an astronomy class.	천문학 강의의 수업 일부를 들어보시오.
P: So, we've covered each of the planets in the Solar System, and how new techniques were used to discover those at the farthest reaches from the Sun. Well, in the past few decades, thanks to the further honing of these techniques and new technologies, we've been able to discover more and more exoplanets. [1(C)]So today, I want to discuss exoplanets and how they are detected. Yes, Phil?	P(교수): 자, 우리는 태양계 내의 각 행성들을 비롯해, 태양에서 가장 먼 거리에 위치해 있는 것들을 발견하는 데 있어 신기술이 어떻게 활용되었는지를 다뤘습니다. 음, 지난 수십 년 동안, 이러한 기술과 새로운 기술 장비들을 더욱 갈고 닦은 덕분에, 우리는 점점 더 많은 외계 행성들을 발견할 수 있었습니다. [1(C)]그래서, 오늘은, 외계 행성들과 그들이 어떻게 발견되고 있는지를 이야기하려고 합니다. 네, 필?
S1: Exoplanets aren't just planets beyond our own solar system, right? Umm…they orbit different stars, so I guess that would put them in totally different solar systems?	S1(학생1): 단지 우리 태양계 너머에 있는 행성이라고 해서 외계 행성은 아니지 않나요? 음… 다른 항성의 궤도를 돌기 때문에, 완전히 다른 태양계에 위치하게 될 것 같은데요?

P: That's right. We're not talking about Pluto here… No, exoplanets have their own "host stars." And this has been a hot topic in astronomy. The first exoplanet was only discovered in the mid-1990s. Now their discoveries are constant…there's a new one every few weeks. But, why should these distant…and I mean *distant*…planets be of any interest to us?

S2: Well, we're always searching for life on another planet. But, as far as I've seen, we only discover gas giants, planets like Jupiter and Saturn…which have zero chance of supporting any kind of life.

P: You're right. [2(C)]There's always the allure of discovering the first signs of extraterrestrial life. Umm…to be sure though…that kind of discovery is likely still a ways away. Someday…maybe. But for now, researchers look to a certain sweet spot where the most life-hospitable planets may be found. It's called the host star's "habitable zone." It's within this distance that a planet capable of supporting life could exist. Umm…it's also commonly referred to as the "Goldilocks zone," because…

S2: Because it's just right? The planets in this zone could have the perfect conditions for life.

P: Exactly. And what would these conditions be?

S1: To start, water. That's always what astronomers look for, right?

P: Right, and, for these purposes, not just water, but a temperature that could sustain liquid water, if the right elements are present.

S2: And we mentioned Jupiter and Saturn, so…these planets would have to be rocky, like the Earth.

P: Good. So, the ability to hold liquid water, and a rocky composition. So recently, some new exoplanets were detected, and they had the potential to be similar to the Earth. Let's see… [3(C)]Gliese 581 was quite exciting. It's a red dwarf star, you know, like most stars, but it stood out to researchers because it's relatively close…only 20 light years. So, by cosmic standards, it's our neighbor. And Gliese 581 is a cool and stable star. With all these attractive indicators already present, scientists were keen to locate planets in its orbit, and they did. Umm…you don't need to remember all of them, but the planets were named after the star in alphabetical order of when they were discovered…so, Gliese 581b, c, and so on. Not so exciting, I know. We just want to focus on Gliese

P: 그렇습니다. 우리는 지금 명왕성 이야기를 하는 게 아닙니다… 네, 외계 행성은 각각 "호스트 항성"이 있습니다. 그리고 이는 천문학계에서 최대 관심사였습니다. 첫 번째 외계 행성은 불과 1990년대 중반에서야 발견되었습니다. 지금은 그 발견이 지속적으로 이뤄지고 있어서… 몇 주에 한 번씩 새로운 것이 나오고 있죠. 하지만, 왜 이 멀리 떨어진… 다시 말하지만 '멀리 떨어진'… 행성들에게 우리가 조금이라도 관심을 가져야 할까요?

S2(학생2): 음, 우리는 항상 다른 행성의 생명체를 찾고 있죠. 하지만, 제가 확인한 바로는, 우린 오직 거대 가스 행성, 즉 목성과 토성 같은 행성들만 발견하고 있어요… 이런 곳은 어떤 종류의 생명체도 지탱할 가능성이 전무해요.

P: 맞습니다. [2(C)]항상 외계 생명체에 대한 첫 번째 징후를 발견하는 일의 매력이 존재하고 있죠. 음… 하지만 확실히 해두자면… 이런 종류의 발견은 여전히 한참 먼 이야기일 가능성이 있습니다. 아마… 언젠가는 가능하겠죠. 하지만 지금으로서는, 연구가들이 생명체가 살기에 가장 적합한 행성들이 발견될 수도 있는 최적의 특정 지점에 기대를 걸고 있습니다. 이곳은 호스트 항성의 "생명 거주 가능 존(지역)"이라고 부릅니다. 이는 생명체를 지탱할 수 있는 행성이 존재할 수도 있는 거리 내에 있는 것을 말합니다. 음… 또한 흔히 "골디락스 존"으로도 일컬어지는데, 이유는…

S2: 바로 알맞은 곳이기 때문인가요? 이 존에 행성들이 생명체에게 완벽한 환경을 지니고 있을 수 있어요.

P: 그렇습니다. 그러면 무엇이 그 조건에 해당될까요?

S1: 우선, 물이요. 천문학자들이 항상 찾는 게 그거 아닌가요?

P: 맞습니다, 그리고, 이런 목적에는, 물뿐만 아니라, 액체 상태의 물을 지속시킬 수 있는 기온도 필요하죠, 적절한 원소들이 존재한다면요.

S2: 그리고 우리가 목성과 토성을 언급했는데, 그래서… 이 행성들이 지구처럼 암석으로 되어 있어야 할 거예요.

P: 좋습니다. 그래서, 액체 상태의 물을 유지할 수 있는 능력과, 암석 구성 요소들인 것이죠. 그래서 최근에, 몇몇 새로운 외계 행성들이 발견되었는데, 지구와 유사한 잠재성을 지니고 있었습니다. 어디 한번 보면… [3(C)]글리제 581은 꽤 흥미로웠습니다. 대부분의 항성들처럼, 그러니까, 적색 왜성이지만, 연구가들의 눈에 띈 이유는 비교적 가까운… 20광년 밖에 되지 않는 곳에 있기 때문입니다. 따라서, 우주의 기준에 의하면, 우리의 이웃인 거죠. 그리고 글리제 581은 차갑고 안정적인 항성입니다. 이 모든 매력적인 지표들이 이미 존재하고 있어서, 과학자들이 열심히 그 궤도에 속한 행성들을 찾아봤고, 실제로 찾아냈습니다. 음… 모두 기억할 필요는 없지만, 이 행성들은 발견된 시점에

581d and e. When they were announced, the team that found them gathered a lot of attention because they said that these two planets had several Earth-like characteristics. [4(B)]They had been studying Gliese 581d for a few years already, and in that time they discovered that its orbit was just a bit outside of the zone. But, later calculations showed that it was actually closer, meaning the planet could be warm enough for liquid oceans that could cradle carbon-based life forms.

S1: So it has an ocean?

P: Well, possibly. But, we aren't sure about what's there right now. The important thing is that, on a long timescale, at some point, the planet could hold an ocean. Remember, the Earth has gone through drastic changes, though some core qualities have been constant. There's one major...or massive...snag with Gliese 581d, however. It's about seven times heavier than the Earth. So, it's unlikely that it's made solely of rock. At that size, it might have a rocky core wrapped in a layer of ice, and above that, oceans and a thick atmosphere. Still... not so Earth-like now. But, there was still buzz, because the other planet had also been detected in the habitable zone, Gliese 581e. Its mass is much smaller; it's only about twice the size of Earth.

S1: So it's more likely to support life?

P: Well, [5(B)]there's another problem. Its orbit is very short, meaning it's quite close to its host star, like Mercury or Venus. So...it's probably too hot for liquid water.

S2: Oh...well...why are these planets important then?

P: Well, just think about it. We have the ability now to find Earth-like planets in the great vastness of space. [6(D)]We've learned so much about these planets, even though they're in another solar system. And, as I mentioned earlier, we're discovering new exoplanets at a faster and faster rate. Just imagine what we'll be able to find in the next decade!

따라 알파벳 순으로 이 항성을 따라 이름이 지어졌기 때문에… 글리제 581b, c, 등등이 되었습니다. 그렇게 흥미로운 이름은 아닌 것 같습니다. 우리는 글리제 581d와 e에만 초점을 맞추면 될 것 같습니다. 이들이 알려졌을 때, 이들을 발견한 팀이 많은 관심을 받았는데, 그들이 이 두 행성이 지구와 비슷한 여러 가지 특징들을 지니고 있다고 말했기 때문입니다. [4(B)]이들은 이미 수년 동안 글리제 581d를 연구한 상태였고, 그 기간에 이 행성의 궤도가 그 존의 아주 약간 바깥쪽에 있다는 것을 발견했습니다. 하지만, 나중에 계산한 바에 따르면 실제로 더 가까운 것으로 드러났는데, 이는 그 행성이 탄소 기반의 생물 형태를 품고 있을 수 있는 액체 상태의 바다에 적합할 정도로 충분히 따뜻할 수 있다는 의미입니다.

S1: 그럼 그곳에 바다가 있나요?

P: 음, 아마도요. 하지만, 현재는 그곳에 무엇이 있는지 확실치 않습니다. 중요한 부분은, 오랜 시간의 흐름상에서, 어느 시점엔가, 그 행성이 바다를 가지고 있었을 것이라는 점입니다. 기억하세요, 지구도 급격한 변화들을 거쳐 왔지만, 일부 핵심적인 특징들은 변함이 없었습니다. 하지만, 글리제 581d에는 한 가지 중대한… 즉 엄청난… 문제가 있습니다. 지구보다 약 일곱 배 더 무겁다는 겁니다. 그래서, 오직 암석으로만 만들어져 있을 가능성이 낮습니다. 이 정도 크기면, 암석으로 된 핵을 얼음 층이 둘러싸고 있고, 그 위에는, 바다와 두터운 대기가 있을 지도 모릅니다. 여전히… 이대로는 그렇게 지구와 같진 않죠. 하지만, 여전히 수군거림이 남아 있었는데, 다른 행성이 그 생명 거주 가능 존에서 발견되었는데, 바로 글리제 581e였습니다. 그 질량이 훨씬 더 작은데, 지구 규모의 약 두 배 밖에 되지 않았죠.

S1: 그럼 생명을 지탱할 가능성이 더 크겠네요?

P: 음, [5(B)]또 다른 문제가 하나 있습니다. 그 궤도가 너무 짧은데, 호스트 항성과 꽤 가깝다는 의미입니다, 마치 수성이나 금성처럼. 그래서… 액체 상태의 물이 존재하기엔 아마 너무 뜨거울 겁니다.

S2: 아… 저… 그럼 이 행성들이 왜 중요한 거죠?

P: 음, 한번 생각해 보세요. 우리는 지금 아주 광활한 우주 공간에서 지구와 같은 행성들을 찾을 능력을 지니고 있습니다. [6(D)]이 행성들은 또 다른 태양계 내에 있지만 우리는 이런 행성들에 대해 아주 많이 알게 되었습니다. 그리고, 앞서 언급했다시피, 점점 더 빠른 속도로 새로운 외계 행성들을 발견하고 있습니다. 우리가 앞으로 10년 동안 무엇을 찾아낼 수 있을지 한번 상상해 보세요!

[스크립트 어휘]

honing 갈고 닦음, 연마 exoplanet (태양계 외부의) 외계 행성 orbit v. ~의 궤도를 돌다 n. 궤도 host star (태양계의 태양처럼 중심이 되는) 호스트 항성 **gas giant** 거대 가스 행성 **allure** 매력 **extraterrestrial** 외계의 **life-hospitable** 생명체가 살기 좋은 **Goldilocks zone** 골디락스 존(지구의 생명체들이 살기에 적합한 환경을 지니는 우주 공간의 범위) **sustain** ~을 지탱하다, 지속시키다 **red dwarf star** 적색 왜성 **snag** 문제 **buzz** 수군거림, 소문

1. 화자들은 주로 무엇을 이야기하고 있는가?
[Topic & Purpose]
(A) 생명 거주 가능 존 바깥의 생명체에게 필요한 환경
(B) 천문학자들이 외계 행성을 발견하는 데 이용하는 방법들
(C) 지구와 같은 특징을 보이는 외계 행성들
(D) 가까이 있는 여러 적색 왜성들의 발견

해설 (오답 A) 해당 내용이 주가 아니다.
(오답 B) 방법들을 다루는 것이 아니다.
(정답 C) 강의 도입부에서 외계 행성들에 대해 이야기한다고 하면서 전반적으로 지구와 같은 특징들에 대해 이야기한다.
(오답 D) 발견에 대해서 다루긴 했지만 여러 적색 왜성들이 주가 아니다.

2. 교수는 외계 생명체의 발견에 대해 어떻게 생각하는가?
[Attitude]
(A) 거대 가스 행성에 다른 형태로 존재할 수 있다.
(B) 단순한 생물체로서 나타날 가능성이 가장 클 것이다.
(C) 아마 당분간 발견되지는 않을 것이다.
(D) 우리 태양계의 외계 행성에 존재할 수도 있다.

해설 (오답 A) 언급된 적 없는 정보이다.
(오답 B) 언급된 적 없는 정보이다.
(정답 C) 외계 생명체를 발견하는 것은 한참 먼 이야기일 거라고 한다.
(오답 D) 언급된 적 없는 정보이다.

3. 교수는 글리제 581과 관련해 무슨 말을 하는가? [Detail]
(A) 태양보다 더 작다.
(B) 태양보다 더 오래 되었다.
(C) 비교적 가까이 있다.
(D) 불안정한 별이다.

해설 (오답 A) 언급된 적 없는 정보이다.
(오답 B) 언급된 적 없는 정보이다.
(정답 C) 글리제 581의 흥미로운 부분은 비교적 가까운 거리에 있다는 것이라고 한다.
(오답 D) 언급된 적 없는 정보이다.

4. 연구가들은 처음에 행성 글리제 581d와 관련해 어떻게 잘못 알고 있었는가? [Detail]
(A) 액체 상태의 바다가 있다고 생각했다.

(B) 생명 거주 가능 존 바깥에 있다고 생각했다.
(C) 지구보다 더 작다고 생각했다.
(D) 목성 같은 거대 가스 행성이라고 생각했다.

해설 (오답 A) 처음에 바다와 관련된 내용을 다룬 것이 아니다.
(정답 B) 처음에 연구가들은 행성 글리제 581d가 거주 가능 존의 바깥쪽에 있다고 생각했는데, 예상보다 (지구와) 가까웠다고 한다.
(오답 C) 언급된 적 없는 정보이다.
(오답 D) 언급된 적 없는 정보이다.

5. 교수가 글리제 581e와 관련해 암시하는 것은 무엇인가?
[Inference]
(A) 암석 상태로 있기엔 그 항성에서 너무 멀리 있다.
(B) 생명을 지탱하기엔 너무 뜨겁다.
(C) 대기를 지니고 있기엔 너무 작다.
(D) 액체 상태의 물이 있기엔 너무 가스가 많다.

해설 (오답 A) 멀리 있다는 내용은 없다.
(정답 B) 생명이 살 수 있는지에 대한 학생의 질문에, 교수는 그곳은 너무 뜨겁다고 언급하고 있다.
(오답 C) 언급된 적 없는 정보이다.
(오답 D) 가스가 많다고 한 적은 없다.

6. 강의의 일부를 다시 들어보시오. 그런 다음, 질문에 답하시오.

P: 이 행성들은 또 다른 태양계 내에 있지만 우리는 이런 행성들에 대해 아주 많이 알게 되었습니다. 그리고, 앞서 언급했다시피, 점점 더 빠른 속도로 새로운 외계 행성들을 발견하고 있습니다. 우리가 앞으로 10년 동안 무엇을 찾아낼 수 있을지 한번 상상해 보세요!

교수는 왜 다음과 같이 말하는가? [Function]
우리가 앞으로 10년 동안 무엇을 찾아낼 수 있을지 한번 상상해 보세요!

(A) 가까운 미래에 지구와 같은 어떤 외계 행성이든 발견될 것인지 의구심을 갖고 있다.
(B) 최근의 탐사 활동에서 나타난 단점들에 대해 실망스러워하고 있다.
(C) 학생들에게 외계 행성의 발견과 관련해 예측해 보기를 원하고 있다.

(D) 외계 행성 발견 능력이 대단히 향상될 것이라고 생각하고 있다.

해설 (오답 A) 의구심을 나타내는 것이 아니다.
(오답 B) 실망한 것이 아니다.

(오답 C) 예측을 직접 하라는 것이 아니다.
(정답 D) 해당 문장 앞에 우리가 빠르게 새로운 외계 행성들을 발견하고 있다고 하면서 앞으로를 기대하는 말이 나온다. 그러므로 앞으로 발견 능력이 대단히 더 좋아질 것으로 생각할 수 있다.

[문제 어휘]
exhibit ~을 보이다, 드러내다 shortcoming 단점, 결점 exploratory 탐사의, 탐험의

2. Geology

Practice Test 1

Answers

1. C	2. B	3. C	4. D	5. B	6. C

Listen to a lecture in a geology class.

Professor:
1(C)So, today, I want to talk about dating techniques—no, not how to woo your crush—but the dating techniques used by geologists to determine the age of a geologic feature…a chunk of a mountain, or a core sample. And accurate dating is crucial in any geological study. Before you can know how a feature formed, you need to know when it formed.

6(C)So, the Grand Canyon…for a long time, geologists thought they had it figured how, how it formed in the southwestern United States. It formed some 150 to 300 million years ago after the sandstone it's composed of solidified. Umm…and before this, it was just sand. You can think of the pre-Grand Canyon as simply a massive desert. As we looked back further, we assumed that this sand eroded from an ancient mountain range that had been located nearby. And this was the accepted story in geology for a long time. But, new developments in dating techniques have changed this story in a rather surprising way. This new conclusion was thanks to a technique called uranium-lead dating. Now, it wasn't an entirely new tool—geologists had been using it for a while. But, it was improved upon, and these advancements revealed new secrets. Umm…I'll touch back on those improvements later.

지질학 강의의 수업을 들어보시오.

교수:
1(C)자, 오늘은, 연대 측정법에 관해 이야기하려고 하는데, 오해 마세요, 마음에 드는 사람에게 데이트 신청하는 방법이 아니라, 한 덩어리의 산이나, 핵심 샘플 같은… 지질학적 특징의 시대를 밝혀내기 위해 지질학자들이 이용하는 연대 측정 기술을 말하는 것입니다. 그리고 정확한 연대 측정은 모든 지질학 연구에 있어 중대한 부분입니다. 한 가지 특징이 형성되는 방식을 알 수 있기 전에, 언제 형성되었는지를 알아야 합니다.

6(C)자, 그랜드 캐니언의 경우에… 오랫동안, 지질학자들이 어떻게, 그러니까 어떻게 미국 남서부 지역에 형성되었는지 밝혀냈다고 생각했습니다. 그랜드 캐니언은 약 1억 5천만년에서 3억년 전에 그곳을 구성하고 있던 사암이 굳어지면서 형성되었습니다. 음… 그리고 그 전에는, 그저 모래였습니다. 그랜드 캐니언 이전에 대해서는 단순히 거대 사막이라고 생각하면 됩니다. 더 이전의 과거를 되돌아봤을 때, 이 모래가 근처에 위치해 있던 고대 산맥으로부터 침식된 것으로 추정했습니다. 그리고 이것이 오랫동안 지질학계에서 수용된 이론이었습니다. 하지만, 연대 측정법의 새로운 발전들이 이 이론을 다소 놀라운 방향으로 바꾸어 놓았습니다. 이 새로운 결론은 우라늄-납 연대 측정법이라고 부르는 기술로 인한 것이었습니다. 자, 이는 전혀 새로운 수단이 아니었는데, 지질학자들이 오랫동안 계속 이용했던 것이기 때문입니다. 하지만, 이 측정법이 더욱 개선되었고, 이러한 발전이 새로운 비밀을 밝혀낸 것이죠. 음… 이 개선 사항들은 나중에 간단히 언급하도록 하겠습니다.

[6(C)]First, let's cover the surprising information that uranium-lead dating revealed. It was discovered that a lot of the sand that makes up the Grand Canyon—about half—used to make up the Appalachian Mountains. And I know, that sounds bizarre, since this mountain range is basically on the other side of the country. So, how did this sand get from the Appalachian Mountains to the Grand Canyon? It was transported by ancient rivers and strong wind all the way west, and it settled with the sand already in the region. So, sand from mountains in the east helped form the Grand Canyon in the southwest, and we made this amazing finding through uranium-lead dating.

[5(B)]How did it help lead to this conclusion? Well, as anyone in this class who's been paying attention should know, when identifying sandstone, we always start with the grain type to learn where it came from. So, not the stone itself, but the particles that comprise it. Umm…you could try other methods, too, like tracking the water that carried the grains to their destination, but the geologists who made this discovery focused on using uranium-lead dating in a new and effective manner. [2(B)]They centered their study on a specific grain in the sandstone—zircon. Zircon itself contains radioactive uranium, which is very useful for accurate dating. And zircon starts off as magma within the earth, erupts as lava, and then crystallizes. After this crystallization process, the uranium in zircon begins to decay, becoming lead in the process. Now, if you recall how radioactive dating works, then you know that the amount of lead in zircon acts as a sort of timestamp—it lets geologists know when that grain formed. Then it becomes a matching game—take zircon from different mountain ranges and see how the dates match. If the zircon formed at the same time, then, at some point, it must've been part of the same mountain range. Does everyone see how that works?

This means, through the date revealed by uranium-lead dating, that half of the sandstone from the Grand Canyon formed at the same time as the granite in the Appalachian Mountains. And this disproved one of our commonly held beliefs regarding how the Grand Canyon came to be. Umm…and I mentioned that it wasn't a new technique… but its process was greatly refined. It used to require the investigation of numerous grains, and the results took quite a while to come out. It was just a cumbersome research method. On top of that, it wasn't very precise. [3(C)]Luckily, technical advancements have improved both aspects of the dating technique: fewer grains are needed, the results come out faster, and it's more accurate. It will likely become

[6(C)]우선, 우라늄-납 연대 측정법이 밝혀낸 놀라운 정보를 다뤄 보겠습니다. 그랜드 캐니언을 구성하는 많은 모래가, 즉 약 절반 정도가, 전에 애팔래치아 산맥을 구성하고 있었습니다. 그리고 맞습니다, 이상하게 들리겠지만, 이 산맥은 기본적으로 미국의 다른 쪽에 있기 때문이죠. 따라서, 어떻게 이 모래가 애팔래치아 산맥에서 그랜드 캐니언으로 이동했을까요? 이 모래는 고대의 여러 강과 강한 바람에 의해 계속해서 서쪽으로 옮겨졌고, 이미 그 지역에 있던 모래와 함께 자리잡게 되었습니다. 동부 지역의 산맥에서 나온 모래가 남서부 지역에서 그랜드 캐니언을 형성하는 데 도움을 준 것이며, 우리는 우라늄-납 연대 측정법을 통해 이 놀라운 발견을 이뤄냈습니다.

[5(B)]그것이 어떻게 이런 결론에 이르는 데 도움이 되었을까요? 음, 이 수업에 계속 주의를 기울여온 사람이라면 누구든 알겠지만, 사암을 식별할 때, 우리는 항상 그것이 어디서 비롯되었는지 알기 위해 낟알의 종류부터 시작합니다. 그러니까, 사암 자체가 아니라, 그것을 구성하는 입자들을 말하는 겁니다. 음… 다른 방법들도 시도해볼 순 있죠, 그 알갱이들을 목적지로 운반한 물을 추적하는 것 같은 방법도 있지만, 이 발견을 이뤄낸 지질학자들은 새롭고 효과적인 방식으로 우라늄-납 연대 측정법을 이용하는 데 초점을 맞췄습니다. [2(B)]이들은 사암 속에 들어 있는 특정 알갱이, 즉 지르콘을 중심으로 연구했습니다. 지르콘 자체가 방사성 우라늄을 함유하고 있는데, 이것이 정확한 연대 측정에 매우 유용합니다. 그리고 지르콘은 땅 속의 마그마로 나오기 시작해, 용암으로 분출된 다음, 결정체를 이루게 됩니다. 이 결정체 형성 과정 후에는, 지르콘 속에 있는 우라늄이 자연 붕괴되기 시작해, 그 과정에서 납이 됩니다. 자, 어떻게 방사성 연대 측정이 작용하는지 기억한다면, 지르콘 속에 들어 있는 납의 양이 일종의 타임 스탬프 같은 역할을 해서, 지질학자들에게 해당 알갱이가 언제 형성되었는지 알려준다는 점을 알고 있을 겁니다. 그 다음은, 비교 게임이 되는데, 서로 다른 산맥에서 지르콘을 채취해 그 연대가 일치하는지 확인하는 것이죠. 지르콘이 같은 시기에 형성되었다면, 어느 시점엔가, 틀림없이 같은 산맥의 일부였을 것입니다. 모두 이것이 어떻게 이뤄지는 건지 알고 있죠?

말하자면, 우라늄-납 연대 측정을 통해 밝혀진 날짜를 통해, 그랜드 캐니언의 사암 절반이 애팔래치아 산맥에 있는 화강암과 같은 시기에 형성되었다는 것을 의미합니다. 그리고 이는 어떻게 그랜드 캐니언이 생겨나게 되었는지에 관해 우리가 흔히 지니고 있던 생각들 중의 하나가 잘못되었음을 증명해주었습니다. 음… 그리고 이것이 새로운 방법은 아니었다고 언급했는데… 그 과정이 크게 개선되었습니다. 전에는 수많은 알갱이들에 대한 조사를 필요로 했고, 결과가 나오는 데 꽤 오랜 시간이 소요되었습니다. 그저 복잡하고 느린 연구 방법이었죠. 그 외에도, 아주 정확하지도 않았습니다. [3(C)]다행히, 기술적인 발전이 연대 측정법의 두 가지 측면 모두를 향상시켰는데, 더 적은 알갱이가 필요하지만, 결과는 더 빠르게 나오면서 더 정확해졌죠. 이것이 연대 측정의 표준 방식이 될

the standard method of dating. It will likely lead to new possibilities as well. ^{4(D)}Just off the top of my head…well, think about how all the continents used to be joined in a supercontinent. They've only separated a relatively short time ago. It's hard to prove it, but conclusive evidence could be derived from uranium-lead dating. If land from separate continents formed at the same time, then it could be concluded that it once came from the same location.	가능성이 있을 겁니다. 아마 새로운 가능성으로 이끌게 될 수도 있을 겁니다. ^{4(D)}당장 제 머리에 떠오르는 것을 이야기하자면… 음, 모든 대륙들이 전에 하나의 초대륙으로 이뤄져 있었던 것을 생각해보세요. 대륙들이 분리된 건 비교적 그렇게 오래 전의 일이 아닙니다. 증명하기 어렵긴 하지만, 결정적인 증거가 우라늄-납 연대 측정법에서 비롯될 수도 있습니다. 분리된 여러 대륙의 육지가 같은 시기에 형성되었다면, 한때 같은 곳에 있었던 것으로 결론 내릴 수 있을 겁니다.

[스크립트 어휘]

woo ~에게 구애하다 crush (이성에게) 반함 be composed of ~로 구성되다 solidify 굳어지다, 경화되다 erode 침식되다 touch on ~을 간단히 언급하다 make up ~을 구성하다(= comprise) bizarre 이상한 particle 입자 center A on B A의 중심을 B에 두다, A가 B를 중심으로 하다 zircon 지르콘(규산염 광물로서, 소량의 우라늄이나 토륨을 지니고 있어 이 원소들의 붕괴로 인해 방사능을 갖게 됨) radioactive 방사성의 erupt 분출되다 lava 용암 crystallize 결정체를 이루다 timestamp 타임 스탬프(객체의 상태가 측정, 기록된 시간의 값) granite 화강암 refine ~을 개선하다 cumbersome 복잡하고 느린, 번거로운 aspect 측면, 양상 off the top of one's head 당장 머리에 떠오르는 대로, 즉석에서 생각나는 be derived from ~에서 비롯되다

1. 교수는 주로 무엇을 이야기하고 있는가? [Topic & Purpose]
(A) 미국 내 여러 다른 산맥들의 형성 과정
(B) 애팔래치아 산맥에 있는 한 협곡의 발견
(C) 지질학적 특징들의 연대 측정 방법이 지니는 중요성
(D) 방사능 연대 측정에 쓰이는 서로 다른 원소들이 지니는 이점

해설   (오답 A) 산맥 형성 과정이 주제가 아니다.
(오답 B) 협곡의 발견이 주제가 아니다.
(정답 C) 강의 도입부에서 지질학적 특징 연대 측정 방법을 언급한 후 전반적으로 이것을 설명하면서 중요성을 강조하고 있다.
(오답 D) 서로 다른 요소들의 이점을 보는 것이 아니다.

2. 교수의 말에 따르면, 지질학자들은 왜 사암에 들어 있는 지르콘 알갱이들을 살펴봤는가? [Detail]
(A) 지르콘이 사암에 들어 있는 다른 광물들보다 덜 오래되었다.
(B) 지르콘이 방사성 물질을 함유하고 있다.
(C) 지르콘이 사암 샘플에서 즉각적으로 얻을 수 있다.
(D) 지르콘이 대부분의 산맥에 있는 흔한 광물이다.

해설   (오답 A) 언급된 적 없는 정보이다.
(정답 B) 사암에 있는 지르콘 알갱이들을 방사성 물질 함유 때문에 살펴보았다고 한다.
(오답 C) 언급된 적 없는 정보이다.
(오답 D) 언급된 적 없는 정보이다.

3. 교수가 우라늄-납 연대 측정법과 관련해 암시하는 것은 무엇인가? [Inference]
(A) 현장에서 시행될 수 있다.
(B) 더 이상 위험한 원소를 필요로 하지 않는다.
(C) 최근에 더욱 효율적으로 변했다.
(D) 다른 여러 과학 분야에서도 응용된다.

해설   (오답 A) 주어진 정보로는 유추하기 어려운 내용이다.
(오답 B) 언급된 적 없는 정보이다.
(정답 C) 기술 발전으로 인해 더 적은 알갱이로 더 빠른 결과를 만들어 낸다고 하기에 효율적임을 알 수 있다.
(오답 D) 주어진 정보로는 유추하기 어려운 내용이다.

4. 교수는 왜 과거에 합쳐져 있던 지구 대륙을 언급하는가? [Organization]
(A) 애팔래치아 산맥이 어떻게 형성되었는지 설명하기 위해
(B) 우라늄-납 연대 측정법 활용의 주된 어려움을 보여주기 위해
(C) 그랜드 캐니언 형성과 관련된 보편적인 이론에 이의를 제기하기 위해
(D) 우라늄-납 연대 측정법이 어떻게 유익할 수 있는지에 대한 예시를 제공하기 위해

해설   (오답 A) 질문과 관련 없는 정보이다.
(오답 B) 어려움은 반대의 내용이다.
(오답 C) 보편적인 이론에 이의는 아니다.
(정답 D) 대륙들이 분리된 것이 오래되지 않았음을 언급하면서

우라늄-납 연대 측정법이 이것을 밝혀냈다고 하므로 유익함의 예시이다.

5. 강의의 일부를 다시 들어보시오. 그런 다음, 질문에 답하시오.

P: 그것이 어떻게 이런 결론에 이르는 데 도움이 되었을까요? 음, 이 수업에 계속 주의를 기울여온 사람이라면 누구든 알 겠지만, 사암을 식별할 때, 우리는 항상 그것이 어디서 비롯 되었는지 알기 위해 낟알의 종류부터 시작합니다. 그러니까, 사암 자체가 아니라, 그것을 구성하는 입자들을 말하는 겁니 다.

교수가 다음과 같이 말할 때 암시하는 것은 무엇인가? [Inference]
음, 이 수업에 계속 주의를 기울여온 사람이라면 누구든 알겠지 만

(A) 수강생들이 이전의 강의 내용을 이해하는 것을 힘겨워했 다.
(B) 수강생들이 이미 자신이 살펴보고 있는 내용을 다뤘다.

(C) 일부 학생들이 이미 더 고급 단계의 수업을 들었다.
(D) 그 정보의 일부가 아직 수업 중에 이야기되지 않았다.

해설 (오답 A) 이전 강의 내용을 힘겨워했는지는 알 수 없다.
(정답 B) '이 수업을 계속 들은 사람이라면 알겠지만'이라는 말 에서 이미 다뤘던 내용임을 알 수 있다.
(오답 C) 고급 단계의 수업은 언급된 적 없다.
(오답 D) 교수의 말과 반대되는 내용이다.

6. 교수는 강의 내용을 어떻게 구성하는가? [Organization]
(A) 이전의 지질학 연구에 발생된 실수를 비판함으로써
(B) 두 가지 다른 지질학 연대 측정법을 비교함으로써
(C) 지질학자들이 어떻게 놀라운 발견을 이뤄냈는지 설명함으 로써
(D) 방사성 연대 측정법의 다른 응용 방법들을 소개함으로써

해설 (오답 A) 실수를 비판하는 것을 토대로 구성되어 있지 않다.
(오답 B) 두 가지를 비교하지 않는다.
(정답 C) 강의가 전반적으로 지질학자들이 이뤄낸 발견을 기반 으로 전개되고 있다.
(오답 D) 응용 방법들을 전반적으로 다루지 않는다.

[문제 어휘]
administer ~을 시행하다, 집행하다 challenge ~에 이의를 제기하다

Practice Test 2

Answers

1. D	2. AB	3. C	4. 해설 참조	5. A	6. B

Listen to part of a lecture in a geology class.

P: We've been covering the various types of fossil fuels in this unit, and yesterday we discussed coal extensively. That leaves us two other fuels left to cover, petroleum and natural gas. Umm…they're connected in some ways…and we'll talk about that…[1(D)]but for today, let's go over petroleum, and then we'll explore natural gas more thoroughly in our next class. So, as with other fossil fuels, petroleum takes millions of years to form, and it's composed of ancient organic material—prehistoric plants and animals, hence the 'fossil' part of fossil fuels. And it's buried deep in the layers of the Earth's crust.

지질학 강의의 수업을 들어보시오.

P(교수): 우리는 이번 단원에서 다양한 종류의 화석 연료를 계속 다루고 있으며, 어제는 석탄에 관해 폭넓게 이야기했 습니다. 이제 남은 것은 두 가지 다른 연료, 즉 석유와 천연 가스입니다. 음… 이 둘은 여러 면에서 서로 관련되어 있는 데… 그에 관한 이야기를 하겠지만… [1(D)]오늘은, 석유를 살 펴보고, 그리고 나서 다음 수업 시간에 천연 가스를 더 자 세히 탐구해 보겠습니다. 자, 다른 화석 연료들과 마찬가지 로, 석유도 형성되는 데 수백만 년이 걸리며, 고대의 유기 물질로 구성되는데, 선사 시대의 식물과 동물들, 그러니까 화석 연료의 '화석'에 해당되는 것들이죠. 그리고 지각의 여러 층에 깊이 파묻힙니다. 음… 석유는 사실 그리스어의

Umm…petroleum actually comes from the Greek words for rock—*petra*—and oil—*oleum*—so literally 'rock oil.' Now, I'm sure you all know that what you pump into your gas tanks isn't its natural state. It's found as crude oil… usually shortened to crude. And as I just mentioned, it does usually contain some natural gas in it. [2[A,B]]That's why there's a lot of synergy in the petroleum industry—its search for petroleum leads them to natural gas too, so they'll utilize and refine both whenever they find deposits. Both are valuable, though, umm…both do require different handling. Oh. Yes, Paul?

S1: I've always wondered, what kinds of dead creatures end up as petroleum?

P: Well, anything composed of organic carbon could, under the processes, become fossil fuel. But, umm… considering biomass, and what mostly constitutes 'organic material' in this sense, then petroleum would mostly be made of simple, single-celled marine organisms in the sea—so, algae and plankton. Umm… [3(C)]they die, drift to the seabed, and get covered in sediments. Sinking deeper in the Earth, the remains experience great heat and pressure, and these extremes, over millions of years, transform the organic carbon into crude—viscous, thick black goop. Umm…and its origins should give you a decent hint as to where most crude is found… Paul, another question?

S1: I remember hearing about two different types of oil…

P: Do you mean crude and refined?

S1: No, I think…live and dead? But that sounds odd.

P: Oh, of course. [4(L)]Live oil simply means crude oil that contains a large amount of natural gas. [4(D)]Crude oil without it, conversely, is called dead oil. And it affects the crude—[4(D)]dead oil is much heavier than live oil, so it's more difficult to pump out of the Earth. Since we're on the topic, [4(L)]how does the natural gas separate from the oil?

S2: I'm not sure how, but I know it happens as the oil shoots to the surface.

P: Right. As it rises, the pressure acting on it decreases. With less pressure, the oil and gas can separate. Umm… it doesn't always spout out of the ground like this, rising rapidly in some explosive fountain. The other way is for people and machines to pump it from the ground. But, umm…regardless…the same thing happens as it rises to

---

암석을 뜻하는 petra와 기름을 뜻하는 oleum이 합쳐진 말에서 비롯된 것이기 때문에, 말 그대로 '암석 기름'을 뜻합니다. 자, 분명 여러분 모두 연료 탱크에 쏟아 붓는 것이 원래의 자연적인 상태가 아니라는 건 알고 있을 겁니다. 그것은 정제하지 않은 기름의 형태로 발견되는데, 일반적으로 원유로 줄여 부릅니다. 그리고 방금 언급했다시피, 보통 그 안에 일부 천연 가스를 함유하고 있습니다. [2[A,B]]이것이 바로 석유 업계에서 시너지 효과가 많이 나타나는 이유로서, 석유 탐사 작업이 천연 가스 발견으로도 이어지기 때문에, 매장층을 찾을 때마다 둘 모두를 활용하고 정제하게 되는 것이죠. 둘 모두 가치가 뛰어나지만, 음… 분명 다른 처리 방식을 필요로 합니다. 오. 뭔가요, 폴?

S1(학생1): 항상 궁금한 게 있었는데, 어떤 종류의 죽은 생물체가 나중에 석유가 되는 건가요?

P: 음, 유기 탄소로 구성된 무엇이든, 그 과정을 통해, 화석 연료가 될 수 있습니다. 하지만, 음… 생물량을 비롯해, 이런 측면에서 대부분 무엇이 '유기 물질'을 구성하는지 고려해 볼 때, 석유는 주로 바다 속에 살았던 단순한 단세포 해양 생물체, 그러니까, 해조류와 플랑크톤으로 만들어질 겁니다. 음… [3(C)]이들이 죽어서, 해저로 떠밀려갔다가, 침전물에 덮이게 되죠. 지구의 더 깊은 곳으로 가라앉은, 이 유해는 엄청난 열과 압력을 받게 되며, 이 극한의 조건들이, 수백만 년에 걸쳐, 유기 탄소를 원유, 즉 점성이 있고, 걸쭉한 흑색의 끈적이는 물체로 변모시킵니다. 음… 그리고 이 유래가 대부분의 원유가 발견되는 곳과 관련해 여러분에게 꽤 좋은 힌트를 줄 겁니다… 폴, 또 무슨 질문인가요?

S1: 제가 두 가지 다른 종류의 기름에 관해 들은 게 기억나서요…

P: 원유와 정제유를 말하는 건가요?

S1: 아뇨, 제가 생각한 건… 살아 있는 것과 죽은 것이라고 할까요? 하지만 좀 이상하게 들리네요.

P: 아, 물론이죠. [4(L)]라이브 오일은 바로 아주 많은 천연 가스를 함유하고 있는 원유를 의미합니다. [4(D)]이것이 없는 원유는, 반대로, 데드 오일이라고 부르죠. 그리고 원유에 영향을 미치기도 하는데, [4(D)]데드 오일은 라이브 오일보다 훨씬 더 무거워서, 땅 속에서 퍼 올리는 것이 더 어렵습니다. 이 이야기를 하는 김에, [4(L)]천연 가스는 어떻게 석유에서 분리될까요?

S2(학생2): 잘은 모르겠지만, 석유가 지표면으로 솟아 나오면서 발생되는 것으로 알고 있어요.

P: 그렇습니다. 위로 올라오면서, 거기에 작용되는 압력이 감소하게 되죠. 압력이 줄어들면서, 석유와 가스가 분리될 수 있습니다. 음… 항상 이렇게 뭔가 폭발적인 분수의 형태로 빠르게 올라오면서 땅에서 뿜어져 나오는 건 아닙니다.

the surface. Another common misconception is how crude oil exists in the Earth. [5(A)]Most people imagine great chambers in the Earth, massive in size, that hold seas of crude oil…but no. These sorts of pools are… extremely rare, to say the least. In reality, the crude oil is actually saturated around the rocks in the crust, filling microscopic cracks and pores. And to get at it, the petroleum industry employs an industrious extraction process that starts with first locating sources of oil… potential oil fields or wells…areas where a vast quantity of crude oil has built up and is now caught between rocks, hopefully not too far from the surface. Pumps are drilled that bring the crude to the surface, where it's sent off to refineries. And these refineries have two main purposes—converting it into a usable and more profitable material…and also creating other goods from the refined oil.

S2: How is crude oil refined?

P: Basically, it's boiled. After being heated, whatever is left is turned into goods. This is where we get the gasoline and diesel for our vehicles, and countless other goods…maybe a lot of stuff you wouldn't think of. Asphalt for roads, for one thing…of course plastics. [6(B)]You can even check your clothing. If it's made from synthetic fibers, then it, in a way, also passed through an oil refinery at one point. You can get an idea of just how enmeshed petroleum is with nearly every aspect of our society, especially our industry and manufacturing. Anyway, looking forward, we'll be assisted by some of our graduate students in the university's petroleum engineering program, and they'll be leading our trip to the nearby oil fields. In your course materials online, you'll find an article about the history of these oil fields, and it'll also introduce you to the projects the students are working on there. It's not material that you'll be tested on, but I still want you to read it before our trip.

다른 방법으로는 사람과 기계가 땅 속에서 펌프로 퍼 올리는 것이죠. 하지만, 음… 그와 상관없이… 지표면으로 올라오면서 같은 일이 발생됩니다. 또 다른 흔한 오해는 어떤 식으로 원유가 땅속에 존재해 있는가 하는 부분입니다. [5(A)]대부분의 사람들은 땅 속에 거대한 규모로 아주 큰 공간들이 있어서 많은 양의 원유가 들어 있는 것으로 생각하지만… 아닙니다. 이런 종류의 오일 풀(유조) 같은 곳은… 극히 드문데, 전혀 과장이 아닙니다. 사실, 원유는 실제로 지각 속의 암석들 주변에 미세한 틈새와 구멍들을 채워 포화 상태로 있습니다. 그래서 이 부분에 도달하기 위해, 정유업체들은 먼저 석유의 원천이 되는 곳을 찾는 작업으로 시작해 열심히 추출하는 과정을 활용합니다… 잠재적인 유전 또는 유정을요… 엄청난 양의 원유가 축적되어 지금은 암석들 사이에 갇혀 있는 곳들인데, 지표면에서 너무 깊은 곳에 있지 않기를 바라면서 말이죠. 구멍을 뚫어 펌프가 원유를 지상으로 끌어올리면, 거기서 정제소로 보냅니다. 그리고 이 정제소는 두 가지 주된 목적을 지니고 있는데, 원유를 유용하고 더 많은 수익성을 지닌 물질로 탈바꿈시키는 것이 있고… 그리고 정제된 석유에서 다른 상품을 만들어내는 것도 있습니다.

S2: 원유는 어떻게 정제되나요?

P: 기본적으로는, 끓입니다. 가열시킨 후에, 남아 있는 것은 무엇이든 제품이 됩니다. 이것이 바로 우리가 차량에 사용하는 휘발유와 경유, 그리고 수없이 많은 다른 상품을 얻는 과정인데… 아마 여러분이 생각하지 못할 정도로 많은 제품이 있을 겁니다. 우선, 도로에 쓰이는 아스팔트가 있고… 당연히 플라스틱도 있고요. [6(B)]심지어 여러분의 의류도 한번 확인해 보세요. 합성 섬유로 만들어졌다면, 그것 또한, 어떤 식으로든, 정유 공장을 한 번 거친 것입니다. 석유가 우리 사회의 거의 모든 측면과 얼마나 많이 얽혀 있는지 금방 알 수 있을 겁니다, 특히 우리의 산업 및 제조 분야에서요. 어쨌든, 앞으로의 일정을 이야기하자면, 우리는 우리 대학의 석유 공학 과정 대학원생들의 도움을 받게 될 것이며, 이들이 가까운 유전으로 떠나는 우리의 견학을 이끌어주게 될 것입니다. 온라인상의 수업 자료를 통해, 이 유전들의 역사에 관한 기사를 찾아보게 될 텐데, 그곳에서 대학원생들이 하는 프로젝트들도 알려줄 겁니다. 시험을 치르게 되는 내용은 아니지만, 저는 여전히 여러분이 견학 전까지 읽어 보셨으면 합니다.

[스크립트 어휘]

fossil fuels 화석 연료   be composed of ~로 구성되다   crust 지각, 표면, 딱딱한 층   crude 정제되지 않은   crude oil 원유   synergy 시너지 효과, 동반 상승 효과   utilize ~을 활용하다   refine ~을 정제하다, 개선하다   deposit 매장층   handling 처리   end up as 결국 ~가 되다   biomass 생물량   constitute ~을 구성하다   algae 해조류   sediment 침전물   viscous 점성이 있는   refined oil 정제유   goop 끈적거리는 것   decent 꽤 좋은, 준수한   chamber 공간, 방   seas of 많은 양의   saturate 포화되다   microscopic 미세한   extraction 추출   refinery 정제소   synthetic fibers 합성 섬유   enmeshed 얽혀 있는   aspect 측면, 양상

1. 강의는 주로 무엇에 관한 것인가? [Topic & Purpose]
  (A) 석유 자원의 고갈에 대한 가능성 있는 해결책
  (B) 석유와 천연 가스의 분리 작업과 관련된 어려움들
  (C) 석유를 찾는데 활용될 수 있는 신기술
  (D) 석유의 생성 및 채집과 관련된 일반적인 정보

해설 (오답 A) 해결책을 제시하는 강의는 아니다.
  (오답 B) 어려움이 주된 내용은 아니다.
  (오답 C) 신기술이 강의의 주제는 아니다.
  (정답 D) 강의 도입부에서 석유를 살펴본다고 하면서 전반적으로 석유의 생성과 채집에 대한 내용을 다룬다.

2. 교수의 말에 따르면, 석유회사들이 왜 석유와 천연 가스를 동시에 찾는가?
두 개의 선택지를 클릭하시오. [Detail]

  [A] 둘 모두 흔히 같은 곳에 위치해 있다.
  [B] 업계에서 둘 모두를 활용해 이득을 볼 수 있다.
  [C] 천연 가스가 원유를 정제하는 데 필수적이다.
  [D] 천연 가스가 원유를 퍼 올리는 것을 가능하게 해준다.

해설 (정답 A) 석유를 찾다 보면 천연 가스도 나온다고 한다.
  (정답 B) 둘 다 가치가 있다고 하므로 이득을 볼 수 있다.
  (오답 C) 언급된 적 없는 정보이다.
  (오답 D) 언급된 적 없는 정보이다.

3. 교수가 석유 산업과 관련해 암시하는 것은 무엇인가?
[Inference]
  (A) 원유보다 천연 가스를 더 효율적으로 얻을 수 있다.
  (B) 대부분의 유정이 사막에서 발견된다.
  (C) 석유 자원을 찾기 위해 해저를 수색한다.
  (D) 드릴이 해저에서 더 효율적으로 기능한다.

해설 (오답 A) 주어진 정보로 유추할 수 없는 내용이다.
  (오답 B) 주어진 정보로 유추할 수 없는 내용이다.
  (정답 C) 화석 연료가 되는 자원들이 해저에 위치해 있다고 하므로 석유 업체들이 이곳을 수색할 것으로 볼 수 있다.
  (오답 D) 해저에서 더 효율적인지는 알 수 없다.

4. 교수가 라이브 오일과 데드 오일을 설명하고 있다. 어느 특징이 이 서로 다른 유형의 석유들과 어울리는지 표기하시오.
[Connecting Content]
각 항목에 대해 해당 칸에 클릭하시오.

	라이브 오일	데드 오일
많은 양의 천연 가스를 포함하고 있음	✓	
땅속에서 추출하기 더 어려움		✓
오직 원유로만 구성되어 있음		✓
지표면으로 올라오면서 분리됨	✓	

해설 두 종류의 차이점을 학생이 묻자 교수는 라이브 오일이 많은 양의 천연 가스를 갖고 있고 분리가 되는 반면에 데드 오일은 당속에서 추출하기가 더 어렵고 원유로만 구성되어 있다고 한다.

5. 교수는 왜 오일 풀(유조)에서 발견되는 원유를 언급하는가?
[Organization]
  (A) 원유와 관련된 보편적인 오해를 집중 설명하기 위해
  (B) 원유 펌프가 어떻게 석유를 추출하는지 설명하기 위해
  (C) 바다에서 이뤄지는 석유 시추 작업의 위험성 한 가지를 설명하기 위해
  (D) 바다에서 추출된 석유와 육지에서 추출된 것을 대조하기 위해

해설 (정답 A) 많은 사람들은 땅 속 거대한 공간에 원유가 있다고 생각하지만 그렇지 않다는 것을 설명하면서 오일 풀을 언급하므로 오해를 설명하는 것이다.
  (오답 B) 원유 펌프가 사용되는 방법을 언급하는 의도가 아니다.
  (오답 C) 위험성은 언급되지 않는다.
  (오답 D) 대조하는 의도가 아니다.

6. 강의의 일부를 다시 들어보시오. 그런 다음, 질문에 답하시오.

  P: 심지어 여러분의 의류도 한번 확인해 보세요. 합성 섬유로 만들어졌다면, 그것 또한, 어떤 식으로든, 정유 공장을 한 번 거친 것입니다.

교수는 왜 다음과 같이 말하는가? [Function]
심지어 여러분의 의류도 한번 확인해 보세요.

  (A) "합성"이라는 단어의 정의를 제공하기 위해
  (B) 석유가 일상 생활과 얼마나 관련되어 있는지 보여주기 위해
  (C) 학생들에게 정제 과정과 관련해 더 많이 알아두도록 권하기 위해
  (D) 합성 섬유의 다양한 용도를 설명하기 위해

해설 (오답 A) 단어의 정의는 해당 부분에 없다.
  (정답 B) 학생의 의류도 확인해보라고 하면서 그것 또한 정유

공장을 거친 것이라고 한다. 이는 얼마나 석유가 일상에 녹아들어 있는지를 강조하는 의도이다.

(오답 C) 더 많이 알아 두라고 정보를 주는 의도가 아니다.

(오답 D) 용도의 다양성이 아니라 일상적으로 많이 사용된다는 점을 알려주는 것이다.

[문제 어휘]
benefit from ~로부터 이득을 보다, 혜택을 얻다 harvest ~을 얻다, 거둬들이다

3. Environmental Science

Practice Test 1

Answers

1. D	2. C	3. C	4. A	5. BC	6. B

Listen to part of a lecture in an environmental science class.

Professor:
Located on the mid-Atlantic coast and separated from the ocean by the Delmarva Peninsula, the Chesapeake Bay is the largest estuary in the United States. Vital to local economies and home to rich ecosystems, the bay has—like most water systems in the world—suffered extensively from pollution. Conservation efforts have been ongoing for the past few decades, but ^{1(D)}they face great challenges, mainly because of the unique and elusive nature of the pollution affecting the Chesapeake Bay.

Before we get into it, let's take a look at a couple of general types of pollution, so we can understand the bay's situation. ^{2(C)}First, there's point source pollution. This pollution is easily identifiable since, as the name suggests, it comes from a single source. You can find the factory pipe that's dumping pollutants into the bay, handle the problem at its source, and then treat the water. And that should solve the problem, and this is what's been happening at Chesapeake Bay. ^{2(C)}Proper measurements have been taken to reduce pollution from factories and sewage treatment centers. But the bigger issue is nonpoint source pollution. Umm…as you can guess, this pollution comes from various sources over a wide area. It can't be traced back to a single point, so it's a much greater challenge to deal with.

And the biggest threat to Chesapeake Bay is not toxins or wastes, but in fact nutrients in chemical fertilizers that

교수:
미 동부 연안에 위치해 있으면서 델마버 반도에 의해 바다와 분리되어 있는, 체서피크 만은 미국에서 가장 큰 하구입니다. 지역 경제에 필수적이면서 풍부한 생태계의 서식지인 이 만은, 전 세계에 있는 대부분의 수자원들처럼 광범위하게 오염 문제에 시달리고 있습니다. 지난 수십 년 동안 보존 활동이 계속 이어져 왔지만, ^{1(D)}아주 큰 어려움에 직면해 있는데, 주로 체서피크 만에 영향을 미치는 오염 문제의 독특하고 파악하기 어려운 특성이 그 원인입니다.

본격적으로 이야기하기에 앞서, 몇 가지 일반적인 오염의 종류를 살펴보려고 하는데, 그래야 우리가 이 만의 상황을 이해할 수 있습니다. ^{2(C)}먼저, 점원 오염이 있습니다. 이 오염은 쉽게 식별 가능한데, 그 명칭에 나타나듯이, 한 가지 근원에서 비롯되기 때문입니다. 이 만으로 흘러 들어가는 오염 물질을 버리는 공장 파이프를 발견해 그 진원지에서 문제를 다룬 다음, 물 상태를 처리할 수 있습니다. 그래서 이렇게 하면 문제가 해결될 것이며, 이것이 그 동안 체서피크 만에서 일어난 일입니다. ^{2(C)}적절한 조치를 취해 여러 공장 및 하수 처리 센터로 인한 오염을 감소시켜 왔습니다. 하지만 더 큰 문제는 비점원 오염입니다. 음… 상상이 되시겠지만, 이 오염은 넓은 지역에 걸쳐 있는 다양한 근원에서 비롯됩니다. 한 지점으로 역추적할 수 없기 때문에, 대처하기 훨씬 더 큰 어려움입니다.

그리고 체서피크 만에 대한 가장 큰 위협 요소는 독소나 폐기물이 아니라, 사실 이 지역 전체에 걸쳐 있는 농장에서 흘러나오는 화학 비료에 들어 있는 영양소입니다. 이는 농지 유출수라고 알려져 있으며, 이 유출수에 과도하게 들어 있는 인과

are being channeled away from farms from across the region. It's known as agricultural runoff, and the excess phosphorus and nitrogen from the runoff can devastate waterways. So, heavy rains and seasonal snowmelt wash these chemicals out of the farmland and carry them into the water system, which ultimately enters the bay. And it's not that the nutrients kill organisms; no, in fact, they promote the growth of one certain type of organism: algae. [3(C)]It grows rampantly with the excess nutrients and drains the water of its oxygen—so there's less for the fish and other marine plants and creatures. Umm…and it's not a single farm, not a single industrial center. This is a problem that drains off the land itself. So, the solution must center on keeping the pollution totally out of the water systems.

[1(D)]Before we look at the solution, let's better understand the problem: the extensive use of nitrogen fertilizer in industrial agriculture. It's a relatively new method, only introduced in the last fifty years or so. In the past, farmers used other techniques—natural fertilizers or crop rotation, where commercial crops that drained the soil of nutrients would be replaced with, or rotated with, less taxing plants, like legumes or clover for animal feed. These plants served a double purpose of rejuvenating the soil, naturally, by converting nitrogen from the atmosphere into valuable nitrates—which would then be used by the corn and wheat in the next rotation. In addition, the cover crops, like clover and alfalfa, held the soil in place, reducing runoff. Umm…but of course, there's always a demand for more, so farming practices changed with the times. [4(A)]Farmers needed to grow commercial crops every season to meet higher demands, so sustainable crop rotation was replaced by the introduction of chemical fertilizers. The nitrogen that would've been held and converted by these plants is instead washed away by rain, or absorbed in the groundwater. It gets added to the streams and waterways, and algae explode, draining the water of vital oxygen.

[1(D)]Conservationists and farmers are trying to deal with the issue of nonpoint source pollution in two ways. One is a return to the old methods. [5(C)]Farmers are using cover crops again instead of chemical fertilizers. Crops like rye and barley have proven particularly effective at absorbing nitrogen and keeping the soil in place. [5(B)]The second method is planting what are called buffer zones along the streams and waterways. So, not planting crops, but everyday, natural trees. In these buffer zones, the roots of the trees can catch the excess nutrients that would otherwise end up in the water system. Umm…of course,

질소가 수로를 황폐화시킬 수 있습니다. 따라서, 폭우 및 계절적으로 발생되는 눈 녹은 물이 농지에서 이 화학 물질들을 씻겨 보내면서 수자원에 흘러 들어가게 만드는데, 이것이 결국 이 만에 유입되는 것입니다. 그리고 그 영양소가 생물체들을 죽이진 않는데, 그게 아니라, 사실, 한 가지 특정 종류의 생물체, 즉 해조류의 성장을 촉진합니다. [3(C)]과도한 영양소와 함께 걷잡을 수 없이 증가하면서 물 속의 산소가 빠져나가게 만들기 때문에, 물고기 및 기타 해양 식물과 생물체들에 필요한 양이 더 적어졌습니다. 음… 그리고 단 한 곳의 농장도 아니고, 단 한 곳의 산업 중심지도 아닙니다. 이는 육지 자체에서 물이 빠져나가는 문제입니다. 따라서, 그 해결책은 반드시 오염 문제가 수자원과 완전히 관련되지 않도록 유지하는 데 중점을 두어야 합니다.

[1(D)]해결책을 살펴보기 전에, 이 문제, 즉 산업형 농업 분야에서 광범위하게 쓰이고 있는 질소 비료에 관해 더 잘 알아보도록 하겠습니다. 이는 비교적 새로운 방식으로서, 불과 지난 50년 남짓한 기간에 도입된 것입니다. 과거에는, 농부들이 다른 방법들, 즉 천연 비료나 윤작을 이용했으며, 토양에서 영양소를 빼내는 상업용 작물이 동물 먹이용으로 쓰이는 콩과 식물이나 클로버 같이 부담이 덜 한 식물들로 대체되거나 윤작되었습니다. 이 식물들을 통해 토양을 다시 활기 넘치게 하는 이중 목적을 달성했는데, 자연적으로, 대기 중의 질소를 소중한 질산염으로 전환시키는 방법에 의한 것이었으며, 그 후엔 다음 번 윤작 때 옥수수와 밀에 의해 이용되었습니다. 게다가, 클로버와 알팔파 같은 지피 작물은 토양을 제자리에 유지시켜, 유출수를 감소시켰습니다. 음… 하지만 당연히, 언제나 더 많은 것에 대한 요구가 존재하기 때문에, 농업 관행은 시대에 따라 변화되었습니다. [4(A)]농부들이 더 높은 수요를 충족시키기 위해 철마다 상업용 작물을 재배해야 했기 때문에, 지속 가능한 작물 윤작이 화학 비료의 도입으로 대체되었습니다. 이 식물들에 의해 제지되고 전환되었을 수도 있었던 질소가 대신 빗물에 씻겨 내려가거나 지하수로 흘러 들어가 흡수되고 있습니다. 개울과 수로에도 더해지면서 해조류는 폭발적으로 늘어나고 있고, 그로 인해 물 속에서 필수적인 산소가 사라지고 있습니다.

[1(D)]환경 보호 활동가들과 농부들은 비점원 오염 문제에 두 가지 방식으로 대처하려 하고 있습니다. 하나는 예전의 방식으로 되돌아가는 것입니다. [5(C)]농부들은 화학 비료 대신 지피 작물을 다시 활용하고 있습니다. 호밀과 보리 같은 작물은 질소를 흡수하고 토양을 제자리에 유지시켜 주는 데 특히 효과적인 것으로 드러났습니다. [5(B)]두 번째 방법은 개울과 수로를 따라 완충 지대라고 부르는 것을 심는 일입니다. 즉, 작물이 아닌, 매일, 자연의 나무를 심는 것입니다. 이 완충 지대에서는, 나무들의 뿌리가 과도한 영양소들을 빨아들이고 있으며, 그렇지 않았다면 결국 수자원으로 흘러 들어갔을 것입니다. 흠… 당연히, [6(B)]이는 농부들이 작물 재배용으로 쓰일 수 있는 일부 농지를 희생해야 한다는 것을 의미하기 때문에, 완충 지

<table>
<tr>
<td>

^{6(B)}this means farmers have to sacrifice some of their land that could be used for crops—so buffer zones put them at a financial loss. To balance this out, government programs compensate them for growing buffer zones on their land. And between these two strategies, conditions in Chesapeake Bay are showing signs of improvement.

</td>
<td>

대는 이들에게 금전적 손실에 처하게 만들었습니다. 이를 상쇄하기 위해, 정부 프로그램이 농지에 완충 지대를 만드는 것에 대해 보상해주고 있습니다. 그리고 이 두 가지 전략 사이에서, 체서피크 만의 환경은 개선의 징조를 보이고 있습니다.

</td>
</tr>
</table>

[스크립트 어휘]

estuary 하구, 어귀 elusive 파악하기 어려운, 종잡을 수 없는 point source pollution 점원 오염 take measurements 조치를 취하다 nonpoint source pollution 비점원 오염 be traced back to ~로 역추적하다 toxin 독소 fertilizer 비료 channel away ~을 흘려 보내다, 흘러 들어가게 하다 runoff 유출수 phosphorus 인(비금속 원소의 하나) nitrogen 질소 devastate ~을 황폐화시키다 algae 해조류 rampantly 걷잡을 수 없이 crop rotation 윤작 taxing 부담이 큰 legumes 콩과 식물 rejuvenate ~을 다시 활기차게 만들다 nitrate 질산염 cover crops 지피 작물(토양을 보호할 목적으로 심어 두는 것) hold A in place A를 제자리에 유지시키다 sustainable 지속 가능한 buffer zone 완충 지대 sacrifice ~을 희생시키다 balance A out A를 상쇄하다, A의 균형을 맞추다

---

1. 강의는 주로 무엇에 관한 것인가? [Topic & Purpose]
(A) 체서피크 만에 있는 해조류의 빠른 증가에 대한 가능성 있는 원인들
(B) 지난 50년 동안에 걸쳐 나타난 산업형 농업 분야의 혁신
(C) 점원 오염과 비점원 오염을 발생시키는 서로 다른 원인들
(D) 체서피크 만에 영향을 미치는 오염의 근원 및 대처 방법

해설 (오답 A) 주제로 보기에는 너무 세부적인 내용이다.
(오답 B) 주제로 보기에는 너무 세부적인 내용이다.
(오답 C) 주제로 보기에는 너무 세부적인 내용이다.
(정답 D) 체서피크 만에 영향을 주는 오염의 근원에 대해 이야기한다고 도입부에서 언급하고 전반적인 내용은 근원과 대처 방법까지 다루고 있다.

2. 교수는 왜 공장 파이프에서 비롯되는 오염 문제를 언급하는가? [Organization]
(A) 비점원 오염이 어떻게 다수의 법률 위반자들에 의해 비롯되는지 설명하기 위해
(B) 농업 유출수의 주요 근원이 무엇인지 나타내기 위해
(C) 점원 오염과 비점원 오염을 대조하기 위해
(D) 체서피크 만의 해조류가 어디에서 비롯되는지 보여주기 위해

해설 (오답 A) 법률 위반자는 언급되지 않은 정보이다.
(오답 B) 언급되지 않은 정보이다.
(정답 C) 해당 문단이 전체적으로 두 오염 종류를 비교하며 설명하고 있고 그것을 정확하게 정리하기 위해 공장 파이프가 예시로 사용되었다.
(오답 D) 공장 파이프와 관련 없는 키워드이다.

3. 교수의 말에 따르면, 체서피크 만의 물고기와 식물들이 왜 생존하는 데 힘겨워하는가? [Detail]
(A) 그 물이 공장의 오염 물질로 인해 점점 더 유독성으로 변했다.
(B) 근처의 산업형 농장들이 수위를 낮아지게 만들었다.
(C) 물 속의 산소 수준이 너무 낮다.
(D) 해조류의 감소가 먹이 사슬에 영향을 미쳤다.

해설 (오답 A) 언급된 적 없는 정보이다.
(오답 B) 언급된 적 없는 정보이다.
(정답 C) 물 속 산소가 빠져나가며 물고기와 식물들의 생존을 어렵게 만든다고 한다.
(오답 D) 직접적으로 해조류의 감소가 영향을 주지 않는다.

4. 교수는 화학 비료의 사용에 대해 어떻게 생각하는가? [Attitude]
(A) 수익을 위한 욕구 때문에 어쩔 수 없이 사용되어 유감스럽게 여기고 있다.
(B) 더 지속 가능한 유형의 비료를 만들어내는 것을 지지하고 있다.
(C) 주요 작물에 필요한 영양소를 충분히 제공하지 못할까 걱정하고 있다.
(D) 업계에서 더 폭넓게 이용되어야 한다고 생각하고 있다.

해설 (정답 A) 점점 오르는 수요에 맞추기 위해 철마다 상업용 작물을 재배해야 해서 어쩔 수 없이 화학 비료를 썼다고 한다.
(오답 B) 언급된 적 없는 정보이다.
(오답 C) 언급된 적 없는 정보이다.
(오답 D) 언급된 적 없는 정보이다.

5. 교수는 체서피크 만으로 유입되는 질소의 양을 제한하는 두 가지 전략으로 무엇을 이야기하는가? [Detail]

두 개의 선택지를 클릭하시오.

[A] 그 만을 따라서 정수 처리 시설을 짓는 것
[B] 그 만으로 흘러 들어가는 개울을 따라 나무를 키우는 것
[C] 화학 비료에 의존하는 대신 지피 작물을 심는 것
[D] 가축에게 줄 먹이를 만들기 위해 그 만에서 해조류를 수확하는 것

해설   [오답 A] 정수 처리 시설을 짓는다고 하지 않는다.
[정답 B] 두 번째 방법으로 개울을 따라 나무를 심는 것이라고 한다.
[정답 C] 첫 번째 방법으로 화학 비료 대신 지피 작물을 심는다고 한다.
[오답 D] 질문에 대한 정답이 아니다.

6. 농지에 완충 지대를 짓기로 합의하는 농부에게 발생 가능한 결과는 무엇일 것 같은가? [Inference]

(A) 해당 농지에 질소의 수치가 더 높아질 것이다.
(B) 해당 농부가 정부로부터 비용을 지급받을 것이다.
(C) 해당 농부가 작물을 통한 수익을 늘리게 될 것이다.
(D) 수자원 속의 오염 물질이 나무에 의해 흡수될 것이다.

해설   (오답 A) 언급된 적 없는 정보이다.
(정답 B) 농부들이 완충 지대를 위해 본인의 땅을 희생하면 금전적 손해를 보기에 그것을 상쇄하기 위해 정부가 보상해줄 것이라고 한다.
(오답 C) 보상을 받는 것이지 작물을 통한 수익을 늘리는 것이 아니다.
(오답 D) 언급된 적 없는 정보이다.

[문제 어휘]
affect ~에 영향을 미치다 drive 욕구, 충동 rely on ~에 의존하다

Practice Test 2

Answers

1. C	2. C	3. B	4. B	5. C	6. D

Listen to part of a lecture in an environmental science class.

P: Climate change is becoming more and more of a reality, and in order to prevent or at least slow it, it's crucial that we develop new ways of generating electricity from sustainable, renewable resources. And several methods are being explored, whether they are solar power, or geothermal power from deep in the Earth, or wind farms. [1(C)]As we consider each option, we need to weigh its potential benefits and its costs to know if it would be feasible. We can see this evaluation in action with tidal power, that is, using the constant and powerful motions of the ocean to generate power. If we could learn how to efficiently harness this power, then it would create clean, green energy. And the best sites for capturing the power of tides are estuaries. You all remember what an estuary is, right? Yes, Naomi?

내레이터: 환경 과학 강의의 수업 일부를 들어보시오.

P(교수): 기후 변화가 점점 더 현실이 되어 가고 있으며, 이를 막거나 적어도 늦추기 위해서는, 우리가 지속 가능하고 재생 가능한 자원으로부터 전기를 생산할 수 있는 새로운 방법을 개발하는 것이 아주 중요합니다. 그리고 여러 가지 방법들이 탐구되고 있는데, 그것이 태양열이든, 지구 깊숙한 곳의 지열 발전이든, 아니면 풍력 발전 단지든 상관없이 말이죠. [1(C)]우리가 각각의 선택권을 고려할 때, 실현 가능할지 알아보기 위해 그 잠재적 이점과 비용 문제를 가늠해야 합니다. 우리는 조력 발전 분야에서 실시되고 이러한 평가를 확인할 수 있는데, 즉, 전기를 생산하기 위해 바닷물의 지속적이고 강력한 움직임을 활용하는 것이죠. 우리가 이러한 힘을 효율적으로 이용하는 법을 배울 수 있다면, 깨끗하고 환경 친화적인 에너지를 만들어낼 것입니다. 그리고 조수의 힘을 가장 잘 얻을 수 있는 곳은 바로 하구입니다. 여러분 모두 하구가 무엇인지 기억나죠? 네, 나오미?

S: [6(D)]It's the point where a river meets the ocean—so fresh water mixes with the ocean's salt water. And as the tide moves in and out, the estuary becomes dry or wet.

P: Well, some parts dry out at low tide, but the estuary itself is always covered by water. And they're exceptional for capturing tidal energy because unlike, say, along a normal beach, [2(C)]the changes in the water levels between tides are large. So, a lot of water moves in and out of estuaries as the tide changes, and it's this movement that can be harnessed. This is done through a barrage, a structure similar to a dam, but not as high and larger, and built across the lower estuary, where the water flows out to the open ocean. Water moves through tiny tunnels in the barrage, turning turbines that generate electricity—so they also function in a way similar to dams. However, estuaries are an important site for biodiversity. As you can imagine, they attract a large variety of creatures, from birds to fish and crustaceans. So, the influence of the barrage on the local biodiversity must be considered. A barrage alters the water levels of the estuary—high tides won't be so high, and low tides won't see the departure of as much water. On one hand, this could help prevent flooding. But, life adapts to these conditions, and the mudflats—the areas exposed during low tide—may cease to exist. And we all know how full of life even small tide pools can be.

S: A lot of bird species hunt and forage along the exposed mudflats. And those tiny animals comprise their own rich ecosystems. [3(B)]Wouldn't all this be lost if the mudflats remained permanently covered?

P: Like I said earlier, there are a lot of aspects to consider. But, think about this: there could also be benefits to the wildlife. The water in an estuary is very cloudy due to the constant churning of sediments by tidal currents. [4(B)]These currents would be diminished by a barrage though, so the sediments would settle, and the water would be clear. More sunlight means more plant life, which means more food. Then, more wildlife would be attracted to the area—more fish and birds. Nature is always in a sensitive balance, [3(B)]so it's hard to say which way it would go.

S: Well, hasn't anyone built a barrage yet? Don't we know what happens?

S(학생): [6(D)]강과 바다가 만나는 지점이기 때문에, 민물이 바다의 소금물과 섞이게 되죠. 그리고 조수가 들어오고 나갈 때, 그 하구는 마르거나 젖게 됩니다.

P: 음, 일부는 조수가 낮을 때 건조한 상태가 되기도 하지만, 하구 자체는 항상 물로 덮여 있습니다. 그리고 조력을 얻는 데 있어 탁월한 곳인데, 다른 점이, 그러니까, 일반 해변을 따라 이어지는 곳과 달리, [2(C)]조수 사이의 수위 변화가 크기 때문입니다. 따라서, 조수가 변할 때 많은 물이 하구에서 들어왔다 나가면서 움직이는데, 바로 이러한 움직임을 이용할 수 있는 것입니다. 이는 댐과 유사한 구조물인 둑을 통해 이뤄지는데, 그 정도로 높거나 더 크진 않고, 물이 공해로 흘러나가는 더 낮은 하구에 걸쳐 지어집니다. 물이 이 둑의 작은 터널 공간을 통해 움직이면서, 터빈을 작동시켜 전기를 만들어내기 때문에, 마찬가지로 댐과 유사한 방식으로 기능하는 것이죠.

하지만, 하구는 생물 다양성에 있어 중요한 곳입니다. 상상이 되시겠지만, 새에서부터 물고기, 그리고 갑각류에 이르기까지 아주 다양한 생물체들을 끌어들입니다. 따라서, 이 둑이 지역 생물 다양성에 미치는 영향이 반드시 고려되어야 합니다. 둑 하나가 하구의 수위를 변화시켜, 만조 시에 수위가 아주 높지 않을 수도 있고, 간조 시에는 그만큼 많은 물이 빠져나가지 않을 수도 있습니다. 한편으로는, 이것이 홍수를 방지하는 데 도움이 될 수도 있습니다. 하지만, 생명체는 이러한 환경에 적응하게 되며, 갯벌, 즉 간조 시에 노출되는 구역들이 소멸될 수도 있습니다. 그리고 우리 모두는 심지어 작은 조수 웅덩이라 하더라도 얼마나 많은 생명체로 가득할 수 있는지 알고 있습니다.

S: 많은 조류 종이 그 노출된 갯벌을 따라 사냥하고 먹이를 찾아 다니잖아요. 그리고 그 작은 동물들도 자신들이 속한 풍요로운 생태계를 구성하고 있죠. [3(B)]그 갯벌이 영구적으로 덮여 있는 상태로 유지된다면 이 모든 게 사라지지 않을까요?

P: 앞서 이야기한 바와 같이, 고려해야 할 측면들이 많이 있습니다. 하지만, 이 부분을 한번 생각해 보세요, 야생 생물에게도 이점이 있을 수 있습니다. 하구에 있는 물은 조류에 의해 지속적으로 거세게 휘저어지는 침전물로 인해 매우 혼탁합니다. [4(B)]하지만, 이 물결이 둑에 의해 약해질 것이기 때문에, 침전물은 가라앉게 되고, 물은 깨끗해지게 될 겁니다. 햇빛이 더 많이 들면 더 많은 식물이 생긴다는 것을 의미하는데, 이는 더 많은 먹이가 생긴다는 뜻이죠. 그래서, 더 많은 야생 동물을 그 지역으로 끌어들이게 되죠, 더 많은 물고기와 새들을요. 자연은 항상 민감한 균형 상태에 있기 때문에, [3(B)]어느 쪽으로 갈 것이라고 말하기 어렵습니다.

S: 음, 아직 둑을 지은 사람이 아무도 없었나요? 우리가 무슨 일이 일어날지 모르는 건가요?

P: Of course, there are several. Umm…let's see. Yes, [4(B)] the one in France is interesting because it can only run at certain times due to the waves the turbines create. They can affect boats, you see. But there haven't been any ecological problems. In fact, fishing in the area has supposedly gotten better. More bird species have also been reported. But, this is a relatively small barrage… only about one kilometer long. Others that have been proposed would be much larger and affect wider areas. There are plans for one at the Severn River in Great Britain, which is one of the bigger estuaries on the planet. So, this barrage, in contrast, would be more than 15 kilometers long. [5(C)]And, remember, there are other concerns than just the ecological. Constructing a barrage is incredibly expensive, and with such great costs, investors want to be more certain of the results. That money is an opportunity, and it could be used for other green initiatives, such as developing more efficient construction materials. You don't even need renewable energy if you don't require as much power, right? So, the money needs to be used in the right way, too.

P: 당연히, 여러 개 있습니다. 음… 어디 보자, 네, [4(B)]프랑스에 있는 것이 흥미로운데, 터빈들이 만들어내는 물결로 인해 오직 특정 시간대에만 가동될 수 있기 때문입니다. 알다시피, 보트에 영향을 미칠 수는 있죠. 하지만 어떠한 생태학적 문제도 나타나지 않았습니다. 실제로, 그 지역에서의 어업은 더 나아진 것으로 추정되었습니다. 더 많은 조류 종도 보고되어 왔고요. 하지만, 이는 비교적 작은 둑인데… 길이가 겨우 1킬로미터 밖에 되지 않습니다. 그 동안 제안되어 온 다른 것들은 훨씬 더 커서 더 넓은 지역에 영향을 미칠 겁니다. 영국의 세번 강에 하나 짓는 계획이 있는데, 이는 지구상에서 다른 곳보다 더 큰 하구들 중의 하나입니다. 따라서, 이 둑은, 대조적으로, 길이가 15킬로미터를 넘게 될 겁니다. [5(C)]그리고, 기억하셔야 하는 부분은, 단순히 생태학적인 것을 넘어서는 다른 우려들도 존재한다는 점입니다. 둑을 짓는 일은 믿을 수 없을 정도로 비용이 많이 들기 때문에, 그렇게 큰 비용을 들이는, 투자자들은 결과물에 대해 더 확신을 갖고 싶어합니다. 그 돈은 하나의 기회이며, 더 효율적인 공사 자재를 개발하는 일 같은 다른 친환경적인 계획에 쓰일 수도 있죠. 그렇게 많은 전력을 필요로 하지 않는다면 심지어 재생 가능한 에너지도 필요치 않게 되지 않을까요? 따라서, 그 돈이 올바른 방향으로 쓰일 필요도 있는 것입니다.

[스크립트 어휘]
sustainable 지속 가능한 renewable 재생 가능한 geothermal power 지열 발전 weigh ~을 가늠하다, 판단하다 feasible 실현 가능한 tidal power 조력 발전 harness ~을 이용하다, 활용하다 estuary 하구, 어귀 tide 조수, 밀물과 썰물 barrage 둑, 보 biodiversity 생물 다양성 crustaceans 갑각류 departure 빠져나감, 벗어남 mudflat 갯벌 forage 먹이를 찾아 다니다 aspect 측면, 양상 churning 휘저음 sediment 침전물 species (동식물의) 종 initiative (대대적인) 계획, 운동

1. 이야기의 주제는 무엇인가? [Topic & Purpose]
(A) 시간이 흐름에 따라 둑의 디자인이 어떻게 개선되었는지 설명하는 것
(B) 만조와 간조가 어떻게 하구 생태계를 변화시키는지 이야기하는 것
(C) 친환경 기술이 잠재적으로 환경에 미치는 영향을 제시하는 것
(D) 재생 가능한 에너지도 환경에 해를 끼친 방식을 집중 조명하는 것

해설 (오답 A) 둑의 디자인이 주제는 아니다.
(오답 B) 만조와 간조는 너무 세부적인 내용이다.
(정답 C) 전기를 만드는 새로운 기술을 찾아야 된다며 조력 발전을 이용하는 것에 대해 이야기하고 그것의 이점과 비용을 봐야 한다고 한다.
(오답 D) 해를 끼친 방식에만 집중하지는 않는다.

2. 교수의 말에 따르면, 하구가 왜 둑을 짓기에 이상적인 장소인가? [Detail]
(A) 하구에서 민물과 소금물이 섞이게 된다.
(B) 하구가 다른 수역보다 더 얕다.
(C) 하구가 수위의 더 큰 차이를 겪게 된다.
(D) 하구가 주로 대도시 근처에 위치해 있다.

해설 (오답 A) 교수가 말한 내용이 아니다.
(오답 B) 더 얕은 곳만 있는 것이 아니다.
(정답 C) 수위의 더 큰 차이를 겪는 것이 이용되어 둑에 사용된다고 한다.
(오답 D) 언급된 적 없는 정보이다.

3. 학생이 갯벌 생태계에 대한 우려를 나타낼 때 교수가 암시하는 것은 무엇인가? [Inference]
(A) 생태학적 피해가 너무 많아질 것이라는 데 동의하고 있다.
(B) 잠재적인 결과가 더 복잡해질 수 있다고 주장한다.

(C) 갯벌이 아주 다양한 식물과 동물들을 살지 못하게 한다고 주장한다.

(D) 그 변화가 장기적으로 새들에게 유익할 것이라고 단정하고 있다.

해설 (오답 A) 학생의 말에 동의하는 것은 아니다.

(정답 B) 학생이 갯벌 생태계를 걱정하며 질문하자 교수는 고려해야 할 많은 측면이 있고 야생 생물에게 이점이 있을 수 있음을 이야기하며 결과를 예측하기 어렵다고 한다.

(오답 C) 다양한 식물과 동물이 살지 못한다고 말하지 않는다.

(오답 D) 장기적으로 어떨지 단정하지 못한다.

4. 프랑스에 지어진 둑 근처에서 왜 어업이 향상되었을 것 같은가? [Inference]

(A) 물이 더 민물에 가까워졌다.

(B) 물이 덜 탁해졌다.

(C) 물이 덜 오염된 상태가 되었다.

(D) 수위가 더 높아졌다.

해설 (오답 A) 민물에 가까워지는지 알 수 있는 근거는 없다.

(정답 B) 프랑스에 지어진 둑 근처는 그 어떤 생태학적 문제가 없다고 하므로 물이 덜 탁해졌음을 알 수 있다.

(오답 C) 오염 여부는 알 수 없다.

(오답 D) 언급된 적 없는 정보이다.

5. 영국에 짓는 것으로 제안된 둑에 대한 주된 비판은 무엇인가? [Detail]

(A) 매력적인 풍경을 손상시킬 것이다.

(B) 프랑스에 지어진 것보다 더 작을 것이다.

(C) 짓는 데 과도하게 많은 비용이 들 것이다.

(D) 지역 내 어업 분야에 영향을 미칠 것이다.

해설 (오답 A) 언급된 적 없는 정보이다.

(오답 B) 영국의 둑이 더 크다.

(정답 C) 가장 큰 문제는 짓는 데 드는 과도한 비용이다.

(오답 D) 가장 주된 비판이 아니다.

6. 강의의 일부를 다시 들어보시오. 그런 다음, 질문에 답하시오.

S: 강과 바다가 만나는 지점이기 때문에, 민물이 바다의 소금물과 섞이게 되죠. 그리고 조수가 들어오고 나갈 때, 그 하구는 마르거나 젖게 됩니다.

P: 음, 일부는 조수가 낮을 때 건조한 상태가 되지만, 하구 자체는 항상 물로 덮여 있습니다.

교수는 왜 다음과 같이 말하는가? [Function]

음, 일부는 조수가 낮을 때 건조한 상태가 되기도 하지만, 하구 자체는 항상 물로 덮여 있습니다.

(A) 학생의 장황한 대답을 중단시키기 위해

(B) 강의의 다음 주제로 넘어가기 위해

(C) 앞선 강의에서 말한 요점을 강조하기 위해

(D) 학생의 부정확한 대답을 바로잡아주기 위해

해설 (오답 A) 학생을 중단시키는 말이 아니다.

(오답 B) 다른 주제가 아닌 같은 내용을 이야기하고 있다.

(오답 C) 요점이 아닌 학생 말의 대답을 바로잡아주는 말이다.

(정답 D) 조수가 들어가고 나갈 때 하구가 마르거나 젖는다는 학생의 말에 그렇기도 하지만 아닌 경우도 있다고 바로잡아주는 것이다.

[문제 어휘]

shallow 얕은 body of water 수역 host 주최하다, 살게 하다 posit that ~라고 단정하다 murky 탁한 detract from (가치 등) ~을 손상시키다, 떨어뜨리다 transition to ~로 넘어가다, 전환하다

IV. Social Science

1. History

Answers

1. D	2. B	3. A	4. A	5. C	6. B

Listen to part of a lecture in a world history class.

P: One of the most impactful phenomena we look at when we study world history, and in particular how separate civilizations evolve over time, is cultural diffusion. [1(D)] Cultural diffusion basically focuses on how ideas, technology, and other cultural entities are transmitted from one society to another. So, anything from science, art, political systems, and even language. And through the Middle Ages, a major vehicle for cultural diffusion was, of course, the expanding trade and merchant system. Commerce allowed interaction between societies on a scale never before seen. [1(D), 6(B)]The best example for how powerful ideas can be shared in this way is the path of a number system, mainly one that incorporated the concept of zero. It originated in South Asia and spread over time to Western Europe. I'm sure you're all familiar with the Roman numeral system, with its sticks and slashes...an X for values of ten. It's rather cumbersome, right? Well, it was developed to keep records for business exchanges. As such, it simply started with "1." You may remember, there isn't a symbol for zero, right?

S: I'm sorry, I don't get it. [2(B)]How could they not have... umm...even a concept of zero?

P: Well, it's a strange idea to us, but it's easier to imagine in a practical scenario. [2(B)]Zero has no value, and if the numeral system is only used to, say, track livestock numbers, then "zero" wouldn't be used. It serves no purpose.

S: Oh. So there was never a reason to record "zero" of a good. There wouldn't need to be a mark for having zero cattle. There just wouldn't be any.

세계사 강의의 수업 일부를 들어보시오.

P(교수): 우리가 세계사, 특히 어떻게 분리된 문명 사회들이 시간이 흐를수록 발전하는지 공부할 때 살펴보는 가장 영향력 있는 현상들 중의 하나는, 문화 확산입니다. 1(D)문화 확산은 기본적으로 생각과 기술, 그리고 다른 문화적 존재들이 어떻게 한 사회에서 다른 사회로 전파되는지에 초점을 맞춥니다. 즉, 과학, 예술, 정치 체계, 그리고 심지어 언어에 이르기까지 모든 것이 해당되죠. 그리고 중세 시대에 걸쳐, 문화 확산의 주된 수단은, 당연히, 무역 및 상인 체계의 확대입니다. 상업은 전에 한 번도 보지 못했던 규모로 사회들 간의 교류를 가능하게 해주었습니다. 1(D), 6(B)어떻게 영향력 있는 생각들이 이런 식으로 공유될 수 있는지를 보여주는 가장 좋은 예가 바로 숫자 체계의 전파 경로이며, 주로 0의 개념을 포함한 체계였습니다. 이는 남아시아에서 유래해 시간이 흐를수록 서유럽으로 확산되었습니다. 분명 여러분 모두 로마의 숫자 체계를 잘 알고 있을 텐데, 막대 및 사선 표기들이 있고… X로 10에 해당되는 값을 나타내죠. 다소 번거롭지 않나요? 음, 이는 상업적 교류에 필요한 기록을 남기기 위해 개발되었습니다. 따라서, 단순하게 "1"부터 시작되었습니다. 기억날지 모르겠지만, 0에 대한 기호가 없다는 건 알고 있죠?

S(학생): 죄송하지만, 이해가 되지 않아요. 2(B)그 사람들은 어떻게… 음… 심지어 0에 대한 개념조차 없을 수 있죠?

P: 우리에게도 이상하게 느껴지는 개념이지만, 현실적인 시나리오를 떠올려보면 더 간단합니다. 2(B)0은 아무런 값도 지니고 있지 않은데, 이 숫자 체계가 오직, 예를 들어, 가축 수를 파악하는 데에만 쓰인다면, "0"은 사용될 일이 없겠죠. 아무런 소용이 없는 것이죠.

S: 오. 그럼 상품에 대해 "0"을 기록할 이유가 전혀 없었던 거네요. 소가 한 마리도 없는 것에 대한 표시가 필요하지 않았을 것 같아요. 그냥 아무것도 없을 테니까요.

P: Right. It just didn't exist. Same for, say, taxes or a population census. It also wasn't necessary for the extent of their civil engineering, for building roads other structures. [6(B)]But, in Asia, the numeral system did include zero. And zero opened the door for more advanced mathematics that featured negative numbers. So, mathematics was greatly advanced in Asia. Texts about zero, negative numbers, and basic concepts in algebra appeared in Asia by the 7th century. And, through trade, the texts started traveling across the continents. First, into Baghdad and the Middle East, where they were translated into Persian. It didn't take long for mathematicians there to see the merits of this new system, and they advocated for its adoption. So, by the 10th century, it was the official numeral system of most of the Middle East. More and more complex mathematics came to be developed.

[6(B)]At the same time, Western Europe was still using a zero-less system. It wasn't until the 12th century that an Italian mathematician discovered Arabic texts that detailed this alternative system. This was in Northern Africa, while he was traveling with his father. Maybe you recognize his name: Fibonacci?

S: Oh, from Fibonacci's sequence? One, one, two, three, five…

P: Exactly! Well, he didn't invent it, actually. [3(A)]But, by finding these texts in Africa, he was able to translate them to Latin and introduce the western world to the concept of zero. He demonstrated the advantages of the system for tracking business transactions, calculating interest, and other accounting topics. [5(C)]Over the next two hundred years, the new system was adopted across the land. Just think about it: Fibonacci was responsible for introducing the concept of zero to an entire civilization. That'll get you in the history textbooks.

S: Aside from business though, [4(A)]what changes occurred in society with the introduction of zero? Was it a major shift in everyday life?

P: Well, the main changes were seen in the sciences, which were able to take off in new directions. Engineering was able to approach all kinds of new problems. Umm…and then the more theoretical studies, of course, could explore new ideas. Calculus was able to take form, and alongside it physics and eventually astronomy. Umm… keep in mind, this instance of cultural diffusion was actually quite slow. Other cultural items spread fast,

P: 그렇죠. 그저 존재하지 않았던 겁니다. 같은 경우가, 예를 들어, 세금이나 인구 조사에도 해당되었습니다. 이들의 토목 공학 수준에 대해서도 필요치 않았죠, 도로나 다른 구조물들을 짓는 데 있어서 말입니다. [6(B)]하지만, 아시아에선, 숫자 체계가 분명히 0을 포함했습니다. 그리고 0은 음수를 특징으로 하는 더 진보된 수학으로 향하는 관문을 열어주었습니다. 따라서, 수학이 아시아에서 크게 발전했죠. 0과 음수, 그리고 기본적인 대수학에 관한 문서들이 7세기경에 아시아에서 나타났습니다. 그리고, 무역을 통해, 이 문서들이 여러 대륙에 걸쳐 퍼지기 시작했습니다. 먼저, 바그다드와 중동 지역으로 유입되었는데, 이곳에서 페르시아어로 번역되었습니다. 그곳의 수학자들이 이 새로운 체계의 장점을 알아차리는 데 오래 걸리지 않았고, 이 체계의 채택을 주장했습니다. 따라서, 10세기경에, 대부분의 중동 지역에서 공식적인 숫자 체계가 되었습니다. 점점 더 복잡한 수학을 개발하게 되었죠.

[6(B)]당시에, 서유럽은 여전히 0이 없는 체계를 이용하고 있었습니다. 12세기가 되어서야 이탈리아의 한 수학자가 그 대안이 되는 체계를 상세히 설명하는 아라비아 문서를 발견했습니다. 이는 북아프리카에서 있었던 일이었는데, 그때 이 수학자는 아버지와 함께 여행하던 중이었습니다. 아마 그 수학자의 이름을 알고 있을 것 같은데, 피보나치라고 들어보셨나요?

S: 오, 피보나치 수열에 있는 이름인가요? 1, 1, 2, 3, 5로 이어지는…

P: 바로 그렇습니다! 음, 실은, 그가 발명한 수열은 아닙니다. [3(A)]하지만, 아프리카에서 그 문서를 발견함으로써, 라틴어로 번역해 서구 세계에 0의 개념을 도입할 수 있었죠. 그는 상업 거래 내역을 파악하는 일과, 이자를 계산하는 일, 그리고 기타 회계 관련 주제들에 대해 이 체계가 지닌 장점들을 증명했습니다. [5(C)]이후의 200년 동안에 걸쳐, 이 새로운 체계가 그 지역 전체에 걸쳐 채택되었습니다. 한번 생각해 보세요, 피보나치가 0의 개념을 한 문명 사회 전체에 도입한 당사자였다는 것을 말이에요. 그게 여러분을 여러 역사 교과서에서 보게 할 겁니다.

S: 하지만, 상업 외에도, [4(A)]0의 도입과 함께 사회 속에서 어떤 변화들이 또 있었나요? 일상 생활에 있어 큰 전환이 있었나요?

P: 음, 주된 변화들은 여러 학문 분야에서 나타났고, 여러 새로운 방향으로 나아갈 수 있었습니다. 공학은 온갖 종류의 새로운 문제들에 접근할 수 있었습니다. 음… 그리고 그 다음엔 더 이론적인 연구들을 통해, 당연히, 새로운 개념들을 탐구할 수 있었죠. 미적분학이 형태를 갖출 수 있었고, 그와 함께 물리학, 그리고 결국엔 천문학에까지 이르렀습니다. 음… 명심하셔야 하는 점은, 이 문화 확산 사례가 실제로는 꽤 서서히 일어났다는 것입니다. 다른 문화 항목

especially artistic and architectural styles and techniques. The use of oil-based paints, for example, traveled quickly from Asia to Europe.	들은 빠르게 확산되었는데, 특히 예술 및 건축 양식과 기법들이 그러했습니다. 유화 물감의 이용은, 예를 들자면, 아시아에서 유럽으로 빠르게 퍼져 나갔습니다.

[스크립트 어휘]

phenomena 현상(phenomenon의 복수형) diffusion 확산 transmit ~을 전파시키다, 전염시키다 vehicle 수단 incorporate ~을 포함하다, 통합하다 cumbersome 번거로운, 다루기 힘든 serve no purpose 아무런 소용이 없다 population census 인구 조사 feature ~을 특징으로 하다 negative numbers 음수 algebra 대수학 advocate for ~을 주장하다, 옹호하다 Fibonacci's sequence 피보나치 수열(앞선 두 수의 합이 바로 다음 수가 되는 수열) take off 떠나다, 출발하다 calculus 미적분학

1. 교수는 주로 무엇을 이야기하고 있는가? [Topic & Purpose]
(A) 상업의 발전에 있어 숫자 0이 한 역할
(B) 로마의 숫자 체계가 지닌 이점
(C) 새로운 숫자 체계가 문명 사회에 미친 영향
(D) 여러 문화에 걸친 한 숫자 체계의 확산

해설 (오답 A) 숫자 0이 한 역할을 살펴보는 것이 아니다.
(오답 B) 이점을 살펴보는 것이 아니다.
(오답 C) 숫자 체계가 미친 영향을 살펴보는 것이 아니다.
(정답 D) 강의 도입부에서 문화 확산에 대해 말하면서 그것의 한 좋은 예시인 숫자 체계를 살펴본다고 한다.

2. 교수가 로마의 숫자 체계와 관련해 암시하는 것은 무엇인가? [Inference]
(A) 토목 공학 분야에서 여러 발전을 가능하게 해주었다.
(B) 0을 표현할 수 있는 기능이 없었다.
(C) 나중에 다양한 기호를 활용하도록 발전했다.
(D) 남아시아에서 쓰인 체계들보다 더 복잡했다.

해설 (오답 A) 로마와 관련하여 나온 적 없는 정보이다.
(정답 B) 어떻게 숫자 0이 없었냐는 학생의 질문에 로마인들은 0을 표현할 이유가 없었다고 하기에 그럴 기능이 없었음을 알 수 있다.
(오답 C) 다양한 기호를 활용하게 하지 않는다.
(오답 D) 비교적 더 복잡하다고 하지 않는다.

3. 이탈리아의 수학자 피보나치는 어떻게 문화 확산에 기여했는가? [Detail]
(A) 수학 관련 문서를 아라비아어에서 라틴어로 번역했다.
(B) 자신의 진보적인 수학 연구에서 0의 개념을 특징으로 했다.
(C) 여러 학문 분야에서 로마의 숫자가 지닌 단점을 강조했다.
(D) 여행 중에 이탈리아어로 된 한 문서를 북아프리카에 전파했다.

해설 (정답 A) 피보나치는 해당 문서를 라틴어로 번역하여 문화 확

산에 기여했다고 한다.
(오답 B) 언급된 적 없는 정보이다.
(오답 C) 단점을 강조하지 않는다.
(오답 D) 북아프리카에서 아라비아 문서를 전파한 것이 아니라 발견했다고 한다.

4. 유럽에 도입된 숫자 체계가 가져온 변화들에 대해 교수는 어떤 태도를 지니고 있는가? [Attitude]
(A) 일상 생활에 큰 영향을 미치지는 않았다고 생각한다.
(B) 상업 관행을 상당히 바꿔 놓았다고 생각한다.
(C) 수학자들보다 공학자들에게 더 큰 영향을 미쳤다고 생각한다.
(D) 과학 연구에 더 많은 사람들을 끌어들였다고 생각한다.

해설 (정답 A) 이 변화가 일상에 큰 영향을 미쳤냐는 학생의 질문에 교수는 학문 분야에 미친 영향들을 이야기하므로 일상에 큰 영향을 미쳤다고 생각하지 않는다.
(오답 B) 상업 관행을 상당히 바꿨다고 하지 않는다.
(오답 C) 수학자들과 공학자들에 미친 영향을 비교하지 않는다.
(오답 D) 더 많은 사람들을 끌어들였는지는 알 수 없다.

5. 강의의 일부를 다시 들어보시오. 그런 다음, 질문에 답하시오.

P: 이후의 200년 동안에 걸쳐, 이 새로운 체계가 그 지역 전체에 걸쳐 채택되었습니다. 한번 생각해 보세요, 피보나치가 0의 개념을 한 문명 사회 전체에 도입한 당사자였다는 것을 말이에요. 그게 여러분을 여러 역사 교과서에서 보게 할 겁니다.

교수가 다음과 같이 말할 때 교수와 관련해 무엇을 유추할 수 있는가? [Function]
그게 여러분을 여러 역사 교과서에서 보게 할 겁니다.

(A) 학생들에게 피보나치의 가장 유명한 업적이 지닌 진가를 알아볼 수 있게 하려 한다.

(B) 여러 다른 수학자들이 피보나치의 업적에 대한 공을 인정 받을 자격이 있다고 생각한다.

(C) 수학 분야에 대한 피보나치의 독창적인 공헌에 놀라워한다.

(D) 피보나치가 피보나치 수열로만 기억되고 있는 것을 불편해한다.

해설 (오답 A) 피보나치의 가장 유명한 업적에 대한 언급은 없다.

(오답 B) 여러 다른 수학자들의 이야기는 없다.

(정답 C) 해당 문장 앞에서 피보나치가 도입한 공헌을 이야기하고 이것이 역사 교과서에서 볼 수 있는 대단한 공헌이라고 놀라워한다.

(오답 D) 불편해하는 것은 아니다.

6. 교수는 어떻게 강의 내용을 구성하는가? [Organization]

(A) 다른 것에 비해 한 가지 숫자 체계가 지닌 이점을 설명함으로써

(B) 아시아와 유럽 전역에 걸친 한 개념의 전파를 자세히 설명함으로써

(C) 아시아에서 서구로 이어진 다양한 문화적 기여를 나열함으로써

(D) 서로 다른 고대 문명들의 문화적 관행을 비교함으로써

해설 (오답 A) 비교하여 이점을 설명하지 않는다.

(정답 B) 숫자 체계가 아시아와 유럽에 어떻게 전파됐는지 살펴봄으로 한 개념의 전파를 설명한다.

(오답 C) 다양한 문화적 기여를 나열하지 않는다.

(오답 D) 서로 다른 고대 문명들의 관행을 비교하지 않는다.

[문제 어휘]
feature ~을 특징으로 하다 shortcoming 단점, 결점 appreciate ~의 진가를 알아보다 deserve credit for ~에 대한 공을 인정 받을 자격이 있다
be bothered that ~라는 점을 불편해하다

Practice Test 2

Answers

1. C	2. C	3. A-D-B-C	4. B	5. AC	6. C

Listen to part of a lecture in an ancient history class.

P: So we were discussing the trade economy of the Bronze Age in our last lecture, and we've mostly been looking at the cultures and cities around the Mediterranean Sea around 3,000 years ago, since this region was the heart of commerce in a lot of ways. Bronze goods and crafts were traded along these routes alongside other goods, such as glass. [1(C)]And this is interesting thanks to a recent archaeological discovery in Egypt. This excavation of a glass factory...umm...near the Nile River, where it enters the Mediterranean, provided new insights into glass manufacturing in the Bronze Age. **Yes, Lewis?**

S1: [2(C)]Last night's reading said that the Egyptians imported most of their glass.

P: And up until this recent discovery, umm...that's what most clues indicated. We knew at least they were making glass objects, but nothing showed that they also made glass.

고대사 강의의 수업 일부를 들어보시오.

P(교수): 자, 우리가 지난 수업에서 청동기 시대의 무역 경제를 이야기하면서, 대부분 약 3,000년 전 지중해 주변의 여러 문화권과 도시들을 살펴보고 있었는데, 이 지역이 여러 면에서 상업의 중심지였기 때문입니다. 청동으로 만든 상품과 공예품에 대한 교역이 유리 같은 다른 상품과 함께 이 경로를 따라 이뤄졌습니다. [1(C)]그리고 이는 최근 이집트에서 있었던 고고학적 발견으로 인해 흥미를 더하고 있습니다. 이 유리 공장의 발굴 작업이… 음… 지중해로 흘러 들어가는 나일강 근처에서 있었는데, 청동기 시대의 유리 제조에 대한 새로운 통찰력을 제공해 주었습니다. 네, 루이스?

S1(학생1): [2(C)]어제 저녁의 읽기 자료에 보면 이집트인들이 유리를 대부분 수입했다고 나와 있었어요.

P: 그리고 이 최근의 발견이 있기 전까지는, 음… 대부분의 증거에 그렇게 나타나 있었죠. 우리는 적어도 그들이 유리로 된 물품을 만들었다는 것은 알고 있었지만, 어디에도 유리까지 만들었다는 사실은 나타나 있지 않았습니다.

S1: I don't think I'm hearing you right. How can they make glass objects without glass?

P: [6(C)]Well, I said the actual crafting happened in Egypt. The production of the raw glass was another story, or so we thought. Raw glass was imported from Mesopotamia, around where Syria and Iran are today. It was produced there, then shipped out, where it would be worked into finished goods. The oldest glass remains come from this area, so that's why archaeologists believe it must've been the production site.

S1: I guess I don't understand the difference between raw glass and the glass object.

P: Hmm…right. You see, glass making can be divided into two stages. Umm…first is the creation of disk-like, raw glass. Then in the second stage, this raw material is melted and crafted into the finished good. But, umm… the glass factory in Egypt revealed that there was more to the process. Umm…[3(A)]the manufacturers started with quartz, which is a clear and colorless mineral. They crushed it and combined it with plant ash…you know, just from burnt plants, and they'd heat this mixture in a container over a long period at a low heat. And this would produce a glassy material. [3(D)]Then this was ground up again, and mixed with pigments for color. [3(B)]The ground material would be fit into a mold and then heated once again, this time to a high temperature. Umm…[3(C)] then after it cooled, and the mold was broken, a chunk of raw glass would be ready for distribution. They could be easily transported all over the Mediterranean.

S2: So then the second phase would take these glass disks, melt them, and then shape the glass into the finished object?

P: That's correct. [4(B)]And these finished objects could be a wide variety of things. Umm…the most popular were beads, and the Egyptians were exceptionally skilled at using glass to imitate precious stones. They made glass rubies and aquamarines that matched the real gems to the untrained eye. And then of course you had fancy vessels, which weren't your typical containers. These were gorgeous, with thin necks, and mostly used for perfumes.

S2: It all sounds rather stylish. So, I'm guessing glass was mainly used by the upper classes?

S1: 제가 교수님 말씀을 제대로 알아들은 건지 모르겠습니다. 유리 없이 어떻게 유리로 된 물품을 만들 수 있죠?

P: [6(C)]음, 저는 실제 공예품 제작이 이집트에서 있었다고 이야기했습니다. 가공되지 않은 유리 생산은 다른 이야기였거나, 우리가 그렇게 생각했을 겁니다. 가공되지 않은 유리는 메소포타미아에서 수입되었는데, 이곳은 오늘날 시리아와 이란이 있는 곳 부근입니다. 그곳에서 생산된 다음, 수출되었는데, 이곳에서 완제품을 만드는 작업이 이뤄졌을 겁니다. 가장 오래된 유리 유물이 이 지역에서 나왔기 때문에, 바로 고고학자들이 그곳을 틀림없는 생산지로 보는 이유입니다.

S1: 저는 가공되지 않은 유리와 유리 물품 사이의 차이점이 이해되지 않는 것 같아요.

P: 흠… 그렇군요. 그러니까, 유리 제조는 두 가지 단계로 나눌 수 있습니다. 음… 첫 번째는 디스크 같이 생긴 가공되지 않은 유리를 만드는 겁니다. 그 후에 두 번째 단계에서, 이 원자재를 녹여 완성품으로 공들여 만드는 것이죠. 하지만, 음… 이집트에 있는 유리 공장을 보면 그 과정에 뭔가 더 있었던 것으로 나타났습니다. 음… [3(A)]제조자들이 석영을 가지고 시작했는데, 이는 투명한 무색 광물입니다. 이것을 분쇄해 식물의 재와 혼합했는데… 그러니까, 막 타고 남은 식물에서 나온 것을요. 그리고 용기에 담아 약한 불에서 장시간에 걸쳐 이 혼합물을 가열했습니다. 그러고 나면 이것이 유리 같은 물질을 만들어냈습니다. [3(D)]그 후에 이것을 다시 완전히 갈아, 색을 지닐 수 있게 색소와 섞었습니다. [3(B)]갈아 놓은 이 물질을 거푸집에 맞춰 넣은 다음, 다시 한번 가열하는데, 이번에는 온도를 높게 합니다. 음… [3(C)]그 뒤에 이것을 식히고, 거푸집을 깨뜨리고 나면, 한 덩어리의 가공되지 않은 유리가 유통될 준비가 되는 것이었죠. 이는 지중해 지역 전체에 걸쳐 쉽게 운송될 수 있었습니다.

S2(학생2): 그럼 두 번째 단계에서 그 유리 디스크를 가져다가 녹인 다음, 유리를 완성된 물품으로 성형했다는 말씀이시죠?

P: 그렇습니다. [4(B)]그리고 이 완성품들은 아주 다양한 물건이 될 수 있었습니다. 음… 가장 인기 있었던 것은 구슬이었는데, 이집트인들은 유리를 이용해 귀중한 보석의 모조품을 만드는 데 특히 능숙했습니다. 잘 알지 못하는 사람의 눈에는 진짜 보석과 똑같이 보였던 유리 루비와 아쿠아마린을 만들었습니다. 그리고 그 다음으로는 당연히 고급 그릇을 만들었는데, 일반적인 용기가 아니었습니다. 이 용기들은 목 부분이 가늘었고, 대부분 향수를 담는 데 쓰였습니다.

S2: 전부 꽤 세련된 이야기처럼 들려요. 그래서, 유리를 주로 상류층 사람이 사용했을 것으로 생각되는데요?

P: Good. Glass was valuable, especially red glass that was made with copper pigments…and yes, glass was a symbol of social status. In fact, the process itself was so specialized that glass was most likely reserved for the royal family. These gorgeous objects could showcase the royal family's power, or be used as enticing gifts to make new political allies. And, if they had their own factory, it's quite possible Egypt was exporting glass too…the opposite of our belief that they imported it. [5[A,C]]A new theory posits that glass was part of a friendly trade between Mesopotamia and Egypt. You see, Mesopotamia could produce white and yellow glass, while Egypt specialized in red glass. So, trade could have been as simple as, say, trading five discs of yellow glass for five disks of red. Umm…this is just an idea though. No archaeological evidence backs this up.

P: 좋은 의견입니다. 유리는 귀중했는데, 특히 구리 색소를 넣어 만든 붉은색 유리가 그랬죠… 그리고 네, 유리는 사회적 지위의 상징이었습니다. 실제로, 그 제조 과정 자체가 워낙 전문화되어 있어서 왕족 사람들을 위해 지정되어 있었을 가능성이 컸습니다. 이 아주 아름다운 물체는 왕족의 권력을 과시하거나 새로운 정치적 동맹을 형성하기 위한 매력적인 선물로 쓰였을 수 있습니다. 그리고, 자체 공장을 보유하고 있었다면, 이집트가 유리를 수출했을 가능성도 꽤 있는데… 이는 유리를 수입했을 거라는 우리의 생각과 반대되는 부분이죠. [5[A,C]]한 새로운 이론은 유리가 메소포타미아와 이집트 사이의 우호적인 교역 관계의 일부였던 것으로 단정하고 있습니다. 그러니까, 메소포타미아는 흰색과 황색 유리를 생산할 수 있었던 반면, 이집트는 붉은색 유리를 전문으로 했습니다. 따라서, 교역이, 예를 들어, 다섯 개의 황색 유리 디스크와 다섯 개의 붉은색 유리를 교환하는 것처럼 간단하게 이뤄졌을 수도 있었을 겁니다. 음… 하지만, 이는 단지 생각에 불과합니다. 어떤 고고학적 증거도 이를 뒷받침해주진 못하고 있습니다.

[스크립트 어휘]

excavation 발굴 insight 통찰력, 이해 quartz 석영 pigment 색소 mold 거푸집, 주형 bead 구슬 imitate ~의 모조품을 만들다, ~을 모방하다 gem 보석 untrained 잘 알지 못하는, 교육 받지 않은 status 지위, 신분 enticing 매력적인, 매혹하는 ally 동맹, 연합 posit that ~라고 단정하다 back A up A를 뒷받침하다

1. 강의는 주로 무엇에 관한 것인가? [Topic & Purpose]
(A) 유리 생산 방법을 처음 발견한 문명 사회
(B) 이집트 유리와 지중해 유리 사이의 차이점
(C) 고대 이집트의 유리 생산에 관한 새로운 정보
(D) 고대 이집트가 유리 생산과 관련해 겪은 어려움

해설 (오답 A) 처음 발견한 문명 사회가 주제가 아니다.
(오답 B) 차이점을 다루고 있지 않다.
(정답 C) 강의 도입부에서 최근 고고학적 발견을 통해 고대 이집트 유리 생산에 대해 새로 알게 된 것이 있다고 하면서 그 부분을 전반적으로 다루고 있다.
(오답 D) 어려움을 살펴보는 것이 아니다.

2. 최근 이집트에서 있었던 발굴 작업이 왜 중요한가? [Detail]
(A) 지중해 문화들 사이의 교역 협정에 대한 증거를 제공해 주었다.
(B) 이집트인들이 청동기 시대에 청동보다 유리를 더 많이 만든 것으로 나타났다.
(C) 고대 이집트가 자체적으로 가공되지 않은 유리를 생산했음을 증명한다.
(D) 고대의 유리 생산 과정에 있어 두 가지 다른 단계를 집중 조명했다.

해설 (오답 A) 언급된 적 없는 정보이다.
(오답 B) 언급된 적 없는 정보이다.
(정답 C) 읽기 자료에서 그들이 자체적으로 유리를 만들지 않고 수입했다는 학생의 말에 교수는 최근 발견이 있기 전까지는 그렇게 생각했다고 하므로 최근 발굴 작업 덕에 가공되지 않은 유리를 생산했음을 알 수 있다.
(오답 D) 이 발굴 작업 덕에 알게 된 정보는 아니다.

3. 교수가 유리 디스크를 만드는 방법을 설명하고 있다. 올바른 순서로 단계들을 배열해 이 과정을 요약하시오.
[Connecting Content]
선택지를 끌어당겨 해당되는 칸에 넣으시오. 선택지를 지우려면, 클릭하시오.

(A) 분쇄한 석영을 식물의 재와 혼합한 다음, 낮은 온도로 가열한다.
(B) 가루가 된 혼합물을 아주 높은 온도로 가열한다.
(C) 거푸집을 깨뜨려 가공되지 않은 유리 디스크를 꺼낸다.
(D) 녹은 석영과 재를 다시 분쇄해 염색한다.

(A) – (D) – (B) – (C)

4. 유리 제품과 관련해 무엇을 유추할 수 있는가? [Inference]
(A) 오직 보석 상인들만 이용했다.
(B) 주로 사치품으로 이용되었다.
(C) 이집트의 가정마다 흔했다.
(D) 실용적이면서 디자인적인 기능이 있었다.

해설 (오답 A) 언급된 적 없는 정보이다.
(정답 B) 유리 제품은 왕족 사람들을 위해 거의 만들어졌다고
한다.
(오답 C) 오히려 일반적인 것이 아니라고 한다.
(오답 D) 실용적이라는 내용을 유추하기는 어렵다.

5. 강의 내용에 따르면, 이집트인들은 왜 유리를 수출했는가?
[Detail]
두 개의 선택지를 클릭하시오.

[A] 외세와 동맹 관계를 확립하기 위해
[B] 다른 지역에서 식용유를 운송해 오기 위해
[C] 이집트에서 이용 불가능한 색으로 된 유리를 얻기 위해
[D] 통치자들의 권력을 보여주기 위해

해설 (정답 A) 메소포타미아와의 우호적인 관계 중 일부분이라고 한
다.
(오답 B) 식용유는 언급되지 않았다.
(정답 C) 이집트는 빨간 유리를, 메소포타미아는 하얀색과 노
란 유리를 각각 생산해 거래했다고 한다.
(오답 D) 언급된 적 없는 정보이다.

6. 강의의 일부를 다시 들어보시오. 그런 다음, 질문에 답하시오.

S1: 제가 교수님 말씀을 제대로 알아들은 건지 모르겠습니다.
유리 없이 어떻게 유리로 된 물품을 만들 수 있죠?

P: 음, 저는 실제 공예품 제작이 이집트에서 있었다고 이야기했
습니다. 가공되지 않은 유리 생산은 다른 이야기였거나, 우
리가 그렇게 생각했을 겁니다.

교수는 왜 다음과 같이 말하는가?
음, 저는 실제 공예품 제작이 이집트에서 있었다고 이야기했습
니다.

(A) 가공되지 않은 유리가 이집트에서 만들어지지 않았음을 나
타내기 위해
(B) 강의 초반부에 말한 부정확한 주제를 명확하게 설명하기 위
해
(C) 자신의 앞선 발언이 모순되지 않았음을 보여주기 위해
(D) 무엇이 학생을 헷갈리게 만들고 있는지 밝혀내기 위해

해설 (오답 A) 해당 문장과 반대되는 내용이다.
(오답 B) 강의 초반부에 말한 내용을 다시 언급하는 것이 아니
다.
(정답 C) 교수의 말을 되묻는 학생의 질문에 교수는 앞서 본인
이 한 말을 반복하여 말하기에, 앞선 말이 틀린 것 즉,
모순된 것이 아님을 나타내고 있다.
(오답 D) 학생이 헷갈리는 것이 아니라 본인이 앞서 했던 말이
주된 내용이다.

[문제 어휘]
powdered 가루가 된, 가루 상태로 만든 utilitarian 실용적인 alliance 동맹, 연합 contradict ~에 모순되다, ~에 반박하다

2. Business

Answers

1. C	2. C	3. B	4. A	5. B	6. D

Listen to part of a lecture in a marketing class.

P: The next topic in marketing that we'll be discussing is customer complaints. Or, more specifically, how businesses in the retail sector handle them. Now, with goods, the answers are usually simple—offer a refund or replace the product. It's a little more complicated in the service sector. They're intangible—think about travel, consultation, personal training. The field is endless, anything you can think of. And like any other business, service providers must keep their customers satisfied. In light of a service failure, well, sometimes the business simply cannot fix it, and the result will be lost customers.

And the sources of the problem can be out of the business's hands, like a network issue, or due to an organizational problem. Poor training of new hires, for example.

But human error is always a major possibility. [2(C)] Think about a common mistake at, say, a landscaping business. A customer schedules a routine service, but the employee taking the call gets the day wrong. The day comes, and the customer calls wondering why their lawn hasn't been mowed. Your schedule is fully booked, so there's no way you can rush over and do the job on that day. And at this point, the customer doesn't care why the error occurred. They just want a solution: what will you do? [1(C), 2(C)]What will your service recovery be? And this is your Plan B, your backup plan when things go wrong, your effort to save the customer relationship. Every service company needs a recovery plan—customers won't wait for you to put one together. That only worsens the relationship. Oh, and maybe you missed this: service recovery involves any action a business takes to satisfy a displeased customer…in order to return to normal business. So, the landscaping company can't fulfill that day's work, but they can do it later at no cost. Perhaps the company throws in an extra free service too. This

마케팅 강의의 수업 일부를 들어보시오.

P(교수): 우리가 이야기하게 될 다음 마케팅 관련 주제는 고객 불만 사항입니다. 즉, 더 구체적으로는, 소매업 부문에 속한 업체들이 그것에 대처하는 방식입니다. 자, 상품과 관련해서는, 그 해결책이 보통 단순한데, 환불을 제공하거나 해당 제품을 교체해주는 것입니다. 서비스 부문에서는 좀 더 복잡합니다. 무형 상태이기 때문인데, 여행이나 상담, 개인 지도를 한번 생각해 보세요. 이 분야는 끝이 없기 때문에, 여러분이 생각할 수 있는 어떤 것이든 해당됩니다. 그리고 어떤 것이든 다른 사업과 마찬가지로, 서비스 제공 업체들은 반드시 고객들을 계속 만족시켜야 합니다. 서비스 실패의 경우에, 음, 때로는 업체가 그저 바로잡지 못할 수도 있는데, 그러면 그 결과로 고객들을 잃게 될 것입니다. 그리고 그 문제의 근원은, 네트워크 문제와 같이, 업체의 손을 떠나 있는 것일 수 있으며, 또는 조직 구조상의 문제로 인한 것일 수도 있습니다. 예를 들면, 신규 채용자들을 잘 교육하지 못한 것처럼 말이죠.

하지만 사람이 저지르는 실수가 언제나 가장 큰 문제입니다. [2(C)]흔한 실수를 한번 생각해 보세요, 예를 들면, 조경 회사에서요. 한 고객이 일상적인 서비스 일정을 잡으려고 하지만, 그 전화를 받은 직원이 요일을 잘못 적은 경우입니다. 그 날이 다가오고, 해당 고객이 왜 자신의 잔디를 깎지 않았는지 궁금해하면서 전화를 합니다. 일정이 꽉 차 있기 때문에 서둘러 이동해 그 일을 당일에 할 수 있는 방법이 없는 상황입니다. 그리고 이 시점에서, 그 고객은 왜 이런 실수가 일어났는지는 상관하지 않습니다. 그저 해결책만을 원하죠, 업체 측에서 무엇을 해줄 것인가? [1(C), 2(C)]어떤 서비스 회복 방법이 있을 것인가? 그리고 이것은 B안, 즉 일이 잘못되는 경우에 필요한 대안으로서, 고객과의 관계를 유지하기 위한 노력에 해당됩니다. 모든 서비스 회사는 회복 방안이 필요하며, 고객들은 업체에서 그것을 준비할 때까지 기다려주지 않습니다. 이는 그저 관계를 악화시키기만 하죠. 오, 그리고 아마 한 가지 놓쳤을 수도 있는 것은, 서비스 회복은 업체가 불쾌해하는 고객을 만족시키기 위해 취하는 모든 조치와 관련되어 있습니다… 정상적인 비즈니스 관계로 되돌아가기 위해서 말이죠. 자, 이 조

will hopefully satisfy the customer and keep them as a returning customer. Umm…in fact, [1(C), 3(B)]satisfactory service recovery has been shown to lead to increased customer loyalty.

S: You know, my family and I experienced this kind of scenario before. Every year we go to Miami, and one year we stayed at a hotel whose internet cut out while we were there. We couldn't use their WiFi service during the weekend. And it was a minor inconvenience, but the hotel ended up not charging us for our stay. Umm…and the problem should have made us dislike the hotel…but now we stay there every time we go to Miami.

P: See? The hotel had a successful service recovery. And, as you'll remember from earlier material, repeat customers—and customer loyalty—are more important to a business than say, a weekend of room charges. And it's an odd reversal—unhappy customers could turn into the most loyal. If the mistake or error had never occurred in the first place, then the customer wouldn't have had the opportunity to be impressed by the quality of service. A question, Lynn?

S: [4(A)]Is it ridiculous to think that businesses might plan such situations in an attempt to bolster customer loyalty?

P: Well, if your plan is to fail your customers on purpose, you're already inviting a huge risk. You would have to have a recovery service in place that doesn't just satisfy them, but delight them. Umm…and customers are a constant variable. A lot of customers will not accept any type of failure from the service. And of course, there will be natural failures compounded with the expected ones. There's another interesting factor to consider: a lot of customers don't even complain about poor service. Statistically, 50% don't even report a problem. But, that doesn't mean they don't talk about it to other people, or leave a negative review. And then there are the financial costs: the free service as compensation, or the non-charge…these solutions come out of the business's profits. Too many variables, you see. [6(D)]But, you're not wrong that businesses have pursued this line of inquiry. A lot of research these days investigates these tactics. How do customers react? How do their expectations change? Can a business really know how a customer will handle a failure? [5(B)]And each person is affected in the course of their daily life too, which constantly presents different conditions. A hotel guest in a hurry won't stop to complain about a leaky faucet in the bathroom, but

경 회사는 그날 작업을 이행할 수는 없지만, 나중에 무료로 할 수 있습니다. 아마 이 회사는 별도의 무료 서비스까지 덤으로 해주게 될 겁니다. 이것이 그 고객을 만족시키고 다시 찾아오게 만들어 고객으로 유지하기를 바라면서 말이죠. 음… 실제로, [1(C), 3(B)]만족스러운 서비스 회복은 더 나은 고객 충성도로 이어지는 것으로 나타났습니다.

S(학생): 그러니까, 저희 가족과 저도 전에 이런 종류의 시나리오를 겪은 적이 있었어요. 해마다 저희는 마이애미에 가는데, 어느 해에는 저희가 한 호텔에 머물렀다가 그곳에 있는 동안 인터넷 연결이 끊긴 적이 있었어요. 저희는 주말 동안 그곳의 와이파이를 이용할 수 없었죠. 그리고 이게 사소한 불편함이긴 했지만, 호텔 측에서는 결국 저희에게 숙박비를 청구하지 않게 되었어요. 음… 그리고 그 문제 때문에 저희가 이 호텔을 마음에 들지 않았어야 했지만… 지금 저희는 마이애미에 갈 때마다 그곳에 머무르고 있죠.

P: 보셨죠? 그 호텔은 성공적인 서비스 회복 방법이 있었던 겁니다. 그리고, 앞서 이야기한 내용에서 기억나는 것이 있겠지만, 다시 찾는 고객들, 즉 고객 충성도가, 예를 들어, 주말 객실 요금보다 업체에겐 더 중요합니다. 그리고 좀 이상한 반전이긴 한데, 불만족한 고객이 가장 충성스러운 고객으로 탈바꿈할 수 있는 거죠. 실수나 오류가 맨 처음에 전혀 발생되지 않았다면, 그 고객은 서비스 품질에 깊은 인상을 받을 기회도 없었을 테니까요. 질문 있나요, 린?

S: [4(A)]고객 충성도를 개선하기 위한 시도로 업체 측에서 그런 상황을 계획할 수도 있다고 생각하면 좀 웃긴가요?

P: 음, 고의로 고객들을 실망시키는 게 계획이라면, 이미 엄청난 위험을 무릅쓰고 있는 겁니다. 단순히 고객을 만족시키는 게 아니라 기쁘게까지 하는 회복 서비스를 갖춰 놓고 있어야 할 겁니다. 음… 그리고 고객들은 지속적인 변수와 같습니다. 많은 고객들이 서비스 업체로부터 어떤 종류의 실수도 받아들이지 못할 겁니다. 그리고 당연히, 예상되는 것과 더불어 나타나는 자연스러운 실수도 있을 겁니다. 고려해야 하는 흥미로운 요소가 한 가지 더 있는데, 바로 많은 고객들은 심지어 좋지 못한 서비스에 대해 불평조차 하지 않는다는 점입니다. 통계로 보면, 50퍼센트는 심지어 문제를 알리지도 않습니다. 하지만, 그렇다고 해서 다른 사람들에게 그것과 관련해 이야기하지 않는다거나, 부정적인 후기를 남기지 않는다는 것을 의미하진 않습니다. 그리고 그 다음으로 금전적인 비용이 있는데, 보상으로 제공되는 무료 서비스, 즉 비과금 서비스 같은… 이런 해결책은 그 업체의 수익에서 나옵니다. 너무 많은 변수들이 있다는 게 보이죠. [6(D)]하지만, 업체들이 이런 쪽으로 조사를 계속해 왔기 때문에 틀린 말은 아닙니다. 많은 연구를 통해 요즘 이러한 전략을 살펴보고 있습니다. 고객들이 어떻게 반응할 것인가? 그들의 기대치가 어떻게 변하는가? 고객이 어떻게 실수에 대응할 것인지 업체가 정말 알 수 있

one with extra time will.	는가? ^{5(B)}그리고 각각의 사람이 일상 생활의 과정 속에서도 영향을 받는데, 이는 끊임없이 서로 다른 조건을 나타냅니다. 급한 상황에 처한 호텔 고객은 욕실 내에서 물이 새는 수도꼭지에 대해 멈추지 않고 불만을 제기하겠지만, 여유 시간이 있는 사람은 그러지 않을 겁니다.

[스크립트 어휘]

intangible 무형인 in light of ~ 고려해 볼 때, ~에 비춰보면 landscaping 조경 get A wrong A를 잘못 이해하다, 오해하다 rush over 서둘러 이동하다 recovery 회복, 복구 put A together A를 준비하다, 마련하다 worsen ~을 악화시키다 end up (not) -ing 결국 ~하게(하지 않게) 되다 reversal 반전, 역전, 전환 bolster ~을 개선하다, 강화하다 fail ~을 실망시키다 variable n. 변수 compounded with ~와 더불어 (나타나는), 혼합된 inquiry 조사, 연구 compensation 보상 tactic 전략, 전술 leaky 새는, 구멍이 난 faucet (수도)꼭지

1. 강의는 주로 무엇에 관한 것인가? [Topic & Purpose]
(A) 서비스 업계에서 나타나는 가장 흔한 고객 불만 사항들
(B) 소매 업계와 서비스 업계가 어떻게 다르게 서비스 실패에 대처하는가
(C) 서비스 실패에 대응할 수 있는 방안을 갖는 것의 이점들
(D) 사업 실패를 막는 데 필요한 사업 전략들

해설 (오답 A) 고객 불만 사항들이 주제가 아니다.
(오답 B) 소매 업계와 서비스 업계를 비교하는 것이 아니다.
(정답 C) 강의 도입부에서 서비스 제공업체들이 어떻게 고객 불만을 다루는지에 대해 언급하며 중반부에 서비스 실패 대응 계획이 필요하다고 강조한다.
(오답 D) 사업 실패를 막는 것이 아닌 대응하는 것이 포인트이다.

2. 교수는 왜 조경 서비스 업체에 관해 이야기하는가?
[Organization]
(A) 유능한 직원들의 중요성을 강조하기 위해
(B) 업체의 통제 밖에 있는 서비스 실패를 이야기하기 위해
(C) 서비스 회복 계획이라는 주제를 소개하기 위해
(D) 서비스 회복 계획을 시행하는 데 드는 높은 비용을 설명하기 위해

해설 (오답 A) 언급된 적 없는 정보이다.
(오답 B) 서비스 실패가 아니라 서비스 회복 계획을 주로 소개한다.
(정답 C) 예시로 조경 서비스 업체를 언급하면서 서비스 회복 계획이 필요하다는 주제를 소개하고 있다.
(오답 D) 높은 비용을 말하는 것이 아니다.

3. 학생이 왜 마이애미의 한 호텔에서의 경험을 언급하는가?
[Organization]
(A) 잦은 서비스 실패가 어떻게 업체에 해로운지 보여주기 위

해
(B) 업체의 서비스 회복에 따른 놀라운 결과를 공유하기 위해
(C) 일부 업체들이 인터넷 문제를 어떻게 바로잡을 수 없는지 이야기하기 위해
(D) 대부분의 서비스 실패가 예방할 수 있다는 점을 나타내기 위해

해설 (오답 A) 잦은 서비스 실패를 말하는 것이 아니다.
(정답 B) 만족스러운 서비스 회복은 고객이 더 충성하게 만든다는 교수의 말에 학생이 자신도 같은 경험이 있다 해변에 위치한 호텔에서의 경험을 언급한다.
(오답 C) 인터넷 문제가 주가 아니다.
(오답 D) 예방할 수 있다는 점이 핵심이 아니다.

4. 의도적으로 서비스 실패를 유발하는 업체들과 관련해 교수가 암시하는 것은 무엇인가? [Inference]
(A) 고객 충성도를 높이기 위한 방법으로는 너무 위험하다.
(B) 장기적인 것보다 단기적인 이점을 더 많이 제공한다.
(C) 다른 곳들이 아닌 호텔 업계에만 적용 가능하다.
(D) 고객이 불만을 제기하지 않는 경우에만 이롭다.

해설 (정답 A) 의도적으로 서비스 실패를 유발하는 업체가 있을 수 있냐는 학생의 말에 고객을 모두 실망시키고 싶다면 그렇게 할 수 있을 만큼 위험이 높다고 교수가 답한다.
(오답 B) 언급된 적 없는 정보이다.
(오답 C) 언급된 적 없는 정보이다.
(오답 D) 언급된 적 없는 정보이다.

5. 교수는 물이 새는 수도꼭지를 언급함으로써 어떤 요점을 밝히는가? [Detail]
(A) 서비스 실패는 업체보다 고객에게 더 심각한 문제일 수 있다.

(B) 고객이 서비스 실패에 대응하는 방식은 수많은 상황에 따라 다르다.

(C) 서비스 실패는 주기적인 유지 관리 작업을 통해 예방할 수 있다.

(D) 고객들이 급할 경우에 서비스 실패에 대해 불만을 제기할 가능성이 더 크다.

해설 (오답 A) 언급된 적 없는 정보이다.

(정답 B) 주어진 상황에 따라 고객들의 반응이 달라진다며 수도꼭지가 물이 새는 상황에서 각기 다른 고객 반응이 있을 수 있다고 한다.

(오답 C) 언급된 적 없는 정보이다.

(오답 D) 급한 경우를 언급하기는 했지만 불만 제기 가능성이 높다고 말하는 의도는 아니다.

6. 강의의 일부를 다시 들어보시오. 그런 다음, 질문에 답하시오.

P: 하지만, 업체들이 이런 쪽으로 조사를 계속해 왔기 때문에 틀린 말은 아닙니다. 많은 연구를 통해 요즘 이러한 전략을 살펴보고 있습니다. 고객들이 어떻게 반응할 것인가? 그들

의 기대치가 어떻게 변하는가? 고객이 어떻게 실수에 대응할 것인지 업체가 정말 알 수 있는가?

교수는 왜 다음과 같이 말하는가? [Function]
고객들이 어떻게 반응할 것인가? 그들의 기대치가 어떻게 변하는가? 고객이 어떻게 실수에 대응할 것인지 업체가 정말 알 수 있는가?

(A) 복습을 위한 질문들과 함께 강의를 마무리하기 위해

(B) 학생들의 과제를 위한 조사 주제를 제공하기 위해

(C) 입소문이 어떻게 업체의 고객 충성도에 해로울 수 있는지 보여주기 위해

(D) 서비스 회복과 관련해 실시되고 있는 조사의 예시들을 제공하기 위해

해설 (오답 A) 복습의 내용은 없다.

(오답 B) 과제에 대한 언급은 없다.

(오답 C) 입소문의 해로움을 이야기하는 부분이 아니다.

(정답 D) 해당 문장 앞에서 많은 조사를 하고 있다고 말하면서 그것에 대한 예시를 하나씩 제공하고 있다.

[문제 어휘]
competent 유능한, 능숙한 implement ~을 시행하다 applicable 적용 가능한 circumstance 상황, 사정 wrap up ~을 마무리하다 word-of-mouth 입소문

Practice Test 2

Answers

1. C	2. A	3. D	4. C	5. A	6. B

Listen to part of a lecture in a business class.

P: We've spent a lot of time talking about the design of advertisements, how they lure in potential customers. How they look is important, but just as important is where they appear. It's a critical decision in building brand awareness—where you see an ad determines what you associate the brand with, to a degree. Umm… and the basic goal of marketing and advertising is making you more aware of a brand: the more aware of it you are, the more likely you are to buy it. Now, typically when we see ads in whatever medium they appear in—TV commercials, magazines, the likes…—the product

경영학 강의의 수업 일부를 들어보시오.

P(교수): 우리는 광고의 고안, 즉 어떻게 광고가 잠재 고객들을 끌어들이는지에 관해 이야기하는 데 많은 시간을 들였습니다. 광고가 어떻게 보이는지가 중요하긴 하지만, 그만큼 중요한 것이 어디에서 보이는가 하는 점입니다. 이는 브랜드 인지도를 구축하는 데 있어 대단히 중요한 결정 사항으로서, 어디에서 광고를 보게 되는가가 해당 브랜드를 무엇과 연관 짓게 되는지를 결정합니다, 어느 정도는 말이죠. 음… 그리고 마케팅과 광고의 기본적인 목적은 브랜드를 더 잘 인식하게 만드는 것인데, 더 잘 인식하게 될수록, 구입할 가능성도 더 높아집니다. 자, 일반적으로 광고가 나타나는 매체가 무엇이든지, TV 광고 방송이나 잡지 같은 것

will share a similar theme…a similar identity…with the medium. So, if kids are watching Saturday morning cartoons, what kind of commercials would you expect them to absorb?

S: Probably toys, breakfast cereals, sugary snacks…

P: Yes, right. When the ads match the medium in which they appear, we advertising gurus call it congruent media. [2(A)]'Congruent' just means that it fits, or relates somehow to the content of the media. It's a logical choice, right? If you advertise a hot new toy during a popular children's cartoon, then you'll reach your intended market. And since the product is now associated with the viewer's interests, they're more likely to recall the advertisement when they're wandering the aisles of their local department store. [1(C)]Now, imagine the opposite! It's called incongruent media—you'll never guess how we came up with that term. Now, in incongruent media, well, the product in the ad doesn't match the theme of the media.

S: So a car commercial during a children's cartoon?

P: Well, maybe, but you're right—incongruent doesn't seem to make sense. [1(C)]But, you know, research has proven it to be effective. [4(C)]One study looked at the effects of placing an ad for a toaster oven in an incongruent magazine. The themes didn't match, yet the consumers felt positive about the toaster, recognized the brand, and sales skyrocketed.

S: Was it a cooking magazine?

P: That would be congruent. No, it was a sports magazine.

S: Oh my. A toaster would look out of place next to an article about footie players.

P: Well, [3(D)]sports enthusiasts don't only care about sports. No, people don't have only one focus—a sports fan must cook, too, must he not? [4(C)]And by being caught off guard by a surprise toaster, the readers remembered the ad better. It became associated with something in a pleasure spot of the brain, a space usually reserved for precious topics—hobbies, family, goals, and dreams. In a way, that toaster ad hijacked their memory recall.

S: Neat!

P: So, with their attention effectively redirected against their will, these readers rushed out and bought shiny new toasters. Their positive feelings for their dear interests

들처럼, 우리가 그것을 보게 되는 경우… 그 제품은 유사한 테마… 유사한 정체성을... 매체와 공유하게 됩니다… 자, 아이들이 토요일 아침에 만화를 보는 중이라면, 아이들이 어떤 종류의 광고에 빠지게 될 것으로 예상할 수 있을까요?

S(학생): 아마 장난감이나, 아침식사용 시리얼, 달콤한 과자일 것 같아요…

P: 네, 맞습니다. 광고와 그것이 나타나는 매체가 어울리는 경우, 우리 같은 광고 전문가들은 그런 경우를 조화된 매체라고 부릅니다. [2(A)]'조화'라는 말이 바로 해당 매체의 내용과 어떻게든 적합하거나 관련되어 있다는 의미입니다. 논리적인 선택 아닌가요? 인기 있는 어린이 만화가 나오는 중에 유행하는 새 장난감을 광고한다면, 목표 시장에 이르게 되는 겁니다. 그리고 그 제품이 이제 시청자의 관심과 결부되어 있기 때문에, 지역 백화점의 통로에서 돌아다닐 때 그 광고를 떠올리게 될 가능성이 더 큽니다. [1(C)]이제, 반대되는 경우를 생각해 보세요! 이는 부조화된 매체라고 부르는데, 어떻게 이 용어를 생각해냈는지 절대 모르겠죠. 자, 부조화된 매체의 경우에는, 음, 광고에 나오는 제품이 매체의 테마와 어울리지 않습니다.

S: 그러니까 어린이 만화가 나올 때 자동차 광고를 하는 것 같은 경우죠?

P: 음, 아마도요, 하지만 부조화가 말이 안 되는 것처럼 보인다는 점에선 맞는 이야기입니다. [1(C)]하지만, 말하자면, 연구를 통해 이것이 효과적인 것으로 드러났습니다. [4(C)]한 연구에서 조화를 이루지 못하는 잡지에 토스터 오븐 광고를 낸 것의 효과를 살펴봤습니다. 테마들이 서로 어울리진 않았지만, 소비자들이 그 토스터에 대해 긍정적으로 생각하면서, 브랜드를 인지했고, 매출이 급등했습니다.

S: 그게 요리 잡지였나요?

P: 그랬다면 조화로웠겠죠. 아뇨, 스포츠 잡지였습니다.

S: 세상에! 축구 선수들에 관한 기사 옆에 토스터가 있으면 생뚱맞아 보일 것 같아요.

P: 음, [3(D)]스포츠에 열광하는 사람들이라고 해서 오직 스포츠에만 신경 쓰는 건 아닙니다. 아니죠, 사람들이 오직 한 가지에만 초점을 맞추는 게 아니기 때문에, 스포츠 팬도 반드시 요리를 해야 하지 않을까요? [4(C)]그리고 뜻밖의 토스터에 의해 허를 찔리게 되면서, 독자들은 그 광고를 더 잘 기억했습니다. 뇌 속의 기쁨과 관련된 곳, 즉 일반적으로 취미나 가족, 목표, 그리고 꿈 같은 소중한 주제들에 대해 지정되어 있는 공간에 있는 뭔가와 관련 지어졌기 때문입니다. 어떤 면에서, 그 토스터 광고가 사람들의 기억 회상을 가로챘다고 할 수 있죠.

S: 아주 좋은데요!

were now inextricably linked to the toaster. $^{6(B)}$Now, they all didn't buy one, but of course, the seed was planted. Other factors come into play regarding the actual purchase…you'll remember those from the previous unit. But, this shows why marketers employ both congruent and incongruent media. Umm…but it can't be totally incongruent. Maybe the toaster in the sports magazine was incongruent, but it was still for a typical, domestic toaster. $^{5(A)}$An ad for an industrial-strength toaster, used in food processing plants, would not have been successful, right? They're just too different.

P: 그래서, 본인의 의지와 달리 효과적으로 관심의 초점이 바뀌게 되면서, 이 독자들은 서둘러 나가 빛나는 새 토스터를 구입했습니다. 자신들의 소중한 관심사에 대한 긍정적인 느낌이 이젠 그 토스터와 불가분하게 연결되어 있었던 거죠. $^{6(B)}$자, 그 사람들이 모두 하나씩 구입한 건 아니었지만, 당연히, 씨앗이 뿌려졌던 겁니다. 실제 구매와 관련해 작용하는 다른 요인들도 있는데… 이전의 단원에서 배운 것들이 기억날 겁니다. 하지만, 이는 마케팅 담당자들이 왜 조화 및 부조화된 매체 모두를 활용하는지 보여줍니다. 음… 하지만 완전히 부조화일 순 없죠. 아마 스포츠 잡지에 나온 그 토스터가 조화롭진 않았겠지만, 여전히 전형적인 가정용 토스터에 대한 것이었습니다. $^{5(A)}$식품 처리 공장에서 쓰이는 것과 같은 고성능의 토스터에 대한 광고였다면, 성공적일 수 없지 않았을까요? 그건 너무 다르니까요.

[스크립트 어휘]

lure in ~을 끌어들이다, 유혹하다 associate A with B A를 B와 관련 짓다 medium 매체(media는 복수형) commercial 광고 방송 absorb ~에 빠져들다 guru 전문가 congruent 조화로운, 적절한 recall v. ~을 기억하다, 회상하다 n. 기억, 회상 wander (이리저리) 돌아다니다 incongruent 맞지 않는, 부적절한 come up with ~을 생각해내다, 제시하다 term 용어 place an ad 광고를 내다 skyrocket 급등하다, 치솟다 be caught off guard 허를 찔리다 reserved 지정된 hijack ~을 가로채다 inextricably 불가분하게 come into play 작용하다, 활동하다 industrial-strength 아주 강력한, 고성능의

1. 강의는 주로 무엇에 관한 것인가? [Topic & Purpose]
(A) 어린이들을 위한 매체에서 조화로운 광고를 활용하는 것의 이점
(B) 텔레비전 광고와 잡지 광고의 효과성에 대한 비교
(C) 광고에 부조화된 매체를 이용하는 것의 놀라운 장점
(D) 특정 브랜드들이 오직 한 가지 유형의 매체에서만 광고하는 이유

해설 (오답 A) 구체적으로 어린이들을 위한 매체만을 살펴보는 것이 아니다.
(오답 B) 구체적인 매체들의 비교가 아니다.
(정답 C) 강의 도입부에서 광고하는 법을 언급하고 그 중 부조화된 매체를 이용하는 것을 소개하면서 그것에 대한 놀라운 장점에 대해 설명한다.
(오답 D) 한 가지 유형의 매체만을 말하는 것이 아니다.

2. 교수의 말에 따르면, 조화된 매체를 통한 광고가 지니는 한 가지 장점은 무엇인가? [Detail]
(A) 브랜드들이 쉽게 목표 소비자들에게 이를 수 있다.
(B) 소비자들이 유사 제품들을 비교할 수 있다.
(C) 광고들을 소비자들이 반복적으로 보게 된다.
(D) 소비자들이 온라인으로 쇼핑할 때 해당 광고를 더 잘 기억한다.

해설 (정답 A) 조화된 매체를 이용한다면 브랜드들이 의도한 시장에 이를 수 있다고 한다.
(오답 B) 언급된 적 없는 정보이다.
(오답 C) 언급된 적 없는 정보이다.
(오답 D) 언급된 적 없는 정보이다.

3. 교수는 왜 요리할 필요가 있는 스포츠 팬들을 언급하는가? [Organization]
(A) 스포츠 잡지에 나오는 요리 광고의 인기를 설명하기 위해
(B) 조화된 매체를 통한 광고들 대부분이 구식이라는 뜻을 나타내기 위해
(C) 취미에 대한 관심사가 어떻게 광고에 의해 촉진될 수 있는지 보여주기 위해
(D) 마케팅 담당자들이 어떻게 소비자들의 다양한 필요성을 이용하는지 설명하기 위해

해설 (오답 A) 인기를 말하는 것이 의도가 아니다.
(오답 B) 구식이라고 한 적은 없다.
(오답 C) 취미에 대한 관심사가 촉진되는 것이 아니다.
(정답 D) 스포츠 팬들이라고 해서 하나의 관심사만 있는 것이 아니고 그들도 요리를 해야 한다면서 소비자들의 다양한 필요성을 언급하고 있다.

4. 교수가 스포츠 잡지에 나온 토스터 광고와 관련된 연구 내용을 설명하고 있다. 그 연구가 무엇을 보여주었는가?

[Detail]

(A) 독자들이 그 광고가 매체와 어울리지 않았다는 점을 싫어했다.

(B) 독자들이 대체로 그 토스터 광고를 무시했다.

(C) 독자들이 매체 부조화 방식으로 나온 그 광고를 기억했다.

(D) 독자들이 한 축구 선수가 광고하는 토스터를 구입했다.

해설 (오답 A) 언급된 적 없는 정보이다.

(오답 B) 언급된 적 없는 정보이다.

(정답 C) 토스터 광고와 관련된 연구를 언급하며 그것의 놀라운 결과는 독자들이 매체 부조화 방식으로 나온 그 광고를 기억했다는 것이라고 한다.

(오답 D) 언급된 적 없는 정보이다.

5. 교수가 왜 산업용 토스터에 대한 광고를 설명하는가?

[Organization]

(A) 매체 부조화를 통한 광고의 한계를 강조하기 위해

(B) 가정 소비자들과 상업 소비자들이 지닌 습관을 비교하기 위해

(C) 매체 부조화를 통한 광고의 독특한 특징들을 집중 조명하기 위해

(D) 잡지의 인기가 광고의 효과성에 영향을 미친다는 점을 보여주기 위해

해설 (정답 A) 산업용 토스터를 광고했다면 너무 다르기 때문에 효과가 없었을 것이라고 하면서 매체 부조화의 한계를 강조한다.

(오답 B) 언급된 적 없는 정보이다.

(오답 C) 독특한 특징이라고 한 적은 없다.

(오답 D) 잡지의 인기는 주요 내용이 아니다.

6. 강의의 일부를 다시 들어보시오. 그런 다음, 질문에 답하시오.

P: 자, 그 사람들이 모두 하나씩 구입한 건 아니었지만, 당연히, 씨앗이 뿌려졌던 겁니다. 실제 구매와 관련해 작용하는 다른 요인들도 있는데… <mark>이전의 단원에서 배운 것들이 기억날 겁니다.</mark> 하지만, 이는 마케팅 담당자들이 왜 매체 조화 및 부조화된 매체 모두를 활용하는지 보여줍니다.

교수가 다음과 같이 말할 때 무엇을 의미하는가? [Function]
<mark>이전의 단원에서 배운 것들이 기억날 겁니다.</mark>

(A) 학생들이 시험을 위해 학습 내용을 복습해야 한다.

(B) 수강생들이 이미 구매 요인 관련 내용을 다뤘다.

(C) 교수가 한 주제를 설명할 시간이 없다.

(D) 해당 과정의 학습 내용이 한 주제를 부적절하게 다뤘다.

해설 (오답 A) 복습하라는 의미는 아니다.

(정답 B) 앞 문장에서 다른 구매 요인들이 있다고 한 뒤에 전 단원에서 배웠다고 말하는 것은 이미 구매 요인 관련 내용을 다뤘다는 것을 의미한다.

(오답 C) 배운 것들이 기억날 것이라는 의미이지 시간 부족 문제는 아니다.

(오답 D) 부적절한지는 알 수 없다.

[문제 어휘]

exploit ~을 이용하다, 활용하다 endorse (유명인이) ~을 광고하다 feature 특징 inadequately 부적절하게, 불충분하게

3. Psychology

Answers

1. D	2. A	3. C	4. D	5. B	6. D

Listen to part of a lecture in a psychology class.

P: There are some abilities we all possess that, well, you might never even think of as being peculiar, or even a special skill. But, they're vital, and all humans are naturally equipped with them. One of these is the ability to estimate relative quantities. [2(A)]We call it the Approximate Number Sense, or ANS for short. ANS is what allows you to tell which bowl of chips has more in it at a glance. And everyone can use it…it's even been observed in six-month-old babies, though to a more limited extent. And it's immediately obvious that animals have this ability too.

S1: So animals can count? With this number…umm… estimation….

P: Approximate Number Sense. And no: remember, this isn't about counting, but inferring quantities. If a dog has several dishes of food placed in front of it, will it choose the half-filled bowl or the one overflowing with Puppy Chow?

S1: Umm…probably the one with more.

P: Exactly. And it doesn't need to count the bits of food to realize this. The dog uses ANS, just like we do. As I said, it's a natural, or innate, ability. It doesn't have to be learned. Now, this doesn't mean that everybody has the same capacity for it…or that it can't be improved through experience and even training. But the basics are there, right, in everyone…even babies, as I said. So, compare that to, say…well, you mentioned counting, which is part of formal mathematics. This isn't an inborn skill… you need to learn what the symbols mean, and I'm sure you've all encountered difficult problems in math classes. You can't just infer the answer, right? You can't do it naturally. And, in addition, think about it…mathematics didn't even exist going back a couple millennia. We can assume ANS was an evolutionary skill. [1(D)]Nonetheless,

심리학 강의의 수업 일부를 들어보시오.

P(교수): 우리가 모두 소유하고 있는 몇몇 능력들이 있는데, 음, 여러분이 그 능력들을 특이한 것이라거나 심지어 특별한 기술이라고 전혀 생각하지 못할 수도 있습니다. 하지만, 필수적인 것이며, 모든 사람이 자연스럽게 갖추고 있죠. 이것들 중의 한 가지가 상대적인 수량을 가늠하는 능력입니다. [2(A)]우리는 이를 '어림수 인지 능력', 또는 줄여서 ANS라고 부릅니다. ANS는 어느 그릇에 담긴 감자 칩이 더 많은지 한눈에 알 수 있게 해주는 것입니다. 그리고 모든 사람이 이 능력을 활용할 수 있는데… 심지어 생후 6개월 밖에 되지 않은 아기들에게서도 관찰되었습니다, 더 제한적인 수준이긴 하지만요. 그리고 동물들도 이 능력을 지니고 있다는 점이 금방 명백하게 드러났습니다.

S1(학생1): 그럼 동물들도 계산할 수 있다는 건가요? 이 숫자를 이용한… 음… 추산이…

P: '어림수 인지 능력'입니다. 그리고 그건 아닙니다. 기억해야 하는 점은, 이것이 계산과 관련된 것이 아니라 수량을 유추하는 일이라는 겁니다. 어떤 개 앞에 여러 접시에 담긴 음식이 놓여 있다면, 절반만 차 있는 그릇을 선택할까요, 아니면, '퍼피 차우'가 흘러 넘치는 것을 선택할까요?

S1: 음… 아마 더 많은 걸 선택하겠죠.

P: 바로 그렇습니다. 그리고 음식 조각의 수를 세는 것으로 이를 알아차릴 필요가 없죠. 개도 ANS를 이용합니다, 우리가 하는 것처럼 말이죠. 이야기했다시피, 자연스러운, 즉 선천적인 능력입니다. 배우지 않아도 되는 것이죠. 자, 그렇다고 해서 모든 사람이 이에 대해 동일한 능력을 지니고 있다거나… 경험이나 심지어 훈련을 통해 향상될 수 없다는 뜻은 아닙니다. 하지만 기본적인 것은 갖춰져 있죠, 네, 모든 사람에게요… 심지어 아기에게도요, 이야기했다시피. 자, 이것을 비교해 보자면, 예를 들어… 음, 계산을 언급했는데, 이는 정식 수학의 일부입니다. 이것은 타고난 능력이 아니라… 기호들이 무엇을 의미하는지 배워야 하며, 분명 여러분 모두 수학 시간에 어려운 문제를 접해 봤을 겁니다. 그냥 정답을 유추할 수 없지 않나요? 자연적으로 할 수 있는 게 아닙니다. 그리고, 추가적으로, 한번 생각해

researchers are curious whether the two skills are connected. Basically, the question of whether a person with proficient ANS has an edge in formal mathematics.

To answer this question, psychologists designed an experiment that would evaluate the ANS ability in teenagers...14-year-olds. The teens watched a monitor on which a series of slides flashed. These images were basically clumps of blue and yellow dots of varying quantities. Some had more yellow dots, some had more blue. For example, it might have 12 yellow dots and 9 blue. Then the next flash would have different quantities...say...7 blue and 5 yellow. [3(C)]And these were flashes only...maybe half a second. So they didn't have time to count the dots. They had to use ANS. Then the subjects pressed a button to say if there were more blue or yellow dots. [4(D)]And the results were surprising. It turns out there's quite a gap in proficiency regarding ANS. Some subjects nailed every slide, even when there was a small ratio between blues and yellows. Others struggled even with large differences that were more obvious.

You might be wondering about the age. Maybe 14-year-olds are just quicker with ANS? Youth sharpens some skills, right? But this wasn't true, as shown in other experiments. [5(B)]Actually, the same group of youths had their mental speeds tested when they were eight years old. Umm...they had to quickly identify colors, and there was no correlation with their later results. Those who could rapidly name colors...who had quick mental skills...did not record higher ANS proficiency levels. Furthermore, there was no connection between vocabulary and reading skills, in similar tests. But...back to the original question: was there a connection with formal mathematics? And it turned out that there was. Those with improved ANS had higher math abilities.

S2: So, there's a connection...but which one improves the other?

P: Or, which came first? Go ahead, Casey.

보세요… 수학은 수천 년 전으로 거슬러 올라가면 심지어 존재하지도 않았습니다. 우리는 ANS가 진화적인 능력이라고 생각할 수 있죠. [1(D)]그럼에도 불구하고, 연구가들은 이 두 가지 능력이 연관되어 있는지 궁금해합니다. 기본적으로, 능숙한 ANS를 지니고 있는 사람이 형식 수학에서 유리한지의 여부에 대한 의문이죠.

이 의문에 대한 답을 찾기 위해, 심리학자들이 십대들… 그러니까 14세의 아이들이 지닌 ANS 능력을 평가하는 실험을 하나 고안했습니다. 이 십대들은 일련의 슬라이드들이 깜빡이는 모니터를 봤습니다. 이 이미지들은 기본적으로 여러 무리의 파란색과 노란색 점들이 다양한 수량으로 구성되어 있었습니다. 일부는 노란색 점이 더 많았고, 어떤 것은 파란색 점이 더 많았죠. 예를 들어, 12개의 노란색 점과 9개의 파란색 점이 있었을 겁니다. 그런 다음, 다음 순서의 깜빡이는 슬라이드에는 다른 수량이 나오는 것이죠… 말하자면… 7개의 파란색 점과 5개의 노란색 점과 같이요. [3(C)]그리고 이 슬라이드들이 깜빡인 시간은 겨우… 아마 0.5초 정도였을 겁니다. 그래서 이 아이들은 점을 셀 시간이 없었습니다. ANS를 이용해야 했죠. 그 다음에는 실험 대상자들이 버튼을 눌러 파란색 점이 더 많았는지, 아니면 노란색 점이 더 많았는지 말하는 겁니다. [4(D)]그리고 그 결과는 놀라웠습니다. ANS와 관련된 능숙함에 있어 상당한 차이가 있는 것으로 드러납니다. 일부 실험 대상자들은 모든 슬라이드를 잡아냈는데, 심지어 파란색 점과 노란색 점 사이의 비율 차이가 적은 경우에도 그랬습니다. 다른 이들은 심지어 큰 차이가 있어서 더 명확하게 드러난 경우에도 힘겨워했습니다.

여러분은 그 나이에 대해 궁금해할지도 모르겠습니다. 아마 14세의 아이들이 단지 ANS에 대해 더 빠르지 않을까? 청소년들은 어떤 능력들을 향상시키니까요, 그렇죠? 하지만 다른 실험들에서 드러난 바와 같이, 이는 사실이 아니었습니다. [5(B)]사실, 이 같은 그룹의 아이들은 8살이었을 때 정신적인 속도를 테스트받은 적이 있었습니다. 음… 빠르게 여러 색을 식별해야 했는데, 나중의 실험 결과와 상관 관계가 없었습니다. 빠르게 색 이름을 말할 수 있었던 아이들이… 그러니까 빠른 정신적 능력을 지니고 있는 아이들이… 더 높은 ANS 능숙도를 기록하진 않았습니다. 더욱이, 유사한 여러 테스트에 어휘 능력과 독해 능력 사이에 연관성이 존재하지 않았던 것으로 나타났습니다. 하지만… 다시 원래의 질문으로 돌아가서, 형식 수학과 연관성이 있었을까요? 그리고 연관성이 있었던 것으로 드러났습니다. ANS가 향상된 아이들이 더 뛰어난 수학 능력을 지니고 있었죠.

S2(학생2): 그럼, 연관성이 있는 건데… 어느 쪽이 다른 한쪽을 향상시키는 거죠?

P: 즉, 어느 쪽이 먼저였냐는 거죠? 계속 해봐요, 케이시.

S2: Umm…well, ANS is innate, as you said. So, are kids born with proficient ANS automatically better at math? [6(D)]Or is it the other way around, where learning math in school improves their natural ANS ability?

P: Those are important questions, with even more important implications for education. And, this experiment didn't provide an answer.

S1: Wait…it's a natural ability, but it can be improved? Oh, you said that already…that it can be improved. Doesn't that mean elementary school teachers should focus on it?

P: That they should include ANS in curriculum? Well, we're getting ahead of ourselves…Casey's questions need to be answered first—which sharpens which? [6(D)]Before we start changing school curricula, we need to know whether natural ANS ability improves mathematics skills, or the other way around.

S2: 음… 그게, ANS는 선천적이잖아요, 말씀하신 것처럼요. 그럼, 능숙한 ANS를 갖고 태어난 아이들이 자동적으로 수학을 더 잘하는 건가요? [6(D)]아니면 그와 반대로, 학교에서 수학을 배우면 아이들의 선천적인 ANS 능력이 개선되는 건가요?

P: 그것들은 교육에 훨씬 더 중요한 시사점을 갖기도 하는 중요한 질문입니다. 그리고, 이 실험은 그 대답을 제시해주지 못했습니다.

S1: 잠시만요… 선천적인 능력이지만, 향상될 수 있다는 말씀이신가요? 아, 이미 말씀하신 게… 향상될 수 있다고 하셨어요. 그럼 초등학교 교사들이 그것에 초점을 맞춰야 한다는 의미 아닌가요?

P: 교육 과정에 ANS를 포함해야 한다는 의미가 아니냐는 것이죠? 음, 지금 우리가 이야기하는 순서를 앞질러 가고 있어서… 케이시의 질문들, 어느 쪽이 어느 쪽을 개선시키는지에 대한 답변이 먼저 이뤄져야 합니다. [6(D)]우리가 학교 교육 과정 변경을 시작하기에 앞서, 우리는 선천적인 ANS 능력이 수학 실력을 향상시켜주는지, 또는 그 반대에 해당되는지 알아야 합니다.

[스크립트 어휘]
peculiar 특이한, 남다른, 별난 extent 수준, 정도, 범위 infer ~을 유추하다, 추론하다 innate 선천적인, 타고난(= inborn) millennia 수천 년 (millennium의 복수형) have an edge in ~에 있어 유리하다, 우위를 점하다 clump 무리, 무더기 proficiency 능숙(도) nail ~을 잡아내다, 놓치지 않다, 밝혀내다 ratio 비율 sharpen ~을 향상시키다, 갈고 닦다 correlation with ~와의 상관 관계 the other way around 반대로, 거꾸로

1. 강의의 주 목적은 무엇인가? [Topic & Purpose]
(A) 인간이 지닌 ANS의 진화적인 역사를 설명하는 것
(B) 수학에서 추산의 중요성을 보여주는 것
(C) 인간과 동물 사이의 수량 유추 능력을 비교하는 것
(D) 한 선천적 능력과 수학 실력 사이의 관계를 이야기하는 것

해설 (오답 A) ANS의 역사를 다루는 강의가 아니다.
(오답 B) 추산의 중요성이 주된 내용은 아니다.
(오답 C) 인간과 동물 사이에 비교하는 것이 아니다.
(정답 D) ANS(선천적 능력)와 수학 실력이 관련 있는지에 대해서 이야기한다.

2. 교수는 왜 6개월 된 아기들을 언급하는가? [Detail]
(A) ANS가 어떻게 선천적인 능력인지 강조하기 위해
(B) ANS와 수학을 비교하기 위해
(C) 아이들이 더 나은 ANS 능숙도를 지니고 있음을 나타내기 위해
(D) 수학이 선천적인 능력임을 주장하기 위해

해설 (정답 A) ANS는 누구나 다 있고 심지어 6개월 된 아기들도 있

다는 것은 선천적인 능력임을 강조하는 것이다.
(오답 B) 이 부분에서 수학과 비교하고 있지 않다.
(오답 C) 아이들이 더 낫다고 언급하지 않는다.
(오답 D) 수학이 아니라 ANS가 선천적이라고 한다.

3. 실험에서 보여진 점들이 오직 0.5초 동안만 나타났다는 사실이 왜 중요한가? [Organization]
(A) 아이들의 ANS와 성인들의 ANS가 어떻게 다른지 보여주기 위해
(B) ANS가 동물보다 인간에게서 어떻게 더 잘 기능하는지 비교하기 위해
(C) 그 일이 숫자 세기를 하면 어떻게 불가능했을지 보여주기 위해
(D) 참가자들이 그 일을 완료한 속도를 측정하기 위해

해설 (오답 A) 아이들과 성인을 비교하는 것이 아니다.
(오답 B) 동물과 인간을 비교하여 0.5초를 언급한 것이 아니다.
(정답 C) 그 일은 0.5초만 나타났기에 숫자 세기로 되지 않고 ANS를 이용해야 했다고 한다.

(오답 D) 참가자들의 완료 속도를 측정하기 위해 언급하는 것이 아니다.

4. 연구가들이 십대들에 대한 연구를 통해 내린 결론은 무엇인가? [Detail]
   (A) 높은 ANS 능숙도를 지닌 아이들이 이전의 테스트에서도 좋은 성과를 냈다.
   (B) 모든 참가자들이 거의 동일한 비율로 점들이 있었던 슬라이드에 대해 힘겨워했다.
   (C) ANS는 유아일 때 발달되기 시작해 나이가 들수록 향상된다.
   (D) 테스트를 받은 각각 아이들의 능숙도 수준이 크게 차이가 났다.

해설   (오답 A) ANS능숙도와 이전 테스트의 결과는 관련 없다고 한다.
   (오답 B) 모든 참가자들이라고 한 적 없다.
   (오답 C) 언급된 적 없는 정보이다.
   (정답 D) ANS와 관련된 능숙도에는 상당한 차이(gap)가 있는 놀라운 결과가 있었다고 하므로 차이가 많이 난다는 것을 알 수 있다.

5. 교수는 왜 아이들의 언어 능력도 평가되었다고 언급하는가? [Organization]
   (A) ANS가 유사한 능력들처럼 수업 시간에 가르칠 수 있음을 보여주기 위해

[문제 어휘]
measure ~을 측정하다 **infant** 유아 **heighten** ~을 높이다, 고조시키다

   (B) ANS가 그 능력과 연관되어 있지 않다는 점을 지적하기 위해
   (C) 연구가들이 자신의 연구에 있어 철저했음을 주장하기 위해
   (D) ANS 능력이 아이의 어휘 수준을 향상시킬 수 있음을 강조하기 위해

해설   (오답 A) 언급된 적 없는 정보이다.
   (정답 B) ANS 능숙도와 어휘 능력에는 연관성이 존재하지 않는다고 말한다.
   (오답 C) 언급된 적 없는 정보이다.
   (오답 D) ANS능력은 어휘 수준과 관련 없다고 했다.

6. 수학 능력을 향상시키기 위해 아이들에게 ANS 능력을 가르치는 것과 관련해 교수는 무엇을 암시하는가? [Inference]
   (A) 기본적인 수학을 배우는 데 있어 아이들에게 도움이 될 가능성이 있다.
   (B) ANS 교육은 아이가 1살이 되기 전에 시작되어야 한 필요가 있다.
   (C) 수학 교육이 아이의 ANS 능숙도를 높여줄 가능성이 있다.
   (D) ANS 교육이 수학 실력을 향상시키는지는 명확하지 않다.

해설   (오답 A) 도움이 된다고 정확하게 언급하지 않는다.
   (오답 B) 언급된 적 없는 정보이다.
   (오답 C) 언급된 적 없는 정보이다.
   (정답 D) ANS 교육이 수학 실력을 향상시키는지에 관한 학생의 질문에 실험이 답을 주지 않았다고 하므로 명확하지 않다는 것을 알 수 있다.

1. D	2. B	3. B	4. D	5. D	6. D

Listen to part of a lecture in a psychology class.

Professor:
We've been discussing behaviorism, and next we need to examine the topic of animal cognition, or, umm, animal intelligence. Pavlovian responses can be trained, but the extent of animal cognition is a whole other level, and to test it we try to find animal analogues. Umm…you can think of these as parallels to how we think. One that draws a lot of inquiry is metacognition. If you're familiar with the prefix *meta*, then you'll recognize that this is the awareness of one's thoughts. [1(D)]That is to ask, are animals aware of their own thinking? Can they act off this awareness? It's a vital cognitive skill in humans, [2(B)]but it's difficult to test in animals since they can't report their own thinking processes.

So, researchers have been hard at work trying to observe metacognition in animals. One group has focused on dolphins and monkeys—some of the most intelligent animal species—in their search. [1(D)]The tests center around uncertainty, which in itself is an expression of cognition—not being sure if you know what you know. So, they wanted to figure out if they could make an animal feel uncertain, and they started with a test on a dolphin that had already been trained to distinguish between different pitches. The test was simple: the dolphin had two paddles, and it pushed one if it heard a specific high-pitched tone. If it heard a lower tone, it was to push the other paddle. Correct responses garnered food—positive reinforcement. If the dolphin was wrong, there was no food and a longer pause between attempts. Now, researchers controlled the difficulty of the task by adjusting the second tone—[3(B)]the closer in pitch the second tone was to the first, then the harder it was for the dolphin to distinguish the two. And, it was observed that the dolphin was quite excited to push the paddle when the response was obvious, as if it were sure of itself, right? However, it hesitated with the more difficult tones. [3(B)]So, the research team introduced a third paddle—a pass paddle, if you will. If the dolphin didn't know the answer, it could push this paddle to move on to the next trial. The dolphin figured out the purpose of the third paddle and soon began

심리학 강의의 수업 일부를 들어보시오.

교수:
우리는 행동주의를 계속 이야기해오고 있으며, 다음으로 동물 인지 능력, 즉, 음, 동물의 지능이라는 주제를 살펴봐야 합니다. 조건 반사적인 반응은 훈련될 수 있지만, 동물 인지 능력의 수준은 차원이 다른 이야기며, 이를 테스트하려면 우리는 동물 유사체를 찾도록 해야 합니다. 음… 여러분은 이것을 우리의 사고 방식과 유사한 것으로 여기면 됩니다. 많은 연구를 유도해내고 있는 것이 메타인지입니다. meta라는 접두어에 익숙하다면, 이것이 사람의 생각에 대한 인식이라는 것을 알아보실 수 있을 겁니다. [1(D)]바로 이렇게 질문하는 것인데요, 동물들도 자신의 생각을 인식하는가? 그들도 이러한 인식을 바탕으로 행동하는가? 이는 인간에게 필수적인 인지 능력입니다만, [2(B)]동물들이 자신의 사고 과정을 알릴 수는 없기 때문에 동물을 대상으로 시험하기 어려운 일입니다.

따라서, 연구가들은 부단히 애를 쓰면서 동물의 메타인식을 관찰하려고 해왔습니다. 한 그룹은 연구를 통해, 가장 지능적인 동물 종의 일부인 돌고래와 원숭이들에게 초점을 맞췄습니다. [1(D)]그 실험들은 불확실성을 중심으로 하는데, 그 자체로 인지의 표현이며, 뭔가 안다는 것을 알고 있는지 확실치 않아하는 것이기 때문입니다. 따라서, 이들은 한 마리의 동물이 불확실함을 느끼도록 만들 수 있는지 알아내기를 원했으며, 서로 다른 음조들을 구별하도록 이미 훈련받은 돌고래 한 마리에 대한 실험으로 시작했습니다. 이 실험은 간단했는데, 해당 돌고래에게 두 개의 노가 있었고, 특정하게 높은 음조의 음성을 들으면 그 중 하나를 눌렀습니다. 더 낮은 음성을 들으면, 다른 노를 누르는 것이었습니다. 정확한 반응을 보이면 먹이를 얻게 되는, 정적 강화를 활용했습니다. 돌고래가 틀리는 경우에는, 먹이를 주지 않았고, 그 시도들 사이에 잠시 멈추는 시간이 더 길었습니다. 이제, 연구가들은 두 번째 음성을 조절함으로써 수행 과제의 난이도를 조절했는데, [3(B)]두 번째 음성의 음조가 첫 번째와 더 가까워질수록, 돌고래가 그 둘을 구별하기 더 어려워졌습니다. 이 돌고래는 반응이 명확했을 땐 상당히 즐겁게 노를 눌렀던 것으로 관찰되었는데, 마치 자신에게 확신을 갖고 있는 것 같지 않나요? 하지만, 더 어려운 음성에 대해서는 망설였습니다. [3(B)]따라서, 연구팀은 세 번째 노를 포함시켰는데, 말하자면, 통과용 노였습니다. 돌고래가 정답을 알지 못하는 경우에, 이 노를 눌러 다음 시도로 넘어갈 수 있었죠. 이 돌고래는 세 번째 노의 용도를 파악했고, 곧 어느

passing on any challenging trial. Impressed, the researchers took this as a clear sign that not only did the dolphin not know the correct response, but it also *knew* that it didn't know.

[4(D),6(D)]However, the study faced some criticism. I mentioned behaviorism earlier, because it's always difficult to tell if a behavior is a learned response, or something deeper. Many argued that the third paddle, for passing, simply became a conditioned response. You should all recall this term from earlier classes. Basically, by pressing the paddle, the dolphin learned that it could avoid the delay after a wrong response—it would receive rewards faster. So, with this challenge, it couldn't be proved that the dolphin was aware of its uncertainty. The third paddle was just a way to avoid punishment.

So, another experiment was needed, and this time researchers used monkeys. It was a similar set-up, only this time it employed visual cues. The subjects needed to select figures shown on a monitor. The figures—shapes, I believe—had varying levels of density...how full they were. There was figure 1, which was the densest, while the other type—figure 2, let's say—could vary in its density, though it was always less dense than figure 1. The monkeys needed to classify the patterns as "dense," which was figure one, and "sparse,"—any of the type 2 figures. Just like with the similar tones, the task became more difficult as the density of the type 2 figures increased and approached the density of type 1. Then, there was a pass button, as in the previous study. The main difference was that awards were only distributed after one set of four trials, meaning each separate selection did not receive feedback. Feedback only arrived at the end of four trials, and each correct response increased the final award. In contrast, a buzzer sounded for each incorrect response. The pass button had no effect on the final reward. As such, the monkeys could not decipher which answer choice was associated with each consequence. You see? [5(D)]This removed the learned response possibility that was present in the dolphin study. And it turned out, the monkeys still selected the third button when they were uncertain of a correct response. With these constraints, selecting the uncertainty button could not have been a conditioned response—it had no effect on the amount or delivery speed of the reward.

Is this undeniable proof that animals possess uncertainty, and therefore metacognition? That they know the state of their own mind? Well, no. We'll likely never know exactly

것이든 어려운 시도에 대해서는 그냥 넘어가기 시작했습니다. 깊은 인상을 받은, 연구가들은 이에 대해 이 돌고래가 정확한 반응을 알지 못했던 것뿐만 아니라 그렇게 알지 못했다는 점도 '알고 있었다'는 것을 명확히 보여주는 표시로 여겼습니다.

[4(D),6(D)]하지만, 이 연구는 비난에 직면했습니다. 제가 아까 행동주의를 언급했는데, 한 가지 행동이 학습된 반응인지, 또는 뭔가 더 심오한 것인지 알기가 항상 어렵기 때문입니다. 많은 이들은 통과용으로 쓰인 세 번째 노가 단순히 조건 반사가 되었다고 주장했습니다. 여러분 모두 이전의 수업에서 배운 이 용어를 기억할 겁니다. 기본적으로, 그 노를 누름으로써, 돌고래는 잘못된 반응 후에 나타나는 시간 지연을 피할 수 있다는 점을, 그러니까 더 빨리 보상을 받게 될 것이라는 점을 알게 되었습니다. 따라서, 이러한 문제로 인해, 그 돌고래가 불확실성을 인식한 것으로 입증될 수 없었습니다. 세 번째 노는 그저 벌을 피하기 위한 방법이었을 뿐입니다.

따라서, 또 다른 실험이 필요했는데, 이번엔 연구가들이 원숭이를 이용했습니다. 유사한 환경이었고, 다만 이번에는 시각적 단서들을 활용했습니다. 대상 원숭이들은 모니터에 보이는 도형들을 선택해야 했습니다. 그 도형들은, 어떤 모양들이었던 것 같은데, 얼마나 많이 채워져 있는가에 따라… 다양한 수준의 밀도를 지니고 있었습니다. 1번 도형이 가장 밀도가 높았던 반면, 예를 들어, 2번 도형과 같은 다른 유형은 그 밀도가 다양할 수 있었지만, 항상 1번 도형보다 밀도가 낮았습니다. 이 원숭이들은 "밀도가 높은" 1번 도형과, "밀도가 낮은" 다른 모든 유형의 2번 도형들로 패턴을 분류해야 했습니다. 유사 음조를 이용했던 실험과 마찬가지로, 이 수행 과제도 2번 유형의 도형들이 지닌 밀도가 높아져 1번 유형의 밀도와 가까워질수록 더 어려워졌습니다. 그리고, 이전의 연구에서처럼, 통과용 버튼도 있었습니다. 큰 차이점은 보상이 오직 한 세트를 이루는 네 번의 시도 후에만 주어졌다는 것인데, 이는 각각의 서로 다른 선택에 대해 피드백을 받지 않았다는 의미입니다. 피드백은 오직 네 번의 시도가 끝날 때만 제공되었으며, 각각의 정확한 반응으로 인해 최종적인 보상이 늘어났습니다. 이와 대조적으로, 각각의 부정확한 반응에 대해 버저가 울렸습니다. 통과용 버튼은 최종 보상에 대해 어떤 영향도 미치지 않았습니다. 따라서, 이 원숭이들은 어느 선택지가 각각의 결과와 연관되어 있었는지 파악할 수 없었습니다. 무슨 뜻인지 아시겠죠? [5(D)]이는 돌고래 연구에 존재했던 학습된 반응에 대한 가능성을 없앤 것이었습니다. 그리고 이 원숭이들은 그럼에도 불구하고 정확한 반응에 대한 확신이 없을 경우에 세 번째 버튼을 선택했던 것으로 드러났습니다. 이러한 제약으로 인해, 불확실성 버튼을 선택하는 것은 조건 반사일 수 없었으며, 보상의 양이나 전달 속도에도 영향을 미치지 않았습니다.

이것이 동물들도 불확실성을 지니고 있고, 그래서 메타인지

what goes on in the minds of animals. Nonetheless, it suggests that animal and human minds aren't as different as we once thought.

도 지니고 있다는 보여주는 부정할 수 없는 증거일까요? 그들도 자신의 마음 상태를 알고 있다는? 음, 아닙니다. 우리가 동물들의 마음 속에서 정확히 무슨 일이 일어나는지 알 수 있는 가능성은 전혀 없을 겁니다. 그럼에도 불구하고, 이는 동물과 사람의 마음이 한때 우리가 생각했던 것만큼 다르진 않다는 점을 보여줍니다.

[스크립트 어휘]
behaviorism 행동주의(심리학 연구의 대상을 의식이 아닌 객관적인 행동에 주는 입장) cognition 인지, 인식 extent 수준, 정도, 범위 analogue 유사체, 비슷한 것 parallels 유사점 metacognition 메타인지(상위인지라고도 부르며, 자신의 인지 활동에 대한 인지 또는 무엇을 알고 모르는지에 대해 아는 것에 대한 인지) prefix 접두어 meta 메타(변화, 초월 등을 의미하는 접두어) center around ~을 중심으로 하다, ~에 초점이 맞춰지다 pitch 음조 garner ~을 얻다 positive reinforcement 정적 강화(특정 행동이 이뤄진 후에 긍정적인 자극을 제시해 해당 행동의 발생 빈도 등을 늘리는 강화 전략의 하나) hesitate 망설이다, 주저하다 conditioned response 조건 반사 density 밀도, 농도 sparse (밀도, 분포도 등이) 낮은, 희박한 decipher ~을 파악하다, 판독하다 constraint 제약

1. 강의는 주로 무엇에 관한 것인가? [Topic & Purpose]
(A) 행동과 인지 사이의 차이점
(B) 돌고래와 원숭이가 지닌 인지 능력의 비교
(C) 동물 연구에서 보상을 줄이는 것의 효과
(D) 동물들이 불확실성을 느낄 수 있는지 조사한 연구들

해설 (오답 A) 행동과 인지를 비교하는 것이 아니다.
(오답 B) 돌고래와 원숭이는 너무 구체적인 키워드이다.
(오답 C) 핵심 내용이 아니다.
(정답 D) 강의 도입부에서 동물들이 자신의 감정을 알 수 있는지 언급하고 그 후에 연구자들이 동물이 불확실성을 느낄 수 있는지를 조사했다고 한다.

2. 교수의 말에 따르면, 왜 동물들이 메타인지를 지니고 있는지 알기 어려운가? [Detail]
(A) 오직 학습된 행동만 보여준다.
(B) 자신의 생각을 알릴 수 없다.
(C) 자신의 행동에 대해 너무 확신이 없다.
(D) 관찰 중에는 다르게 행동한다.

해설 (오답 A) 질문과는 관련 없는 정보이다.
(정답 B) 동물들은 자신의 사고 과정을 알릴 수 없기에 메타인지를 가졌는지 알기가 어렵다고 한다.
(오답 C) 질문과는 관련 없는 정보이다.
(오답 D) 질문과는 관련 없는 정보이다.

3. 돌고래 연구에서, 두 가지 음성의 음조가 비슷하면 어떤 결과가 나타날 가능성이 있는가? [Detail]
(A) 돌고래가 그 음성들을 동일하다고 잘못 해석할 것이다.
(B) 돌고래가 반응을 건너뛰기 위해 세 번째 노를 누를 것이다.

(C) 돌고래가 두 음성들을 다르다고 정확히 구별할 것이다.
(D) 돌고래가 그 음성들을 다시 듣기 위해 세 번째 노를 누를 것이다.

해설 (오답 A) 잘못 해석한다고 하지 않는다.
(정답 B) 두 가지 음성이 비슷해질수록 더 어려워진다고 하고 어려우면 돌고래가 넘어가기 위해 세 번째 노를 눌렀다고 한다.
(오답 C) 정확히 구분하는 것이 아닌 어려워할 것이라고 한다.
(오답 D) 다시 듣기 위해 세 번째 노를 누르는 것이 아니다.

4. 교수의 말에 따르면, 돌고래 연구의 주된 문제는 무엇이었는가? [Detail]
(A) 돌고래가 세 번째 노를 누른 것에 대해 더 많은 보상을 받았다.
(B) 결과물이 후속 연구의 결과물과 일치하지 않았다.
(C) 서로 다른 돌고래들이 다른 방식으로 행동했다.
(D) 학습된 반응과 인지 반응 사이의 차이가 불명확했다.

해설 (오답 A) 더 많은 보상을 받은 것이 아니라 더 빨리 보상을 받았다고 한다.
(오답 B) 언급된 적 없는 정보이다.
(오답 C) 언급된 적 없는 정보이다.
(정답 D) 돌고래 연구는 학습된 반응인지 그 이상의 반응인지 구분하기가 어려웠던 것이 비난받았다고 한다.

5. 원숭이들에 대한 연구에서 나왔을 가능성이 있는 결과로서 무엇을 유추할 수 있는가? [Inference]
(A) 원숭이가 돌고래보다 더 뛰어난 인지 능력을 지니고 있다.

(B) 원숭이가 정적 강화의 영향을 더 많이 받는다.

(C) 원숭이가 세 번째 버튼의 포함에 대해 혼란스러워했다.

(D) 원숭이가 어느 정도의 메타인지를 지니고 있을 가능성이 있다.

해설 (오답 A) 인지 능력이 더 뛰어난지는 알 수 없다.

(오답 B) 언급된 적 없는 정보이다.

(오답 C) 원숭이는 세 번째 버튼에 혼란스러워하지 않았다.

(정답 D) 돌고래와 다르게 학습된 행동은 없었을 것이고 원숭이는 조건 반사의 행동이 아니기에 어느 정도의 메타인지를 지니고 있음을 알 수 있다.

6. 강의의 일부를 다시 들어보시오. 그런 다음, 질문에 답하시오.

P: 하지만, 이 연구는 비난에 직면했습니다. 제가 아까 행동주의를 언급했는데, 한 가지 행동이 학습된 반응인지, 또는 뭔가 더 심오한 것인지 알기가 항상 어렵기 때문입니다. 많은

이들은 통과용으로 쓰인 세 번째 노가 단순히 조건 반사가 되었다고 주장했습니다. 여러분 모두 이전의 수업에서 배운 이 용어를 기억할 겁니다.

교수는 왜 다음과 같이 말하는가? [Function]
여러분 모두 이전의 수업에서 배운 이 용어를 기억할 겁니다.

(A) 학생들에게 이전의 수업 내용을 복습하도록 권하기 위해

(B) 얼마나 많은 학생들이 입문 과정을 수강했는지 파악하기 위해

(C) 한 기본적인 개념의 더 발전된 버전을 소개하기 위해

(D) 학생들이 이미 한 주제에 익숙하다는 뜻을 나타내기 위해

해설 (오답 A) 복습하라고 하는 것이 아니다.

(오답 B) 입문 과정을 들은 학생 수를 파악하는 것이 아니다.

(오답 C) 더 발전된 버전을 설명하는 내용은 해당 구간에 없다.

(정답 D) 앞에 나온 조건 반사라는 용어를 기억할 거라고 말하는 것은 이미 익숙할 것임을 나타낸다.

[문제 어휘]
exhibit (감정, 특성 등) ~을 보이다, 나타내다 distinguish ~을 구별하다 follow-up 후속적인

Actual Test 1

Answers

Part 1	**1.** B	**2.** C	**3.** D	**4.** D	**5.** B	
	6. C	**7.** C	**8.** BD	**9.** C	**10.** A	**11.** B
Part 2	**1.** C	**2.** CD	**3.** B	**4.** B	**5.** B	
	6. C	**7.** A	**8.** C	**9.** BD	**10.** C	**11.** B
	12. C	**13.** BC	**14.** C	**15.** D	**16.** C	**17.** B

Part 1

Questions 1-5

Listen to a conversation between a student(W) and an employee(M) in the student housing office.

W: Good afternoon. I'm a freshman…[1(B)]so I'll have to live on-campus next year, too…and I've been thinking about my living situation. I know it's a bit early to bring it up.

M: Not at all. Most students who come in are too late! Plus, you have more options to consider since it will be your second year.

W: Right, so I want to make sure I take advantage of that extra freedom. Umm…I've enjoyed my dorm on the West Yard, [1(B)]but I've heard of another option… something called a special-interest house?

M: Ah…right. We have quite a few on campus. There's Ingenuity Hall for engineering, Cleft Hall for music, Eco Hall for biology…

W: And one for sports? Trophy Hall, I believe it's called.

M: Yep. That one is very popular.

W: Well, everyone loves sports, right? But the problem is, I'm not on any of the university's athletic teams. I'm just a sports physiology major.

한 학생(여)과 학생 기숙사 관리처 직원(남) 사이의 대화를 들어보시오.

여: 안녕하세요. 제가 신입생이라서… [1(B)]내년에도 캠퍼스 내에서 생활해야 할 거예요… 그래서 제 생활 환경에 대해 계속 생각해보고 있습니다. 이 얘기를 꺼내는 게 좀 이르다는 걸 알고 있습니다.

남: 전혀 그렇지 않습니다. 이곳에 찾아오는 대부분의 학생들이 많이 늦게 옵니다! 게다가, 2학년이 되기 때문에 고려할 수 있는 선택권이 더 많습니다.

여: 맞아요, 그래서 그 추가적인 자유를 꼭 활용하고 싶어서요. 음… 웨스트 야드에 있는 제 기숙사 생활이 즐겁긴 했지만, [1(B)]다른 선택권에 대한 얘기를 들어서요… 특별 테마 기숙사라고 부르는 거 같던데요?

남: 아… 그렇습니다. 캠퍼스 내에 상당수 있습니다. 공학과 관련된 인제뉴이티 홀이 있고, 음악과 관련해서는 클레프트 홀이, 그리고 생물학과 관련된 에코 홀도 있습니다.

여: 그리고 스포츠와 관련된 것도 하나 있죠? 트로피 홀이요, 그렇게 부르는 것 같던데요.

남: 네. 그곳은 아주 인기가 많습니다.

여: 음, 모든 사람이 스포츠를 아주 좋아하잖아요? 하지만 문제는, 제가 우리 대학의 어떤 운동부에도 들지 않아서요. 저는 그냥 스포츠 생리학 전공자일 뿐입니다.

M: Oh, no problem. The houses are open to anyone, no matter their major. They're just an option to attract people with the same interests.

W: Wouldn't everyone want to live in one then?

M: It might sound appealing to you, [2(C)]but a lot of people also want normal living situations. You know, where they can just be comfortable. There's a lot going on at the special-interest houses. Umm...for example, Trophy Hall, there are always groups organizing pick-up games, students doing fitness activities in the lobby and around the house. It could be distracting to a lot of students.

W: Oh, I see. So you have to be committed to the special interest. But...honestly...that all sounds great to me.

M: Then you're a perfect candidate! [3(D)]Umm...these houses also serve as sort of social clubs. They organize activities for campus, and the residents all work together. [5(B)]Did you participate in the Wilderness 10K Race in the fall? It was open to all students. I'm sure you saw a flyer for it. They were everywhere.

W: Oh yeah! It was fantastic...one of my favorite days of the year.

M: And they do a lot of other campus-wide activities throughout the year, too.

W: That's great! I think I've made up my mind then. How should I apply to Trophy Hall for next year? I've checked the housing department's Web site, and there's a space for preferences.

M: You can write it there, but you'll also have to submit a supplementary application for a special-interest house. You'll find the link on our Web page. [4(D)]But...you should know it's competitive. Only about 20% of the applicants get in.

W: Oh, that's tight. I'd better apply early then.

M: Really, your personal statement is most important. The selection committee needs to know that you'll be a good fit for the house. The best way to express your commitment is through your personal statement.

남: 오, 괜찮습니다. 이 기숙사들은 누구에게나 개방되어 있습니다, 전공은 상관없습니다. 이곳들은 그저 같은 관심사를 지닌 사람들을 끌어들이기 위한 선택권일 뿐입니다.

여: 그럼 모든 사람이 그 중 한 곳에서 생활하고 싶어하지 않을까요?

남: 매력적으로 들릴 수도 있겠지만, [2(C)]많은 사람들이 일반적인 생활 환경을 원하기도 합니다. 그러니까, 그저 편하게 있을 수 있는 곳을요. 특별 테마 기숙사에선 많은 일이 벌어집니다. 음… 예를 들면, 트로피 홀에선, 즉흥 경기를 마련하는 그룹들이 항상 있는데, 로비와 기숙사 건물 주변에서 운동 관련 활동을 하는 학생들입니다. 많은 학생들에게 방해가 될 수 있겠죠.

여: 오, 알겠어요. 그럼 특별한 관심사에 몰두해야 하는 거네요. 하지만… 솔직히… 저는 그 모든 게 아주 좋은 것 같아요.

남: 그럼 완벽한 후보자입니다! [3(D)]음… 이 기숙사들은 또한 일종의 사교 동아리 같은 역할도 합니다. 캠퍼스를 위한 활동들을 마련하고, 입주 학생들이 모두 합심하죠. [5(B)]가을에 있었던 '야생 10K 경주'에 참가하셨나요? 모든 학생들에게 열려 있었는데요. 분명 그 행사 전단을 보셨을 겁니다. 어디에나 있었거든요.

여: 오, 네! 정말 좋았어요… 올해 제가 가장 좋아했던 날들 중의 하나였어요.

남: 그리고 일년 내내 캠퍼스 전역에서 펼쳐지는 많은 다른 활동들도 합니다.

여: 아주 좋은데요! 그럼 저는 마음을 먹은 것 같아요. 내년으로 트로피 홀에 어떻게 신청하나요? 기숙사 관리부의 웹 사이트를 확인해 봤는데, 선호 장소에 대한 칸이 있어서요.

남: 그곳에 작성하면 되지만, 특별 테마 기숙사에 대한 추가 신청서도 제출해야 할 겁니다. 우리 웹 페이지에서 링크를 찾을 수 있을 겁니다. [4(D)]하지만… 경쟁률이 높다는 걸 알아두세요. 오직 신청자의 약 20퍼센트만 수용됩니다.

여: 오, 빡빡하네요. 그럼 일찍 신청하는 게 좋겠네요.

남: 정말, 자기 소개서가 가장 중요합니다. 선정 위원회가 해당 기숙사에 대해 잘 어울리는 사람일지 알아야 하거든요. 본인의 열정을 표현할 수 있는 가장 좋은 방법이 자기 소개서를 통해서 하는 것입니다.

[스크립트 어휘]
bring A up (화제 등) A를 꺼내다 take advantage of ~을 활용하다 dorm 기숙사 physiology 생리학 pick-up game 즉흥 경기 be committed to ~에 몰두하다, 열심이다 serve as ~의 역할을 하다 A-wide A 전역의 make up one's mind 마음을 먹다, 결정하다 supplementary 추가의, 보충의

1. 학생은 왜 남자에게 이야기하러 갔는가? [Topic & Purpose]
(A) 곧 있을 스포츠 행사에 관해 문의하기 위해
(B) 특별 기숙사 선택권에 관해 알아보기 위해
(C) 기숙사 내의 소음에 대해 불만을 제기하기 위해
(D) 최근 제출한 신청서가 어떻게 됐는지 알아보기 위해

해설 (오답 A) 스포츠라는 단어는 언급되었지만 대화의 목적이 아니다.
(정답 B) 내년에 캠퍼스에 살고 싶다고 하면서 특별한 기숙사에 대해 구체적으로 묻는다.
(오답 C) 언급된 적 없는 정보이다.
(오답 D) 아직 신청을 하지 않은 상태이다.

2. 남자의 말에 따르면, 학생들이 왜 스포츠 기숙사에서 생활하고 싶어하지 않을 수도 있는가? [Detail]
(A) 운동에 관심이 없다.
(B) 스포츠 팀에 속해 있지 않다.
(C) 방해받고 싶어 하지 않는다.
(D) 캠퍼스 내의 활동에 참가하지 않는다.

해설 (오답 A) 언급된 적 없는 정보이다.
(오답 B) 스포츠 팀에 상관없이 누구에게나 열려 있다고 남자가 말한다.
(정답 C) 학생은 이 기숙사를 모든 사람이 좋아할 것이라고 했지만 남자는 스포츠 활동이 많아 방해를 받을 수 있어 단점이 되기도 하다고 말한다.
(오답 D) 남자가 캠퍼스 내의 활동을 단점으로 언급한 것은 아니다.

3. 남자가 최근에 캠퍼스에서 있었던 경주대회를 언급하고 있다. 남자는 그와 관련해 무엇을 암시하는가? [Inference]
(A) 오로지 스포츠 기숙사 학생들만 대상으로 하는 것이었다.
(B) 스포츠 기숙사에서 개최되었다.
(C) 대부분의 학생들 사이에서 인기가 있지 않았다.
(D) 스포츠 기숙사 학생들이 마련했다.

해설 (오답 A) 모든 학생들에게 열려 있었다고 언급하고 있다.
(오답 B) 스포츠 기숙사 입주 학생들이 마련한 행사이지, 개최된 장소가 기숙사라고 말하지 않는다.
(오답 C) 언급된 적 없는 정보이다.

(정답 D) 남자가 해당 기숙사 학생들이 준비한 행사의 예시로 최근 경주대회를 언급하고 있다.

4. 남자는 왜 스포츠 기숙사의 입주 경쟁률을 언급하는가? [Organization]
(A) 스포츠 기숙사가 생활하기 좋은 곳이 아님을 암시하기 위해
(B) 학생에게 신청서를 일찍 제출하도록 권하기 위해
(C) 대신 직접 면접을 보도록 학생을 설득하기 위해
(D) 학생이 그 기숙사에 받아들여지지 않을 수도 있음을 나타내기 위해

해설 (오답 A) 생활하기 좋고 나쁨의 문제가 아니다.
(오답 B) 남자가 직접적으로 말한 정보가 아니다.
(오답 C) 언급된 적 없는 정보이다.
(정답 D) 해당 기숙사의 경쟁률이 매우 높다고 말하면서 20퍼센트의 학생만 받아들여진다고 알리는 것은 탈락 가능성이 높다는 뜻이다.

5. 대화의 일부를 다시 들어보시오. 그런 다음, 질문에 답하시오.

남: 가을에 있었던 '야생 10K 경주'에 참가하셨나요? 모든 학생들에게 열려 있었는데요. 분명 그 행사 전단을 보셨을 겁니다. 어디에나 있었거든요.

남자가 다음과 같이 말할 때 무엇을 암시하는가? [Function]
어디에나 있었거든요.

(A) 한 행사의 참가율이 높았다.
(B) 한 행사가 대대적으로 광고되었다.
(C) 한 행사에 대학 측에서 많은 돈을 들였다.
(D) 한 행사가 언론의 관심을 끌었다.

해설 (오답 A) 참가했는지 질문은 했지만 그 후 내용은 광고된 것에 초점이 맞춰진다.
(정답 B) 해당 문장 전에 그 전단을 분명 봤을 거라고 말하므로 대대적으로 광고되었음을 알 수 있다.
(오답 C) 비용과 관련이 없는 내용이다.
(오답 D) 언론 얘기는 관련이 없는 내용이다.

[문제 어휘]
follow up on (후속적으로) ~에 대해 어떻게 됐는지 알아보다, ~에 대한 후속 조치를 취하다 **desirable** 좋은, 원하는, 바람직한 **abundantly** 많이, 풍부하게

Questions 6-11

Listen to part of a lecture in an archaeology class.

Professor:

We've been looking at early cultures around the Near East, 6(C)and today I want us to focus on one site in particular that holds a lot of significance—Catalhoyuk. 11(B)Here, let me write that on the board…it's a Turkish word, and umm… well, this is as close as we get to an English spelling. Umm…and know that this isn't what the original inhabitants called it…we really have no idea about that. But it's located in modern-day Turkey, and while it wasn't the earliest settlement in the Near East, it was settled around 9,000 years ago, 6(C)which places it solidly in the Neolithic Period. From what we've gathered, the settlement was inhabited for a thousand years, and at its height was home to ten thousand people. This would've made it one of the largest settlements in the world during the time period.

Now, you'll remember that the defining quality of the Neolithic Period is, well, it was the late end of the Stone Age. So, for a large agricultural settlement such as Catalhoyuk, the farmers and workers only had stone tools, no metals. The entire town was built by stone tools, and all farming was done with them, too. Luckily, the people had obsidian. It's a black glass-like stone that can easily be chipped into sharp points and edges. 7(C)The sharpest tools of the entire Stone Age were made of obsidian. Um… probably, the people of Catalhoyuk got their obsidian from central Turkey, by trading for it.

The truly unique thing about Catalhoyuk is how the settlement was structured. It was set up as a collection of clustered buildings made mainly of sun-dried mud brick, forming a mass structure. Such an organization did not allow for pathways, roads, or, well…space even between the units, making it similar to a maze of honeycombs. 8(B)The rooftops instead served as the means of traversal and as the points of entry to separate units. These hatches were reached by stairs or ladders, and diagonal cuts in the inside walls of the huts still show where they ran. 8(D)This ceiling opening also served as the only source of ventilation, where the smoke from the hearth and oven would escape. This would have made the dwellings quite smoky, and this has been supported by layers of black soot on the walls. Umm… recovered remains from the site also show that the insides of their ribs were covered in a layer of soot. The house itself consisted of a main room and side rooms for storage. The main room held the hearth for cooking and raised platforms

고고학 수업의 강의 일부를 들어보시오.

교수:

우리는 근동 지역 주변의 초기 문화들을 계속 살펴보고 있으며, 6(C)오늘은 우리가 특히 많은 중요성을 지니고 있는 한 장소, 즉 차탈휘위크에 초점을 맞춰보고자 합니다. 11(B)여기, 제가 칠판에 써 드리겠습니다… 이 단어가 터키어인데, 그리고 음… 그러니까, 이게 우리가 영어 철자와 가능한 한 가깝게 쓰는 것입니다. 음… 그리고 이게 원주민들이 불렀던 이름이 아니라는 걸 알아두세요… 우리는 이와 관련해서는 정말 아는 바가 없습니다. 하지만 이곳은 오늘날 터키가 있는 곳에 위치해 있으며, 근동 지역에서 가장 오래된 정착지는 아니었지만, 약 9,000년 전에 자리잡은 곳으로서, 6(C)그 시기는 분명 신석기 시대에 해당됩니다. 우리가 모은 자료에 따르면, 이 정착지에 1천년 동안 사람이 거주했으며, 최고조에 달했을 땐 1만 명이나 되는 사람들이 살던 거주지였죠. 이로 인해 당시에 전 세계에서 가장 큰 정착지들 중의 하나였을 겁니다.

자, 여러분은 신석기 시대를 정의하는 특징을 기억할 텐데, 음, 석기 시대 말기에 해당되는 때였죠. 따라서, 차탈휘위크 같은 거대 농업 정착지의 경우에도, 농부와 일꾼들이 오직 석기만 사용했으며, 금속은 없었죠. 마을 전체가 석기로 지어졌고, 모든 농사도 그것으로 진행되었습니다. 다행히, 그 사람들은 흑요석이 있었습니다. 이는 흑색의 유리 같은 돌로서, 쉽게 깎아내 끝부분이나 가장자리 부분을 날카롭게 만들 수 있었습니다. 7(C)전체 석기 시대에서 가장 날카로운 도구는 흑요석으로 만들어졌죠. 음… 아마도 차탈휘위크 사람들은 교환을 통해 흑요석을 터키 중부에서 얻었을 것입니다.

차탈휘위크와 관련해 정말 특별한 부분은 이 정착지가 지어진 방식입니다. 주로 햇빛에 건조시킨 진흙 벽돌로 만든 건물들이 무리를 이뤄 한 데 모인 상태로 세워지면서, 대규모 구조물을 형성했습니다. 이런 식의 구성은 통행로나 도로, 또는 음… 심지어 개체들 사이 공간을 허용하지 않았기 때문에, 미로 같은 벌집과 유사한 모습이 되었죠. 8(B)그 대신 지붕이 횡단 이동 방식이자 각 개체에 대한 출입 지점의 역할을 했습니다. 이 출입구는 계단이나 사다리로 접근했으며, 이 오두막집의 내부 벽에 사선으로 만들어진 지름길은 여전히 어디로 이어지는지 보여줍니다. 8(D)이 천장의 구멍은 또한 유일한 통풍구의 역할을 했으며, 이곳으로 난로와 화덕에서 나오는 연기가 빠져나갔습니다. 이는 그 거주지를 상당히 연기가 자욱하게 만들었을 텐데, 이러한 모습은 벽마다 남아 있는 여러 겹의 검은 그을음에 의해 뒷받침되었습니다. 음… 그곳에서 찾은 유해에서도 갈비뼈 안쪽이 한 겹의 그을음으로 덮여 있었음을 보여줍니다. 집 자체는 하나의 안방과 물품 보관용 옆방들로 구성되었습니다. 안방엔 요리를 위한 난로와 가정 내의 다양한 활동에 필요한 높은 단상들이 있었습니다. 난로 속에 남아 있던 얇은 흑요석 조각들은 도구들이 이곳에서 만들어졌

for various domestic activities. Flakes of obsidian in the hearths also suggest that tools were made here.

With everything collapsed together, [9(C)]Catalhoyuk also had an interesting choice of burial sites. The graves were actually underneath the houses, below the floors where people lived. And, as strange as it seems, this may provide our best clue as to why the houses were built so close together. The first hypothesis was that the structure was for defense. But...no evidence of any kind of outside danger has ever been recovered. So, instead, it's possible that these people desired to live as close to the departed—their ancestors' graves—as possible. So, literally, right on top of them. And...it's possible. But this is how far archaeological evidence can lead you. [10(A)]This assumption is being made solely on the location of the houses and the graves. It's OK if you think it's a bit of a leap. Without written records, we're left to speculate. Physical artifacts leave a lot of blank space for us to fill in.

Umm...and this shortcoming applies to the art of Catalhoyuk as well. The plaster walls of the dwellings are adorned with hunting scenes featuring a variety of wild animals. We know they hunted alongside their agricultural endeavors...but what was the purpose of the paintings? Did they have a religious or spiritual intention? We have the same questions about any prehistoric art, really, including cave paintings. And all we can do is keep digging, hoping to one day stumble on a puzzle piece that offers another clue.

다는 점도 나타냅니다.

모든 것이 한꺼번에 무너지면서, [9(C)]차탈휘위크에는 매장지에 대한 흥미로운 선택권도 생겼습니다. 무덤들은 실제로 그 집들이 있던 곳 아래에, 즉 사람들이 살던 바닥 밑에 있었습니다. 그리고, 이상하게 보이는 것만큼, 이는 우리에게 왜 그 집들이 그렇게 서로 가까이 지어졌는지에 관해 가장 좋은 단서를 제공해줄 수도 있습니다. 첫 번째 가설은 그 구조물이 방어용이었다는 것이었습니다. 하지만… 어떤 종류든 외부의 위험 요소를 보여주는 증거를 아직 찾지 못했습니다. 따라서, 그 대신, 이 사람들이 고인이 된 사람들, 즉 조상들의 무덤과 가능한 한 가까이에서 생활하기를 바랐을 가능성이 있습니다. 그러니까, 그야말로, 고인이 된 사람들 바로 위에서 말이죠. 그리고… 그럴 가능성이 있습니다. 하지만 이는 고고학적 증거가 얼마나 멀리 여러분을 이끌어줄 수 있는가 하는 부분입니다. [10(A)]이러한 추정은 오로지 그 집들과 무덤들의 위치만을 근거로 해서 이뤄지고 있습니다. 약간 비약이라고 생각해도 괜찮습니다. 문서로 작성된 기록이 없다면, 우리에겐 추측하는 일이 남게 됩니다. 물리적인 인공 유물은 우리가 채워야 할 많은 여백을 남겨 놓습니다.

음… 그리고 이러한 결점은 차탈휘위크의 예술에도 적용됩니다. 거주지에 회반죽으로 만든 벽들은 다양한 야생 동물을 특징으로 하는 사냥 장면들로 장식되어 있습니다. 우리는 이 사람들이 농업에 대한 노력과 함께 사냥을 했다는 사실을 알고 있지만… 이 그림의 목적은 무엇이었을까요? 종교적이거나 정신적인 목적을 지니고 있었을까요? 우리는 동굴 벽화를 포함해, 정말로, 모든 선사시대 예술과 관련해 동일한 질문을 던집니다. 그리고 우리가 할 수 있는 거라곤 계속 파헤쳐 나가는 겁니다, 언젠가 또 다른 단서를 제공해주는 퍼즐 한 조각을 우연히 발견하길 바라면서 말이죠.

[스크립트 어휘]
Near East 근동 지역(지중해 동쪽 연안 지역, 현재의 터키와 이스라엘, 시리아 등이 있는 곳을 가리킴) original inhabitant 원주민 settlement 정착지 have access to ~을 이용할 수 있다, ~에 접근할 수 있다 obsidian 흑요석 chip ~을 깎아내다 in terms of ~의 측면에 있어, ~와 관련해서는 clustered 무리를 이룬 unit 개체, 구성 단위, 한 가구 maze 미로 honeycomb 벌집 traversal 횡단, 가로지르기 hatch (위쪽으로 오르내리는) 출입구 diagonal 사선의 cut 지름길 ventilation 통풍, 환풍 dwelling 거주지 soot 그을음 remains 유해 consist of ~로 구성되다 hearth 난로 burial site 매장지 hypothesis 가설 the departed 고인이 된 사람들 leap 비약 speculate 추측하다 shortcoming 결점, 단점 adorn ~을 장식하다 feature ~을 특징으로 하다 stumble on ~을 우연히 발견하다

6. 강의는 주로 무엇에 관한 것인가? [Topic & Purpose]
(A) 신석기 시대 문화의 예술품
(B) 신석기 시대의 농업용 기구
(C) 한 신석기 시대 정착지의 구조
(D) 농업에 쓰이는 흑요석의 용도

해설 (오답 A) 신석기 시대의 예술품이 간략하게 언급은 되었지만 주제는 아니다.
(오답 B) 신석기 시대의 농업용 기구가 간략하게 언급은 되었지만 주제는 아니다.
(정답 C) 교수가 오늘은 한 장소에 집중한다고 알리면서 확실하게 신석기 시대였다고 강조한다.
(오답 D) 흑요석은 일부 정보에 불과하다.

7. 교수가 차탈휘위크 사람들의 석기와 관련해 암시하는 것은 무엇인가? [Inference]

(A) 인근 지역에서 나온 돌로 만들었다.
(B) 여러 매장지에서 발견되었다.
(C) 석기 시대에서 가장 날카로운 도구였다.
(D) 사람들에게 귀중한 거래 자원이었다.

해설 (오답 A) 흑요석은 인근 지역이 아닌 터키 중부에서 왔다고 추정하고 있다.
(오답 B) 언급된 적 없는 정보이다.
(정답 C) 석기 시대에서 가장 날카로운 도구는 흑요석으로 만들어졌으므로 정답이다.
(오답 D) 석기가 귀중한 거래 자원이라는 정보는 없다.

8. 교수가 차탈휘위크 거주지의 출입구와 관련해 언급하는 것은 무엇인가? [Detail]
두 개의 선택지를 클릭하시오.

[A] 온기를 유지하기 위해 꽉 닫혔다.
[B] 지붕에 위치해 있었다.
[C] 앞뒤로 모두 거리들과 연결되었다.
[D] 집안 연기가 빠지도록 환기해 주었다.

해설 (오답 A) 언급된 적 없는 정보이다.
(정답 B) 사람들이 지붕을 통해 통행했다고 한다.
(오답 C) 통행로나 도로 등의 공간이 없었다고 한다.
(정답 D) 출입구를 통해 연기가 빠지며 환기되었다고 한다.

9. 교수는 차탈휘위크의 무덤과 관련해 무엇이 독특하다고 말하는가? [Detail]

(A) 무덤들이 많은 양의 흑요석을 포함했다.
(B) 무덤들이 대규모 매장용으로 이용되었다.
(C) 무덤들이 집들 바닥 아래에 있었다.
(D) 무덤들이 검은 그을음으로 덮여 있었다.

해설 (오답 A) 무덤들에 흑요석이 많이 있었는지는 알 수 없다.
(오답 B) 대규모 매장은 알 수 없는 정보이다.
(정답 C) 차탈휘위크의 무덤이 흥미롭다고 하면서 그 무덤은 사람이 사는 집 바닥 아래에 있었다고 한다.
(오답 D) 그을음은 언급된 적 있으나 무덤과는 관련 없는 정보이다.

10. 차탈휘위크의 무덤들과 관련된 이론에 대한 교수의 의견은 무엇인가? [Attitude]

(A) 충분한 증거로 뒷받침되지 못하고 있다고 생각한다.
(B) 새로운 이론과 모순되는 것이었다고 생각한다.
(C) 다른 곳에서 이용되는 이론들과 일치한다고 생각한다.
(D) 고대의 사람들과 관련해 이론을 만드는 게 불가능하다고 생각한다.

해설 (정답 A) 문서 기록이 아닌 집과 무덤의 위치로만 추정한다는 것은 충분한 증거가 되지 못한다는 의미이다.
(오답 B) 모순된다는 내용은 없다.
(오답 C) 언급된 적 없는 정보이다.
(오답 D) 불가능하다고 말한 적은 없다.

11. 강의의 일부를 다시 들어보시오. 그런 다음, 질문에 답하시오.

여기, 제가 칠판에 써 드리겠습니다… 이 단어가 터키어인데, 그리고 음… 그러니까, 이게 우리가 영어 철자와 가능한 한 가깝게 쓰는 것입니다. 음… 이게 원주민들이 불렀던 이름이 아니라는 걸 알아두세요… 우리는 이와 관련해서는 정말 아는 바가 없습니다.

교수가 다음과 같이 말할 때 무엇을 암시하는가? [Function]
이게 우리가 영어 철자와 가능한 한 가깝게 쓰는 것입니다.

(A) 고고학자들이 한 단어의 유래를 확신하지 못한다.
(B) 해당 단어를 영어로 표기하기 어렵다.
(C) 학생들이 해당 용어를 다른 것과 자주 헷갈려 한다.
(D) 칠판에 쓰면서 철자를 잘못 적었다.

해설 (오답 A) 터키어라고 밝히고 있다.
(정답 B) 이 단어는 터키어, 즉 익숙한 언어가 아님을 말하며 영어로 최대한 가깝게 작성한다는 것은 해당 단어를 영어로 표기하기 어렵다는 뜻이다.
(오답 C) 학생들이 헷갈려 함을 암시하는 것은 아니다.
(오답 D) 잘못 적은 것이 아니라 해당 철자는 어렵다는 점이 핵심이다.

[문제 어휘]
contradict ~와 모순되다, ~에 반박하다 transcribe (문자로) ~을 표기하다, 쓰다

Part 2

Questions 1-5

Listen to part of a conversation between a student(W) and her history professor(M).

W: After doing some more research, I'm positive that I want to focus on 19th century American journalism, especially toward the start of the century. [1(C), 2(C)]I knew what I wanted to do as soon as you showed us that old newspaper in class, the issue of New York World from 1902. It's just fascinating to see how the medium has transformed over the past century.

M: Well, I could show you even older ones, but you're right—experiencing a primary source like that can be very inspirational to scholars, especially young ones like yourself. And compared to other sources, nothing gives you a better gauge of the common sentiments and values of the time and community than a newspaper.

W: From some of my journalism classes, I knew there was no shortage of weekly and daily newspapers. I'm still surprised that so many still exist today, though. Shouldn't they have, I don't know, deteriorated?

M: Keep in mind, old newspapers were made with quite different materials. Nowadays, they're made to be recyclable and reusable. Old newspapers, while not as eco-friendly, were at least rather durable.

W: And a lot of them are on microfilm, right?

M: Right. Other issues of New York World are on microfilm at the library. I'm sure you'll become quite familiar with the microfilm archive while doing your research. Umm… and you know, the library is even in the process of putting the archive online, too. [3(B)]I don't believe they're finished, but you should still ask a librarian if any of the newspapers are online yet. But, I have to check…you are aware that 19th century journalism is far too broad of a topic for this assignment, correct?

한 학생(여)과 담당 역사학 교수(남) 사이의 대화 일부를 들어보시오.

여: 조사를 좀 더 해보고 나니까, 저는 19세기 미국 저널리즘, 특히 그 세기로 접어들던 때에 확실히 초점을 맞춰보고 싶어요. [1(C), 2(C)]교수님께서 수업 중에 옛날 신문인 <뉴욕 월드>의 1902년 발행본을 저희에게 보여주시자마자 제가 뭘 하고 싶은지 알게 되었죠. 매체가 지난 세기에 걸쳐 어떻게 변모해 왔는지 살펴보는 게 그야말로 매력적이에요.

남: 음, 훨씬 더 오래 된 것을 보여줄 수도 있었지만, 맞아요, 그것처럼 1차 자료를 경험해보는 일이 학자들에겐 아주 큰 영감을 주는 일이 될 수 있죠, 특히 학생처럼 젊은 연구자들에게 그렇습니다. 그리고 다른 자료들과 비교할 때, 신문만큼 시대와 공동체가 지닌 공통된 정서 및 가치에 대해 더 나은 척도를 제공해주는 것이 없습니다.

여: 제가 들은 몇몇 저널리즘 수업을 통해서, 주간지와 일간지가 부족하지 않았다는 걸 알고 있었어요. 하지만, 그 많은 게 오늘날에도 여전히 존재한다는 게 여전히 놀라워요. 그 신문들이, 잘 모르긴 하지만, 상태가 나빠져야 하지 않나요?

남: 옛날 신문들이 상당히 다른 재질로 만들어졌다는 점을 명심하세요. 요즘은, 재활용되고 재사용될 수 있게 만들어지죠. 옛날 신문들은, 지금처럼 환경 친화적이진 않았지만, 최소한 꽤 내구성이 좋았습니다.

여: 그럼 그 많은 신문들이 마이크로필름으로 있겠네요?

남: 그렇죠. <뉴욕 월드>의 다른 발행본들도 도서관에 마이크로필름으로 있습니다. 조사 과정에서 분명 마이크로필름 기록 보관에 대해 꽤 익숙해졌으리라 생각합니다. 음… 그래서 말하자면, 도서관이 심지어 그 보관 자료를 온라인으로도 올려 놓는 작업을 하는 과정에 있기도 합니다. [3(B)]그 작업을 완료했을 것 같진 않지만, 여전히 사서에게 이 신문들의 어떤 것이든 온라인에 올라와 있는지 물어봐야 합니다. 하지만, 확인해 볼 것이 있는데… 19세기 저널리즘이 이 과제물에 대해 아주 많이 광범위한 주제라는 걸 알고 있는 게 맞나요?

W: Oh, I know. Umm…I was going to ground it in a major event…umm…possibly the Napoleonic Wars, since we'll spend a lot of time on that topic in class. [2(D)]Since most of the primary sources we'll read will be French translations, I thought it would be interesting to read about the events from an American perspective, through how American newspapers reported on what was happening in Europe.

M: OK. That angle should make your paper specific enough. But, also keep in mind that this is a history paper. Your grade will depend on the amount of details you're including. And, the best way to do that is to focus not only on the Napoleonic Wars—themselves a vast topic—but on key events concerning it. Say, the Battle of Waterloo.

W: Well, [4(B)]I was planning to focus on the Congress of Vienna.

M: Oh, perfect!

W: And, well, [4(B)]since I want the American perspective, I was going to examine how different newspapers…you know, from different cities…reported on it. Like, how did Americans feel about what was happening in Europe?

M: Yes, fantastic. But, a word of warning: I recently attended a history conference where one of the main presenters spoke about the development of liberalism and nationalism that followed the Napoleonic Wars. And, well, since these are major ideas, how they were reported on in the newspapers was severely limited… at times, uninformed even. [5(B)]So, be aware when using newspapers as primary sources…the writers most likely were not experts on the more complex social and political issues. So, make sure you base your big ideas on scholarly work, and use the newspapers to learn the, you know, everyday understanding of these major events in the world. Oh, I don't have a copy of that paper anymore…from the presenter…but it should be easy to find. It's recent. Let me write down his name for you.

여: 오, 알고 있습니다. 음… 저는 한 가지 주요 사건에 바탕을 둘 생각이었는데… 음… 아마 나폴레옹 전쟁일 가능성이 있는데, 저희가 수업 중에 이 주제에 대해 많은 시간을 들이게 될 것이기 때문입니다. [2(D)]저희가 읽게 될 1차 자료 대부분이 프랑스어 번역물일 것이라서, 미국의 시각으로 그 사건들에 관한 내용을 읽으면 흥미로울 거라고 생각했어요. 미국의 신문들이 유럽에서 벌어지고 있던 일을 어떻게 보도했는지를 통해서요.

남: 좋아요. 그런 시각이라면 과제물이 충분히 구체적이게 될 겁니다. 하지만, 이건 역사 과제라는 점도 명심하세요. 과제에 포함하는 상세 정보의 분량에 따라 학점이 달라질 겁니다. 그리고, 그렇게 하는 가장 좋은 방법은 나폴레옹 전쟁뿐만 아니라, 그 자체로도 방대한 주제이지만, 이 주제와 관련된 핵심 사건들에 대해서도 초점을 맞추는 것입니다. 예를 들면, 워털루 전투처럼 말이에요.

여: 그게, [4(B)]저는 빈 회의에 초점을 맞출 계획이었어요.

남: 오, 완벽합니다!

여: 그리고, 저, [4(B)]제가 미국인의 시각을 원하고 있기 때문에, 어떻게 다른 신문들이… 그러니까, 여러 다른 도시에서 발간된 것들이… 그것을 보도했는지 살펴볼 생각이었습니다. 말하자면, '미국인들이 유럽에서 벌어지는 일에 대해 어떻게 생각했는가?'와 같이요.

남: 네, 아주 좋습니다. 하지만, 한 가지 주의할 점은, 제가 최근에 한 역사 학회에 다녀왔는데, 주요 발표자들 중의 한 분이 나폴레옹 전쟁 후에 뒤따랐던 자유주의와 민족주의의 발전에 관해 이야기한 게 있습니다. 그리고, 음, 이것들이 주요 사상이기 때문에, 신문에서 보도된 방식이 심각하게 제한적이었습니다… 때로는, 심지어 정보가 갖춰져 있지 않기도 했습니다. [5(B)]따라서, 유의해야 하는 점은 신문을 1차 자료로 이용할 때… 기사를 쓴 사람들이 사회 및 정치적으로 더 복잡한 사안들에 대한 전문가가 아니었습니다. 따라서, 반드시 큰 주제는 학술적인 저서에 바탕을 두면서, 신문을 활용해, 그러니까, 세계의 이런 주요 사건들에 대한 일상적인 해석을 알아두도록 하세요. 오, 제가 그 자료 사본을 더 이상 갖고 있지 않네요… 그 발표자에게서 받은 것 말입니다… 하지만 찾기 쉬울 거예요. 최근에 열렸던 행사니까요. 제가 그분 성함을 적어 드릴게요.

[스크립트 어휘]

fascinating 매력적인, 아주 흥미로운 medium 매체 transform 변모하다, 탈바꿈하다 primary source 1차 자료, (역사학) 1차 사료
inspirational 영감을 주는 gauge 척도, 기준 sentiment 정서 deteriorate 나빠지다, 악화되다 durable 내구성이 좋은 microfilm 마이크로필름
(문서 등을 축소 복사해서 보존하는 필름) archive 보관(소), 보관 자료 ground A in B A를 B에 바탕을 두다(= base A on B) perspective 관점, 시각
depend on ~에 따라 다르다, ~에 달려 있다

1. 대화는 주로 무엇에 관한 것인가? [Topic & Purpose]
(A) 오래된 신문을 보존하는 여러 다른 방법들
(B) 19세기 미국 저널리즘의 발전
(C) 오래된 신문을 역사적인 자료로 활용하는 것
(D) 나폴레옹 전쟁에 관한 언론 보도

해설 (오답 A) 보존하는 것에 대한 내용이 주가 아니다.
(오답 B) 발전에 관한 내용이 주가 아니다.
(정답 C) 대화 초반부에 학생이 교수님이 보여줬던 오래된 신문이 흥미롭다고 하면서 그와 관련된 이야기가 중점적으로 흘러간다.
(오답 D) 나폴레옹 전쟁은 세부 내용으로 나온다.

2. 무엇으로 인해 학생이 자신의 학기말 과제 주제를 고르게 되었는가? [Detail]
두 개의 선택지를 클릭하시오.

[A] 도서관의 온라인 마이크로필름 보관 자료를 찾아본 일
[B] 저널리즘과 역사학에 대한 복수 전공
[C] 수업 중에 오래된 신문을 본 일
[D] 번역물을 통해 역사를 공부하는 일

해설 (오답 A) 마이크로필름 자료가 언급은 되었지만 학생이 과제 주제를 선택한 이유는 아니다.
(오답 B) 언급된 적 없는 정보이다.
(정답 C) 학생이 수업 시간에 오래된 신문을 본 후에 본인이 뭘 하고 싶은지 알았다고 한다.
(정답 D) 앞으로 번역물을 통해 역사를 공부하게 될 것이기 때문에 해당 주제를 골랐다고 한다.

3. 교수는 사서에게 무엇을 물어보라고 학생에게 말하는가? [Detail]
(A) 어느 층에 프랑스 역사와 관련된 연구 자료가 있는지
(B) 신문들이 온라인에서 볼 수 있는지
(C) 다른 도서관에 있는 마이크로필름을 요청할 수 있는지
(D) 도서관이 어떻게 오래된 신문 발행본들을 보존하는지

해설 (오답 A) 대화 내용과 상관없이 일반적으로 사서에게 문의하는 내용을 기술한 오답이다.

[문제 어휘]
coverage (언론의) 보도, 취재 unreliable 신뢰할 수 없는

(정답 B) 신문들이 온라인에도 있는지 사서에게 물어보라고 했다.
(오답 C) 대화에 언급된 단어들을 이용하여 혼란을 주는 오답 보기이다.
(정답 D) 대화에 언급된 단어들을 이용하여 혼란을 주는 오답 보기이다.

4. 학생이 자신의 연구 과제물에서 어떤 주제와 관련된 내용을 작성할 것 같은가? [Detail]
(A) 워털루 전투에 대한 미국 정부의 대응
(B) 빈 회의에 대한 서로 다른 신문들의 시각
(C) 나폴레옹 전쟁이 미국의 민족주의에 미친 영향
(D) 미국과 프랑스의 기자들이 지닌 다른 문체들

해설 (오답 A) 워털루 전쟁은 하나의 예시이기에 학생이 집중할 핵심 주제가 아니다.
(정답 B) 빈 회의에 집중할 거라고 하면서 그에 대해 다른 신문들이 어떻게 보도하는지도 살펴볼 거라고 한다.
(오답 C) 언급된 적 없는 정보이다.
(오답 D) 다른 문체로 작성한다고 한 적은 없다.

5. 교수가 한 학회의 발표를 언급할 때 교수와 관련해 유추할 수 있는 것은 무엇인가? [Inference]
(A) 자신이 저지른 것과 같은 실수를 학생이 하지 않기를 원한다.
(B) 학생이 신뢰할 수 없는 정보 자료를 이용할까 우려하고 있다.
(C) 한 연구 분야가 점점 더 인기를 얻고 있다고 생각한다.
(D) 학생이 자신의 동료들 중 한 명을 인터뷰해야 한다고 생각한다.

해설 (오답 A) 교수의 실수와 관련된 내용은 없다.
(정답 B) 신문을 주요 자료로 조사할 때 기자들이 전문가가 아님을 주의하라고 하므로 신뢰할 수 없는 정보를 이용할까 우려함을 알 수 있다.
(오답 C) 언급된 적 없는 정보이다.
(오답 D) 특정 자료를 찾는 일을 언급할 뿐, 인터뷰하라는 것은 아니다.

Questions 6-11

Listen to part of a lecture in an American history class.

Professor:

The 19th century was a time of transformation for America, socially, politically, and economically. Perhaps the most profound was brought on by rapid industrialization, which directed the nation away from its agricultural base. And, as with all great transitions in societies, it also marked a great shift in power…in who held it, where it resided…and how it was obtained. Businesses became incredibly powerful, while the government's own power weakened. [6(C)]So, how did this elite tier of businessmen accumulate so much power?

I think a good place to start answering some of these questions is with Andrew Carnegie and his…umm…let's say conquest of the steel industry. We've examined the influence of the railroad on American society, so we know how massive of an undertaking it was—a nationwide railroad system. Well, Carnegie also recognized its scale. He also realized how much steel it would take to achieve. So, he created the most modern steel mill in the world, capable of mass output, and, more importantly, he conceived of a new business model called vertical integration. With vertical integration, every step of a production process is performed by the same company. So, for steel, this meant Carnegie's company would…say…mine iron from mines it owned. It would also transport that ore from the mine to the mill, where Carnegie's mill churned out steel, which his company then sold and distributed. [7(A)]In fact, his execution of vertical integration was so successful that he virtually controlled the entire steel industry. And, as you can imagine, the man who controls steel would have a serious amount of power in a society. This is just one way an individual accrued so much power.

Another prime example is John D. Rockefeller. Umm… I'm sure you recognize all these names. Well, we'll get to that later. Rockefeller was in the oil business. He owned a refinery and wanted to control more of his market—so, reduce his competition. One way to achieve this would be to purchase his competitors. But, at that time, one corporation could not own another like that. So, he created his own work-around. [11(B)]He created a new business entity and called it a trust. Now, a trust is…well, that isn't important right now. It's rather complicated. All we need to know for now is that a trust could run an entire industry from a single team of managers. The managers worked together, and

미국 역사 수업의 강의 일부를 들어보시오.

교수:

19세기는 미국에게 있어 사회적으로, 정치적으로, 그리고 경제적으로 큰 변화의 시기였습니다. 아마 가장 큰 변화는 빠른 산업화로 인해 야기되어, 농업에 기반을 두었던 국가를 다른 방향으로 전환시킨 일이었을 겁니다. 그리고, 사회에서 일어나는 모든 큰 전환들과 마찬가지로, 권력의 큰 변화도 나타냈습니다… 누가 그것을 쥐고 있었는가, 어디에 속해 있었는가… 그리고 어떻게 얻게 되었는가 하는 것을 말입니다. 기업들은 믿을 수 없을 정도로 막강해진 반면, 정부 자체의 권력은 약화되었습니다. [6(C)]그럼, 어떻게 이 엘리트 사업가 계층은 그렇게 큰 권력을 축적했을까요?

이 질문들의 일부에 대한 대답을 찾는 것을 시작하기 좋은 부분이 앤드류 카네기와 그의… 음… 말하자면 철강 산업 정복과 관련된 것이라고 생각합니다. 우리가 철도가 미국 사회에 미친 영향을 살펴봤기 때문에, 그 일이, 즉 전국적인 철도망 구축이라는 사업이 얼마나 큰 규모인지 알고 있습니다. 음, 카네기도 그 규모를 인식했습니다. 또한 그 목표를 달성하는 데 얼마나 많은 강철이 필요할지도 알았죠. 따라서, 그는 대규모 생산량을 감당할 수 있는, 전 세계에서 가장 현대적인 제철소를 만들었으며, 더욱 중요한 점은, 그가 수직적 통합이라고 부르는 새로운 비즈니스 모델을 마음 속에 품었다는 사실입니다. 수직적 통합을 통해, 생산 과정의 모든 단계가 같은 회사에 의해 이뤄졌습니다. 따라서, 강철의 경우에는, 카네기의 회사가… 예를 들자면… 자체적으로 소유하고 있던 광산에서 철을 채굴했다는 것을 의미했습니다. 또한 그 광석을 광산에서 제철소로 운송했으며, 카네기의 제철소에서 강철을 대량 생산한 다음, 그의 회사에서 판매하고 유통시켰습니다. [7(A)]실제로, 그가 실행한 수직적 통합 모델은 아주 성공적이어서 사실상 그가 철강 산업 전체를 쥐락펴락했죠. 그리고, 상상이 되시겠지만, 철강 산업을 거머쥐고 있는 사람은 사회 내에서 상당히 큰 권력을 발휘하게 될 겁니다. 이는 한 개인이 아주 큰 권력을 축적했던 한 가지 방법일 뿐입니다.

또 다른 중요한 예는 존 D. 록펠러입니다. 음… 분명 여러분은 이 사람들의 이름을 모두 알고 있을 겁니다. 저, 이 부분은 나중에 살펴보겠습니다. 록펠러는 석유 산업에 몸담고 있었습니다. 그는 정유소를 소유하고 있었으며, 그 시장에서 더 많은 것을 좌지우지하기를, 그러니까, 경쟁을 줄이기를 원했습니다. 이를 달성하기 위한 한 가지 방법이 경쟁사를 매입하는 일이었을 겁니다. 하지만, 당시에는, 한 기업이 이런 식으로 다른 기업을 소유할 수 없었습니다. 따라서, 그는 자신만의 차선책을 만들어냈습니다. [11(B)]그는 새로운 사업체를 하나 만들었고, 트러스트라고 불렀습니다. 자, 트러스트란… 음, 이건 당장 중요하진 않습니다. 다소 복잡합니다. 우리가 지금 알아두어야 하는 건 트러스트가 책임자들로 구성된 단 하나의 팀

then their companies did, too. So, while it looked like independent companies in competition, they all moved under the same hand of the trust. And it was effective… highly so. Rockefeller owned nearly 90% of the oil refineries in the country through his trust. And, just like today, the control of oil comes with a lot of political power.

These were two different strategies for dominating an industry, but…umm…there are plenty more. Similar titans sprung up in nearly every industry. You know, these winning strategies were copied and spread like wildfire…in railroads, food processing, energy… Now, maybe you're thinking… [8(C)]what about the government? And that was another benefit all these players had. The government stayed pretty much hands-off. Why? Where was the regulation? Well, obviously, these men had absurd sums of money…which always creates a gravitational pull on political interests. But they themselves were also sources of wealth. They made huge contributions to society. [9(B)]They developed cities, backed new technologies, improved production techniques, all of which strengthened the economy and, therefore, America. [9(D)]Not to mention their philanthropic endeavors… they donated vast sums to charities. Andrew Carnegie was extremely generous with his wealth. And that's why you still see these names all over New York City and the Rust Belt.

Umm…there's another reason, too, which is part of a "Bigger Idea." These leaders of industry were seen as the pinnacle of a political theory that was dominant in the 19th century. Maybe you've heard of it…the laissez-faire doctrine. It's French for "leave it alone," which basically sums up the theory's core belief—that, if the government just stays out of the market, it will grow and improve on its own. Nowadays, we think of this idea as a contention between regulation and deregulation…how much the government can interfere in the private market. It was popular in the 19th century, and men like Carnegie and Rockefeller were the embodiment of its promises. Legislators didn't challenge them, and when an issue did arrive in the courts, the existing laws usually sided with business.

Of course…it wasn't all wealth and prosperity. Once the consequences of such business practices became evident, attempts were initiated to chip away at the immense power of these companies. Too often they were able to exploit both workers and customers, manipulating wages and prices, controlling both supply and demand. And the little guy…the small business owner or farmer, had no hope of competing. [10(C)]Enough worker movements and bad press forced the government to act, so it passed two foundational

으로 업계 전체를 운영할 수 있었다는 점입니다. 이 책임자들은 함께 일했으며, 그들의 회사들도 그렇게 했습니다. 따라서, 경쟁에 놓인 독립적인 회사들처럼 보였지만, 모두 동일한 트러스트의 영향력 하에 움직였습니다. 그리고 이는 효과적이었습니다… 아주 대단히 말이죠. 록펠러는 트러스트를 통해 전국에 있는 정유 회사의 거의 90퍼센트를 소유했습니다. 그리고, 오늘날과 마찬가지로, 석유에 대한 통제에는 많은 정치적 권력이 수반됩니다.

이것들은 한 업계에서 군림하는 두 가지 다른 전략들이었지만… 음… 더 많은 것이 존재합니다. 거의 모든 업계에서 유사한 거대 기업이 우후죽순처럼 생겨났습니다. 그러니까, 이 승리 전략들을 모방해 산불처럼 확산되었는데… 철도, 식품 가공 처리, 에너지 등등의 분야에서 말이죠… 자, 아마 여러분은 이렇게 생각할 겁니다… [8(C)]정부는 어떨까? 그리고 그건 이 모든 회사들이 누렸던 또 다른 이점이었습니다. 정부는 아주 많이 손을 놓은 상태로 있었습니다. 왜 그럴까요? 규제는 어디로 간 걸까요? 음, 분명, 이 사람들은 불합리한 액수의 돈을 벌어들였고… 이는 언제나 정치적 이권에 대한 중력과 같은 힘을 만들어냈습니다. 하지만 이 사람들 자신이 바로 부의 원천이기도 했죠. 이들은 사회에 엄청난 기여를 했습니다. [9(B)]도시들을 발전시켰고, 새로운 기술을 후원했으며, 생산 방법을 향상시켰는데, 이 모든 것이 경제를, 그리고 그에 따라, 미국을 부강하게 만들었습니다. [9(D)]이들의 자선 활동은 언급할 필요도 없이… 이들은 막대한 액수의 돈을 자선 단체에 기부했습니다. 앤드류 카네기는 자신의 부에 대해 대단히 너그러웠습니다. 그리고 그게 바로 여러분이 여전히 이 사람들의 이름을 뉴욕 시와 러스트 벨트 전역에서 접하고 있는 이유입니다.

음… 또 다른 이유도 존재하는데, 이는 "더 큰 그림"의 일환입니다. 이 업계 선도자들은 19세기에 지배적이었던 정치적 이론의 정점으로 여겨졌습니다. 아마 들어보았을 텐데요… 자유방임주의가 바로 그것입니다. 이는 "그대로 두라"는 뜻의 프랑스어인데, 이 이론의 핵심적인 신념을 압축해서 보여주는 것으로서, 정부가 그저 시장에 관여하지 않고 있으면, 시장이 자체적으로 성장하고 향상된다는 겁니다. 요즘, 우리는 이 개념을 규제와 규제 완화 사이의 논쟁으로 생각하고 있죠… 정부가 얼마나 많이 민간 시장에 개입할 수 있는가 하는 문제처럼 말이죠. 이 개념은 19세기에 대중적이었으며, 카네기와 록펠러 같은 사람이 그러한 믿음의 전형이었습니다. 의원들은 이들에게 이의를 제기하지 않았으며, 어떤 문제가 법정에 이르게 되면, 현행 법은 일반적으로 기업의 편을 들었습니다.

물론… 부와 번영이 전부는 아니었습니다. 이러한 기업 관행들에 따른 결과가 분명해지자, 이러한 회사들이 지닌 엄청난 힘을 서서히 약화시키기 위한 시도들이 시작되었죠. 그들이 너무 자주 근로자들과 고객들을 모두 착취할 수 있게 되면서, 임금과 가격을 조작하고, 공급과 수요를 모두 통제하게 되었습니다. 그리고 약자인… 소기업 소유주나 농부는, 경쟁할 희

laws. One oversaw and regulated the prices for railroads, and the other, the 'trustbuster,' went after trusts and how they removed competition. Both limited the total control a few individuals had over entire industries, to a degree.

망이 없었죠. [10(C)]충분한 근로자들의 운동과 언론의 비난으로 인해 정부가 조치를 취하기에 이르렀기 때문에, 두 가지 기본적인 법안을 통과시켰습니다. 하나는 철도 산업의 가격을 감독하고 규제했으며, 다른 하나는, 일명 '트러스트 금지법'으로서, 트러스트 및 그들이 경쟁을 없애는 방식을 뒤쫓았습니다. 둘 모두 소수의 개인이 여러 업계 전반에 걸쳐 완전히 장악하는 것을 제한했습니다, 어느 정도 말이죠.

[스크립트 어휘]

transformation 변화, 변모, 탈바꿈 bring on ~을 야기하다, 초래하다 reside 속하다, 존재하다 accumulate ~을 축적하다 undertaking 일, 사업 vertical integration 수직적 통합 churn out ~을 대량 생산하다 execution 실행 refinery 정유소 work-around 차선책 trust 트러스트(기업 합병의 형태로서, 시장 독점을 위해 기업체가 각자의 독립성을 상실하고 합동하는 것) titan 거대 기업 spring up 우후죽순처럼 솟아나다 hands-off 손을 놓은, 간섭하지 않는 gravitational pull 중력 philanthropic 자선의, 박애의 Rust Belt 러스트 벨트(미국 북동부 5대호 주변의 공장 지대로서, 제조업이 호황을 누렸던 중심지였으나 이후 제조업의 사양화로 인해 불황을 맞은 곳) pinnacle 정점, 절정 laissez-faire doctrine 자유방임주의 sum up ~을 압축해서 보여주다 interfere in ~에 개입하다, 간섭하다 embodiment 전형, 구현 side with ~의 편을 들다 chip away at ~을 서서히 약화시키다, 깎다 exploit ~을 이용하다 manipulate ~을 조작하다 bad press 언론의 비난 trustbuster 트러스트 금지법, 독점 금지법 to a degree 어느 정도

6. 강의는 주로 무엇에 관한 것인가? [Topic & Purpose]
(A) 19세기 미국의 산업화에 기여한 비즈니스 혁신
(B) 19세기에 주요 산업을 규제하려 시도한 미국 정부
(C) 19세기 미국에서 사업가들이 정치적 권력을 얻은 방식에 관한 설명
(D) 앤드류 카네기와 존 D. 록펠러 사이의 비즈니스 경쟁에 관한 이야기

해설 (오답 A) 강의 핵심은 사업가들이므로 오답이다.
(오답 B) 미국 정부가 핵심은 아니다.
(정답 C) 초반부에 19세기 미국을 언급하면서 이 사업가들이 어떻게 권력을 얻었는지에 대한 질문을 던지며 본격적인 이야기가 시작된다.
(오답 D) 두 사업가의 경쟁은 강의와 관련이 없다.

7. 교수는 왜 수직적 통합을 언급하는가? [Organization]
(A) 앤드류 카네기가 어떻게 철강 산업을 장악할 수 있었는지 설명하기 위해
(B) 19세기에 기업들이 어떻게 일반적으로 조직되었는지 보여주기 위해
(C) 미국이 어떻게 전국적인 철도망을 구축할 계획이었는지 설명하기 위해
(D) 그것을 트러스트의 형성 과정과 대조하기 위해

해설 (정답 A) 수직적 통합을 통해 카네기가 철강 산업을 장악하고 권력을 얻을 수 있었다고 한다.
(오답 B) 일반적인 조직 방식이 아닌 카네기로 국한된다.
(오답 C) 미국 철도망을 계획하는 내용은 언급된 적 없다.
(오답 D) 수직적 통합과 관련하여 언급된 적 없는 정보이다.

8. 교수의 말에 따르면, 미국 정부는 어떻게 19세기에 강력한 기업의 형성에 도움을 주었는가? [Detail]
(A) 파산을 막기 위해 대기업들에게 자금을 제공했다.
(B) 더 큰 기업들에게 더 낮은 세율을 부과했다.
(C) 대기업들을 규제하려 시도하지 않았다.
(D) 사업가들에게 정치적 지위를 유지하도록 요청했다.

해설 (오답 A) 강의 내용과 상관없이 상식적으로 정부가 기업에 제공하는 내용을 기술한 오답이다.
(오답 B) 강의 내용과 상관없이 상식적으로 정부가 기업에 제공하는 내용을 기술한 오답이다.
(정답 C) 미국 정부의 얘기를 하면서 대기업들이 알아서 하게 두었다고 한다.
(오답 D) 정치적 권력은 사업가들이 스스로 얻게 된 결과물이다.

9. 19세기 미국에서 사업가들이 사회에 기여한 두 가지 방법은 무엇이었는가? [Detail]
두 개의 선택지를 클릭하시오.

[A] 근로자 혜택을 제공했다.
[B] 새로운 기술을 후원했다.
[C] 근무 안전 기준을 높였다.
[D] 자선 단체에 돈을 기부했다.

해설 (오답 A) 사업가들과 관련해 언급된 적 없는 정보이다.
(정답 B) 그들이 한 일을 나열하면서 새로운 기술을 후원했다고 한다.
(오답 C) 사업가들과 관련해 언급된 적 없는 정보이다.

(정답 D) 그들이 한 일을 나열하면서 마지막으로 자선 단체에 돈도 기부했다고 한다.

10.
무엇이 정부에게 기업들의 활동 범위를 제한하는 새로운 법안을 통과시키도록 초래했는가? [Detail]
(A) 사람들의 정치적 의견 변화
(B) 주요 산업 분야의 실업률 증가
(C) 근로자들과 고객들의 불만 증가
(D) 더 높은 세입에 대한 필요성

해설
(오답 A) 강의에 언급된 어휘를 이용하여 혼란을 주는 오답 보기이다.
(오답 B) 언급된 적 없는 정보이다.
(정답 C) 근로자들의 움직임과 언론의 비난에 따라 새로운 법안을 통과시켰다고 한다.
(오답 D) 언급된 적 없는 정보이다.

11.
강의의 일부를 다시 들어보시오. 그런 다음, 질문에 답하시오.

그는 새로운 사업체를 하나 만들었고, 트러스트라고 불렸습니다. 자, 트러스트란… 음, 이건 당장 중요진 않습니다. 다소 복잡합니다.

교수가 다음과 같이 말할 때 무엇을 의미하는가? [Function]
음, 이건 당장 중요진 않습니다.

(A) 한 비즈니스 용어의 잘못된 용법을 언급했다.
(B) 한 용어와 관련해 깊이 있게 다룰 필요가 없다.
(C) 학생들에게 과제물을 통해 해당 용어와 관련해 읽어보기를 원한다.
(D) 한 용어에 대해 부정적인 어감을 주고 싶어하지 않는다.

해설
(오답 A) 잘못 사용되었다는 의미와 관련 없다.
(정답 B) 트러스트라는 용어를 언급하면서 중요치 않다고 하는 것은 심도 있게 다룰 필요가 없다는 뜻이다.
(오답 C) 복잡하다고는 하지만 읽어보라고 권하지는 않는다.
(오답 D) 어떤 어감을 주려고 하는 것은 아니다.

[문제 어휘]
innovation 혁신 as to ~와 관련해 recounting 이야기 take over ~을 장악하다, 차지하다 contrast A with B A와 B를 대조하다 scope (활동 등의) 범위, 여지, 기회 bring up (화제 등) ~을 언급하다, 꺼내다 go into depth 깊이 있게 다루다 connotation 어감, 함축, 의미

Questions 12-17

Listen to part of a lecture in a sports management class.

P: A lot of you have been coming to my office to discuss a certain topic, so today, I'll just address it in class, since it seems to be a major concern among you all. And it's about how to become a coach…how to get into coaching, that is. Now, being a coach is like any other career, and greatly benefits from thorough planning, no matter the sport…football, basketball, gymnastics. And, just like other careers, there are other considerations you might not have thought about. Things that might surprise you. Umm…for instance, a recent survey of high school coaches revealed some interesting insights. It asked the participants what they wish they had been better prepared for when they started their career. You know, if they could go back and start over, what would they do differently? And the responses weren't about being a better athlete, or having more knowledge about the sport. By and large, the coaches surveyed had concerns of a different nature.

스포츠 경영학 수업의 강의 일부를 들어보시오.

P(교수): 여러분 중 많은 학생들이 계속 한 가지 특정 주제를 이야기하기 위해 제 연구실에 찾아오고 있어서, 오늘은, 그 부분을 수업 중에 다루려고 하는데, 여러분 모두에게 주된 우려 사항인 듯하기 때문입니다. 그리고 그건 바로 코치가 되는 방법에 관한 것으로서… 다시 말하자면, 코치 활동을 시작하는 방법이죠. 자, 코치가 되는 건 다른 어떤 진로와 다를 바 없으며, 철저한 계획을 거치면 큰 도움이 됩니다, 축구든, 야구나 체조든… 종목에 상관없이 말이죠. 그리고, 다른 진로와 마찬가지로, 여러분이 생각해보지 못했을 법한 다른 고려 사항들이 존재합니다. 여러분을 놀라게 할지도 모르는 것들이죠. 음… 예를 들어, 고등학교 코치들을 대상으로 실시한 최근의 한 설문 조사에서 몇 가지 흥미로운 통찰력을 제공해주었습니다. 참가자들에게 각자의 경력을 다시 시작한다면 무엇에 대해 더 잘 준비했으면 하는지 물었습니다. 그러니까, 과거로 돌아가 처음부터 다시 시작할 수 있다면, 무엇을 다르게 할 것인가? 그리고 그 대답은 더 나은 선수가 되거나, 스포츠에 관해 더 많은 지식을 갖추는 일과 관련된 것이 아니었습니다. 전반적으로, 설문 조사에 참여한 이 코치들은 다른 특성에 대해 우려했습니다.

^{12(C), 13[C]}Mainly, they admitted not being prepared to handle the variety of relationships a coach must maintain. Nearly 80% of the respondents regretted being ill-prepared in this area at the start of their careers…and it was a major source of stress—not winning and losing, but knowing how to deal with assistant staff, school administrators, not to mention the parents and students themselves. ^{13[B]}A close second was a desire for better organization. Umm…so, the administrative aspect of coaching. ^{14(C)}These might be the fine details of the job—travel schedules, pre-game meals—or larger issues like managing budgets and delegating tasks to staff.

S: Sorry, professor. I mean, I'm good in my exercise physiology classes, but…I'm a terrible planner, especially with trips. I barely know how to book a hotel online.

P: Well, Casey, as I said, these are the fine details that most career coaches weren't aware of, either. ^{15(D)}It's time to start considering the fact that being a coach is about more than guaranteeing wins. In fact, you might find that winning takes less and less priority in your career. Primarily, I'd say coaching isn't about the sport at all, but rather teaching life skills through the medium of athletics and competition. You'll need knowledge of the game, of course. But, you probably already know the rules of, say, baseball, and they're more or less static. They won't change much. But, teaching life skills constantly forces you to adapt…to new students, environments, and conditions. To be a truly effective coach, you'll need to focus on this other aspect of the career. You need to know how to teach different pitches, but, you'll also need to know how to interact with the pitcher's parents and teachers.

S: How can we learn that from class, though? Or a textbook? I'm just worried now. I'm starting at an assistant coaching position at a high school in a few weeks, and now I feel in over my head…

P: Wait…you've received an assistant coaching position? That's great!

S: Thanks, but…

^{12(C), 13[C]}주로, 이들은 코치로서 반드시 유지해야 하는 다양한 관계에 대처하는 데 대해 준비하지 못했다고 인정했습니다. 응답자들 중에서 거의 80퍼센트가 커리어를 시작할 때 이 부분에 대한 준비가 미흡했던 것을 후회했습니다… 그리고 이는 스트레스의 주된 원인이었는데, 경기를 이기고 지는 게 아니라, 보조 인력과 학교 행정 담당자들을 대하는 방법을 아는 것을 말합니다, 학부모와 학생들 자체는 언급할 필요도 없이 말이죠. ^{13[B]}근소한 2위는 더 나은 조직 관리를 위한 욕망이었습니다. 음… 그러니까, 코치 활동의 행정적인 측면이었던 것이죠. ^{14(C)}이것들이 이 일의 미세한 세부 요소들일 것입니다, 즉 출장 일정, 경기 전의 식사, 또는 더 큰 사안으로는 예산 관리와 직원에 대한 업무 위임 같은 것이 있습니다.

S(학생): 죄송하지만, 교수님. 말씀드리자면, 제가 제 운동 생리학 수업에선 잘 하고 있는데… 계획하는 건 정말 엉망이거든요, 특히 여행과 관련해서요. 온라인으로 호텔을 예약하는 방법도 거의 잘 알지 못합니다.

P: 음, 케이시, 말했다시피, 이것들은 대부분의 전문 코치들도 알지 못했던 미세한 세부 요소들입니다. ^{15(D)}코치가 된다는 게 단순히 승리를 보장하는 것 이상의 일과 관련되어 있다는 사실을 고려하기 시작할 때입니다. 실제로, 여러분은 경기를 이기는 일이 여러분의 경력에서 점점 덜 중요한 우선 순위를 차지한다는 걸 알게 될지도 모릅니다. 주로, 코치 활동은 전혀 운동이 아니라, 스포츠와 경쟁이라는 매개체를 통한 삶의 기술을 가르치는 것이라고 말하고 싶습니다. 여러분은 당연히, 경기에 대한 지식이 필요할 겁니다. 하지만, 예를 들어, 야구의 규칙은 아마 이미 알고 있을 것이며, 이는 다소 고정적입니다. 규칙들이 많이 변하지 않죠. 하지만, 삶의 기술을 가르치는 일은 지속적으로 여러분에게 적응하도록 강요합니다… 새로운 학생과 환경, 그리고 조건에 대해서 말이죠. 정말 유능한 코치가 되려면, 그 경력의 이러한 다른 측면에 초점을 맞출 필요가 있을 겁니다. 다른 투구 방식을 가르치는 법을 알아야 하지만, 그 투수의 부모 및 교사들과 교류하는 방법도 알아야 할 겁니다.

S: 하지만, 저희가 그걸 어떻게 수업 중에 배울 수 있죠? 아니면 교재에서요? 저는 지금 그저 걱정됩니다. 제가 몇 주 후에 한 고등학교에서 보조 코치 자리를 맡아 시작하는데, 지금 감당이 되지 않는 기분이에요…

P: 잠깐만요… 보조 코치 자리를 제안받았다고요? 아주 잘 됐네요!

S: 감사합니다, 하지만…

P: First, congratulations! And second, I wouldn't worry too much, Casey. This will be the perfect opportunity for you to begin cultivating these kinds of organizational skills. ^{17(B)}And you can supplement your sports management classes with business classes. Even finance classes would help. You know, real-world skills. Oh...sorry. You said that you're starting in a matter of weeks... Umm...what sport is it?

S: Swimming, but I might help with other programs, too.

P: Well, I can say from my own experience, to really build strong relationships, you'll need to think about your team as more than just players. See them outside the sport as well...you know, as students, and young adults. What they're really looking for is role models...and if you project a positive attitude, it will catch with your student athletes as well. They're highly influential, you'll find. And a positive attitude is everything in sports.

S: I won't be much older than the seniors on the team, though. How strict should I be with rules? Will they even listen to me?

P: I'd say, first of all, change how you think about discipline. Personally, I don't think having a long list of rules benefits anyone. ^{16(C)}Most inexperienced coaches go in with these long lists of rules. But, it sets the wrong tone. And disciplinary matters are rarely so black and white. This probably sounds familiar to you, right?

S: Yeah...but, not having any rules sounds...chaotic.

P: Of course you'll need some guidelines...basic rules. Just make your expectations clear for what is acceptable and what isn't.

S: Any tips on where to start?

P: Well, it's important to encourage responsibility. So rules that support taking care of the training facilities and equipment are helpful. You know, make the students responsible for their own space. Just, when you make a rule, enforce it. If you don't back them up, then you'll be in a tough situation.

P: 우선, 축하합니다! 그리고, 두 번째로, 저라면 그렇게 많이 걱정하지 않을 거예요, 케이시. 직접 이러한 종류의 조직 관리 능력을 기르기 시작할 완벽한 기회일 겁니다. ^{17(B)}그리고 경영학 수업으로 스포츠 경영학 수업을 보완할 수 있습니다. 심지어 재무 관련 수업도 도움이 될 겁니다. 말하자면, 현실 세계와 관련된 능력이죠. 오… 미안합니다. 몇 주만 있으면 시작한다고 했죠… 음… 어떤 종목이죠?

S: 수영이긴 하지만, 다음 프로그램들도 도울지도 몰라요.

P: 음, 제 개인 경험을 바탕으로 얘기해줄 수 있는 건, 정말로 뛰어난 관계를 구축하려면, 팀에 대해 단순히 선수들이 아닌 그 이상으로 여겨야 할 겁니다. 스포츠 외적인 것에 대해서도 선수들을 바라보세요… 그러니까, 학생으로서, 그리고 청소년으로서 말이죠. 그들이 정말로 바라고 있는 건 롤모델입니다… 그리고 긍정적인 태도를 보여준다면, 그게 그 학생 선수들에게도 전해질 겁니다. 롤모델이 아주 영향력이 크다는 걸 알게 될 거예요. 그리고 스포츠에서 긍정적인 태도는 가장 중요한 부분입니다.

S: 하지만, 제가 그 팀에 속한 상급생들보다 훨씬 더 나이가 많진 않을 거예요. 제가 규칙과 관련해서 얼마나 엄격해야 할까요? 심지어 제 말을 듣기는 할까요?

P: 말해주고 싶은 건, 우선, 규율에 대해 갖고 있는 생각을 바꿔보세요. 개인적으로, 저는 긴 목록의 규칙을 갖고 있는 게 누구에게도 득이 된다고 생각하진 않습니다. ^{16(C)}가장 미숙한 코치들이 이런 긴 목록의 규칙들을 적용합니다. 하지만, 잘못된 분위기를 만들어내죠. 그리고 규율 관련 문제는 좀처럼 그렇게 흑백 논리에 해당되지 않습니다. 이건 아마 잘 알고 있을 것 같은데, 그렇지 않나요?

S: 네… 하지만, 규칙이 전혀 없는 건 좀… 엉망일 것 같아서요.

P: 물론 약간의 가이드라인… 그러니까 기본적인 규칙은 필요할 겁니다. 단지 수용할 수 있는 것과 그렇지 않은 것에 대한 예상치를 명확하게 해두세요.

S: 어디서부터 시작하면 좋을지 팁이라도 있으신가요?

P: 음, 책임감을 북돋아주는 게 중요합니다. 그래서 훈련 시설과 장비에 대한 관리를 유지하는 규칙이 도움이 됩니다. 말하자면, 학생들에게 각자의 영역에 대한 책임감을 갖도록 만들어 보세요. 단, 규칙을 정하면, 시행하세요. 그걸 밀어붙이지 못하면, 곤란한 상황에 처하게 될 겁니다.

[스크립트 어휘]

address v. (문제 등) ~을 다루다, 처리하다 insight 통찰력, 이해 nature 특성, 성격 ill-prepared 준비가 안된 close second 근소한 차이의 2등(2위) aspect 측면, 양상 delegate ~을 위임하다 physiology 생리학 priority 우선 순위 medium 매개체 static 고정적인 adapt to ~에 적응하다 in over one's head 감당이 되지 않는, 힘에 벅찬 cultivate (능력 등) ~을 기르다, 함양하다 supplement ~을 보완하다, 보충하다 in a matter of (불과) ~ 만에 project v. ~을 보이다 discipline 규율, 훈육 black and white 흑백 논리의, 옳고 그름이 쉽게 이해되는 facility 시설(물) enforce ~을 시행하다, 집행하다

12. 교수는 주로 무엇을 이야기하고 있는가? [Topic & Purpose]
(A) 운동 선수들이 활용할 수 있는 다양한 준비 운동 방법
(B) 스포츠 관리 분야에 속한 여러 종류의 진로
(C) 코치 활동과 관련된 스포츠 외적인 책임
(D) 전문 코치로서 경기에서 이기는 것의 중요성

해설 (오답 A) 대화에 언급된 어휘를 이용하여 혼란을 주는 오답 보기이다.
(오답 B) 스포츠 관리 분야의 여러 진로에 대해 설명하는 것은 아니다.
(정답 C) 스포츠 코치가 되는 것에 대한 우려와 관련해 얘기하겠다고 하면서 전반적으로 운동 그 이상의 필요로 하는 책임들에 대해 이야기한다.
(오답 D) 경기에서 이기는 것은 덜 중요한 우선순위라고 말한다.

13. 교수의 말에 따르면, 신입 코치들에게 있어 두 가지 약점은 무엇인가? [Detail]
두 개의 선택지를 클릭하시오.

[A] 다양한 종목에 관한 종합적인 지식
[B] 행정 업무 능력
[C] 다양한 관계에 대처하기
[D] 공정하고 철저한 규칙 시행하기

해설 (오답 A) 약점으로 언급된 적 없는 정보이다.
(정답 B) 두 번째의 어려움으로 행정 업무 능력이 부족하다고 한다.
(정답 C) 많은 신입 코치들이 겪는 주된 어려움이 관계에 대한 대처라고 한다.
(오답 D) 약점으로 언급된 적 없는 정보이다.

14. 교수는 왜 출장 일정을 언급하는가? [Organization]
(A) 일정 관리 실행에 있어 한 가지 장애물을 강조하기 위해
(B) 코치들이 자주 집에서 떨어져 있게 된다고 학생에게 알려주기 위해
(C) 코치가 왜 체계적이어야 하는지에 대한 예시를 제공하기 위해
(D) 학생이 직원들에게 업무를 위임할 수 있는 한 가지 방법을 제안하기 위해

해설 (오답 A) 장애물이 아니라 어떻게 해야 하는지 설명한다.
(오답 B) 언급된 적 없는 정보이다.
(정답 C) 신입 코치들이 체계적인 것이 중요하다고 하며 출장 일정을 예시로 든다.
(오답 D) 언급된 적 없는 정보이다.

15. 오직 승리만을 우선시하는 코치들에 대해 교수는 어떻게 생각하는가? [Attitude]
(A) 대학에서보다 스포츠 관리 체계를 통해 더 많은 것을 배운다.
(B) 자신들이 가장 잘 아는 종목에만 초점을 맞춰야 한다.
(C) 승리하지 못하는 코치들보다 더 많은 돈을 벌 가능성이 크다.
(D) 삶의 기술을 가르쳐야 하며 단지 승리하려고만 하지 말아야 한다.

해설 (오답 A) 대화에 언급된 단어들을 이용하여 혼란을 주는 오답 보기이다.
(오답 B) 언급된 적 없는 정보이다.
(오답 C) 대화 내용과 상관없이 일반적으로 추측할 수 있는 내용의 오답이다.
(정답 D) 승리만을 우선시하면 안 된다고 하며 그보다 삶의 기술을 알려주는 게 중요하다고 강조한다.

16. 교수는 긴 규칙 목록을 소개하는 코치들에 대해 무엇을 암시하는가? [Inference]
(A) 그들은 학교로부터 많은 지원을 받는다.
(B) 그들은 선수들과 강한 유대감을 쌓지 못한다.
(C) 그들은 규칙들이 의사 결정을 더 쉽게 하도록 만들 것이라고 생각한다.
(D) 그들은 선수들과 자주 충돌한다.

해설 (오답 A) 언급된 적 없는 정보이다.
(오답 B) 긴 규칙 목록에 대해 교수가 부정적으로 이야기하지만 유대감과 관련해서는 언급한 적이 없다.
(정답 C) 긴 규칙이 그렇게 흑백 논리로 적용되지 않는다고 말하므로, 이를 통해 해당 코치들은 규칙들이 결정을 분명하고 간단하게, 즉 쉽게 해줄 거라고 생각한다고 암시하는 것으로 볼 수 있다.
(오답 D) 긴 규칙 목록에 대해 교수가 부정적으로 이야기하지만 선수들과의 충돌은 언급한 적이 없다.

17. 강의의 일부를 다시 들어보시오. 그런 다음, 질문에 답하시오.

그리고 경영학 수업으로 스포츠 경영학 수업을 보완할 수 있습니다. 심지어 재무 관련 수업도 도움이 될 겁니다. 말하자면, 현실 세계와 관련된 능력이죠. 오… 미안합니다. 몇 주만 있으면 시작한다고 했죠? 음… 어떤 종목이죠?

교수는 왜 다음과 같이 말하는가? [Function]
오… 미안합니다. 몇 주만 있으면 시작한다고 했죠…

(A) 학생에게 추가적인 수업을 수강하도록 압박하기 위해

(B) 자신의 조언이 학생에게 적용되지 않을 것임을 인정하기
위해

(C) 학생의 최근 성과에 대해 놀라움을 표현하기 위해

(D) 아직 코치가 될 준비가 되어 있지 않다고 학생에게 주의를
주기 위해

해설 (오답 A) 교수는 학생에게 압박하려는 의도가 없다.

(정답 B) 곧 실전에 뛰어드는 학생에게는 앞에서 언급한 자신의
조언(몇 가지의 수업)이 당장 도움되지 않는다는 사실
을 인정하는 말에 해당된다.

(오답 C) 학생의 최근 성과는 언급된 적이 없다.

(오답 D) 주의를 주는 의도는 아니다.

[문제 어휘]

comprehensive 종합적인, 포괄적인 implement ~을 시행하다 fail to do ~하지 못하다

Actual Test 2

Part 1

Questions 1-5

Listen to a conversation between a student(W) and a campus employee(M).

M: I hope you haven't been waiting long. We're a little short-staffed today because of the weather.

W: I understand. There is a lot of snow out there. I'm surprised I made it here OK.

M: Well, now that you are here, how can I help you?

W: 1(A)My sister asked me to pick something up for her… I guess she wasn't in her dormitory when the package arrived, so she needs to pick it up from the mail center. I work at the Student Center on the third floor anyways, so I told her I'd grab it for her.

M: Hmm…sorry, but we can't give packages to anyone other than the person whose name is on the label. It's one of the university's rules.

W: She's my sister, though. I'm not trying to steal it or anything…

M: I know, I know. But, she'll just have to get it herself. And there's no rush. We'll hold onto it for a while…2(B)Oh, and she'll need to bring her student ID, too. I wouldn't want her to have to take another trip.

W: OK. I'll let her know. Umm…you know, since I'm here, I should go ahead and cancel my campus mailbox, too. I'm moving off-campus next semester, so I won't need it anymore.

한 학생(여)과 교직원(남) 사이의 대화를 들어보시오.

남: 오래 기다리지 않으셨기를 바랍니다. 저희가 오늘 날씨 때문에 일손이 좀 부족한 상태라서요.

여: 이해합니다. 밖에 눈이 많이 왔어요. 제가 학교에 멀쩡히 온 게 놀라워요.

남: 자, 이곳에 오셨으니까, 무엇을 도와 드릴까요?

여: 1(A)제 여동생이 뭘 좀 갖다 달라고 부탁을 해서요… 배송품이 도착했을 때 동생이 기숙사에 없었기 때문에, 우편물 관리소에서 받아와야 하는 것 같더라고요. 제가 어차피 3층에 있는 학생회관에서 일하고 있어서, 대신 받아오겠다고 했죠.

남: 흠… 죄송하지만, 라벨에 적힌 이름에 해당되는 사람이 아니면 다른 누구에게도 배송품을 드릴 수 없습니다. 대학 규정 중의 하나입니다.

여: 하지만, 제 여동생인데요. 제가 그걸 훔친다거나 하려는 게 아니에요…

남: 그럼요, 물론이죠. 하지만, 동생분이 직접 받아 가야할 겁니다. 그리고 급할 건 없습니다. 저희가 한 동안 보관하고 있을 거예요… 2(B)오, 그리고 학생증도 지참하고 와야 할 거예요. 다시 갔다 오게 만들고 싶진 않을 거예요.

여: 알겠습니다. 동생에게 알려줄게요. 음… 그럼, 여기 온 김에, 제 캠퍼스 우편함도 취소 처리해야겠어요. 제가 다음 학기에 캠퍼스 밖으로 이사하기 때문에, 더 이상 필요치 않거든요.

M: We can do that, but…I highly recommend holding onto it. It will still be useful, even with an off-campus address.

W: I don't see how it could be.

M: [5(B)]A lot of professors prefer to communicate with their students through the campus mail service, using their campus mailboxes. They might also return exams and papers to your mailbox.

W: For most of my classes, everything is submitted, graded, and returned online anyways. All I need is my university e-mail address.

M: OK, but what about information about campus events? A lot of clubs distribute their flyers by placing them in the student mailboxes. It could be important information that you need.

W: Well, again, [3(A)]I work at the Student Center…so most of that information passes across my desk anyways. I'm already pretty tuned into campus news. [3(C)]Not to mention everything is posted on social media nowadays anyways…

M: Well, it is hard to compete with social media. Umm…[4(D)] tell you what. I'll waive your mailbox fee for next semester. I know that's always an extra cost for students.

W: Well, that's a generous offer…but the fee isn't that much anyways…and it's just lumped in with my already exorbitant tuition fees. It's, you know…a drop in the ocean. Honestly, I just don't need it anymore. Sorry, but it's not a very necessary service.

M: I suppose you're right. A lot of students are canceling theirs these days. I guess I'm just worried where that will leave the Campus Mail Department. Anyways, that isn't your problem. Here, just fill out this form and return it to us by the end of this semester. Oh, and include a forwarding address, too, and we'll send you anything that makes it to us from elsewhere.

남: 그렇게 해드릴 순 있지만… 유지해 두시길 적극 권해 드립니다. 여전히 유용할 거예요, 캠퍼스 밖에 주소가 있다고 하더라도요.

여: 어떻게 그럴 수 있는지 모르겠네요.

남: [5(B)]많은 교수님들이 캠퍼스 우편 서비스를 통해 학생들과 의사 소통하시는 걸 선호합니다, 캠퍼스 우편함을 이용해서요. 교수님들이 학생들의 우편함으로 시험이나 과제물을 돌려주실 수도 있고요.

여: 제 수업 대부분은, 어쨌든 모든 것이 온라인으로 제출되고, 채점되고, 회신되고 있어요. 제가 필요한 건 제 대학 이메일 주소뿐입니다.

남: 네, 하지만 캠퍼스 행사와 관련된 정보는 어떤가요? 많은 동아리들이 학생 우편함에 놓아두는 방법으로 전단을 배포하고 있습니다. 필요한 중요 정보일 수 있습니다.

여: 음, 다시 말씀드리지만, [3(A)]제가 학생회관에서 일하고 있기 때문에… 어쨌든 그런 정보가 대부분 제 책상을 거쳐 갑니다. 저는 이미 캠퍼스 소식을 꽤 알고 있습니다. [3(C)]요즘은 소셜 미디어에 모든 게 게시된다는 건 언급할 필요도 없고요…

남: 음, 소셜 미디어와는 경쟁이 되지 않죠. 음… [4(D)]그럼 이렇게 한번 해보세요. 제가 다음 학기에 대한 우편함 이용료를 면제해 드릴게요. 학생들에게 그게 항상 추가적인 비용이라는 걸 알고 있습니다.

여: 저, 너그러운 제안이긴 하지만… 어쨌든 그 요금은 그렇게 많지 않고… 이미 지나치게 많은 제 등록금에 함께 묶여 있는 거잖아요. 그게, 그러니까… 극히 일부분에 불과해요. 솔직히, 그냥 더 이상 필요하지 않습니다. 죄송하지만, 아주 필요한 서비스는 아니라서요.

남: 맞는 얘기인 것 같습니다. 요즘 많은 학생들이 취소하고 있습니다. 저는 그저 그게 캠퍼스 우편 관리부를 어떤 상황에 처하게 만들지 걱정되는 것 같습니다. 어쨌든, 이건 학생의 문제는 아니죠. 여기, 이 양식을 작성하셔서 이번 학기말 전까지 저희에게 돌려주시면 됩니다. 오, 그리고 새 주소도 포함해 주시면, 다른 곳에서 저희에게 들어오는 무엇이든 보내 드리겠습니다.

[스크립트 어휘]
short-staffed 일손이 부족한 or anything (그 외의) 뭔가, 그런 것 hold onto ~을 계속 유지하다, 보유하다 grade v. ~에 학점을 주다, 점수를 매기다 distribute ~을 배포하다, 나눠주다 be tuned into (정보 등을) 알게 되다 waive ~을 면제해주다, 포기하다, 철회하다 be lumped in with ~에 함께 묶여 포함되다 exorbitant 지나친, 과도한 a drop in the ocean 극히 일부에 해당되는 것, 새 발의 피 fill out ~을 작성하다 forwarding address (이전 주소로 온 우편물을 다시 보낼) 새 주소, 전송 주소

1. 학생은 왜 남자의 업무 장소를 방문했는가?
[Topic & Purpose]
(A) 받지 못한 배송품을 찾아가기 위해
(B) 캠퍼스 서비스에 등록하기 위해
(C) 날씨로 인한 지연 문제에 관해 문의하기 위해
(D) 재학생 일자리에 지원하기 위해

해설 (정답 A) 여동생이 받지 못했던 우편물을 받으러 왔다고 한다.
(오답 B) 학생은 우편물 관리소에 온 김에 오히려 서비스를 취소하려고 한다.
(오답 C) 대화 도입부를 통해 날씨가 좋지 못한 것은 알 수 있지만 이로 인한 지연 문제 때문에 방문한 것은 아니다.
(오답 D) 언급된 적 없는 정보이다.

2. 학생의 여동생은 우편물 관리소로 무엇을 가져가야 하는가?
[Detail]
(A) 전송 주소
(B) 학생증
(C) 배송품 영수증
(D) 배송 요금

해설 (오답 A) 주소가 언급이 되었지만 관련 없는 정보이다.
(정답 B) 학생의 여동생이 직접 와야 한다고 하면서 두 번 오지 않게 학생증을 꼭 챙기라고 한다.
(오답 C) 언급된 적 없는 정보이다.
(오답 D) 언급된 적 없는 정보이다.

3. 학생은 캠퍼스 내의 행사들에 대해 어떻게 알게 되는가?
[Detail]
두 개의 선택지를 클릭하시오.

[A] 자신의 일에 의해
[B] 자신의 캠퍼스 우편함에 의해
[C] 자신의 소셜 미디어 사이트에 의해
[D] 자신의 학교 이메일에 의해

해설 (정답 A) 학생회관에서 일한다고 하며 거기에서 모든 정보를 다 알 수 있다고 한다.
(오답 B) 다른 방법으로 알 수 있어 캠퍼스 우편함이 필요 없다고 한다.
(정답 C) 소셜 미디어에 행사 관련 정보가 다 있다고 한다.

[문제 어휘]
retrieve ~을 되찾아오다, 회수하다 eliminate ~을 없애다

(오답 D) 수업과 관련해 필요한 것이 학교 이메일이다.

4. 남자는 학생에게 무엇을 해주겠다고 제안하는가? [Detail]
(A) 추가 우편함으로 제공하는 일
(B) 지연된 배송품을 전달하는 일
(C) 전송 주소를 제공하는 일
(D) 요금을 없애는 일

해설 (오답 A) 추가 우편함을 제공한다고 한 적은 없다.
(오답 B) 언급된 적 없는 정보이다.
(오답 C) 관련 없는 정보이다.
(정답 D) 우편함 이용료를 면제해준다고 한다.

5. 대화의 일부를 다시 들어보시오. 그런 다음, 질문에 답하시오.

남: 많은 교수님들이 캠퍼스 우편 서비스를 통해 학생들과 의사소통하시는 걸 선호합니다, 캠퍼스 우편함을 이용해서요. 교수님들이 학생들의 우편함으로 시험지나 과제물을 돌려주실 수도 있고요.
여: 제 수업 대부분은, 어쨌든 모든 것이 온라인으로 제출되고, 채점되고, 회신되고 있어요. 제가 필요한 건 제 대학 이메일 주소뿐입니다.

학생은 왜 다음과 같이 말하는가? [Function]
제 수업 대부분은, 어쨌든 모든 것이 온라인으로 제출되고, 채점되고, 회신되고 있어요.

(A) 남자에게 동의하기 위해
(B) 자신의 입장을 뒷받침하기 위해
(C) 오해를 막기 위해
(D) 남자에게 최근 변화들을 알려주기 위해

해설 (오답 A) 학생은 남자의 의견에 동의하고 있지 않다.
(정답 B) 캠퍼스 우편함이 필요 없는 자신의 입장을 뒷받침하기 위해 온라인으로 이루어지는 일들을 말하고 있다.
(오답 C) 오해를 막으려는 의도보다는 자신의 입장을 뒷받침하기 위함이다.
(오답 D) 최근의 변화를 알려주려는 의도는 아니다.

Questions 6-11

Listen to part of a lecture in a biology class.

Professor:

6(C)Today, we'll be discussing an aspect of animal behavior that we haven't come across yet in our readings, and that's swarm intelligence. Swarm intelligence explains how a group of animals can act cohesively without any guidance...like a symphony without a conductor...or even sheet music. Umm...insect colonies, like ants, termites, and bees, exhibit this type of behavior, as do schools of fish and flocks of birds. And, basically, swarm intelligence is a complex system based on a simple set of rules. We can illustrate this definition through the example of ants.

If you've ever observed an ant, a single ant, then maybe you've been puzzled by its seemingly erratic movements. This is because, well, an ant on its own isn't very smart... it isn't built...or, programmed actually...to act individually. But, in colonies, ants can achieve all sorts of goals. Each ant instinctively follows a set of rules, and by doing so, the colony can successfully forage for food. So what are these rules? Well, the first rule is to leave a pheromone as a sort of chemical marker. 7(D)And then rule two is to follow the strongest pheromone path—it's the one that leads to food, as you'll see. Umm...so, in action, whenever an ant leaves its nest, it deposits its pheromone trail as it seeks food. This forms the initial layer of the route. As is, with one layer, it's weak. But, if the ant successfully finds food, it will return to the nest along the same route, and, still following rule one, will leave an additional layer of pheromone on top of the initial route, making it stronger. Having been successful, it will also likely return before the other ants. Now, other ants leaving the nest will follow the strongest trail, further reinforcing the route with their own pheromone. Very quickly, the best route is lit up like a pheromone highway straight to the food, and all the foragers will follow it.

So, 8(C)you can see how this is achieved just because each ant follows only two rules: leave a chemical trail, and follow the strongest trail. 8(D)And this information comes from its local environment. There isn't a general ant leading the charge, and the queen isn't controlling some hive mind. The ants don't even need to know the big plan, or its goal—they just follow the strongest path, and the ants will efficiently establish the shortest path between the nest and food.

생물학 수업의 강의 일부를 들어보시오.

교수:

6(C)오늘, 우리는 읽기 자료에서 아직 접하지 못한 동물 행동의 한 측면을 이야기할 예정이며, 그것은 바로 군집 지능입니다. 군집 지능은 마치 지휘자가 없는… 또는 심지어 악보가 없는 교향곡처럼… 한 무리의 동물들이 어떻게 아무런 길잡이도 없이 단결된 행동을 할 수 있는지 설명해 줍니다. 음… 개미나, 흰개미, 그리고 벌 같은 곤충 집단들은 이러한 종류의 행동을 보이며, 물고기 떼와 새 무리도 그렇습니다. 그리고, 기본적으로, 군집 지능은 일련의 단순한 규칙을 바탕으로 하는 복잡한 체계입니다. 우리는 개미의 예를 통해 이러한 정의를 설명할 수 있습니다.

한번이라도 개미, 즉 단 한 마리의 개미를 관찰해 본 적이 있다면, 아마 일정치 않아 보이는 움직임들로 인해 어리둥절한 적이 있었을 겁니다. 그 이유는 바로, 음, 개미 한 마리 자체는 그렇게 똑똑하지 않은데… 사실… 개별적으로 행동하도록 태어나지 않았거나… 그렇게 길들여지지 않았기 때문입니다. 하지만, 집단을 이루면, 개미는 모든 종류의 목적을 달성할 수 있습니다. 각각의 개미는 본능적으로 일련의 규칙을 따르며, 그렇게 함으로써, 해당 집단은 성공적으로 먹이를 찾아 다닐 수 있습니다. 그럼 그 규칙은 무엇일까요? 음, 첫 번째 규칙은 일종의 화학적 표시로서 페로몬을 남겨 놓는 것입니다. 7(D)그리고 그 다음으로 두 번째 규칙은 가장 강력한 페로몬이 남겨진 길을 따라 가는 것인데, 우리가 살펴보려는 바와 같이, 그것이 바로 먹이가 있는 곳으로 이어집니다. 음… 따라서, 개미는 활동을 시작하면, 보금자리에서 떠날 때마다, 먹이를 찾아 다니면서 페로몬 흔적을 남겨 놓습니다. 이것이 첫 단계의 경로를 형성합니다. 원래 그렇듯이, 첫 단계만으로는, 부족하죠. 하지만, 그 개미가 성공적으로 먹이를 찾으면, 동일한 경로를 따라 보금자리로 돌아가는데, 여전히 첫 번째 규칙을 따라, 최초의 경로 위에 페로몬을 한 층 더 남기면서, 더 강하게 만듭니다. 먹이를 찾는 데 성공했기 때문에, 다른 개미들보다 앞서 돌아갈 가능성도 있을 것입니다. 이제, 보금자리를 나서는 다른 개미들이 가장 강력한 흔적을 따라 가면서, 각자의 페로몬으로 그 경로를 더욱 보강할 것입니다. 아주 빠르게, 그 가장 좋은 경로가 마치 먹이가 있는 곳으로 곧장 향하는 페로몬 고속도로처럼 빛을 발하게 되고, 먹이를 찾는 모든 개미들이 그 길을 따라 가게 됩니다.

자, 8(C)이런 일이 그저 각각의 개미가 오직 두 가지 규칙, 즉 화학적 흔적을 남기고, 가장 강력한 흔적을 따르는 것만으로 어떻게 이뤄지는지 알 수 있습니다. 8(D)그리고 이 정보는 국지적 환경으로부터 비롯됩니다. 이러한 책임을 이끄는 사령관 개미는 존재하지 않으며, 여왕 개미는 집단적 행동 양식을 통제하지 않습니다. 이 개미들은 심지어 큰 계획이나 목적을 알 필요도 없으며, 그저 가장 강력한 흔적이 남겨진 길을 따라

^{6(C)}And, as scientists, we always want to know how this understanding can benefit humans. Swarm intelligence has actually had numerous applications to our technology. Businesses, in particular, have been able to apply these models to analyze and exploit complex systems. And they start with the same foundation—a basic set of rules. Telephone networks are the perfect example. Long-distance calls have to connect across a series of nodes between the two locations, and at each node, a choice must be made about which direction to go. Well, a programmer modeled a program off of ants. ^{9(A)}It reproduced the way ants follow the most reinforced path as they seek food. In telephone networks, computers monitor each path and figure out which path is the fastest, or in this case, the least crowded. Each node contains this information, stored here as numeric code rather than a pheromone. In this way, the fastest path between the caller and receiver is reinforced, so as the call travels along the network, it will follow the most reinforced route at each node, just like ants do.

Umm…but, let's look at another example of swarm intelligence in animals, this time with a different set of rules. So, flocks of birds can move collectively, without, you know, great crashes of feathers in the sky. And they're able to coordinate like this by following three rules. First, the primary rule: stay close together with your flock. Second: avoid coming into contact with another bird. ^{10(B)}And finally: move at the same speed and in the same direction as the others.

Now, this might sound a lot like something we're all familiar with…traffic. It's similar to the rules we have when driving…save for maybe staying too close to each other. But, there's another application, too, this time in the entertainment industry. Moviemakers wanted to use computer-generated flocks of birds in film, but the programming was tricky. But, just like with ants, one developer modeled a program off of real birds, following the same rules, and it was successful. It has its limits, though. The same program doesn't work for computer-generated crowds of people…the rules are too simple. ^{11(B)}They can't simulate the complexity and chaos of actual human behavior…we operate under a few more rules, I guess. I'm not surprised it doesn't work. For realistic crowds of people, the computer program would need to be much more advanced.

가면서, 보금자리와 먹이 사이에서 가장 가까운 길을 효율적으로 확립하게 되는 것이죠.

^{6(C)}그리고, 과학자로서, 우리는 항상 이러한 지식이 어떻게 인간에게 도움이 될 수 있는지 알고 싶어 합니다. 군집 지능은 사실 우리의 기술에 수없이 많이 응용되어 왔습니다. 비즈니스가, 특히, 복합한 체계들을 분석하고 이용하기 위해 이러한 모델들을 응용할 수 있었습니다. 그리고 그 체계들은 동일한 토대, 즉 일련의 기본적인 규칙에서 시작됩니다. 전화 통신망은 완벽한 예시입니다. 장거리 전화는 두 장소 사이에서 일련의 접속점들을 거쳐 연결되어야 하며, 각각의 접속점에서, 어느 방향으로 향해 가야 하는 지와 관련해 반드시 선택이 이뤄져야 합니다. 음, 한 프로그래머가 개미를 본떤 프로그램을 하나 만들었습니다. ^{9(A)}이는 개미들이 먹이를 찾아 다닐 때 가장 크게 보강된 길을 따라 가는 방식을 재현한 것이었습니다. 전화 통신망에서, 컴퓨터들이 각각의 경로를 관찰해 어느 경로가 가장 빠른지, 즉 이 경우에는, 어느 경로가 가장 덜 붐비는지 알아냅니다. 각각의 접속점은 이러한 정보를 포함하고 있으며, 페로몬 대신 숫자 코드가 여기에 저장됩니다. 이런 방식으로, 발신인과 수신인 사이에서 가장 빠른 경로가 보강되기 때문에, 전화 통화가 통신망을 타고 이동하면서, 마치 개미가 하는 것처럼, 각 접속점에서 가장 잘 보강된 경로를 따르게 됩니다.

음… 하지만, 동물들에게서 나타나는 군집 지능의 또 다른 예시를 살펴볼 텐데, 이번에는 다른 일련의 규칙에 대한 것입니다. 자, 새 무리는 하늘에서, 그러니까, 깃털이 크게 부딪히지 않고, 집단적으로 움직일 수 있습니다. 그리고 세 가지 규칙을 따름으로써 이렇게 조화를 이룰 수 있습니다. 첫 번째로, 주된 규칙은 무리 내에 함께 가까이 모여 있는 것입니다. 두 번째는, 다른 새와 접촉하게 되는 경우를 피하는 것입니다. ^{10(B)}그리고 마지막으로, 다른 새들과 동일한 속도로 동일한 방향을 향해 움직이는 것입니다.

자, 이는 우리 모두가 잘 알고 있는 무언가와 많이 닮은 듯한데… 바로 교통입니다. 우리가 운전할 때 지키는 규칙과 흡사하죠… 아마 서로 너무 가까이 붙는 것만 예외일 수 있을 겁니다. 하지만, 또 다른 응용 사례가 있는데, 이번엔 연예 업계에 해당됩니다. 영화 제작자들은 컴퓨터를 이용해 영화 속에서 새 무리들을 만들어내고 싶어했지만, 그 프로그래밍 작업은 까다로웠습니다. 하지만, 개미의 경우와 마찬가지로, 한 개발자가 동일한 규칙을 따라 실제 새들을 본떤 프로그램을 만들었고, 성공을 거두게 되었습니다. 하지만, 여기엔 한계가 있습니다. 같은 프로그램이 컴퓨터로 만들어낸 사람 무리에 대해서는 효과가 없다는 것인데… 그 규칙이 너무 단순합니다. ^{11(B)}실제 사람의 행동에서 나타나는 복잡성과 혼란스러움을 모방하지는 못하는데… 제 생각엔, 우리가 몇 가지 더 많은 규칙 하에서 행동하기 때문인 것 같습니다. 저는 그게 효과가 없다는 게 놀랍진 않습니다. 현실적인 사람 무리에 대해선, 컴퓨터 프로그램이 훨씬 더 발전되어야 할 것 같습니다.

[스크립트 어휘]

swarm intelligence 군집 지능(개미나 벌 등과 같이 사회성을 지닌 곤충이 집단 행동을 할 때 보이는 지적 능력) **cohesively** 단결하여, 응집력 있게 **colony** 집단, 군락 **exhibit** (특성 등) ~을 보이다 **school** 떼, 무리(= flock) **erratic** 일정치 않은 **built** 내재된, 선천적인 **programmed** 길들여진 **instinctively** 본능적으로 **forage** 먹이를 찾아 다니다 **pheromone** 페로몬(같은 종의 생물들끼리 의사 소통을 위해 분비하는 물질) **reinforce** ~을 보강하다, 강화하다 **be lit up** 빛을 발하게 되다, 불이 밝혀지게 되다 **hive mind** 집단적 행동 양식 **application** 응용, 적용 **exploit** ~을 이용하다, 활용하다 **node** (연결망의) 접속점, 교점 **reproduce** ~을 모방하다, 복제하다 **coordinate** 조화를 이루다, 협조하다 **simulate** ~을 모방하다

---

6. 강의는 주로 무엇에 관한 것인가? [Topic & Purpose]
(A) 인간이 지닌 군집 지능의 증거
(B) 동물 무리들이 먹기를 찾아 다니는 다양한 방법들
(C) 하나의 동물 행동 및 인간이 그것을 이용하는 방법
(D) 새 무리들이 이동하는 방법에 대한 설명

해설 (오답 A) 동물의 군집 지능을 사람에 적용하는 내용이다.
(오답 B) 먹이를 찾는 얘기가 언급되긴 했지만 주제가 아닌 세부적인 정보이다.
(정답 C) 강의 첫 문장에 교수가 하나의 동물 행동인 군집 지능을 이야기하겠다고 한 뒤로 강의의 전반적인 흐름이 그것을 사람들이 적용하는 것에 대해 다룬다.
(오답 D) 새에 관한 얘기가 주제가 아니다.

7. 교수의 말에 따르면, 개미들이 먹이를 찾아 다닐 때 무엇이 핵심적인 행동인가? [Detail]
(A) 개미들은 소규모의 조직화된 무리를 이뤄 먹이를 찾는다.
(B) 개미들은 여왕 개미가 남긴 화학적 냄새를 따라간다.
(C) 개미들은 먹이 공급원으로부터 돌아갈 때 무작위로 경로를 이용한다.
(D) 개미들은 보금자리에서 출발할 때 페로몬을 추적해 간다.

해설 (오답 A) 언급된 적 없는 정보이다.
(오답 B) 여왕 개미의 냄새가 아닌 다른 개미들이 남긴 페로몬을 따라간다.
(오답 C) 무작위 경로가 아닌 페로몬을 따라 가는 것이다.
(정답 D) 개미들은 페로몬을 남기고 추적해 가며 먹이를 찾는다고 한다.

8. 개미들은 어떤 두 가지 군집 지능 원칙의 예가 되는가? [Detail]
두 개의 선택지를 클릭하시오.

[A] 각 개미가 동일한 목적을 지니고 있다.
[B] 각 개미가 리더의 지시를 따른다.
[C] 각 개미가 자동으로 일련의 규칙을 따른다.
[D] 각 개미가 환경 속의 정보에 따라 움직인다.

해설 (오답 A) 개미는 계획이나 목적을 알 필요도 없다고 한다.
(오답 B) 오히려 리더가 없다고 언급된다.

(정답 C) 개미는 두 개의 규칙을 따른다고 한다.
(정답 D) 개미가 추적하는 정보는 환경에서 비롯된다고 한다.

9. 교수의 말에 따르면, 통신망의 전화 통화가 어떻게 개미의 행동을 모방하는가? [Detail]
(A) 가장 잘 보강된 경로를 따른다.
(B) 동일한 경로상에서 오간다.
(C) 각 접속점에서 방향을 선택한다.
(D) 통신망 전체에 걸쳐 서로를 따른다.

해설 (정답 A) 전화 통화가 개미의 행동을 모방한다고 하면서 가장 잘 보강된 경로를 따른다고 한다.
(오답 B) 언급된 적 없는 정보이다.
(오답 C) 언급은 되었지만 전화 통화가 개미의 행동을 모방하는 부분은 아니다.
(오답 D) 언급된 적 없는 정보이다.

10. 교수는 왜 교통을 언급하는가? [Organization]
(A) 군집 지능에 대한 이해가 인간에게 도움을 줄 수 있는 분야를 확인해주기 위해
(B) 인간의 활동이 어떻게 군집 지능 행동을 보여주는지에 대한 예를 제공하기 위해
(C) 일련의 규정된 규칙에 따라 실제로 이끌어지는 혼란스러운 활동을 이야기하기 위해
(D) 자동화된 차량들이 어떻게 새 무리들과 동일한 프로그래밍을 활용하는지 입증하기 위해

해설 (오답 A) 사람에게 도움을 준다고는 하지 않는다.
(정답 B) 앞 문장에서 새의 군집 지능 행동을 설명한 뒤로 교통과도 같다고 하는 것은 유사한 인간 활동의 예를 제공하는 것이다.
(오답 C) 혼란스러운 활동을 이야기하는 것은 아니다.
(오답 D) 동일한 프로그래밍을 사용한다는 언급은 없다.

11. 강의의 일부를 다시 들어보시오. 그런 다음, 질문에 답하시오.

실제 사람의 행동에서 나타나는 복잡성과 혼란스러움을 모방하지는 못하는데… 제 생각엔, 우리가 몇 가지 더 많은 규칙 하에서 행동하기 때문인 것 같습니다. 저는 그게 효과가 없다는 게

놀랍진 않습니다.

교수가 다음과 같이 말할 때 무엇을 암시하는가? [Function]
제 생각엔, 우리가 몇 가지 더 많은 규칙 하에서 행동하기 때문인 것 같습니다.

(A) 컴퓨터로 만든 새 무리들이 실제 새들처럼 보이지 않는다.
(B) 인간의 행동이 효과적으로 프로그램화하기엔 여전히 너무 복잡하다.
(C) 컴퓨터 프로그램들이 계속 동물의 행동에서 본떠 만들어질

것이다.
(D) 새 무리들을 안내하는 규칙이 개미의 규칙보다 더 복잡하다.

해설 (오답 A) 새 무리가 핵심이 아닌 사람의 행동이 핵심인 부분이다.
(정답 B) 더 많은 규칙 하에 행동한다는 말은 앞에서 언급한 사람 행동의 복잡성에 대한 이유이다.
(오답 C) 앞으로의 상황은 해당 내용에서 언급된 적이 없다.
(오답 D) 새와 개미를 비교하는 내용이 아니다.

[문제 어휘]
random 무작위의, 아무렇게나 하는 mirror v. ~을 반영하다, 잘 보여주다 off of ~에서

Part 2

Questions 1-5

Listen to a conversation between a student and an art professor.

S: Good morning, Dr. Phillips. My name is Daniel Ortega. You might not remember, but we met last year during the art department's orientation session for new students. You answered some questions about the program.

P: Oh, well, I hope I was helpful! You must be well into your studies by now then.

S: Well, I'm still finishing up some introductory courses, but I'm ready to start focusing on a specialized area next year. Umm…I think I'll do painting.

P: Well, you'll probably end up in a few of my classes then. I look forward to having you.

S: I'm excited to take them, too. And…I saw that you are also the director of the student exhibitions on campus, right?

P: Yes, that's correct.

S: 1(C)I was wondering, how are students selected to be exhibitors? Do professors nominate the best work from their classes? Or is there an application process?

P: It's the students' choice to participate, so they choose whether or not to submit their work. 5(D)I serve on the review committee as well with some of the other faculty, and then we plan the exhibitions for the year based on the submissions. Umm…usually, we select students who are later into their studies…

한 학생과 미술 교수 사이의 대화를 들어보시오.

S(학생): 안녕하세요, 필립스 교수님. 제 이름은 대니얼 오르테가입니다. 기억하실지 모르겠지만, 작년에 신입생들을 위한 미술학과 오리엔테이션 시간에 뵀습니다. 학업 프로그램과 관련된 몇 가지 질문에 답변도 해주셨어요.

P(교수): 오, 음, 제가 도움이 되었기를 바랍니다! 그럼 지금쯤이면 틀림없이 학업에 잘 적응했겠네요.

S: 저, 여전히 입문 과정들을 끝마치는 중이긴 하지만, 내년에 전문적인 영역에 초점을 맞추기 시작할 준비가 되어 있습니다. 음… 제 생각엔 그림을 할 것 같아요.

P: 음, 그럼 아마 결국엔 제 수업을 몇 개 듣게 될 것 같네요. 수업 시간에 만날 수 있기를 고대합니다.

S: 저도 수강하게 되면 기쁠 거예요. 그리고… 캠퍼스에서 열리는 학생 전시회 책임자로 되어 있으신 것도 봤는데, 맞으시죠?

P: 네, 그렇습니다.

S: 1(C)제가 궁금했던 게, 학생들이 어떻게 전시 참가자로 선정되는 건가요? 교수님들이 수업을 통해 가장 좋은 작품을 후보로 추천하시나요? 아니면 지원 과정이 있나요?

P: 학생들의 선택으로 참가하는 거라서, 각자 작품을 제출할 것인지를 선택합니다. 5(D)제가 몇몇 다른 교수들과 함께 심사 위원회에서도 활동하고 있고, 제출된 작품들을 바탕으로 그 해에 개최할 전시회를 계획합니다. 음… 보통, 학업 과정의 나중으로 접어드는 학생들을 선정합니다…

S: Oh, I'm just planning ahead. What kind of exhibition themes have there been recently? Do you show all kinds of artwork?

P: Funny you should ask… We're actually changing things up this year. We used to focus on themes: life, harmony, light and dark… 2(C)but for this year, each exhibit will showcase a different technique. Umm…the upcoming exhibition, for example, will be composed of all drip paintings.

S: Oh, like Max Ernst?

P: Well, yes. Most people think of Pollock first, but that's… interesting.

S: Oh, I suppose you're right. I've just been studying about Ernst lately. He didn't use drip painting as extensively as Pollock…but I think he used it to a neater effect. And how he made figures by just splashing paint across the canvas. That's so fascinating.

P: Right, his Lissajous figures. Though he had little control over the movement of the paint, 3(B)the method still lends itself to creating mesmerizing, almost mystical geometric patterns. It adds an air of otherworldliness to his already abstract and gorgeous paintings. So, you like Ernst's work?

S: Some of it is over my head, but I do. I hope to take more classes on abstract art.

P: Well, I teach a class on abstract art, and the major project for the course is creating a piece of abstract art using the methods employed by famous artists. A few of my students in my last class created pieces with Ernst's methods, and they turned out exceptionally well.

S: Do they look like Ernst paintings?

P: Well, luckily, no. They still look like the students' original work. 4(C)Our goal wasn't to imitate or replicate, but rather to explore using different methods of applying paint to canvas to express our own styles. Oh, and that being said, you don't need to attend a required course to submit your work to the student exhibition. It can be from any class, or even a piece you did on your own, as long as it matches the themes.

S: 오, 저는 미리 계획하는 겁니다. 최근에 어떤 종류의 전시 주제들이 있었나요? 모든 종류의 미술품을 전시하시나요?

P: 그렇게 물으니까 재미있네요… 사실 올해 변화를 추구하고 있습니다. 전에는 삶, 조화, 명암 같은 주제들에 초점을 맞췄지만… 2(C)올해는, 각 전시품이 다른 기법을 선보이게 될 겁니다. 음… 다가오는 전시회는, 예를 들면, 모두 드립 페인팅 작품으로 구성될 겁니다.

S: 오, 막스 에른스트처럼요?

P: 음, 네. 대부분의 사람들이 폴락을 먼저 떠올리는데… 흥미롭네요.

S: 아, 맞는 말씀이신 것 같아요. 제가 그저 최근에 에른스트에 관해 계속 공부하고 있어요. 에른스트가 폴락만큼 광범위하게 드립 페인팅을 이용하진 않았지만… 제 생각에 이것을 이용해 더 깔끔한 효과를 낸 것 같아요. 그리고 캔버스 전체에 물감을 흩뿌리는 것만으로 형체를 만들어낸 방법도요. 정말 매력적이에요.

P: 맞아요, 그의 리사주 그림들이 그렇죠. 에른스트는 페인트의 움직임을 거의 조절하진 않았지만, 3(B)그 방법이 그럼에도 불구하고 매혹적이면서, 거의 신비스러운 기하학적 패턴들을 만들어내는 데 적합합니다. 이미 추상적이면서 아주 멋진 그림에 내세적인 분위기를 더해 주고 있죠. 그래서, 에른스트의 작품을 좋아하나요?

S: 일부 작품이 이해가 되진 않지만, 그렇습니다. 저는 추상 미술에 관한 수업을 더 수강할 수 있기를 바라고 있어요.

P: 음, 제가 추상 미술에 관한 수업을 하나 가르치고 있는데, 그 수업 과정의 주요 프로젝트가 유명 화가들이 활용한 방식을 이용해 추상 미술 작품을 만드는 것입니다. 지난 수업에서 학생 몇 명이 에른스트의 방법으로 작품을 만들었는데, 우수할 정도로 잘 되었던 것으로 드러났죠.

S: 에른스트의 그림처럼 보이나요?

P: 음, 다행히, 아닙니다. 여전히 학생들의 독창적인 작품처럼 보입니다. 4(C)우리의 목표는 모방하거나 복제하는 게 아니라, 우리 각자의 스타일을 표현하기 위해 캔버스에 페인트를 적용하는 다양한 방법들을 이용해 탐구하는 것이었습니다. 오, 그리고 얘기한 김에, 학생 전시회에 작품을 제출하기 위해 필수 수업 과정에 참석할 필요는 없습니다. 어떤 수업에서 만들었든, 아니면 심지어 직접 만든 작품이든 상관없습니다, 주제에 어울리기만 하면요.

[스크립트 어휘]
end up 결국 ~하게 되다 look forward to -ing ~하기를 고대하다 exhibitor 전시회 참가자 faculty 교수들, 교수진 submission 제출(하는 것)
drip painting 드립 페인팅(붓을 사용하지 않고 물감을 캔버스에 떨어뜨리거나 흩뿌리는 기법) figure 형체, 모양 splash ~을 흩뿌리다, 튀기다
mesmerizing 매혹적인 mystical 신비스러운 geometric 기하학적인 otherworldliness 내세적임, 비현실적임 over one's head 이해가 되지
않는 abstract 추상적인 turn out ~한 것으로 드러나다, 판명되다 replicate 복제하다

1. 학생은 왜 교수를 만나러 갔는가? [Topic & Purpose]
    (A) 최근의 수업 중에 이야기한 기법에 관해 더 알아보기 위해
    (B) 다가오는 전시회에서 특별히 소개되는 미술가에 관해 물어보기 위해
    (C) 학생 미술품 전시회에 어떻게 작품이 선정되는지 알아보기 위해
    (D) 미술 전공 프로그램으로 전과할 수 있는 가능성을 살펴보기 위해

해설 (오답 A) 기법은 대화 후반부에 언급되는 세부 정보이다.
    (오답 B) 전시회 작품 선택에 대한 얘기를 하다가 제시되는 세부 정보이다.
    (정답 C) 초반부에 I was wondering이라는 표현을 사용하며 방문 이유를 말한다.
    (오답 D) 언급된 적 없는 정보이다.

2. 학생은 왜 막스 에른스트를 언급하는가? [Organization]
    (A) 최근 한 미술관에 방문한 것에 대해 교수에게 말하기 위해
    (B) 에른스트와 폴락을 비교하기 위해
    (C) 하나의 미술 기법을 알고 있음을 교수에게 보여주기 위해
    (D) 한 미술가와 관련된 일반적인 오해를 강조하기 위해

해설 (오답 A) 학생이 미술관을 방문한 내용은 없다.
    (오답 B) 막스 에른스트를 학생이 언급한 후 교수가 폴락을 언급하기에 학생의 의도와는 관련 없다.
    (정답 C) 교수가 다른 미술 기법을 선보인다고 알리자, 그에 대한 예시로 막스 에른스트를 학생이 언급한다.
    (오답 D) 언급한 적 없는 정보이다.

3. 막스 에른스트의 작품에 대한 교수의 의견은 무엇인가? [Attitude]
    (A) 폴락의 추상화보다 좋지 못하다고 생각한다.
    (B) 아름다우면서 기이하다고 생각한다.
    (C) 더 많은 학생들이 관심을 갖지 않는 것을 유감스럽게 여긴다.
    (D) 에른스트가 드립 기법을 더 효과적으로 활용했다면 좋았을 것이라고 생각한다.

해설 (오답 A) 폴락의 추상화보다 좋지 않다고 한 적은 없다.
    (정답 B) 교수가 막스 에른스트 작품을 설명할 때 가장 강조하는 부분은 매혹적이며 신비스러운 기하학적인 패턴과 멋진 그림을 만들어 내는 것이라고 한다.
    (오답 C) 보통 사람들이 폴락에 먼저 떠올린다고는 했으나 이를 유감스럽게 여기지는 않는다.
    (오답 D) 드립 기법을 사용하는 내용은 맞지만, 더 효과적으로

활용하기를 원한다는 내용은 없다.

4. 교수가 추상 미술에 관한 자신의 수업과 관련해 암시하는 것은 무엇인가? [Inference]
    (A) 미술 전공자들에게 가장 힘든 수업 과정 중의 하나이다.
    (B) 학업 프로그램에서 학생들이 수강하는 마지막 수업이다.
    (C) 학생들에게 다양한 미술 기법을 활용할 수 있게 해준다.
    (D) 실전보다 이론에 더 초점을 맞춘다.

해설 (오답 A) 언급된 적 없는 정보이다.
    (오답 B) 대화에 언급된 단어들을 이용하여 혼란을 주는 오답 보기이다.
    (정답 C) 학생들이 다양한 미술 기법을 탐구하고 본인 스타일을 표현하는 것이 목표라고 강조한다.
    (오답 D) 언급된 적 없는 정보이다.

5. 대화의 일부를 다시 들어보시오. 그런 다음, 질문에 답하시오.

P: 제가 몇몇 다른 교수들과 함께 심사 위원회에서도 활동하고 있고, 제출된 작품들을 바탕으로 그 해에 개최할 전시회를 계획합니다. 음… 보통, 학업 과정의 나중으로 접어드는 학생들을 선정합니다…
S: 아, 저는 미리 계획하는 겁니다.

교수가 다음과 같이 말할 때 의미하는 것은 무엇인가? [Function]
음… 보통, 학업 과정의 나중으로 접어드는 학생들을 선정합니다…

    (A) 학생들이 미술 작품을 제출하려면 반드시 선행 필수 강의를 이수해야 한다.
    (B) 모든 미술 전공 학생들이 반드시 전시회에 참가해야 졸업할 수 있다.
    (C) 학생이 미술품을 제출하는 마감기한을 이미 놓쳤다.
    (D) 1학년 또는 2학년 학생들의 미술 작품이 전시될 가능성이 낮을 것이다.

해설 (오답 A) 선행 필수 강의가 아니라 학년을 얘기하는 것이다.
    (오답 B) 학생의 선택으로 참가하는 것이기에 졸업 의무 사항은 아니다.
    (오답 C) 마감기한은 해당 부분에서 언급되지 않는다.
    (정답 D) 전시회에 선택되는 기준을 얘기하면서 학업 과정의 나중에 해당되는 학생들을 선정한다는 말은 저학년 학생들이 전시될 가능성이 낮음을 의미한다.

[문제 어휘]
follow up (후속적으로) 더 알아보다   feature ~을 특징으로 하다   prerequisite 필수적으로 선행하는, 전제 조건의

Questions 6-11

Listen to part of a lecture in an environmental science class.

P: Nowadays, you can't turn on the TV or scroll through the newsfeed without coming across something about carbon—carbon footprint, carbon neutral, carbon emissions. [11(B)]Mostly because it's known as the main culprit behind the greenhouse effect, which I'm sure you're all familiar with. Right, Parker?

S: Yeah, it's like…the Earth is heating up because these gases are filling the atmosphere…and they trap heat, just like a greenhouse does.

P: What kinds of gases?

S: Well, like you said…carbon dioxide. Methane, too…

P: Correct, carbon dioxide. The top of the most wanted list. With this reputation, most people assume that anything that has to do with burning carbon is harmful to the environment. But, like most things, it isn't quite that black and white. [6(D)]So, today, we'll look at what makes some carbon burning bad, some…actually good, and well, the rest not so bad, and not so good.

And I guess we can start with ourselves. We're burning carbon right now…in fact, burning carbon fuels the engine of life. This occurs at the cellular level, where carbon is burned to produce glucose—sugar—which gets chemically combined with oxygen to become energy for cells. So…take a deep breath…and now, you're guilty of contributing to global warming! Right? Well, of course not…this is just part of the natural balance of life on Earth. And, not to mention, carbon serves a vitally important role in the atmosphere. Without it, we would all freeze. [7(C)]Thanks to greenhouse gases, the Earth isn't the same temperature as outer space—which is about four degrees above absolute zero. Not a very comfortable chill for any form of life. So, if it weren't for atmospheric carbon, there'd be no life on Earth…it would be just another dead planet.

Then, we need to remember that carbon is also constantly being removed from the atmosphere. You all know this…we take in oxygen, and exhale carbon dioxide, and the opposite…

S: Plants use carbon dioxide.

환경 과학 수업의 강의 일부를 들어보시오.

P(교수): 요즘은, TV를 틀거나 뉴스 피드를 스크롤하면 탄소와 관련된 뭔가를 꼭 접합니다. 탄소 발자국, 탄소 중립, 탄소 배출과 같이 말이죠. [11(B)]탄소가 주로 온실 효과의 이면에 존재하는 주범으로 알려져 있기 때문에, 분명 여러분 모두 이에 대해 잘 알고 있으리라 생각합니다. 그렇죠, 파커?

S(학생): 네, 그게 그러니까…지구가 뜨거워지는 이유가 이 가스들이 대기를 채우고 있고… 열기를 가둬 놓기 때문이죠, 마치 온실이 그런 것처럼요.

P: 어떤 종류의 가스인가요?

S: 음, 말씀하신 것처럼… 이산화탄소입니다. 메탄도 있고요…

P: 그렇습니다, 바로 이산화탄소입니다. 일급 수배자 명단에서 가장 위에 있죠. 이런 평판으로 인해, 대부분의 사람들이 탄소를 태우는 일과 관련된 것이라면 무엇이든 환경에 해롭다고 생각합니다. 하지만, 대부분 그렇듯이, 그렇게 크게 이분법적인 논리에 해당되진 않습니다. [6(D)]자, 오늘은, 무엇 때문에 일부 탄소 연소 과정이 좋지 않은 것인지 살펴볼 텐데요, 일부는… 사실 좋은 면도 있고, 그리고 음, 나머지는 그렇게 나쁘지도, 또 그렇게 좋지도 않습니다.

그리고 제 생각엔 우리들 자신에 대한 이야기부터 시작할 수 있을 겁니다. 우리는 지금도 탄소를 태우고 있습니다…사실, 탄소를 태우는 일은 생물이라는 엔진에 동력을 제공해줍니다. 이는 세포 수준에서도 발생되는데, 탄소를 태워 포도당, 즉 당분을 만들어내고, 이는 화학적으로 산소와 결합해 세포에 필요한 에너지가 됩니다. 자… 한번 크게 심호흡을 해보세요… 그리고 지금, 여러분은 지구 온난화에 일조하는 잘못을 저지르고 있습니다! 그런가요? 음, 물론 아닙니다… 이는 그저 지구상에 존재하는 생물이 이루고 있는 자연 균형의 일부분일 뿐입니다. 그리고, 언급할 필요도 없이, 탄소는 대기 중에서 필수적으로 중요한 역할을 합니다. 탄소가 없다면, 우리는 모두 얼어붙게 될 겁니다. [7(C)]온실 가스로 인해, 지구는 우주 공간과 온도가 같지 않은데, 그곳은 절대 영도보다 약 4도 높습니다. 어떤 종류의 생물에게도 그렇게 쾌적한 냉기는 아니죠. 따라서, 대기 중에 탄소가 없다면, 지구상에 어떤 생명체도 존재하지 않을 것이며… 그저 또 다른 죽은 행성에 불과할 겁니다.

그리고, 우리는 탄소도 대기 중에서 지속적으로 사라지는 중이라는 점을 기억해야 합니다. 여러분 모두 아시겠지만… 우리는 산소를 들이마시고 이산화탄소를 내뱉고 있고, 반대로…

S: 식물이 이산화탄소를 이용하고 있죠.

P: Exactly. It's consumed in photosynthesis. [8(C)]It also gets dissolved in the ocean. It's how shellfish are able to create their carbonate shells, and when they die, their chunk of carbon shell gets tucked away on the ocean floor, safely out of the atmosphere. As you can see, this trade of carbon is necessary, as long as it exists in a balance.

Hence, the problem facing the world today, which comes from the bad kind of carbon burning. The burning of what is known as "fossil carbon" throws off this tender balance. You know them well: fossil fuels, coal, oil, natural gas. This is the carbon that has been sequestered, deep below the crust, by long, natural processes, to keep the atmosphere's carbon balance in check. [9(B)]But we dig it up and mine it, drill deep wells to release it. Then, when we burn it, well, it doesn't necessarily flood the atmosphere with carbon… remember, there's already a lot of carbon there. But, it's already full. Imagine the atmosphere is a glass that's already full…but now we're pouring in more carbon, and the glass begins to overflow, spill over, making a mess for all of us.

So, we have the good, the bad, and now we need the middle players, which are biomass fuels. Not quite as bad as fossil fuels, and not as benign as us breathing air. These are…well, some examples. In North America, Native Americans used to collect buffalo droppings and burn them for fuel. And, in Ireland, the thick peat from bogs could be cut up and burnt. [10(A)]How are these examples of, so called, "biomass carbon" different from fossil carbon? We can call this biomass carbon current carbon—it's already in the cycle. It's recently come out of the atmosphere, and by burning it, the carbon goes right back. It's already in the balanced equation, unlike, say, oil or coal that's been buried for millions of years. In fact, burning biomass could be seen as good burning if we see it as a way of, umm…feeding carbon to our forests, allowing them to recover carbon and grow. As long as we don't cover everything in asphalt, then we can maintain a sort of carbon neutrality. For every tree cut down for fuel, allow one to stand and grow, feeding off that carbon.

P: 바로 그렇습니다. 이산화탄소는 광합성을 통해 소비됩니다. [8(C)]바다에서도 용해되고 있죠. 이것이 조개류가 탄산 껍데기를 만들어낼 수 있는 방법이며, 이들이 죽으면, 그 탄소 껍질 무더기가 해저에 숨겨지게 됩니다, 대기에서 벗어난 곳에 안전하게 말이죠. 보시다시피, 이러한 탄소 순환은 필수적입니다, 균형적으로 존재하기만 한다면요.

그래서, 오늘날 전 세계가 직면하고 있는 문제는, 좋지 못한 종류의 탄소 연소에서 비롯됩니다. "화석 탄소"로 알려져 있는 것의 연소가 이러한 연약한 균형 상태를 깨뜨립니다. 여러분은 화석 연료, 석탄, 석유, 천연 가스 같은 것들을 잘 알고 있을 겁니다. 이는 지각 아래 깊은 곳에서 오랫동안 자연적인 과정에 의해 격리되어 있던 탄소로서, 대기 중의 탄소 균형 상태를 조절해주고 있었죠. [9(B)]하지만 우리가 그것을 캐내고, 채굴하고, 깊은 유전에 구멍을 뚫어 방출시키고 있습니다. 그리고, 우리가 그걸 태우면, 음, 그것이 반드시 대기를 탄소로 넘치게 하지는 않습니다만… 기억해야 하는 점은, 대기에 이미 탄소가 많다는 겁니다. 하지만, 이미 가득 차 있죠. 대기가 이미 가득 차 있는 유리잔이라고 상상해 보세요… 하지만 지금 우리는 더 많은 탄소를 들이붓고 있고, 그 유리잔이 넘치면서 흘러내리기 시작하고 있고, 우리 모두를 엉망으로 만들고 있습니다.

자, 좋은 면과 나쁜 면이 존재하고 있으니까, 이제 중간자가 필요한데, 그게 바로 바이오매스 연료입니다. 화석 연료만큼 그렇게 나쁘지 않으면서, 우리가 쉬는 숨만큼 그렇게 온화하지도 않습니다. 다음은… 음, 몇 가지 예시입니다. 북미 지역에서는, 아메리카 원주민들이 전에 물소 배설물을 모아 연료용으로 태우곤 했습니다. 그리고, 아일랜드에서는, 습지에서 나오는 두툼한 토탄을 잘라 태울 수 있었습니다. [10(A)]이러한, 소위 "바이오매스 탄소"의 예시들이 어떻게 화석 탄소와 다를까요? 우리는 바이오매스 탄소를 현행 탄소라고 부를 수 있으며, 그것은 이미 그 순환 과정에 있습니다. 그것은 최근에 대기 밖으로 나왔으며, 그것을 태움으로써, 탄소가 곧장 되돌아갑니다. 그것은 이미 균형 방정식 상태에 있는데, 이는, 말하자면, 수백만 년 동안 묻혀 있던 석유 또는 석탄과 다른 경우입니다. 사실, 바이오 연료를 태우는 일은 우리가 그것을, 음… 우리의 산림에 탄소를 공급해, 탄소를 회복하고 성장할 수 있게 하는 한 방법으로 본다면 좋은 연소로 여겨질 수 있을 겁니다. 우리가 모든 것을 아스팔트로 덮어버리지 않는 한, 일종의 탄소 중립성을 유지할 수 있습니다. 연료용으로 잘려나가는 모든 나무를 위해, 그 탄소를 먹고 살게 해서, 잘 서 있고 자랄 수 있게 해줍시다.

[스크립트 어휘]
carbon footprint 탄소 발자국(개인, 기업, 국가 등이 활동하는 전체 과정 속에서 발생되는 온실 가스, 특히 이산화탄소의 총량) carbon neutral 탄소 중립(배출된 이산화탄소를 흡수해 실질적인 배출량을 0으로 만드는 것) main culprit 주범 have to do with ~와 관련이 있다 black and white 이분법

적인 논리, 흑백 논리 cellular 세포의 glucose 포도당 guilty 유죄의, 책임이 있는 absolute zero 절대 영도(열역학적으로 생각할 수 있는 최저 온도, 섭씨로 영하 약 273도에 해당) exhale (숨 등) ~을 내쉬다 photosynthesis 광합성 dissolve ~을 용해시키다 tuck away ~을 숨기다 sequester ~을 격리시키다 keep A in check A를 조절하다, 억제하다, 방지하다 biomass fuel 바이오매스 연료(자연에서 얻을 수 있는 에너지원) peat 토탄(석탄화 과정의 첫 단계에서 나타나는 탄소 화합물) biomass carbon 바이오매스 탄소, 생물량 탄소

6. 강의의 주 목적은 무엇인가? [Topic & Purpose]
(A) 지구 온난화를 초래하는 서로 다른 유형의 온실 가스들을 분류하는 것
(B) 대기가 화석 연료의 연소로부터 이득을 얻고 있다고 주장하는 것
(C) 대부분의 탄소 배출물들이 천연 자원에서 비롯된다고 말하는 것
(D) 서로 다른 유형의 유익하고 유해한 탄소 연소를 확인하는 것

해설 (오답 A) 온실 가스가 비록 강의에서 언급되지만 온실 가스 분류가 강의의 목적은 아니다.
(오답 B) 화석 연료는 세부 정보로 강의의 목적은 아니다.
(오답 C) 천연 자원은 탄소 배출물의 원인으로 언급된 적 없는 정보이다.
(정답 D) 강의 초반부에 탄소 연소의 유익한 점과 유해한 점을 살펴보겠다고 하므로 정답이다.

7. 교수는 자신의 주장을 뒷받침하기 위해 우주 공간의 어떤 측면을 이용하는가? [Detail]
(A) 규모
(B) 진공
(C) 온도
(D) 대기

해설 (오답 A) 언급된 적 없는 정보이다.
(오답 B) 언급된 적 없는 정보이다.
(정답 C) 우주 공간의 온도를 언급하면서 지구와 같지 않다고 한다.
(오답 D) 우주의 대기는 언급된 적 없는 정보이다.

8. 교수의 말에 따르면, 바다는 대기 속의 탄소와 관련해 어떤 역할을 하는가? [Detail]
(A) 바다 생물체의 유해로부터 탄소를 방출한다.
(B) 지구의 온도를 조절하는 데 도움을 준다.
(C) 대기 속의 탄소를 용해시킨다.
(D) 바다 생물체의 껍질 속에 저장한다.

해설 (오답 A) 탄소가 방출되는 것이 아니라 해저에 숨겨진다.

(오답 B) 강의에서는 언급되지 않은 정보이다.
(정답 C) 광합성을 통해 탄소가 소비된다고 하면서 바닷속에서도 용해된다고 한다.
(오답 D) 탄소 껍질 무더기가 해저에 숨겨지게 되는 것이지, 대기 속의 탄소를 바다 생물체 껍질 속에 저장하는 것은 아니다.

9. 교수는 왜 석유 굴착 작업을 언급하는가? [Organization]
(A) 화석 연료가 어떻게 해저에서 얻어지는지 설명하기 위해
(B) 화석 연료의 연소가 어떻게 탄소의 균형을 불안정하게 만드는지 말하기 위해
(C) 에너지용 화석 연료를 얻기 위한 에너지 집약적인 방식의 활용을 비판하기 위해
(D) 대부분의 화석 연료가 왜 다른 탄소 공급원들보다 더 비싼지 설명하기 위해

해설 (오답 A) 석유 굴착 작업은 화석 연료가 얻어지는 방법일 뿐, 굴착 작업을 언급하는 목적은 아니다.
(정답 B) 석유 굴착 작업을 통해 필요 이상의 탄소가 방출되며 균형이 불안정해짐을 설명하기 위해 언급한다.
(오답 C) 언급된 적 없는 정보이다.
(오답 D) 언급된 적 없는 정보이다.

10. 교수는 왜 "바이오매스 탄소"를 "현행 탄소"라고 일컫는가? [Detail]
(A) 대기 속의 탄소에 대한 균형 방정식의 일부이다.
(B) 최근에 개발된 환경적으로 안전한 연료의 한 종류이다.
(C) 전 세계에 있는 바닷물의 흐름에 의해 조절된다.
(D) 대기 속에 있는 다른 온실 가스들과 즉각 반응한다.

해설 (정답 A) 바이오매스 탄소를 현행 탄소라고 부른다고 알리면서 대기 속의 탄소가 최근에 나왔다가 곧장 되돌아가는 균형 방정식의 일부라고 정리한다.
(오답 B) 현행 탄소라는 단어를 보고 그럴듯하다고 생각할 수 있지만 언급된 적 없는 정보이다.
(오답 C) 언급된 적 없는 정보이다.
(오답 D) 언급된 적 없는 정보이다.

11. 강의의 일부를 다시 들어보시오. 그런 다음, 질문에 답하시오.

P: 탄소가 주로 온실 효과의 이면에 존재하는 주범으로 알려져 있기 때문에, <mark>분명 여러분 모두 이에 대해 잘 알고 있으리라 생각합니다.</mark> 그렇죠, 파커?

S: 네, 그게 그러니까…지구가 뜨거워지는 이유가 이 가스들이 대기를 채우고 있고… 열기를 가둬 놓기 때문이죠, 마치 온실이 그런 것처럼요.

교수는 왜 다음과 같이 말하는가? [Function]
<mark>분명 여러분 모두 이에 대해 잘 알고 있으리라 생각합니다.</mark>

(A) 한 가지 용어가 시험에 나올 것이라고 학생들에게 알리기 위해
(B) 한 가지 용어가 일반적으로 알려져 있음을 나타내기 위해
(C) 한 가지 용어가 흔히 잘못 해석된다고 말하기 위해
(D) 논란이 많은 한 가지 용어를 정의하는 것을 망설이기 위해

해설 (오답 A) 시험은 언급되지 않는다.
(정답 B) 온실 효과란 용어가 흔히 알려져 있음을 나타낸다.
(오답 C) 잘못 해석되고 있음을 말하려는 것은 아니다.
(오답 D) 논란이 많다는 언급은 없다.

[문제 어휘]
remains 유해 regulate ~을 조절하다, 규제하다 recover (천연 자원을) 채취하다, 얻다 destabilize ~을 불안정하게 만들다 controversial 논란이 많은

Questions 12-17

Listen to part of a lecture in an anthropology class. The professor is discussing ethnography.

P: Ethnographic studies have changed substantially as the typical medium of documentation has transitioned from journals and essays to film. As the goal of ethnography is the accurate description of a discrete culture, film has emerged as an invaluable tool. However, ethnographic filmmaking must be careful as to not intrude on its subject, thus disrupting the entire process through its mere application. ¹²⁽ᶜ⁾So, the community-determined approach has been highly effective in the discipline. The purpose of the community-determined approach is to guarantee agency to the subject, as it creates a sort of shared authorship of the film's content. The whole aim of the project—how it will be used, what will be depicted—is just as important as how it's created—with the culture's own participation and, even, direction. The filmmakers and the culture depicted are seen as equal participants in the project. By doing so, the film promotes the real priorities of the community, and it grants the individuals control over how they will be depicted in the film. Several of these films have been successful with Amazonian tribes.

S1: How can the filmmakers ensure that the community has control?

P(교수): 민족학 연구는 통상적인 자료 기록 매체가 저널과 에세이에서 영화로 전환되어 오면서 상당히 변화되었습니다. 민족학의 목적이 별개의 문화에 대한 정확한 묘사이기 때문에, 영화가 귀중한 수단으로 떠오르게 되었죠. 하지만, 민족학 영화 제작은 반드시 신중해야 하는데, 촬영 대상을 침해함에 따라 그 단순한 적용을 통해 전체 과정에 지장을 주지 않도록 해야 하기 때문입니다. ¹²⁽ᶜ⁾따라서, 지역 공동체의 결정에 따르는 접근 방식이 이 학문 분야에서 대단히 효과적이었습니다. 지역 공동체의 결정에 따르는 접근 방식의 목적은 촬영 대상에게 자율성을 보장해주는 것인데, 이것이 영화 내용에 대한 일종의 공저 체제를 만들어내기 때문입니다. 프로젝트의 전체적인 목적이, 즉 어떻게 프로젝트를 이용할 것인지, 무엇을 묘사할 것인지가 문화 공동체 자체의 참여 및 심지어 연출 방식과 함께 그것을 어떻게 만들 것인가 하는 문제만큼 중요합니다. 영화 제작자들과 묘사되는 문화 공동체가 프로젝트 내에서 동등한 참여자로 여겨지는 것이죠. 이렇게 하면, 영화가 해당 공동체의 실제적인 우선 사항들을 활성화시키게 되고, 영화 속에서 어떻게 묘사될 것인지에 대해 해당 공동체 사람들에게 통제력을 제공하게 됩니다. 이렇게 만든 영화들 중 여러 가지가 아마존의 부족들과 함께 성공을 거두었죠.

S1(학생1): 영화 제작자들이 어떻게 반드시 지역 공동체에게 통제력이 생기도록 할 수 있죠?

P: It's all in the preparation. The filmmakers make their intention clear long before filming begins. They visit the community—the village or tribe—and meet with the community leaders. [13(B)]Usually a film of the same style is shown to the leaders, so they can have a reference for the filmmaker's proposal, and they can see the film's treatment of and effects on another community. After this initial meeting, the filmmakers depart, and then they just wait—the ball is in the community's court, so to say. [14(A)]If the elders or leaders decide that they want to pursue the project, then they will contact the filmmakers.

S1: The filmmakers don't keep making their case?

P: Nope. They're hands-off at this point as to minimize any pressure on the community while it's making its decision.

S1: What happens if the community agrees to the project?

P: Next, the filmmakers would move in with the community and start living there. This is another important point of the community-determined approach—the filmmakers are committed to staying in the community for a long time…and not only during filming. So, it could be months…maybe even years. Any ideas why a filmmaker would do this?

S2: Well, it helps them become more integrated with the community…they can understand its daily reality.

P: That's right. This is vital for the filmmakers…their initial assumptions fade away so that they can have unfiltered, direct observation of the community.

S2: Umm…doesn't that acclimation work the other way too, then? The community can also adjust to the filmmakers, so they aren't uncomfortable around cameras, or the filmmakers themselves.

P: Yes, it's an important part of establishing trust both ways, of creating an equal, understanding relationship.

S2: Aside from the time commitment, this must be incredibly expensive.

P: It is, even if the project only uses a small team.

S2: You said it's a collaboration, so even after filming and living together, does the community get a say in the editing process? You know, the final product?

P: 그건 모두 준비 과정에 해당됩니다. 영화 제작자들은 촬영이 시작되기 오래 전부터 자신들의 의도를 명확히 해야 합니다. 지역 공동체, 즉, 마을이나 부족을 방문하고, 그 공동체의 지도자들을 만납니다. [13(B)]일반적으로 같은 유형의 영화를 지도자들에게 보여주기 때문에, 영화 제작자의 제안에 대해 참고할 수 있고, 영화가 다른 공동체를 다룬 방식 및 그 공동체에 미친 영향을 확인할 수 있습니다. 이렇게 첫 만남을 가진 후에, 영화 제작자들은 자리를 떠나, 그저 기다리는데, 공은 해당 공동체에게 넘어간 겁니다, 말하자면요. [14(A)]어르신들이나 지도자들이 프로젝트를 하고 싶다고 결정하게 되면, 영화 제작자들에게 연락을 합니다.

S1: 영화 제작자들은 계속 아무런 입장도 밝히지 않죠?

P: 밝히지 않습니다. 해당 공동체가 결정을 내리는 동안 어떤 압박감이든 최소화하기 위해 그 시점부터는 손을 놓은 상태로 있습니다.

S1: 공동체에서 프로젝트에 합의하게 되면 어떻게 되죠?

P: 그 다음에, 영화 제작자들이 해당 공동체로 들어가 그곳에서 생활하기 시작합니다. 이는 지역 공동체의 결정을 따르는 방식의 또 다른 중요한 부분으로서, 영화 제작자들이 오랫동안 해당 공동체 내에서 머물러 있는 데 전념합니다… 단지 촬영 기간에만 해당하는 것이 아닙니다. 따라서, 몇 달… 아마 심지어 몇 년이 될 수도 있습니다. 영화 제작자가 왜 이렇게 할 것 같은지 생각 나는 게 있나요?

S2(학생2): 음, 그 공동체와 더욱 하나가 되는 데 도움이 되죠… 현실의 일상적인 모습을 이해할 수 있으니까요.

P: 그렇습니다. 이는 영화 제작자들에게 필수적인데… 처음에 갖고 있던 추정들이 점차 사라지면서 해당 공동체를 여과 없이, 직접적으로 관찰할 수 있게 됩니다.

S2: 음… 그러면 그 새 환경 순응이 반대로도 작동하지 않나요? 카메라나 영화 제작자들 자체에 대해 불편해지지 않도록 지역 공동체가 마찬가지로 영화 제작자들에게 적응할 수도 있잖아요.

P: 네, 양측이 함께 신뢰를 쌓아, 동등하고 서로 이해하는 관계를 만들어내는 데 있어 중요한 부분이죠.

S2: 시간 투자 외에도, 그게 분명 믿을 수 없을 정도로 많은 돈이 들어갈 것 같아요.

P: 그렇죠, 설사 프로젝트에 소규모 팀만 이용된다 하더라도요.

S2: 공동 작업이라는 얘기를 하셨는데, 그럼 심지어 촬영하면서 함께 생활한 후에도, 해당 공동체에서 편집 과정에 대한 권리를 얻게 되나요? 그러니까, 최종 결과물에 대해서요?

P: Yes. The community also decides what can be included in the film. For example, even during the filming, the community will decide who can be interviewed—not the filmmakers. And from there, the interviewee has full control of the interview—its content, when it's done, where it's shot. And it can be stopped at any time. The community will review both the raw footage and the edited version for the documentary. ¹⁵⁽ᴰ⁾And, if at any point they aren't happy with it, it will be cut. It's another measure that shows how respectful the community-determined approach is to the subject.

S1: ¹⁶⁽ᴮ⁾With that respect…is the documentary filmed in the community's native language?

P: Great point. It would miss the point entirely if it wasn't, right? Language is a major part of a community's identity. The film will use subtitles, not dubbing, so that the natural flow of the language—its expressions and tones—will remain unaltered.

S2: ¹⁷⁽ᶜ⁾And the subtitles will accurately reflect the main gist of the speech, right?

P: I'd certainly hope so! Altering their intentions, or superimposing the filmmaker's own narrative via subtitles, would be an egregious violation of the core beliefs of the community-determined approach.

P: 네. 해당 공동체도 영화 속에 무엇이 포함될 수 있는지 결정합니다. 예를 들어, 심지어 촬영 중에도, 해당 공동체에서 누가 인터뷰를 할 수 있는지 결정합니다, 영화 제작자가 아니고요. 그리고 거기서부터는, 인터뷰 대상자가 인터뷰를, 그러니까 그 내용, 진행 시점, 촬영 장소 등에 대해 전적인 통제권을 갖는 거죠. 그리고 언제든지 중단될 수 있습니다. 해당 공동체에서 다듬지 않은 촬영 영상과 다큐멘터리용으로 편집된 버전을 모두 살펴봅니다. ¹⁵⁽ᴰ⁾그리고, 어느 부분이든 만족하지 못하면, 잘라냅니다. 이는 지역 공동체의 결정에 따르는 접근 방식이 촬영 대상을 얼마나 존중하는지 보여주는 또 다른 척도입니다.

S1: ¹⁶⁽ᴮ⁾존중이라면… 다큐멘터리가 해당 공동체의 모국어로 촬영되나요?

P: 아주 좋은 지적입니다. 그게 아니라면 핵심을 완전히 놓치게 되지 않을까요? 언어는 공동체의 정체성에 있어 중요한 일부분입니다. 영화에서 더빙이 아닌 자막을 이용할 것이기 때문에, 언어의 자연스러운 흐름, 즉 그 표현 방식과 어조가 바뀌지 않은 채로 유지됩니다.

S2: ¹⁷⁽ᶜ⁾그리고 자막이 말의 주된 요지를 정확히 반영하겠죠?

P: 저도 분명 그렇게 되길 바랄 겁니다! 그 사람들의 의도를 변화시키거나, 자막을 통해 영화 제작자만의 설명을 덧붙인다면, 지역 공동체의 결정에 따르는 접근 방식이라는 핵심 가치에 대한 심각한 위배가 되겠죠.

[스크립트 어휘]
ethnographic 민족학의 transition 전환되다, 이행되다 discrete 별개의 intrude on ~을 침해하다 disrupt ~에 지장을 주다, ~을 방해하다 discipline 학문 분야 agency 힘, 기능 subject 대상 shared authorship 공저 priority 우선 사항 reference 참고, 참조 the ball is in the one's court 공이 ~에게 넘어가다, ~가 칼자루를 쥐고 있다 make one's case 입장을 밝히다, 주장하다 hands-off 손을 놓은, 손을 뗀 integrated with ~와 통합된 assumption 추정, 가정 acclimation 새 환경 순응, 새 풍토 순화 commitment (시간, 노력 등의) 투자, 투입 collaboration 공동 작업, 협업 get a say in ~에 대해 권리가 있다, 발언권이 있다 footage 영상 subtitles 자막 gist 요지 superimpose ~을 덧붙이다, 겹쳐 놓다 egregious 심각한, 지독한

12. 화자들은 주로 무엇을 이야기하고 있는가?
[Topic & Purpose]
(A) 지역 공동체 기반의 다큐멘터리에서 흔히 다뤄지는 주제들
(B) 민족학 영화가 고립된 지역 공동체에 미치는 영향
(C) 지역 공동체의 결정에 따르는 영화 제작과 관련된 단계들
(D) 외딴 지역에서 다큐멘터리를 촬영하는 일의 어려움들

해설 (오답 A) 주제들에 대해 이야기하고 있지는 않다.
(오답 B) 고립된 지역에만 집중한 내용이 아니다.
(정답 C) 지역 공동체 결정에 따르는 영화가 주제라고 도입부에서 언급한 후 강의의 전반적인 내용은 그것의 진행 과정을 설명한다.

(오답 D) 촬영의 어려움만 이야기하는 것은 아니다.

13. 영화 촬영에 대해 지역 공동체의 허락을 구하는 영화 제작자들이 활용하는 한 가지 방법은 무엇인가? [Detail]
(A) 공동체 지도자들과 여러 차례 이야기를 나눈다.
(B) 다른 공동체와 관련해 제작한 영화를 공유한다.
(C) 공동체 지도자들을 영화 촬영소로 초대한다.
(D) 제한된 시간 동안 해당 공동체에 머무른다.

해설 (오답 A) 여러 차례 만날 수도 있지만 허락을 구하기 위해 하는 행동이 아니다.

(정답 B) 제작 과정에서 중요한 한 가지는 허락을 구하기 위해 제작된 다른 영화를 보여주는 것이다.

(오답 C) 공동체 지도자들을 촬영장으로 초대한다는 내용은 언급되지 않았다.

(오답 D) 지역에 머무른다고는 했지만 허락을 구하기 위해 하는 행동이 아니다.

14. 공동체 지도자들의 역할과 관련해 교수가 암시하는 것은 무엇인가? [Inference]

(A) 영화 제작 여부에 대해 최종 결정권을 갖고 있다.

(B) 먼저 영화 제작자들을 소속 공동체로 초대해 촬영하게 한다.

(C) 공동체 내에서 인터뷰를 하는 유일한 구성원이 될 수 있다.

(D) 영화 참여에 대한 대가로 비용을 지급받는다.

해설 (정답 A) 공동체 지도자들이 진행하기로 결정하면 제작자들에게 연락을 취한다고 한다.

(오답 B) 공동체 지도자들이 먼저 영화제작자들을 초대하지는 않는다.

(오답 C) 공동체 지도자들만이 인터뷰 대상이라는 내용은 없다.

(오답 D) 공동체 지도자들이 금전적 대가를 받는다는 내용은 없다.

15. 공동체가 촬영된 인터뷰의 결과물에 대해 만족하지 못하는 경우에 발생될 가능성이 있는 결과는 무엇인가? [Detail]

(A) 해당 인터뷰가 영화 제작자들에 의해 재촬영될 것이다.

(B) 해당 인터뷰에 대한 자막이 변경될 것이다.

(C) 영화 제작자들이 다른 인터뷰 대상자를 선정할 것이다.

(D) 해당 인터뷰가 영화에서 삭제될 것이다.

해설 (오답 A) 재촬영은 언급된 적 없는 정보이다.

(오답 B) 결과물에 만족하지 못한 것에 대해 언급되는 정보가 아니다.

(오답 C) 다른 인터뷰 대상자 선정은 언급된 적 없는 정보이다.

(정답 D) 어느 부분이든 만족스럽지 못한 경우에 삭제된다고 한다.

16. 해당 문화의 모국어로 다큐멘터리를 촬영하는 것에 대해 교수는 어떤 태도를 보이는가? [Attitude]

(A) 구체적인 정보가 자막을 통해 전달되지 못하는 것을 유감스럽게 생각한다.

(B) 해당 공동체의 문화를 존중하는 데 있어 중요하다고 생각한다.

(C) 인터뷰 대상자들의 감정적인 반응을 담아두는 데 도움이 되는지 의구심을 갖고 있다.

(D) 영화가 폭넓게 사람들의 관심을 끄는 데 해가 되는 것으로 여기고 있다.

해설 (오답 A) 유감스러운 태도를 보이지는 않는다.

(정답 B) 학생이 모국어로 촬영하는 것에 대해 묻자 그것이 빠지면 핵심을 놓친다고 하면서 중요성을 강조한다.

(오답 C) 모국어 촬영에 대해서 교수는 부정적인 태도를 보이고 있지 않다.

(오답 D) 언급되지 않은 정보이며, 교수는 모국어 촬영에 긍정적이다.

17. 강의의 일부를 다시 들어보시오. 그런 다음, 질문에 답하시오.

S2: 그리고 자막이 말의 주된 요지를 정확히 반영하겠죠?

P: 저도 분명 그렇게 되길 바랄 겁니다! 그 사람들의 의도를 변화시키거나, 자막을 통해 영화 제작자만의 설명을 덧붙인다면, 지역 공동체의 결정에 따르는 접근 방식이라는 핵심 가치에 대한 심각한 위배가 되겠죠.

교수가 다음과 같이 말할 때 무엇을 의미하는가? [Function]
저도 분명 그렇게 되길 바랄 겁니다!

(A) 영화 제작자들이 흔히 자신들의 이익을 위해 인터뷰를 편집한다.

(B) 시청자들이 인터뷰 대상자의 말을 이해하는 데 자주 어려움을 겪는다.

(C) 정확한 표현이 프로젝트의 목적에 필수적이다.

(D) 인터뷰 대상자들이 때때로 시청자들과 더 잘 소통하기 위해 대답을 바꾼다.

해설 (오답 A) 인터뷰를 편집한다고 하지 않는다.

(오답 B) 시청자의 어려움이 주된 내용이 아니다.

(정답 C) 교수는 의도를 변화하거나 설명을 덧붙이는 것이 심각한 가치 위배라는 말로 정확한 표현이 중요함을 말한다.

(오답 D) 대답을 바꾼다는 내용은 언급된 적 없다.

[문제 어휘]
visit with ~와 이야기를 나누다 in exchange for ~에 대한 대가로 detrimental 해가 되는 wide-reaching 폭넓은, 광범위한 representation 표현, 묘사

시원스쿨 LAB

시원스쿨LAB